'Abdarraḥmān al-Ǧabartī
Bonaparte in Ägypten

Serie Piper
Band 871

Zu diesem Buch

Als Napoleon Bonaparte 1798 seine Armee nach Ägypten führte, war dies für die Ägypter die erste Begegnung mit einer überlegenen westlichen Militärmacht mit kolonialistischen Zielen und die erste Berührung mit europäischer Zivilisation und Technik. Der Kairoer Gelehrte und Schriftsteller ʿAbdarraḥmān al-Ǧabartī (1754–1829) beobachtet aufmerksam und präzise die Begegnung zweier Kulturkreise, von Abendland und Morgenland. Ǧabartī führt seine Chronik, aus der hier die wesentlichen Teile übersetzt sind, bis über den endgültigen Niedergang der Mamlukenherrschaft weiter, die den Untergang des alten Ägypten, dem Ǧabartī entstammte, besiegelte.

Arnold Hottinger, geboren 1926, ist Nahost-Korrespondent der »Neuen Zürcher Zeitung« und hat sich als Orientalist mit zahlreichen Fachveröffentlichungen einen Namen gemacht. Bei Piper liegt von ihm vor: 7mal Naher Osten (1988).

'Abdarraḥmān al-Ǧabartī

BONAPARTE IN ÄGYPTEN

Aus der Chronik
des 'Abdarraḥmān al-Ǧabartī (1754–1829)
übersetzt von Arnold Hottinger

Piper
München Zürich

Von Arnold Hottinger liegt in der Serie Piper außerdem vor:
7mal Naher Osten (5127)

ISBN 3-492-10871-7
Oktober 1989
R. Piper GmbH & Co.KG, München
Lizenzausgabe mit Genehmigung des Artemis Verlages,
Zürich und München

Umschlag: Federico Luci,
unter Verwendung des handkolorierten Holzschnittes
»Schlacht bei den Pyramiden, 21. Juli 1798«
(Atelier Pellerin, Epinal)
Satz: Sauerländer AG, Aarau
Druck und Bindung: Clausen & Bosse, Leck
Printed in Germany

UMSCHRIFTTABELLE

Arabisch	Umschrift	Aussprache	Bemerkungen
ا			erscheint hier nur als Verlängerung eines a zu ā
ب	b	b	—
ت	t	t	—
ث	ṯ	th	scharfes englisches th, z. B. thing
پ	p	p	—
ج	ǧ	dsch	z. B. Dschungel
ح	ḥ	ḥ	gepreßtes ch (existiert in keiner europäischen Sprache)
خ	ḫ	ch	ch, z. B. Lachen
چ	č	tsch	—
د	d	d	—
ذ	ḏ	dh	das weiche englische th, z. B. there
ر	r	r	Zungen-r
ز	z	s	weiches deutsches S, z. B. Sonne
ژ	ž	sch	stimmhaftes (weiches) sch, z. B. Genie
س	s	ß	scharfes S, z. B. Roß
ش	š	sch	—
ص	ṣ	s	emphatisches, am Obergaumen gebildetes scharfes S
ض	ḍ	d	emphatisches, am Obergaumen gebildetes dumpfes D
ط	ṭ	t	emphatisches, am Obergaumen gebildetes dumpfes T
ظ	ẓ	z	emphatisches, am Obergaumen gebildetes dumpfes Z
ع	c	c	explosiver Kehllaut, tonhaftes Gegenstück zu ḥ
غ	gh	gh	schnarrender Kehllaut zwischen g und r
ف	f	f	—
ق	q	q	dumpfes gutturales K
ک	k	k	—
گ	g	g	—
ل	l	l	—
م	m	m	—
ن	n	n	—
ه	h	h	—
و	w, u, ū	w, u, ū	W wie englisches W
ي	j, i, ī	j, i, ī	—
ء	'	'	fester Stimmeinsatz, z. B. mein 'Eid (im Gegensatz zu Meineid)
ة	-, t	-, t	nur in Wortverbindungen lautende Endung

BEMERKUNGEN ZUR UMSCHRIFT DES PERSISCHEN UND ZUR AUSSPRACHE DES TÜRKISCHEN

Abweichend von der vorstehenden Umschrifttabelle werden einige Buchstaben in persischen Wörtern und Namen folgendermaßen transkribiert:

arabisch	persisch	Aussprache
	č	tsch
ṯ	s̱	stimmloses s
ḏ	ẕ	stimmhaftes s
ḍ	ż	stimmhaftes s
	ž	wie französisch j in *journal*

Das Türkische hat einige besondere Buchstaben:

ğ	entspricht etwa dem arabischen gh; zwischen hellen Vokalen (e, i, ö, ü) wie deutsches j, zwischen dumpfen Vokalen (a, ı, o, u) fast unhörbares, in der Kehle gesprochenes g.
ı	dumpfes i, fast wie deutsches e im Auslaut, etwa in *Sonne*.
y	wie deutsches (und arabisches) j.
c	wie dsch.
ç	wie tsch.
ş	wie sch.

VORWORT DES ÜBERSETZERS

Der Scheich ʿAbd ar-Raḥmān al-Ǧabartī (1754–1829) muß als einer der großen Augenzeugen historischer Zeitenwenden gelesen werden. Er hat die Eroberung Ägyptens durch Bonaparte miterlebt und befand sich unter den Geistlichen, die von den Franzosen aufgefordert wurden, an dem Diwan teilzunehmen, der Ägypten unter ihnen zu verwalten hatte [1]. Er hat später die Wirren durchgemacht, die mit den Kriegen der Franzosen gegen die Engländer und die Türken und dann mit der türkischen Besetzung folgten, und er hat am Ende den Aufstieg des neuen Herrschers und Begründers der modernen Dynastie Ägyptens, Muḥammad ʿAlī, miterlebt. Ist er sich bewußt gewesen, daß er eine entscheidende Wende der politischen Geschicke seines Landes und des ganzen Islams durchlebte? – Die Frage ist so wahrscheinlich falsch gestellt. Mehrmals erklärt unser Scheich, daß in früheren Zeiten ähnliche Grausamkeiten und Schreckenstaten, Fehlentwicklungen und Entgleisungen nicht vorgekommen seien, wie er sie habe miterleben müssen. Doch nirgends zeigt er eine Ungewißheit darüber, wo er steht, was die richtige, gerechte, gottgewollte, begehrenswerte und anzustrebende Entwicklung wäre. Die Tatsache, daß sich die Zeiten eher im umgekehrten Sinne zu entwickeln scheinen, ficht ihn nicht an, was letzten Endes damit zusammenhängen dürfte, daß die alte Zeit, genauer die Periode, in der der Prophet auf Erden wirkte und, wie ein heutiger Muslim es formulierte, «der Himmel offen stand», für ihn die eigentliche Idealzeit darstellt. Je weiter man sich von ihr entfernt, desto unvermeidlicher wird es, daß man sich von jenem, theologisch gesehen, «Goldenen Zeitalter» ablöst und in Verfall und Sünde begibt.

Al-Ǧabartī ist nicht nur theologisch der normativen Epoche verhaftet, in der Gott durch seinen Propheten die Welt geordnet hat; er lebt auch emotionell und persönlich in der Vergangenheit, der guten alten Zeit zugewandt, ein Mann des ägyptischen *ancien régime,* um so mehr als er einen wahren Kult für seinen verstorbenen Vater besitzt, den großen Scheich Hasan al-Ǧabartī, dem er in seinem Werk eine ausführliche Lebensbeschreibung widmet [2]. Der Vater muß eine außergewöhnliche Persönlichkeit gewesen sein, die sich für Dinge interessierte, die am Rande der «Wissenschaften» lagen, wie sie die ägyptischen Scheichs normalerweise betrieben: für Mathematik, Naturwissenschaften, Mechanik, Himmelskunde, und der gleichzeitig einer der großen und reichen Scheichs seiner Epoche gewesen ist.

Das Interesse an der Geschichte, die ebenfalls nicht zu den eigentlichen Zentralgebieten der geistlichen Wissenschaften der Epoche gehörte, dürfte Ǧabartī von seinem Vater her, oder mindestens als der Sohn eines ungewöhnlichen Vaters, entwikkelt haben. Ein Wille, wach zu leben, spricht aus seiner großen Chronik. Er wollte wissen, was vorging, und er versuchte es festzuhalten. Wie er selbst schildert [3], hat Ǧabartī zuerst die Biographien von seinesgleichen, von Gelehrten, gesammelt und zu ihnen die Biographien von herrschenden Mamluken und anderen Würdenträgern hinzugefügt. Er hat später Tagesaufzeichnungen vorgenommen. Dabei schrieb er manches zuerst auf vorläufige Blätter und übernahm es erst in seine Chronik, wenn er sich des Inhaltes vergewissert hatte. Sein Geschichtswerk hat so eine doppelte Struktur erhalten: die eigentliche Chronik von Jahr zu Jahr, die besonders reichhaltig in den Jahren ist, in denen es viel zu notieren gab, ergänzt durch die Biographien der Individuen, Gelehrten und Herrscherfiguren, die jeweilen am Ende der Jahre eingefügt sind, in denen die Betreffenden starben. Dabei ist es natürlich, daß in den frühen Jahren, vor Lebzeiten des Chronisten, die Biographien überwiegen. Diese konnte er von anderen Gelehrten sammeln, doch besaß er, wie er selbst erwähnt, nur wenige Geschichtswerke für die Zeit unmittelbar vor der seinigen. Später wird der Chronikteil immer mächtiger, in dem Ǧabartī seine eigene Sicht der Dinge vorträgt. Der Doppelcharakter des Werkes kommt in dem Titel zum Ausdruck, den Ǧabartī selbst für seine große Chronik gewählt hat: *ʿAǧāʾib al-āṯār fī t-tarāǧim wal-aḫbār;* man kann ihn übersetzen: «Bemerkenswerte Überlieferungen: Biographien und Ereignisse». Den gleichen Titel kann man freilich auch romantischer wiedergeben, etwa «Wundersame Überbleibsel: Lebensbeschreibungen und Berichte».

Der Horizont des Chronisten ist im wesentlichen auf Kairo beschränkt; was im Delta geschieht, kommt ihm zu Ohren; doch Oberägypten liegt weitgehend außerhalb seiner Sichtweite. Die Mamluken und ihre Verfolger ziehen nach Oberägypten davon, verschwinden von der Bildfläche und kehren nach soundso vielen Tagen, Monaten oder Jahren auf die Hauptbühne zurück, die für Ǧabartī stets Kairo darstellt. In Kairo ist es ein besonderes Quartier, wo er sich am meisten zu Hause fühlt, jenes um die Azhar-Moschee herum, und es gibt ein Milieu, zu dem er gehört, eben jenes der Scheichs, die freilich, wenn es sich um angesehene Lehrmeister, Theologen, Juristen und Wissenschafter handelt, durchaus auch Umgang mit den eigentlichen Herrschern pflegen, den Mamluken und ihren bewaffneten Gefolgsleuten.

Die Mamlukenordnung, so seltsam, fast unglaublich sie einen heutigen Europäer anmuten mag, ist zu Ǧabartīs Zeiten so viele Jahrhunderte lang das in Ägypten herrschende Regierungssystem gewesen (sie war damals gute fünfhundert Jahre alt!), daß sie dem Chronisten durchaus als der natürliche und durch die Traditionen geheiligte politische Zustand gilt. Abweichungen davon sind für ihn negative Entwicklungen. Er nimmt leidenschaftlich Partei für den Mamluken al-Alfī und gegen den Neuerer Muḥammad ʿAlī, und die Biographie jenes letzten großen Mamluken aus seiner Feder[4] ist ein wehmütiger Abgesang, den der Chronist der guten alten Zeit widmet. Woraus jene Ordnung bestand, braucht hier nicht dargestellt zu werden, denn Ǧabartī selbst schildert mehrmals den Werdegang junger Mamluken und ihren Aufstieg bis zu den höchsten Positionen in Ägypten. Es handelte sich um eine Sklavenaristokratie, die sich selbst durch Adoptionen ergänzte, «Familien» bildete, die untereinander rivalisierten und Bündnisse schlossen und deren Spitzen einander in einem ewigen Reigen aus Kairo vertrieben, voreinander nach Oberägypten flohen, sich neu verbündeten, nach Kairo zurückkehrten und die Rivalen austrieben; so lange, bis es einmal für mehr oder weniger kurze Zeit einen überragenden Machthaber gab, der das ganze Niltal in seine Faust zu nehmen vermochte. Doch die Rivalenkämpfe waren die Normallage, politische Pakte oder offene Rivalitätskämpfe, in deren Verlauf sich die oberste Herrschaft stets im Kreise herumbewegte.

Diese seltsame Ordnung hat in Ägypten sogar die türkische Eroberung überdauert. Zu Ǧabartīs Zeiten stellte der türkische Pascha – Ǧabartī nennt ihn einfach den *Bāšā* – nicht mehr dar als ein weiteres Element in dem beständigen Machtspiel der Mamluken. Sie pflegten ihn, wenn sie seiner überdrüssig wurden, abzusetzen. Er mußte dann von der Zitadelle hinabziehen, wo er seinen Amtssitz hatte [5], und ein paar Jahre lang auf den Nachfolger warten, den Istanbul entsandte. Es kommt vor, daß der Pascha Janitscharen mitbringt, eine mehr oder minder umfangreiche türkische Truppe. Es gibt aber auch Janitscharen aus früheren Zeiten, die sich in Kairo niedergelassen haben; neben ihnen haben die Mamluken ihre Haushaltsritter und Fußknechte, die bis zur Eroberung Bonapartes ganz offensichtlich die Hauptmacht in Händen halten. Sie sind so stolz auf ihre Waffentaten und Ritterfähigkeiten, daß sie sich für unbesiegbar halten, und Ǧabartī ist klarsichtig genug, um ihnen gerade diese übermäßig selbstgewisse Haltung gegenüber den französischen Invasionstruppen, aber auch später wieder gegenüber den türkischen Truppen europäischen Vorbildes, dem *Niẓām al-Ǧadīd*, und gegenüber den schlauen Albaniersoldaten Muḥammad ʿAlīs, zum Vorwurf zu machen, denn er sieht in dieser Verblendung die Hauptursache für die Niederlage der guten alten Zeit, die er mit Bedauern feststellen muß.

Den Franzosen steht der Chronist im Grunde weniger feindlich gegenüber als Muḥammad ʿAlī und seiner Soldateska. Er kann nicht umhin, einige ihrer Errungenschaften zu bewundern, ihre Bibliotheken zum Beispiel, ihre militärische Disziplin, ihre Laboratorien und wissenschaftlichen Instrumente, auch ihre Bautätigkeit und ihre Ingenieurskunst. Ob er ihre Gerichtsordnung wirklich bewundert, wenn er sich ausführlich über den Prozeß ausläßt, der dem Mörder von General Kléber gemacht wird, oder ob ihm dieser Prozeß nur so absurd und unnötig erscheint, daß er ihn als seltsames Phänomen ausführlich beschreibt und die Akten kopiert, ist nicht ganz klar. Er stellt jedenfalls den großen Unterschied fest, der zwischen der Handlungsweise der Ungläubigen und dem Verhalten besteht, das von allen muslimischen Machthabern in einer ähnlichen Lage zu erwarten wäre. – Ungläubige sind sie natürlich trotz allem im Urteil des gelehrten Chronisten, und «sie», die Franzosen, werden als fremde Wesen empfunden, deren Tun und Lassen den Muslimen oft sinnlos vorkommt. Die Sendschreiben Bonapartes mehr oder weniger muslimischen Inhaltes, die dazu berechnet sind, das Wohlgefallen der muslimischen Bevölkerung Ägyptens zu erwerben, werden von Ǧabartī pünktlich wiedergegeben, oft im Wortlaut; doch sie verdienen nur lakonische Kommentare, in denen darauf hingewiesen wird, daß die Franzosen vom Islam nichts verstehen, daß sie, wie Ǧabartī sich ausdrückt, «unwissend sind».

Ǧabartī hat eine kürzere Fassung seiner Chronik, beschränkt auf die französische Invasion, verfaßt, die unter dem Titel «Tagesaufzeichnungen al-Ǧabartīs»[6] veröffentlicht worden ist. Diese Fassung wurde ins Türkische und aus dem Türkischen ins Französische übersetzt. Sie ist, wie die innere Evidenz aufzeigt, wahrscheinlich für offizielle türkische Leser bestimmt, denn sie unterdrückt die mehr Bewunderung zeigenden Abschnitte der großen Chronik und fügt allerhand Formeln des Abscheus und orthodoxer Verdammung hinzu, so oft die Franzosen erwähnt werden [7]. Seine große Chronik hat Ǧabartī für sich selbst Jahr für Jahr fortgeführt. Er denkt an künftige Leser, doch wohl erst nach seinem Tod, und er sieht sein vielbändiges Werk in erster Linie als ein Vermächtnis, das er seinen Nachkommen hinterläßt. Als sein Sohn am 19. Juni 1822 nach einem Besuch bei Muḥammad ʿAlī ermordet wurde und man die Leiche, von seinem Esel vor die Stadt Kairo fortgeschleppt, auffand, hat Ǧabartī seine Chronik nicht mehr weitergeführt. An dem Mord sollen Vertraute und hohe Beamte Muḥammad ʿAlīs beteiligt gewesen sein, und der Scheich, so wollte der Volksmund wissen, habe sich blind geweint und alle Schreibarbeit aufgegeben [8].

Obgleich es in Kairo mehrere Handschriften gibt, die direkte Abschriften des verlorenen Originals der großen Geschichte zu sein scheinen, ist noch nie eine wirklich gute arabische Ausgabe der großen Chronik unternommen worden. Lange Zeit konnte sie überhaupt nicht gedruckt werden, weil sie sich über den Begründer des ägyptischen Königshauses stets kritisch und sogar feindlich äußert. Muḥammad ʿAlī hat übrigens von der Chronik gewußt und war darüber informiert, daß sie ihm kritisch gegenüberstand. Er hat aus diesem Grund Befehl gegeben, eine Gegenchronik zu verfassen, deren Handschrift noch vorhanden ist und die sich, wie zu erwarten, durch große Lobhudeleien auszeichnen soll [9]. Im Jahr 1880 wurde die Chronik arabisch gedruckt; mehrere Neudrucke wurden vorgenommen [10]. Doch diese alten Drucke sind schwer zu lesen; sie ermüden die Augen übermäßig und enthalten zahlreiche Fehler. Eine Neuausgabe wurde in Beirut veröffentlicht [11], doch sie ist voller Lücken, die dadurch entstanden sind, daß der Kopist oder der Drucker Zeilen übersprungen hat. Sie läßt auch sonst Teile des Werkes aus, vielleicht im Bemühen, das ganze Werk in drei Bände zusammenzubringen. Sie hat keinen namentlich bekannten Herausgeber und kein Vorwort. Die Beiruter Ausgabe hat jedoch den Vorteil, daß sie gut lesbar ist und daß man sie sich relativ leicht beschaffen kann; daher bezieht sich die vorliegende Auswahl auf sie. Auslassungen und Fehler sind in den meisten Fällen stillschweigend korrigiert worden. Dabei wurden die Bände der alten Būlāqer Ausgabe herangezogen, soweit sie dem Übersetzer zugänglich waren, und besonders die sorgfältige Auswahl, die Muḥammad Qandīl al-Baqlī für *Kitāb aš-Šaʿb* besorgt hat (Kairo, 1958, in neun großen Heften). Diese Auswahl hat ein Nachwort [12], dessen Bericht über die Manuskripte in Kairo wir die vorliegende Zusammenfassung der Textsituation entnehmen. Sie besitzt auch ein kurzes Glossar der weniger gebräuchlichen Rangbezeichnungen und anderen Ausdrücke, die bei Ǧabartī vorkommen.

Eine französische Übersetzung der großen Chronik wurde in den Jahren 1888–1896 veröffentlicht [13]. Diese Arbeit kann man eher eine Inhaltswiedergabe als eine Übersetzung nennen, weil sie, im Bestreben, ein glattes Französisch zu erhalten, den arabischen Text sehr frei überträgt und dabei auf die Wiedergabe von Ton und Eigenart des Originals in vielen Fällen verzichtet. Eine neuere französische Übersetzung der Teile der großen Chronik, welche die Jahre der französischen Expedition umfassen, verdankt man Joseph Cuoq. Sie erschien unter dem Titel *Journal d'un notable du Caire durant l'expédition française* (Paris, Albin Michel 1979). Diese Arbeit konnte nach Fertigstellung der vorliegenden Übersetzung zu Rate gezogen werden. In der vorliegenden Auswahl hat der Übersetzer versucht, möglichst große zusammenhängende Stücke zu geben. Er ist der Ansicht, daß diese das Gewicht der Chronik und die Denkart ihres Verfassers besser erkennen lassen als zu viele kleine Fragmente der großen Chronik. Ein Jahr, jenes der Landung Napoleons, 1798, wurde vollständig wiedergegeben, die folgenden bis zum Abzug der Franzosen in reichlicher Auswahl. Dies bildet das zentrale Stück der gegenwärtigen Auswahl, weil es die so zukunfts- und geschichtsträchtige erste Begegnung zwischen islamischer Kultur und europäischer Moderne spiegelt. Die Ambivalenz zwischen Bewunderung und Verachtung, die

Ǧabartī gegenüber den Invasoren und Ungläubigen zu Tage legt, dürfte auch heute noch das Verhältnis der gegenwärtigen Muslime zur sogenannten westlichen Zivilisation entscheidend charakterisieren. Nichts wirklich Grundlegendes scheint sich seither verändert zu haben, wenn es gleich deutlich ist, daß die muslimischen Länder seit Ǧabartī einen Prozeß des geistigen Substanzverlustes und der materiellen Besserstellung durchgemacht haben, der durch Vorbild und Druck des Westens bedingt war.

Diesem als zentrales Stück gedachten Mittelblock hat der Übersetzer einen einführenden Teil vorangestellt, der beabsichtigt, Ǧabartīs Sicht der Periode vor der französischen Invasion aufzuzeigen. Dies ist für den Scheich die «gute alte Zeit», in der die Dinge zwar keineswegs perfekt waren, die Welt jedoch noch nicht aus den Fugen geraten war. Ein abschließender Teil, ausgewählt aus den Bänden der Chronik, die der Beschreibung der französischen Invasion folgen, soll vor allem das Urteil des Chronisten gegenüber dem neuen Regime aufzeigen, das mit Muḥammad ʿAlī schrittweise die Macht erobern sollte. Dabei sollte nicht nur das negative Urteil des Chronisten sichtbar gemacht werden, sondern auch, soweit er sie selbst darstellt, die Gründe für seine Ablehnung. Über die frühen Jahre Muḥammad ʿAlīs finden sich in dem großen Chronikwerk noch viele weitere interessante Passagen und Episoden, die bei der Auswahl ausgelassen werden mußten, in erster Linie aus Raumgründen. Das französische Thema schien dem Übersetzer den Vorrang zu haben, weil es den Beginn des entscheidenden Zusammenstoßes darstellt, der heute noch andauert und immer noch das politische und kulturelle Geschehen im Nahen Osten und in der ganzen muslimischen Welt an erster Stelle bestimmt.

Was die Übersetzung angeht, so war das Ziel, eine lesbare Version zu erreichen, die den Geist und Ausdruck Ǧabartīs möglichst widerspiegeln soll. Auf gelehrte Erklärungen wurde bewußt verzichtet, weil der Text sich im wesentlichen selbst erklärt. Ortsnamen, die dem europäischen Leser vertraut sind, wurden in ihrer europäischen Form belassen; ebenso auch Titel wie Scheich oder Emir; weniger bekannte Titel und Bezeichnungen von Truppen oder Ortschaften wurden gelegentlich in Klammern erklärt. (Vgl. auch das Glossar im Anhang, S. 437ff.) Sämtliche Titel und Untertitel stammen vom Übersetzer; Ǧabartī hat keine verwendet und sich mit der Unterteilung der Chronik in Jahres- und Monatsberichte sowie in einzelne Biographien am Ende eines jeden Jahres begnügt.

ANMERKUNGEN ZUM VORWORT DES ÜBERSETZERS

1 Er wurde ein Ratsmitglied unter General Menou, der 1800 den Oberbefehl nach der Ermordung Klébers übernahm, und blieb im Rat bis zum Abzug der Franzosen aus Kairo. Doch seine Freunde und Kollegen saßen schon in den vorausgegangenen Räten.

2 Vgl. S. 28 ff.

3 Vgl. S. 19 f. sowie S. 23.

4 Vgl. S. 378 ff.

5 Vgl. S. 64.

6 *Jaumījāt al-Ǧabartī* in der Reihe: *Iḫtarnā Lak* Nrn. 59 und 60, Vorwort von Muḥammad ʿAṭā; 2 Bde. Der Originaltitel lautete: *Maẓharu t-taqdīs bi-zawāl daulat al-Fransīs,* etwa: «Wie das Heil sichtbar ward im Ende der französischen Herrschaft». Es handelt sich um eine leichte Überarbeitung der französischen Teile der Chronik, die durchgeführt wurde, um den Text einem osmanischen Offiziellen akzeptabel zu machen.

7 Ein weiteres Manuskript, das die ersten Monate der französischen Besetzung umfaßt, herausgegeben und ins Englische übersetzt von S. Moreh: «Al-Jabartī's chronicle of the first seven months of the French occupation of Egypt – Muḥarram-Rajab 1213/15 June–December 1798 – *Tārīkh Muddat al-Faransīs bi-Miṣr»*, Leiden 1975.

8 Vgl. das Nachwort von Maḥmūd aš-Šarqāwī am Ende der Auswahl von *Kitāb aš-Šaʿb*, S. 1038.

9 Verfasser: Ḫalīl ibn Aḥmad ar-Raǧabī aš-Šāfiʿī; vgl. das zitierte Nachwort wie Anm. 8, S. 1048; auch erwähnt aš-Šarqāwī ein weiteres Werk über Medizin, nach Dāwūd al-Anṭākī, von dem ein Manuskript existiert, und eine Arbeit Ǧabartīs über *1001 Nacht,* die verlorengegangen zu sein scheint.

10 Dem Übersetzer lagen vor: die vierbändigen Ausgaben von Kairo, 1297 d. H. (1880); und Kairo, 1322 (1904–05).

11 Beirut, Dār al-Fāris, ohne Jahr, vermutlich 1971 oder 1972.

12 Von Maḥmūd aš-Šarqāwī, S. 1031 bis 1054 im 9. Heft.

13 In acht Bänden: *Merveilles Biographiques et Historiques ou Chroniques,* übersetzt von Chefik Mansour Bey, Abdul Aziz Khalil Bey, Gabriel Nicolas Khalil Bey, Iskender Ammoun Effendi. Kairo, Imprimerie Nationale, 1888 bis 1896.

ERSTER TEIL

DIE ZEIT DER MAMLUKEN

EINFÜHRUNG

Im Namen Gottes, des barmherzigen Erbarmers! Gelobt sei Gott der Urewige, Erste, dessen Herrschaft nie zu Ende geht, der unwandelbare Schöpfer der Geschöpfe und Kenner eines jeden Atomes der Wahrheit; der Nationen zerstört, aber Ameisen bewahrt; Wohltaten fördert, aber Racheakte fernhält; Herr der Ehre und Herrlichkeit, außer Dem es keinen Gott gibt; alles vergeht außer Seinem Angesicht; der die Herrschaft ausübt und um Vergebung angefleht wird. Ich bestätige, daß es keinen Gott gibt außer Gott, zu erhaben um Seinesgleichen aufzuweisen, und ich bestätige auch, daß Muḥammad, unser Herr, Sein Knecht ist und Sein Gesandter zu allen Geschöpfen, zu dem die Botschaft der ersten Koranworte hinabstieg – möge Gott ihm wohlwollen und seine Familie, seine Gefährten und die Tage und Nächte segnen, die seither aufeinander gefolgt sind und sich in Jahre und Menschenalter verwandelt haben.

Der arme ʿAbd ar-Raḥmān al-Ḥasan al-Ǧabartī al-Ḥanafi – möge Gott sich seiner und seines Vaters erbarmen und ihnen Gnade erweisen! – spricht: Ich habe Papiere niedergeschrieben über die Ereignisse vom Ende des 12. Jahrhunderts sowie die ihnen folgenden aus dem 13., in dem wir uns befinden. Darin habe ich einige Geschehnisse in großen Zügen gefaßt und andere, indem ich den Einzelheiten nachforschte; das meiste waren Unglücksfälle, die uns selbst begegneten, und Angelegenheiten, die wir miterlebten. Darüber hinaus fügte ich hinzu, was ich an früheren Vorkommnissen aus den Mündern von Scheichs vernahm, denen ich begegnet bin; ferner einige Lebensbeschreibungen von berühmten Würdenträgern, Gelehrten und Herrschern, die dahingegangen sind, mit ihren hervorragenden Nachrichten und Ereignissen und mit den Daten ihrer Geburt und ihres Todes. Ich beschloß, das alles zusammenzubringen und die zerstreuten Teile in Blätter zusammenhängender Ordnung aneinanderzufügen, artikuliert nach Jahren und Jahreszeiten, damit ein Belehrung Suchender leichter nachschlagen und Nutzen daraus ziehen kann, was er über die Dinge der Vergangenheit zu wissen begehrt und worüber er Überblick zu erlangen sucht. So kann er sich trösten, wenn ihn ein Unglück befällt, indem er sich die Ereignisse dieser Welt in Erinnerung bringt und sich damit das Beste für sein Herz ins Gedächtnis ruft. Dies sind wahrlich seltsame Geschehnisse von Beginn an, voller Verschiedenheit in ihrer unerwarteten Art; deshalb nannte ich sie «Bemerkenswerte Überlieferungen – Biographien und Ereignisse», und wir bitten jenen, der sie zu Rate zieht und bei dem sie gütige Aufnahme finden, daß er uns nicht vergesse in seinen gewinnbringenden Gebeten und auch, daß er übersehe, was ihm daran an Fehlern auffällt.

Wisse, daß die Geschichte eine Wissenschaft ist, die nach Wissen forscht über die Lage der Stämme, ihre Länder, Gebräuche, Gewohnheiten, Arbeitsmethoden, Herkunft und Vergehen. Ihr Gegenstand sind die Begebenheiten der Leute aus der Vergangenheit: der Propheten, Gottesfreunde, Gelehrten, Herrscher, Dichter, Könige, Sultane und anderer. Ihr Zweck ist Kenntnis der Zustände der Vergangenheit, wie sie zustande kamen und wie sie gewesen sind. Ihr Nutzen liegt in der Erfahrung, die aus jenen Zuständen gewonnen werden kann, und in den Ratschlägen, die man aus ihnen zieht; daß man in den Besitz von Erfahrungen kommt, indem man die Umwälzungen der Vergangenheit betrachtet, und daß der Verständige ähnlich verderbliche Geschehnisse vermeiden lernt, von früheren Staaten, die vorausgegangen sind. So kann man ihre besten Taten nachahmen und ihre schlechten Erfahrungen vermeiden, sich des Vergänglichen enthalten und das Bleibende angestrengt anstreben.

(B I 9) Seitdem Gott unsere Art von Menschen hervorgerufen hat, haben die Nationen der Vergangenheit nie aufgehört, die Geschichte zu registrieren, von einem Vorgänger zum früheren und ein Nachfahre auf den anderen; nur die Leute unserer Zeit haben sie von sich gewiesen, vernachlässigt und beiseite geschoben. Sie gaben sie auf und erachteten sie als Beschäftigung für Müßiggänger und Verfasser von Ammenmärchen. Bei meinem Leben! Sie sollen entschuldigt sein, sind sie doch mit Wichtigerem beschäftigt und finden ihre müden Federn kein Wohlgefallen an solch spröden Aufgaben. Die Zeit hat sich auf den Kopf gestellt, ihre Schatten haben sich verdichtet, die Regeln ihrer Rechnungen sind aus den Fugen gegangen, und ihre Grundlagen lassen sich in keinem Register oder Buch mehr ordnen. Sich heute mit Arbeiten abzugeben, die keinen Nutzen bringen, gilt als Verlust; was vorbeiging und vergangen ist, kann nicht zurückgebracht werden. Es sei denn für einen wie mich, den Armseligen, der sich in der Ecke der Unbekanntheit und Unbemerktheit abgesondert hat; der sich von dem lostrennte, womit sich die anderen befassen; den die Beschäftigung mit den Zeiten von seiner Isolierung ablenkt und nach den bösen und guten Erfahrungen dieser Welt über seine Einsamkeit tröstet.

Die Kunst der Geschichte ist ein Wissenszweig, aus dem sich andere Wissenschaften herleiten. Wenn es jene nicht gäbe, wären deren Grundlagen ungewiß, und ihre Zweige ließen sich nicht ordnen: die verschiedenen Generationen der Koranleser und -kommentatoren, der Überlieferer von Traditionen und Erzähler von Lebensläufen der Gefährten des Propheten und ihrer Nachfolger; die Generationen von Lehrern der Glaubensregeln *(muǧtahidīn)*, von Seligen, Herrschern, Ärzten; die Berichte vom Propheten – über ihm sei Segen und Frieden; die Geschichten der Grenzglaubenskämpfer; Nachrichten von den rechtgläubigen Kalifen; die Nachtunterhaltungen für Könige mit Geschichten und Berichten; Predigtbeispiele und Ermahnungen; Gleichnisse und Beschreibungen der Seltsamkeiten der Regionen und Wunderlichkeiten der Länder. Der Bücher, die über all dies verfaßt worden sind, gibt es außerordentlich viele. Im *Miftāḥ as-Saʿāda* («Schlüssel zur Glückseligkeit») werden 1300 von ihnen aufgezählt; und dies nach seiner Klassifizierung der Wissenschaften, so wie er sie auffaßt und abgrenzt. Sonst wären es noch viel mehr. Denn in keiner Kunst ist so viel geschrieben worden wie in der Geschichte, weil der Geist ihr zuneigt, weil sie über entfernte Dinge informiert und auch weil die Sultane große Lust nach ihr empfinden, da es ihnen sehr nützlich ist, sich über die Lebensläufe ihrer königlichen Vorgänger, über ihre Lage und ihre Politik zu orientieren.

(BI 11) Ich muß jedoch sagen, daß all diese Bücher Namen geworden sind ohne Benanntes. Von all den vielen haben wir nur wenige Bände gesehen, die in einigen Stiftungsbibliotheken der Schulen erhalten sind. Die Hände der Leser haben sie weitergereicht, und die Vorsteher und Aufseher haben sie verkauft, sie wurden in den Maghrib und in den Sudan fortgetragen, und ihr letzter Rest ging in den Kriegen und Unruhen dahin; auch die Franzosen haben davon in ihr Land gebracht, was sie finden konnten. Als ich beschloß, jenes, was ich entworfen hatte, zu sammeln, wollte ich einen Teil der Dinge, die vorher geschehen waren, hinzufügen. Doch trotz allen Suchens und Forschens fand ich nur ein paar Hefte, die irgendein gemeiner Soldat geschrieben hatte, schlecht angelegt und fehlerhaft zugeschnitten und aufgebaut, die mir wegen Mangels an anderen Quellen dazu dienten, einige Lücken zu füllen. Auch hatte ich auf diese Weise eine Chronik ergattert, die im großen und ganzen wohlgeordnet schien, gedruckt war und von einer Person stammte, die al-Ḥalabī ibn ʿAbd al-Ghanī hieß und mit der Zeit begann, da die Osmanen das Land in Besitz nahmen, und die, wie andere Geschichten, die ich erwähnt habe, gegen das Jahr 1150 der Hiğra (1737 A.D.) endete. Doch jenes Buch hat sich einer meiner Freunde ausgeliehen, den ich dann nicht mehr sah, so daß das Buch in die Kiste des Verschwindens versank. Von jener Epoche an bis zu unserer Zeit findet man keinen Führer, der einen geleitet, weil nichts von Nutzen über diese Dinge verfaßt worden ist.

Ich griff zurück auf Berichte aus dem Mund betagter Scheichs und auf Papiere in Heften mit Botschaften und Briefen sowie auf die Inschriften, die auf die Grabmäler der Verstorbenen gemeißelt wurden. So mußte ich mir vom Beginn des Jahrhunderts an bis zu den siebziger Jahren (1756 ...) behelfen. Was später folgt, bis zu den Neunzigern (1776 ...), sind Ereignisse, die ich selbst erlebt habe, die ich vergaß, an die ich mich aber wiedererinnerte. Und von dort an bis in die heutige Zeit sind es Dinge, die ich mit vollem Bewußtsein aufnahm, registrierte und niederschrieb, bis daß vollständig war, was ich darzustellen beabsichtigte, wie immer es geschehen ist. Was ich so niederzulegen suchte, erstreckt sich von unserer Gegenwart bis auf jene Zeiten zurück. Auch in Zukunft gedenke ich, so Gott – Er ist erhaben – es will, alle Ereignisse hinzuzufügen, die ich in Erfahrung bringen kann. Dies, soweit irgend möglich, solange keine Hemmungsgründe eintreten, bis mich der Befehl Gottes erreicht. Meine Verantwortung dabei besteht nur Gott gegenüber; bei alledem suche ich nicht einem großen Herrn zu dienen oder einem Wesir oder Emir gehorsam zu sein. Ich suche darin keinen Staat durch Kritik oder Preis zu täuschen oder wegen irgendwelcher seelischen Neigungen oder körperlichen Begierden die Charakterbilder von Leuten zu schädigen. Ich bitte Gott, mich davor zu bewahren, daß ich einen Weg beschreibe, auf dem ich nicht geschritten bin, und Handel treibe mit einem Kapital, das mir nicht gehört.

DIE ZWEISPALTUNG DER MAMLUKEN

(B I 38) Im Verlauf der osmanischen Herrschaft, ihrer Stellvertreter und ihrer ägyptischen Emire entstand unter den Soldaten Ägyptens ein heidnischer Brauch und eine teuflische Neuerung, die Unrecht unter ihnen einpflanzte und Spaltungen hervorrief. Sie ahmten in ihrem Tun die Leute des niedrigen Handwerkes nach, die sich in Saʿd und Ḥarām unterteilen. Dies bestand darin, daß die Soldaten alle zusammen sich in zwei Teile trennten und mit ihren Familien zwei Parteiungen bildeten: die eine Faktion nannte sich die *Fiqārīja,* die andere die *Qāsimīja.* Dies hatte einen bekannten Ursprung, der von einigen unserer Vorfahren überliefert ist und dessen Darlegung in den Abendversammlungen wohl ansteht und Erwähnung verdient. Als nämlich der Sultan Selīm die ägyptischen Provinzen eroberte und die Tscherkessen getötet hatte, die durch ihn umkommen sollten, und als er sie auf dem Markt der Erniedrigung zum Verkauf gebracht hatte, sprach er eines Tages zu einigen seiner Gefährten, seinem Gefolge und seinen Freunden: «Ist vielleicht einer der Tscherkessen übriggeblieben, damit wir ihn sehen und ihn über seine Nation und ihre Bedeutung ausfragen können?» Worauf Ḫair Bek antwortete: «Ja, herrlicher König, es gibt einen alten Mann, der Emir Sūdūn genannt wird und betagt ist, voller Jahre. Gott der Erhabene hat ihm zwei mannhafte Söhne geschenkt, zwei Helden, denen auf dem Waffenplatz keiner gleichkommt und denen es niemand in der Ritterkunst zuvortut. Doch als jene letzte Angelegenheit ausbrach, trennte er sich von allem Gefolge und sperrte seine beiden Söhne in sein Haus ein, dessen Tor er mit Steinen vermauerte. Er gab seine bisherigen Gewohnheiten auf und wandte sich ganz dem Gottesdienst zu. Bis heute ist er in dieser Lage verblieben, indem er in Ruhe in seinem Hause verharrt.» Der Sultan sagte: «Dies ist, bei Gott, ein vernünftiger Mann, voller Erfahrung; wir müssen unbedingt hingehen und ihn unangemeldet besuchen, um den Bericht zu überprüfen und selbst zu sehen, in welcher Lage er sich befindet.» Daraufhin saß er sofort mit einigen seiner Leute auf, gelangte zu ihm und trat in sein Haus ein. Er fand ihn, wie er auf der Steinbank unter dem Īwān saß; die Heilige Schrift lag vor ihm, und er las im Koran. Bei ihm waren Diener und Gefolgsleute, Sklaven und mancherlei Mamluken. Als er vernahm, daß jener der Sultan sei, eilte er, ihn zu empfangen, ohne Bestürzung; er grüßte ihn und stellte sich vor ihm auf. Sein Besucher hieß ihn sich setzen und sprach freundliche Worte zu ihm, um seinen Geist zu beruhigen und jede Unruhe zu stillen. Er frage ihn nach dem Grund seiner

Absonderung und seines Fernbleibens von den Leuten seines Stammes. Er entgegnete ihm: «Als ich in ihrem Staat die Unordnung der Angelegenheiten gesehen hatte, die häufigen Gewalttaten und Ungerechtigkeiten sowie auch, daß ihr Sultan seine Entschlüsse ganz alleine zu fassen pflegte und sich auf keinen Wesir, keinen weisen Berater stützte; daß er die Großen seines Reiches von sich entfernte und die meisten von ihnen durch Ränke, die er schmiedete, umbrachte; auch, daß er seine Mamluken und kleinen Beamten zu großen Emiren erhob, ihnen alles durchgehen ließ, was sie taten, und zuließ, was sie verweichlichte; und als ich sah, wie sie die Korruption ausbreiteten, die Diener Gottes tyrannisierten und ihre Untertanen sogar in Erbschaftsfragen und Dingen des Gottesgesetzes als Feinde behandelten; wie die Herzen sich von ihm abwandten und den Wisser des Verborgenen anflehten – da wußte ich, daß ihre Herrschaft zum Untergang bestimmt sei und ihr Staat nah vor der Zerstörung stehe. Ich löste mich los von der gefährlichen Lage und hielt mich von dem flackernden Feuer entfernt. Ich verbot meinen beiden Söhnen, sich in die verderblichen Dinge zu mischen, und hielt sie durch Gefangenschaft davon ab, in den Kampf einzugreifen, weil ich für sie fürchtete. Denn ich kannte ihre Kühnheit und mußte erwarten, daß sie wie alle anderen von dem allgemeinen Übel befallen würden. Allgemeine Übel sind nämlich unvermeidlich, und nur in besonderen Fällen ist es möglich, einen Zwist durch Barmherzigkeit zu stillen.» Dann holte er seine beiden bereits erwähnten Söhne hervor und ließ sie aus ihrem erzwungenen Aufenthaltsort hervortreten. Der Sultan sah ihren schlanken Wuchs; sie begingen nicht einen Fehler in allem, worüber er sie befragte, und sie überschritten in ihren Antworten nie die Grenzen bester Ausdrucksweise und Darlegung. Dann brachte man Speisen, wie sie einem solchen Ort anstanden. Der Emir Sūdūn brachte dem Sultan Geschenke und Angebinde dar, während der Ḫān ihm gleichfalls Wohltaten erwies und Gaben erstattete. Er befahl, man solle sie in einem Rang einstellen, wie er ihnen gebührte, und erhöhte ihre Ränge und ihre Gehälter. Nachdem er seine Großzügigkeitserweisungen und Wohltaten zu Ende gebracht hatte, ritt er zurück zu seinem Palast.

Doch am folgenden Tage saß er mit seinen Soldaten auf und zog zur Wüste hinaus; er ließ sich in einem Pavillon nieder und befahl seinen Soldaten aller Art, sich einzustellen. Kein Emir, kein Befehlshaber und kein Soldat von allen wagte zurückzubleiben. Er berief auch den Emir Sūdūn und seine beiden Söhne. Sie stellten sich vor ihm ein, und er sagte zu ihnen: «Wißt ihr, wozu ich euch aufgeboten und an diesem Ort versammelt habe?» Sie entgegneten: «Nur der Kenner des Verborgenen weiß, was in den Herzen versteckt liegt!» Er sagte: «Ich möchte, daß Qāsim und sein Bruder Ḏū l-Fiqār sich heute mit Speer und Hengst aneinander messen.» Sein Befehl war sofort von Gehorsam gefolgt, denn sie waren ja seine Soldaten und Gefolgsleute geworden. Sie stiegen zu Pferde, ritten los, warfen Speere, spielten frei und zeigten alle Art Reiterkünste, bis daß aller Augen sich an sie hefteten und die Türken über sie staunten, denn die vermochten es in jener Zeit nicht, es ihnen in diesen Dingen gleichzutun. Dann gab er ihnen ein Zeichen. Sie stiegen von ihren Pferden und wurden hoch emporgehoben; der Sultan gewährte ihnen Ehrengewänder und ernannte sie zu Emiren. Er strich sie lobend vor ihren Altersgenossen heraus, ließ sie mit sich reiten und sich von ihnen beim Kommen und Gehen begleiten.

Am nächsten Tag zog er wieder hinaus und ließ die Emire und ihnen unterstellten Soldaten vor sich treten. Er befahl ihnen, sie sollten sich alle in zwei Abteilungen aufteilen. Sie trennten sich mit ihren Anhängern in zwei Parteien, eine, deren Oberhaupt Ḏū l-Fiqār war, und die andere unter seinem tapferen Bruder al-Qāsim. Zu Ḏū l-Fiqār stießen die meisten osmanischen Ritter, zu al-Qāsim die Mehrheit der ägyptischen Streiter. Die *Fiqārīja* zeichnete er durch weiße Kleider aus; der *Qāsimīja* befahl er, sie solle sich durch rote Kleider und Reittiere hervorheben. Er hieß sie auf den Turnierplatz reiten in der Art von Kriegführenden, die einander bekämpfen und bestreiten.

Sie fügten sich dem Gebot, stiegen auf ihre Pferde, ritten los und stürmten davon wie eine Flut; sie ritten um die Wette und suchten einander mit der Lanze zu treffen; sie wollten einander niederwerfen und stießen wie Berge aufeinander; sie stürmten auf allen Wegen und wirbelten Staub empor; sie spielten mit den Lanzen und fingen sie in den Panzern auf; Stimmen erhoben sich, und Schreie wurden laut; Schreck und Erregung griffen um sich; beinahe wären die Risse nicht mehr zu flicken gewesen, und wenig fehlte, daß ein tödlicher Kampf ausgebrochen wäre; doch in jenem Augenblick wurden sie dazu aufgerufen, sich zu trennen.

Von jenem Tag an teilten sich die Emire Ägyptens in zwei Parteien, wie sie sich in jenem Spiel in zwei Mannschaften geteilt hatten. Ein jeder fuhr fort, die Farbe vorzuziehen, die er getragen hatte, und die andere ungern zu sehen, und dies in allen Lebensumständen, bis hin zu den Eßwaren, Speisen und Getränken. Die *Fiqārīja* neigte den Saʿditen Oberägyptens und den Osmanen zu; die *Qāsimīja* den Ḥarāmiten und den Bewohnern des Deltas. Dies wurde für sie zur Regel, die nie durchbrochen werden konnte und von der es kein Abweichen gab, geschehe was wolle. Die Sache nahm immer mehr zu und wuchs an; die Herren und die Sklaven übernahmen sie voneinander, bis sie sich einwurzelte, festwuchs und Blut über ihr vergossen wurde. Wie viele Ortschaften sind durch sie zerstört, Schlösser verbrannt, Häuser niedergerissen, Freie zu Sklaven gemacht, Gute verunglimpft worden!

Man sagt auch, daß der Ursprung der *Qāsimīja* auf Qāsim Bek den Defterdār zurückgehe, den Gefolgsmann des Muṣṭafā Bek; und daß die *Fiqārīja* sich auf Ḏū l-Fiqār Bek al-Kabīr zurückführe, und daß sie zum ersten Mal im Jahr 1050 (1640) in Erscheinung getreten seien – Gott kennt alle Wahrheiten! Es traf sich nämlich, daß der erwähnte Qāsim Bek in seinem Haus einen Empfangssaal erbauen ließ und ihn überreich schmückte. Er lud den erwähnten Ḏū l-Fiqār Bek, den Befehlshaber der Pilgerfahrt, darein zu Gast. Der kam zu ihm und speiste bei ihm mit einer kleinen Zahl von Begleitern, und Ḏū l-Fiqār sagte zu ihm: «Sei du morgen mein Gast!» Ḏū l-Fiqār sammelte seine Mamluken an jenem Tag, seine Ṣanǧaqs und Emire sowie die als Janitscharen Verpflichteten, und Qāsim Bek zog mit zehn seiner Gefolgsleute herbei; zwei Kawassen, Läufer und Fackelträger folgten ihm. Qāsim trat mit ihm in sein Haus ein, und Ḏū l-Fiqār ordnete an, daß niemand zu ihm eingelassen werde, es sei denn, wenn er nach ihm verlange. Dann brachte man das Tischtuch, und er setzte sich mit ihm zum Mahl. Qāsim sagte: «Wir wollen zuwarten, daß auch die Ṣanǧaqs und die Soldaten Platz nehmen können!» Doch Ḏū l-Fiqār entgegnete: «Sie werden nach uns essen; sie sind alle meine Mamluken, und wenn ich sterbe, werden sie für mich beten und Gott für mich um Gnade anflehen. Für dich aber wird dein Empfangssaal beten, denn du hast dein Geld für Wasser und Erde ausgegeben!» Die *Fiqārīja* war nämlich für ihre Großzügigkeit und Großmut bekannt; die *Qāsimīja* jedoch für Reichtum und Geiz. Zu den Abzeichen, welche die eine Gruppe von der anderen unterschieden, wenn sie in Formation ritten, gehörte, daß die Standarte der *Fiqārīja* weiß war und zuoberst eine granatartige Kugel trug; jene der *Qāsimīja* war jedoch rot, und auf ihrer Spitze befand sich ein Ring. Dies ist bis auf den heutigen Tag so geblieben. So begann das 12. (= 18.) Jahrhundert, und die Emire Ägyptens zerfielen in *Fiqārīja* und *Qāsimīja* (B I 42).

ḤASAN AL-ĞABARTĪ, MEIN VATER

Das Jahr 1188 (1774).

(B I 440) In diesem Jahr starb der Imam des Wissens und Verfassens, seine Durchlaucht, der das Banner der Wissenschaften auf dem Nacken seines Vorzuges trug und feinsinnige Gedanken ersann, beredt und berühmt in seinen Schriften und Berichten, (...) mein Herr und Erzeuger, Vollmond der Glaubensgemeinschaft und der Religion, mein Vater, Ḥasan ibn

Burhān ad-Dīn Ibrāhīm, Sohn des großen Scheichs Ḥasan, Sohn des Scheichs Nūr ad-Dīn ʿAlī, Sohn des Gottesfreundes aṣ-Ṣāliḥ Šams ad-Dīn Muḥammad, Sohn des Scheichs Zain ad-Dīn ʿAbd ar-Raḥmān az-Zailaʿī al-Ǧabartī al-ʿAqīlī al-Ḥanafī. Das Land al-Ǧabart ist das Land az-Zailaʿ auf äthiopischer Erde. Es steht unter der Herrschaft des irrgläubigen Königs der Äthiopier und besteht aus mehreren bekannten Städten, die von diesem Menschenschlag bewohnt sind. Sie sind in jener Region alle Muslime und folgen der Rechtsschule der Ḥanafiten und Šāfiʿiten, keiner anderen. Sie führen ihre Herkunft auf unseren Herrn Aslam ibn ʿAqīl zurück (...) Sie sind ein Volk, das meistens ruhig und friedfertig lebt; sie kommen aus ihrem Land, um die Pilgerfahrt zu vollziehen und an den Heiligen Stätten zu verweilen, in der Absicht, Wissen zu erwerben. Sie gehen zu Fuß auf die Pilgerfahrt, und sie haben einen Schlafraum *(ruwāq)* für ihre Studenten in al-Madīna, der erleuchteten Stadt, weiter einen in Mekka, der Hochangesehenen, und einen in der Azhar-Moschee in Kairo. Al-Ḥāfiẓ al-Maqrīzī hat eine Schrift über ihr Land, ihre Geschichte, die Einzelheiten ihrer Lage und Herkunft verfaßt. Zu ihnen gehört der große Pol, der berühmte Gläubige, Scheich Ismāʿīl ibn Sūdkīn al-Ǧabartī, Schüler des Ibn al-ʿArabī, den man den Pol *(quṭb)* des Jemen nennt (... und viele andere).

(B I 444) Der Scheich ʿAbd ar-Raḥmān war der siebte Vorvater der gesamten Familie; bei ihm endet, was wir von unseren Vorfahren wissen. Er ist jener, der aus seinem Land nach Ägypten wanderte, und die Nachrichten über ihn sind vom Vater auf den Sohn auf uns gekommen. Er kam über See nach Ǧidda, zog nach Mekka und ließ sich dort nieder; er machte mehrmals die Pilgerfahrt mit und zog auch nach al-Medīna, der Erleuchteten; dort blieb er zwei Jahre lang. Er begegnete vielen Scheichs in den beiden Heiligen Städten und lernte von ihnen. Dann kehrte er nach Ǧidda zurück und kam auf dem Weg übers Rote Meer nach Ägypten. Er trat gegen Anfang des 10. Jahrhunderts (1500) in die Azhar-Moschee ein. Er lebte in dem *ruwāq* und wohnte eifrig den Vorlesungen des Scheichs bei; er strengte sich an, Gewinn daraus zu ziehen. Er wurde Scheich des *ruwāq* und Wortführer seiner Gemeinschaft; er heiratete und hatte Kinder. Als er starb, folgte ihm sein Sohn Scheich Šams ad-Dīn Muḥammad nach. Er war im Sinne der guten Sitten und der Hinwendung zum Studium aufgezogen worden. Er erhielt den Vorsitz des *ruwāq* wie sein Vater. Er zeichnete sich aus und hielt in dem *ruwāq* Vorlesungen über Rechtslehre und Metaphysik. Er war ein eifriger Moralist, ging oft in die Moschee und hielt sich streng an die Sitten. Er verbrachte jede Woche nur eine oder zwei Nächte bei seiner Familie. Die meisten Nächte brachte er in dem *ruwāq* zu, um sich von Beginn der Nacht bis zum frühen Morgen mit Lernen abzumühen und den Rest mit Nachtgebeten zu verbringen. Ihm widerfuhr etwas, was auf seine hohe geistige Stellung hinweist. Es ging ihm einmal in einer Winternacht die Lampe aus; da weckte er seinen Assistenten auf, damit der ihm eine neue Lampe anzünde. Dieser stand ungern aus seinem Schlaf auf, nahm eine Laterne und ging, um sie anzuzünden. Als er damit zurückkam und beim *ruwāq* anlangte, sah er ein Licht. Da schirmte er seine Lampe ab und schaute von ferne nach ihm aus, um ausfindig zu machen, woher er die Lampe genommen habe. Er fand ihn, wie er aufmerksam in ein Heft schaute, das er in der linken Hand hielt. Den Zeigefinger seiner rechten Hand hatte er erhoben, und er strahlte ein Licht aus wie eine brennende Kerze, bei deren Beleuchtung er las. Da trat der Assistent mit der Lampe ein, worauf jenes Licht erlosch. Der Scheich sah, daß sein Gehilfe ihn bemerkt hatte, und tadelte ihn, weil er ihm nachgespäht habe. Er befahl ihm, das Geheimnis verborgen zu halten. Der Scheich lebte nachher nur noch kurze Zeit; er verschied und ging ein in das Erbarmen Gottes – Er ist erhaben!

Sein Sohn, Scheich ʿAlī, folgte ihm nach. Er war ebenfalls in der Art seiner Vorfahren aufgezogen worden und war beständig mit wissenschaftlicher Arbeit beschäftigt. Er wurde berühmt und reich; er heiratete Zainab, die Tochter des Imams und hochgelehrten Qāḍī ʿAbd ar-Raḥmān al-Ǧuwainī. Er hörte nicht auf, in seiner Sache fortzuarbeiten und auf dem Weg seiner Vorfahren weiterzuschreiten, bis der Tod ihn erreichte. Zwei Söhne folgten ihm nach, der hochgelehrte Imam Scheich Ḥasan, dessen Biographie wir weiter oben gegeben haben und der im Jahr 1097 starb, sowie sein Bruder, Scheich ʿAbd ar-Raḥmān, der zu Lebzeiten seines Bruders im Jahr 1086 (1675) verschied. Zainab al-Ǧuwainīja besaß Liegenschaften, die ihr gehörten; die hinterließ sie als *waqf* ihrem Gemahl und ihren beiden erwähnten Söhnen. Als Scheich Ḥasan verstarb, folgte ihm mein Großvater nach, der noch klein war. Seine Mutter, die Ḥāǧǧa Marjam, Tochter des Scheichs, des ʿUmda und Offiziers Muḥammad ibn ʿUmar al-Manzilī al-Anṣārī, zog ihn auf. Auch er wurde wohl erzogen, und als er aufgewachsen war, verheiratete man ihn im Jahr 1108 (1696) mit Sittīja, Tochter des ʿAbd al-Wahhāb Efendī ad-Dalǧī. Er wohnte ihr im gleichen Jahr bei, sie wurde schwanger mit dem Helden dieser Biographie und gebar ihn im Jahr 1110 (1698). Sein Vater starb, als er nur einen Monat alt war; sein Alter war damals 16 Jahre. Seine Mutter brachte ihn unter der Obhut der Mutter seines Vaters auf, den ich erwähnt habe, und unter der Vormundschaft des berühmten Scheichs Muḥammad an-Našratī. Man setzte auch ihn, wie seine Vorfahren, zum Scheich des *ruwāq* ein, wie es mit dem erwähnten Testamentsvollstrecker vereinbart war. Er wuchs unter ihrer Obhut auf, bis er erwachsen war. Mit zehn Jahren wußte er schon den Koran auswendig. Später befaßte er sich damit, die Traditionen auswendig zu lernen, ferner die *Alfīja,* die *Ǧauhara,* den Band «Schatz der Feinheiten der Rechtslehre», die Werke *Manẓūmat as-Sullam, ar-Raḥbīja,* die *Manẓūma* des Ibn aš-Šiḥna über die Erbregeln usw.

Als er 13 Jahre alt war, geschah es ihm, daß er mit seinem Diener auf dem Weg zur Azhar einherschritt und einen Scheich sah, glückbringend, leuchtenden Angesichtes und weißen Bartes, der Würde und Majestät besaß und von hohem Alter war. Die Leute drängten sich um ihn, um seine Hand zu küssen und seinen Segen zu erlangen. Er fragte, wer er sei, und erfuhr, daß er der Sohn des Scheichs aš-Šaranballānī sei. Er trat vor ihn, um seine Hand zu küssen, wie die anderen es taten. Der Scheich schaute auf ihn, blickte ihn forschend an, ergriff seine Hand und fragte: «Wer ist dieser Knabe, und wer ist sein Vater?» Man unterrichtete ihn darüber; da lächelte er und sagte: «Ich habe ihn an seiner Ähnlichkeit erkannt.» Er blieb stehen und sagte: «Mein Sohn, dein Großvater hat mich unterrichtet, und er hat von meinem Vater gelernt, deshalb möchte ich, daß du etwas von mir lernst und ich dir dann die Lehrerlaubnis gebe, damit zwischen uns eine Kette der Überlieferungen entstehe und sie die Enkel mit den Großeltern verbinde.» Er leistete seinem Begehren Folge und kam jeden Tag zu ihm, um unter seiner Leitung den Band *Nūr al-Īḍāḥ* zu lesen, den sein Vater verfaßt hatte und der vom Dienst Gottes handelt. Am Ende schrieb der Scheich ihm eine Lehrerlaubnis, deren Wortlaut hier wiedergeben ist (...)

(B I 449) Er strengte sich bei gewinnbringenden Studien so sehr an, daß er schließlich all seine Zeitgenossen übertraf. Er forschte und mühte sich ab, er unterrichtete Rechtswissenschaft und Metaphysik im *ruwāq* und auch in der Sinānīja-Moschee in Būlāq. Seine Großmutter, die Mutter seines Vaters, besaß eine Wohnung im Ḫarnūb-Quartier, die auf den Nil hinausging, als der Strom noch an jenem Stadtteil vorbeifloß. Dort wohnte er eine Zeitlang; morgens früh pflegte er zur Azhar-Moschee zu gehen, dann kehrte er nach Būlāq zurück. Er besaß ein Geschäft im Ḫarnūb-Quartier. Dort pflegte er eine Weile zu sitzen und ging dann in die Sinān-Moschee von Būlāq, um dort seine Lektion zu erteilen. Doch später brannte jenes Haus mit allem, was darin war, ab; viele Geräte und altes Porzellan gingen dabei verloren. Die Großmutter zog daraufhin nach Kairo um.

Immer wenn der Nil anstieg, pflegten sie ferner, um die Feuchtigkeit zu vermeiden, in eine andere Wohnung zu ziehen, die sie in Altkairo besaß.

Es war seine Großmutter, die ihm dabei half, sich die Wissenschaften anzueignen. Obgleich er sehr mit ihnen beschäftigt war, widmete er sich auch Kauf und Verkauf, Beteiligung, Geschäftsteilhaberschaft und Austausch. Seine Großmutter war reich und vermögend; sie verfügte über Hausbesitz und Grundstücke. Sie hinterließ ihm einige als *waqf*, darunter die Wakāla aṣ-Ṣanādiqīja und die Läden, die an sie anschlossen, weitere in der Ghūrīja und in Marǧūš und ein Haus bei der Āqbughāwīja-Schule. In ihrem *waqf* legte sie eine Reihe von wohltätigen Verpflichtungen fest; darunter war eine Schule in einem Lokal gegenüber der erwähnten Wakāla, wo muslimischen Waisen das Lesen gelehrt wurde; ferner die tägliche Lesung von einem Koranviertel, Speisungen in den Festnächten, zwei große Kessel Nahrung in jeder Nacht des Ramaḍān sowie drei Büffel, die in der Nacht des Opferfestes unter die Rechtsgelehrten, die Waisen und die Fakire verteilt werden mußten.

Diese erwähnte Großmutter wurde nach dem Tod seines Großvaters vom Emir ʿAlī Aghā, dem Kommandeur der Freiwilligen der *Mutafarriqa*, genannt aṭ-Ṭūrī, geheiratet. Der Held dieser Lebensbeschreibung jedoch heiratete dessen Tochter. Er war Kommandant der Festungen von Ṭūr, Suez und Muwailiḥ; die waren in jener Zeit bewohnt und hatten eine Besatzung, und der Staat bezahlte ihren Sold und kam für ihre Bedürfnisse auf. Als dann der erwähnte ʿAlī Aghā im Jahr 37 starb, wurde jenes in seiner Nachfolge eine Zeitlang dem hier Beschriebenen anvertraut, obgleich er zum Stand der Gelehrten gehörte. Er setzte dort seine beiden Freigelassenen ʿUṯmān und ʿAlī ein, und die Festungen blieben unter seiner Obhut, bis er lange Zeit später starb. Er sandte auch einen seiner Diener, der Sulaimān al-Haṣāfī hieß, als Kommandanten nach der Festung al-Muwailiḥ, doch der wurde dort getötet, was meinen Vater sehr betrübte, so daß er jene Sache aufgab, sich von ihr abwandte und sich aus diesem Grund noch mehr auf seine Studien konzentrierte.

Seine Gemahlin, die Tochter des Emirs ʿAlī Aghā, starb, als ihr Vater noch lebte, und er heiratete darauf die Tochter des Ramaḍān Čelebī ibn Jūsuf, genannt al-Ḫaššāb, des Gefolgsmannes von

Kūr Muḥammad. Sie sind ein angesehenes und reiches Haus in Būlāq, und sie besitzen Häuser, Grundstücke und Waqfstiftungen. Darunter sind die Wakālat al-Kattān und ein Geviert von Läden bei der Zardakāš-Moschee, ein großes Haus am Nilufer und ein anderes bei der Marzah-Čorbaǧī-Moschee, welches die Wohnung des erwähnten Ramaḍān Čelebī ist. Er war ein rechtschaffener Mann mit ausgesuchtem Gefolge und besaß zahlreiche Vorzüge und preiswürdige Eigenschaften.

Der erwähnte Ramaḍān Čelebī starb im Jahr 1139 (1726), doch seine Tochter verblieb unter dem Schutz meines Vaters, bis auch sie im Muḥarram des Jahrs 1182 (Mai 1768) im Alter von 60 Jahren starb. Sie war fromm, wohltätig und zurückhaltend; im Jahre 51 (1738) ging sie mit meinem Vater auf die Pilgerfahrt. Sie war ihm gegenüber loyal und gehorsam. Zu den vielen Beweisen, die sie dafür und für ihren Gehorsam erbrachte, gehörte die Tatsache, daß sie schöne Sklavinnen von ihrem eigenen Geld zu kaufen pflegte und sie mit Schmuckstücken und Gewändern herausputzte, um sie ihm zum Geschenk zu machen. Sie war der Ansicht, daß sie dadurch Lob und himmlischen Lohn für sich verdiene. Er heiratete neben ihr viele freie Mädchen und kaufte sich auch andere Sklavinnen, doch sie ließ sich nicht beeinflussen und wurde nie von der Eifersucht übermannt, die andere Frauen unter solchen Umständen überkommt.

Zu den seltsamen Begebenheiten gehört die folgende: als mein Vater im Jahre 56 auf die Pilgerfahrt zog, traf er in Mekka mit Scheich ʿUmar al-Ḥalabī zusammen. Der beauftragte ihn, er solle ihm eine weiße Sklavin kaufen, die Jungfrau sei, noch vor der Pubertät stehe und soundso beschaffen sei. Als mein Vater dann heimkehrte, forderte er von den Sklavenhändlern für Mädchen, daß sie ihm das Verlangte auffänden; er ließ so lange suchen, bis er fand, was gewünscht wurde. Er kaufte sie und brachte sie bei seiner erwähnten Gattin unter, bis daß er sie dem Scheich mit einer Person übersenden könne, die dieser zu ihrer Begleitung schicken würde. Als die Zeit ihrer Abreise herbeikam, teilte er es seiner Gemahlin mit, damit sie ihnen den nötigen Reiseproviant usw. vorbereite. Sie aber sagte: «Ich habe diese junge Dienerin sehr lieb gewonnen und vermag mich nicht von ihr zu trennen. Ich habe keine Kinder und habe sie an Kindes Statt angenommen!» Das Mädchen weinte auch und sagte: «Ich will mich von meiner Herrin nicht trennen und nie von hier fortgehen!» Mein Vater fragte: «Und was sollen wir tun?» Sie antwortete: «Ich selbst will ihren Preis entrichten; du kannst dann eine andere kaufen!» So geschah es.

Später ließ sie sie frei und unterstellte sie ihm als Gattin; sie stattete sie aus und wies ihr ein Bett an einem Ort an, wo sie alleine war. Er wohnte ihr im Jahre 65 (1751) bei, doch die Hauptgemahlin vermochte sich nicht eine Stunde lang von ihr zu trennen, obgleich sie so ihre Rivalin geworden war und ihm auch Kinder gebären sollte. Im erwähnten Jahr 82 aber wurde das Mädchen krank, und sie erkrankte ebenfalls wegen dessen Erkrankung. Einmal erwachte das Mädchen am frühen Morgen, schaute auf seine Herrin, die das Bewußtsein verloren hatte, und weinte. Ihre Krankheit nahm zu, und sie starb in jener Nacht. Man ließ die Tote neben ihrer Herrin liegen. Gegen Morgen erwachte diese; sie tastete mit der Hand nach ihr und sagte: «Mein Herz sagt mir, daß sie gestorben ist; ich habe in meinem Schlaf ein Gesicht gesehen, das darauf hinwies.» Als sie festgestellt hatte, daß dies die Wahrheit war, richtete sie sich auf, bis sie saß, und sagte: «Ich kann ohne sie nicht leben!», und sie begann zu weinen und zu schluchzen, bis der Tag heraufzog. Man ging daran, die Tote vorzubereiten und einzukleiden; man wusch sie in ihrer Gegenwart und schritt zu ihrer Bestattung. Doch sie kehrte zu ihrem Bett zurück, trat in die Agonie ein und starb gegen Ende des Tages. Am folgenden Tage wurde auch sie bestattet. Dies ist eines der wundersamsten Dinge, die ich erfahren habe; ich habe es selbst gesehen und miterlebt; ich war damals 14 Jahre alt.

(B I 452) Der Gegenstand dieser Biographie bemühte sich in seinen Lehrjahren auch um die Kalligraphie. Er nahm Schreibstunden bei ʿAbdallāh Efendī al-Anīs und Ḥasan Efendī aḍ-

Ḍijāʾī in den Schreibstilen des *ṯulṯ* und *nasḫī,* bis er sie beherrschte. Sie gaben ihm ein Diplom, seine Schreibkunst betreffend, und gestatteten ihm, seinerseits ebensolche Diplome in ihrer Schreibtechnik zu erteilen. Dann lernte er fleißig die *taʿlīq*-Schreibweise unter Aḥmad Efendī al-Hindī, dem Siegelschneider für Ringsteine, bis er ihn in seiner Schreibart übertraf und mit ihr wohl umzugehen wußte. Er schrieb auch das *dīwānī* und das *qurma;* er beherrschte das *šāhidī* und auch die persische und die türkische Sprache so gut, daß viele Perser und Türken glaubten, er stamme aus ihrem Land, weil er ihre Sprache und Zunge so vollkommen beherrschte.

Im Jahr 44 (1731) begann er sich mit Mathematik zu beschäftigen. Er las unter Scheich Muḥammad an-Naǧāḥī das Buch *Raqāʾiq al-ḥaqāʾiq* des Sibṭ al-Mārdīnī; auch den *Maǧīd,* den *Muqanṭar* und die *Munḥarifāt* des Sibṭ – so weit reichte die Weisheit des Scheich an-Naǧāḥī. Dann öffnete er sich selbst die Türe und zog die Schleier davon. Er lernte Azimut und Elevation kennen, die Unterteilung und Vierteilung, die zweite und die erste Deklination, die echte und die durchschnittliche Wurzel. Er begab sich unter die Besitzer von Weisheit und verkehrte mit einem jeden, der aus dem Meer der Kunst schöpfte. Er löste die Geheimnisse und öffnete die Schätze; er gewann aus ihnen die Resultate der einzigartigen Perle, der Ordnung und Ausrichtung (452 ...)

(B I 457) Er war – möge Gott sich seiner erbarmen! – für die Studenten wie süßes Wasser für den Ankömmling; freigebige Belebung für alle, die kamen. Er ehrte einen jeden, den er in seinen Schutz nahm; der Bittsteller erlangte sein Begehren, der Hilfesuchende sein Gastgeschenk (...) Er besaß eine gewichtige Stellung in den Herzen der Großen, Emire, Wesire und Würdenträger; sie empfingen ihn freudig, wenn er für bestimmte Angelegenheiten und Interventionen zu ihnen ging. Auch sandte er Botschaften an sie, ohne daß sie ihm je seine Fürsprache abschlugen und ohne daß er sich selbst hätte hinbegeben müssen, um mit ihnen darüber persönlich zu sprechen. Sie mochten ihn lieber als seine Kollegen, die anderen Scheichs, weil er ihre Sprache und Zunge verstand und weil sie Gewinn erhofften und Begierde nach den besonderen Kenntnissen und nach den Geheimnissen empfanden, von denen sie wußten, daß er allein sie besaß. Dies galt besonders von den Großen der Osmanen und den Wesiren sowie von den Gelehrten und Gebildeten unter ihnen, etwa ʿAlī Pascha ibn al-Ḥakīm, Rāghib Pascha, Aḥmad Pascha al-Kūr und anderen. Manchmal kamen sie ihn besuchen, um Meinungen auszutauschen. Sie verkehrten mit ihm in Ehrlichkeit und Höflichkeit und ohne daß er irgend etwas von den Dingen der Welt angestrebt hätte, etwa eine Stelle, einen Rang, einen Preis oder etwas Derartiges. Mit dem Emir Ḏū l-Fiqār Bek war er befreundet und eng vertraut; als jener die Pilgerkarawane anführte, zog er dreimal auf die Pilgerfahrt, um ihn zu begleiten, auf eigene Kosten und aufgrund seiner eigenen Habe. Er hat nie etwas von ihm angenommen, außer, was er von ihm als Geschenk zugesandt erhielt. Sein Haus, das in der Ṣanādiqīja lag und in dem er wohnte, war in seinen unteren Geschossen recht eng und voller Treppen; Ibrāhīm Katḫodā schlug ihm vor, er wolle ihm ein großes Haus kaufen oder erbauen, doch mein Vater nahm es nicht an; ebenso auch ʿAbd ar-Raḥmān Katḫodā.

Er hatte drei Wohnungen, die eine in der Nähe der Azhar, eine andere in der Abzārīja am Ufer des Nils, und das Haus seiner früheren Frau bei der Marzah-Moschee. In jedem Haus hatte er eine Gemahlin, Sklavinnen und Diener. Er pflegte mit seinen Freunden und Schülern zwischen diesen Häusern hin- und herzuziehen. Er besaß auch Mamluken, Sklaven und Singmädchen, weiße, Äthiopierinnen und schwarze. Über vierzig seiner Kinder starben ihm weg, Knaben und Mädchen, alle bevor sie die Pubertät erreichten. Keiner der Knaben überlebte außer meiner Wenigkeit. Sich für etwas anderes als die Wissenschaft abzumühen, sah er als Unsinn an. Wenn ein Student zu ihm kam, freute er sich darüber, hieß ihn willkommen, bevorzugte ihn und tat ihm Ehre an, besonders wenn er aus der Fremde kam.

Manchmal lud er ihn ein, bei ihm zu wohnen; dann wurde er einer aus seiner Familie. Es gab welche, die zwanzig Jahr bei ihm blieben und bei ihm wohnten und schliefen, ohne etwas für ihre Nahrung zu bezahlen; sogar ihre Kleider wurden ohne Schwierigkeiten und Gerede gewaschen. Viele der Gelehrten seiner Zeit kamen zu ihm, Forscher einer Generation nach der anderen, wie Scheich Aḥmad ar-Rāšidī, Scheich Ibrāhīm al-Ḥalabī, Scheich Muṣṭafā Abū l-Itqān der Schneider oder Sajjid Qāsim at-Tūnisī (...) Die letzte Generation habe ich selbst gekannt, wie Scheich Abū l-Ḥasan al-Qalʿī und Scheich ʿAbd ar-Raḥmān al-Banānī. Seine engsten Freunde aber waren Scheich Maḥmūd ibn Ismāʿīl an-Nafrāwī, Scheich Muḥammad aṣ-Ṣabān (und sieben weitere ...). Das waren seine Gefährten, die stets zu ihm kamen, Tag und Nacht. Sie waren wie seine Kinder, besonders die beiden ersten. Sie verließen ihn nie, außer wenn es Zeit für ihre Vorlesungen war. Er war stets freundlich zu seinen Freunden, scherzte mit ihnen und unterhielt sie mit Zusammenkünften, Anekdoten, Geschichten, Versen aus Gedichten und Liedern, heiteren Berichten und merkwürdigen Geschichten. Sie zogen mit ihm zusammen in die Wohnung in Būlāq und in die Lustgärten, wo sie die Zeit verbrachten, indem sie sich vor allem mit den Wissenschaften abgaben, manchmal auch mit Fragen, die aufgeworfen wurden; andere Male auch mit Scherzen, Freundlichkeiten und kunstvollen Geschichten (...)

Zu seinen Schülern gehörte auch der Scheich der Scheiche, Scheich ʿAlī al-ʿAdawī, der unter ihm die Kommentare des Zailaʿī zum Schatz der ḥanafitischen Rechtswissenschaft und viele Fragen der spekulativen Philosophie studiert hatte. Wenn er das erwähnte Buch las und inquisitive Studenten ihm über bestimmte Angelegenheiten Fragen stellten, hielt er in seinen Erklärungen inne, stand auf, verließ seinen Lehrzirkel und sagte zu ihnen: «Bleibt, wo ihr seid; ich will zu einem gehen, der das besser versteht als ich. Dann komme ich zu euch zurück!» Er ging zum Gegenstand dieser Lebensbeschreibung; der erklärte ihm die Sache in den allereinfachsten Ausdrücken. Dann stand er sofort wieder auf, kehrte zu seiner Vorlesung zurück und erklärte es ihnen, was ein Zeichen von großer Frömmigkeit und Rechtschaffenheit war. Dies wiederholte sich mehr als einmal. Er pflegte von meinem Vater zu sagen: «Wir werden nie jemanden hören oder sehen, der so tief wie er in die Wissenschaften der Philosophie und Spekulation eingedrungen ist und dabei an Glauben gewonnen hat - möge Gott sich seiner erbarmen!»

(B I 460) Die Bücher über die anderen Wissenschaften, die er bei sich zusammentrug und besaß, waren sehr zahlreich; wenige andere Gelehrte haben so viele zusammengebracht. Dabei erlaubte er den Studenten, sie auszuleihen und auszuwechseln, was der Grund davon wurde, daß die meisten davon verdarben, zerstört wurden oder verlorengingen. Er ging sogar so weit, daß er einen Ort in seinem Haus zur Verfügung stellte, wo er gebrauchte Abschriften der Bücher auflegte, welche die Gelehrten der Azhar für die Kurse der Studenten verwenden, wie den Ašmūnī und den Ibn ʿAqīl, Scheich Ḫālid und seine Azhar-Kommentare sowie seine gewöhnlichen; auch die Fragmente; ebenso die Bücher über Gottes Einheit, wie die Kommentare des Ǧauharī, des Hudhudī, den Kommentar der *Senūsīja,* den großen wie den kleinen, Bücher über Logik, Metaphern und Definitionen, auch jene der Traditionen, Koranauslegung, Rechtslehre und Rechtsschulen und ähnliches. Sie pflegten an jenen Ort zu kommen und sie zu nehmen und auszutauschen, ohne um Erlaubnis zu fragen. Es gab solche, die die Bücher nahmen und nicht zurückgaben; andere unterließen es, sie neu einzubinden und verloren Hefte daraus; manche reisten fort und ließen sie bei anderen zurück; manche verdarben die letzten Seiten der Bücher, und es kam vor, daß zwei oder drei ein Buch zusammen benützten in nur einem Exemplar, so daß es beinahe unvermeidlich wurde, daß einer es verdarb. Es ließ sich nicht umgehen, daß jedes Jahr einige verlorengingen oder verdorben wurden, denn die meisten Leute sind unordentlich, ungeraden Charakters und verschrobener Haltung.

Er besaß auch wertvolle Bücher, die nicht wie die gewöhnlichen waren. Sultan Muṣṭafā sandte ihm Exemplare aus seiner Bibliothek, desgleichen auch die großen Würdenträger des Staates aus Kleinasien und Ägypten; auch die Paschas von Tunis und Algier. Er hatte auch persische Bücher gesammelt, wie den *Gulistān* und den *Dīwān* des Ḥāfiẓ, das *Šāhnāmeh,* die Geschichten der Perser, «Kalīla und Dimna», «Jūsuf und Zulaiḫā» und andere dieser Art. Darunter waren solche mit Figuren und Bildern von seltener Arbeit und außergewöhnlichem Schmuck.

Er besaß auch alle Art astronomischer Instrumente aus Messingsphären, die Ḥasan Efendī ar-Rūznāmağī hatte herrichten lassen mit der Hilfe des Astronomen Riḍwān Efendī, wie es in deren Biographien weiter oben erzählt ist. Als der erwähnte Ḥasan Efendī starb, kaufte er alle, die jener hinterließ, dazu auch andere Instrumente, um die Höhen und Neigungen zu messen, Beobachtungsringe, Astrolabien, Hohlmaße und Ingenieursinstrumente. Er besaß auch die Werkzeuge der meisten Handwerke, wie der Tischler, der Papierhersteller, Schmiede, Klempner, Buchbinder, Skulpteure und Goldschmiede, sowie auch Geräte zum Zeichnen und Unterteilen. Alle fähigen und erfahrenen Handwerker sammelten sich bei ihm, wie Ḥasan Efendī der Uhrmacher, der bei ihm wohnte, oder wie ʿĀbidīn Efendī der Uhrmacher und ʿAlī Efendī al-Iskandarānī, Scheich Muḥammad al-ʿAqfālī; Ibrāhīm as-Sakākīnī und Scheich Muḥammad az-Zabadānī. Er war einzigartig im Herstellen von Apparaten und Destilliergeräten zum Destillieren von Fetten, Flüssigkeiten und ähnlichem, wie ich es gesehen habe und nie wieder sehen werde. Studenten aus Europa *(Afranğ)* kamen zu ihm, um unter ihm Ingenieurswissenschaften zu studieren. Das war im Jahre 59 (1746), und sie schenkten ihm wertvolle Dinge und Geräte von der Art, wie sie sie herstellen. Sie kehrten wieder in ihre Länder zurück, und seither hat sich dort jene Wissenschaft ausgebreitet. Sie haben sie aus der Potenz in die Aktualität übergeführt und haben bemerkenswerte Dinge hergestellt wie Windmühlen und Gewichtheber, Wasserpumpen und ähnliches.

In den Tagen, an denen er sich mit Zeichnen befaßte, entwarf er unzählige senkrechte und geneigte Sonnenuhren auf Marmorplatten und Pflaster und stellte sie an vielen Orten und in berühmten Moscheen auf: in der Azhar, der Ašrafīja, der Qauṣūn-Moschee, in der des Imams Šāfiʿī und in der Sādāt-Moschee. Auch in Alexandria hat er drei angebracht, eine zuoberst auf dem Schloß, eine andere an seinen Toren und noch eine, sehr schöne, auf dem Dach der Moschee. Von der dritten ist nur noch ein Stück übriggeblieben; den Rest haben die Diener der Emire zerstört, die dort zum Putzen hinaufstiegen, weil sie die Markierungen der messingenen Platten auswischten. Ferner hat er in Wardān auf Bitten des Muṣṭafā Aghā al-Wardānī und weiter an der Mauer des Friedhofs der Razzāzīn auf Ersuchen des Riḍwān Čorbağī ar-Razzāz – möge Gott sich seiner erbarmen – Sonnenuhren angebracht. Als seine Schüler und Gehilfen darin erfahren geworden waren, verzichtete er darauf, sich selbst mit Sonnenuhren abzugeben, und wies alle, die welche haben wollten, an jene. Wenn es Araber waren, sandte er sie zu seinem Schüler Ismāʿīl an-Nafrāwī; wenn es ein Perser oder ein Türke war, zu Maḥmūd Efendī aus Nisch. Er aber befaßte sich damit, Rechtslehre zu unterrichten, Fetwas zu erteilen und Forschungen über die verschiedenen Zweige der Rechtswissenschaft und Fragen des Schöpfers durchzuführen. Die Leute fielen ihm zu Füßen, um seine Rechtsgutachten über ihre Angelegenheiten und Streitfragen einzuholen. Das Publikum war sich dermaßen sicher, daß er stets das Recht und die Texte im Sinn trüge, daß die Richter keine anderen Gutachten als die seinen mehr annehmen wollten. Scheich ʿAbd ar-Raḥmān al-ʿArīšī unterzog sich der Aufgabe, sie bei ihm zu überprüfen, was sein Talent so erweiterte und seinen Namen so in Umlauf brachte, daß er nach dem Tod meines Vaters als Kandidat für die Rechtsgutachten auftreten konnte. Mein Vater kümmerte sich nicht darum, Bücher zu schreiben, außer über einige wichtige Fragen der Forschung, darunter «Die Klarheit der Augen / Über die Almosensteuer in beiden Metallen» (und über 20 andere Titel ...).

Er erfand auch nützliche und außerordentliche Geräte, die er entwarf; darunter war ein viereckiges Instrument, um die Himmelsrichtungen, den Azimut und die Deklinationen auf die einfachste Art und auf leichtestem Wege zu ermitteln; ferner ein Kreis für Datierungen und ein Zirkel mit Gradeinteilung.

Im Jahr 72 (1758) geschah es, daß Fehler an den Gewichten und Waagearmen auftraten. Man wußte nicht, wie sie in ihrer Eichung, Ausgleichung und Verwendung festzulegen und aufzustellen waren und wie man ihre Defekte beheben sollte. Es waren Fehler an ihnen sichtbar, und die abgewogenen Mengen differierten untereinander, woraus Schädigung der gerechten Ansprüche und Verluste entstand. Die Handwerker hatten die Tradition verloren, aufgrund deren sie bisher gearbeitet hatten. In dieser Lage entschloß sich mein Vater, dies zu korrigieren. Er ließ die Handwerker kommen, die solche Dinge herstellen, Schmiede und Eisengießer, und stellte Gewichte, Maße und Modelle auf, große und kleine. Er entwarf sie, indem er sie aus den wissenschaftlichen Grundregeln und Ingenieursgrundsätzen herleitete. Er verwandte dafür sein eigenes Geld, nur auf das Wohlgefallen Gottes bedacht. Dann ließ er die großen Waagemeister und die Aufseher der Gewichte kommen wie Scheich ʿAlī Ḫalīl, Sajjid Manṣūr, Scheich ʿAlī Ḥasan, Scheich Ḥasan Rabīʿ und andere. Er erklärte ihnen, wo die Fehler lagen, und zeigte ihnen, wie sie korrigiert werden konnten. Er informierte sie auch über die Geheimnisse der Eichung und der Herstellung von Gewichten und ihre verborgenen Eigenheiten. Sie ließen alle Gewichte herbeibringen und korrigierten jene, die sich korrigieren ließen, während sie jene für ungültig erklärten, deren Eichung veraltet, deren Stücke zerbrochen oder Zentren verschoben waren. Sie unterwiesen in der Herstellung dieser Dinge die Meister Murād den Schmied und Muḥammad ibn ʿUṯmān, bis am Ende die Waagen korrekt funktionierten und in Ordnung gebracht und wiederhergestellt waren. So breitete sich unter den Leuten die gesetzmäßige Gerechtigkeit wieder aus, die zur Geltung zu bringen uns befohlen ist. Die Arbeit an dieser Sache dauerte mehrere Monate lang. Dies war auch der

Grund, der ihn dazu veranlaßte, die oben erwähnte Schrift zu verfassen. Solches sind die Früchte der Wissenschaft und die Resultate von Kenntnis und Weisheit, auf die in Seinem Wort – Er ist hoch erhaben – hingewiesen wird: «Er gibt die Weisheit, wem Er sie gewähren will.»

Als Scheich Ibrāhīm ibn Abī l-Barakāt al-ʿAbbāsī al-Baghdādī, der unter dem Namen Ibn as-Suwaidī berühmt ist, im Jahr 1175 nach Kairo kam – ein vorzüglicher Imam, voller Beredsamkeit und Wortgewandtheit, der vollständige Gedichte mit jedem beliebigen Reim und Versmaß ohne Künstelei improvisieren konnte –, lud ihn mein Vater zum Wohnen ein, ehrte ihn und fühlte sich durch ihn geehrt, und er begann mit ihm zusammen und seinen anderen Freunden in Būlāq und in den Lustorten von einer Wohnung in die andere zu ziehen. Es geschah, daß er einige Tage lang krank wurde, als er in dem Haus in Būlāq verweilte, das auf den Nil hinausschaute. Mein Vater verschaffte ihm jemanden, der ihm Nahrung zubereitete, ihn bediente und seine Schmerzen zu erleichtern suchte. Er pflegte jedesmal, wenn er alleine war und die Zephirwinde aus dem Norden und der Lufthauch vom Strom her über ihn strichen, seine Feder in die Finger zu nehmen und auf die Hölzer und Wände seines Zimmers Gedichte zu schreiben. Er schrieb an die zwanzig Qaṣīden nieder, an vielen verschiedenen Stellen; alle waren Lobgedichte auf die Nilwinde, Gärten, Blumen, den Paradiesesfluß, den Nektarwein und die Nilnachbarschaft. Man ließ sie, wo sie waren, und sie gingen mit allem anderen (bei der Feuersbrunst) dahin.

Im Jahre 79 (1765) starb ihm sein Sohn, mein Bruder von Vatersseite, Abū l-Falāḥ ʿAlī, im Alter von zwölf Jahren. Er trauerte sehr um ihn, sein Gemüt wurde bedrückt, und sein Temperament litt; das Unglück überwältigte ihn, und die Schmerzen der Trennung übermannten ihn. Er gab es auf, nach Būlāq und an die anderen Lustorte zu ziehen, brachte seine Familie von dort fort und blieb ausschließlich in dem Haus im Ṣanādiqīja-Viertel. Er verließ es nur noch selten. Er erteilte seine

Lektionen zu Hause, schrieb Rechtsgutachten und beschäftigte sich mit rechtlichen und religiösen Fragen, mit Untersuchungen und Nachprüfungen, Erfindungen, richtigen Analogieschlüssen, Beachtung der Prinzipien und Methoden, Austausch von Ergebnissen und Einsichten. Er hatte auch Abordnungen zu empfangen, Besucher zu ehren, Gastmähler zu geben und Auskunftsuchende und Wißbegierige zu informieren sowie Verwandte und Freunde zu beaufsichtigen, voller Freundlichkeit und Umgänglichkeit. Denn er war weitherzig und gütig im Verkehr mit den Freunden, Gefährten und Kameraden.

Er pflegte seine Gäste persönlich zu bedienen und wurde der Freundlichkeit gegen sie nie überdrüssig. Er geizte nicht mit dem Vorhandenen, nahm aber auch keine unnötigen Verpflichtungen auf sich; betrug sich nicht geziert in seinen Darbietungen und nahm den Mund nicht voll, wenn er sprach. Er folgte dem guten Ton in all seinem Verhalten. Zu seinen Gewohnheiten gehörte, daß er an der untersten Stelle im Empfangssaal saß, in irgend beliebiger Kleidung, mit oder ohne Turban. Er zog nämlich an, was ihm gerade in die Hand kam, gürtete sich, wenn es sein mußte, mit einem Fetzen Tuch oder einem abgerissenen Stück Obergewand, einem Kaschmirschal oder einem Gurt.

Er schlief nie in einem gemachten Bett, sondern wie es gerade kam, meistens sogar sitzend, denn er pflegte viele Stunden lang Gottes Namen beständig herzusagen, indem er stets damit fortfuhr und an Ihn dachte. Er schlief zu Beginn der Nacht, erhob sich in ihrer zweiten Hälfte, betete die freiwilligen und die Zusatzgebete, die er darbringen wollte; dann befaßte er sich mit Gottesgedenken (*ḏikr)*, bis das Morgengrauen heraufstieg; dann betete er das Morgengebet und saß so fort, bis die Sonne aufging; dann legte er sich ein wenig hin oder schlief in sitzender Stellung, indem er sich aufstützte. Dies war seine beständige Gewohnheit.

Er hütete sich soweit wie möglich vor demonstrativem Verhalten; er pflegte zum Beispiel während der Monate Raǧab, Šaʿbān und Ramaḍān zu fasten, doch sagte er nie: «Ich faste», und es kam vor, daß er zu einem der Würdenträger ging oder zu einem Bankett eingeladen wurde und man ihm Kaffee und Scherbet vorsetzte. Er wies das nicht zurück, sondern nahm es an und tat so, als ob er tränke, desgleichen verfuhr er auch mit dem Essen. Durch seine Freundlichkeit und angenehmen Manieren vermochte er den Gastgeber und die anderen Gäste davon abzulenken.

Wegen seiner Umgänglichkeit mit den Leuten, seiner Freundlichkeit und seiner Fähigkeit, mit ihnen entsprechend der Reichweite ihres Verstandes zu reden, genoß er großen Respekt bei ihnen; sie übten Ehrerbietung und Zurückhaltung ihm gegenüber, auch angesichts seiner Würde und Schönheit. Ich hörte einmal unseren Scheich Sīdī Šaiḫ Maḥmūd al-Kurdī erzählen: «Als ich ihn einmal in die Vorhalle der Moschee eintreten sah, empfand ich größten Respekt vor ihm. Er kam in unser *ruwāq* und schaute es sich von innen an. Ich fragte meine Nachbarn, wer er sei, und sie sagten mir: Dies ist der Scheich al-Ǧabartī. Ich war selbst erstaunt, daß er mir einen derartigen Eindruck machte, mehr als irgendein anderer Scheich. Als dies mehrmals vorkam, erzählte ich es dem Ustaḏ al-Ḥanafī; dieser lächelte und sagte: ‹Ja, er besitzt verborgene Geheimnisse!›»

Er war vierschrötig gebaut, festen Körpers, von weißer Hautfarbe, mit einem gewaltigen Bart von leuchtender Weiße. Er hatte weite Augen, buschige Augenbrauen und war eine würdevolle Erscheinung. Wer immer ihn sah, bewunderte ihn und wollte seine Augen nicht von seinem schönen Gesicht abwenden. Er fuhr in seiner gewinnbringenden Lebensweise und in seinem preiswerten Tun fort, bis seine Sonne erkennen ließ, daß sie dem Untergang nahe war und sinken wollte, nachdem sie im Wohlergehen geleuchtet hatte. Er war zwölf Tage lang mit Gallenbrechdurchfall krank. Jedesmal, wenn er etwas einnehmen wollte, wies sein Magen es zurück, sobald er sich hinlegte. Am Ende begnügte er sich mit flüssiger Nahrung. Doch trotz alledem stand er jedesmal zum Gebet auf. Er verlor auch sein Bewußtsein nicht. Sein Gottesgedenken bestand in jener Periode daraus, daß er einmal die Ṣamadīja-Sure sprach, dann Gottes Segen über den Propheten erflehte – möge Gott ihn segnen und sich seiner erfreuen –, und zwar ebenfalls nach der Weise der *Senūsīja*, dann den 20. Namen nach der *Idrīsīja*-Gemeinschaft, das ist: «Du Barmherziger für jeden, der um Hilfe ruft, der bekümmert ist, seine Hilfe und Rettung!» So pflegte er es zu sprechen, Tag und Nacht, bis er verschied, am Dienstag vor Mittag, am letzten Tag des Monats Ṣafar in jenem Jahr (12. Mai 1774). Er wurde, von vielen begleitet, am Mittwoch begraben; eine sehr große Menge betete über ihm in der Azhar-Moschee. Er wurde dann in der *Turbat aṣ-Ṣaḥrā'* bei seinen Vorfahren beigesetzt, nahe bei Šams al-Bābilī und al-Ḫaṭīb aš-Širbīnī. Er starb im Alter von 77 Jahren (B I 466).

DER EMIR ABŪ ḎAHAB

In den Jahren 1755–1772 hatte der Mamlukenemir ʿAlī Bek al-Kabīr über Ägypten geherrscht und das Land fast ganz dem Einfluß der Hohen Pforte entzogen; die Offiziere der türkischen Regimenter (oğaq) *wurden weitgehend aus der Macht verdrängt, die sie bis dahin ausgeübt hatten. Nach ʿAlī Beks Tod versucht sein ehemaliger Mamluk Muḥammad Bek Abū Ḏahab die Macht zu behaupten, das abgefallene Syrien wieder unter seine Botmäßigkeit zu bringen und sich dafür von der Pforte mit dem Titel des Pascha von Ägypten belohnen zu lassen.*

Das Jahr 1189 (1775).

(B I 473) In diesem Jahr entschloß sich Muḥammad Bek Abū Ḏahab, fortzuziehen und sich nach Syrien zu wenden, und zwar in der Absicht, Krieg gegen aẓ-Ẓāhir ʿUmar zu führen und die Landesteile, die sich in dessen Hand befanden, zu befreien. Er schlug sein Zeltlager in al-ʿĀdilīja auf und verteilte Geldsummen und Transportmittel unter die Emire, Soldaten und Mamluken. Er hatte für den Kriegszug gewaltige Vorbereitungen zur See und auf dem Lande getroffen: er hatte die Schiffe mit Vorräten, Geschützmunition, Kanonen und Geschossen beladen, auch mit der großen Kanone, die man «Vater der Meile» nannte (weil sie so weit trug) und die er im vorausgehenden Jahr hatte gießen lassen. Er reiste mit seiner Hofhaltung und mit den Soldaten in den ersten Tagen des Muḥarram ab. Auf die Expedition nahm er mit: Murād Bek und Ibrāhīm Bek Ṭanān sowie Ismāʿīl Bek, den Gefolgsmann des Ismāʿīl Bek al-Kabīr, sonst niemanden. In Kairo ließ er Ibrāhīm Bek zurück und machte ihn zu seinem Stellvertreter als Herr Ägyptens wie auch Ismāʿīl Bek und die übrigen Emire; auch den Pascha, der sich in der Zitadelle befand – das war Muṣṭafā Pascha an-Nābulsī, sowie die Inhaber von Ämtern der Pforte (*ʿukkāz*-Inhaber), auch Diener und Oğaqs. Er reiste ohne Anhalten fort, bis er die Gegend von Ghazza erreichte. Die Landesbewohner zogen sich vor ihm zurück; keiner wagte, ihm entgegenzutreten. Die Bewohner von Jāfā verschanzten sich in der Stadt, und aẓ-Ẓāhir ʿUmar schloß sich in ʿAkkā ein. Als der Emir nach Jāfā gelangte, belagerte er die Stadt und bedrängte ihre Bewohner, während sie sich ihrerseits gegen ihn zur Wehr setzten; sie kämpften gegen ihn von innen her, und er bestürmte sie von außen. Er beschoß sie mehrere Tage und Nächte lang mit Kanonen, Brennstoffkanistern und Granaten. Sie pflegten auf ihre Mauerkränze zu steigen, um den Emir und die Ägypter aufs unflätigste zu beschimpfen, doch diese ließen vom Krieg gegen sie nicht ab, bis sie ihre Mauern durchbrochen hatten; dann stürmten sie die Stadt von allen Seiten, nahmen sie mit Gewalt in Besitz und plünderten sie. Sie nahmen ihre Bewohner gefangen und banden sie mit Ketten und Stricken. Die Frauen und Knaben schändeten sie; eine gewaltige Anzahl von ihnen brachten sie um. Nachher führten sie die Gefangenen aus der Stadt, ließen das Schwert unter ihnen umgehen und töteten sie bis auf den letzten Mann. Sie machten keinen Unterschied zwischen den Scherifen, den Christen und den Juden, den Gelehrten und den Ungebildeten, dem einfachen Mann und dem Basarhändler; auch nicht zwischen den Tyrannen und den von ihnen Beherrschten, so daß es vorkam, daß Strafe erlitt, wer keinen Fehler begangen hatte. Aus ihren Schädeln bauten sie eine Anzahl von Haufen auf, mit den Gesichtern nach außen, so daß der Staub, die Winde und Stürme über sie fegten.

Dann zog er von dort fort auf ʿAkkā zu; doch als aẓ-Ẓāhir ʿUmar erfuhr, was in Jāfā geschehen war, bekam er es mit großer Angst zu tun, verließ ʿAkkā fluchtartig und ließ es mit seinen Befestigungen leer zurück. Muḥammad Bek langte an und marschierte ein, ohne Widerstand zu finden. Der Rest des Landes unterwarf sich ihm und unterstellte sich seinem Gebot, denn man fürchtete seine Macht.

Muḥammad Bek befiel eine solche Einbildung und Freude, wie sie sich größer nicht denken ließ und wie sie ihn zum Tode führen sollte. Er sandte Freudenbotschaften nach Kairo und an die Emire mit dem Befehl, die Straßen zu schmücken. Dies wurde ausgerufen, und Kairo und Būlāq schmückten sich zu einem gewaltigen Freudenfest, in der Stadt und außerhalb. Man illuminierte, hielt Feuerwerke und Freudenschießen ab und feierte drei Tage und Nächte lang. Dies war zu Beginn des (Monats) Rabīʿ II. Als das Freudenfest zu Ende ging, traf die Nachricht vom Tode des Muḥammad Bek ein. Jeden Tag breitete sich diese Nachricht weiter aus, wuchs und nahm zu, wurde weitergetragen und immer sicherer, bis am Ende die Boten mit ihrer Bestätigung eintrafen. Sie wurde unter den Leuten bekannt; die wunderten sich darüber und sprachen beständig Seine Worte – Er ist erhaben: «Wir machten ihnen alles zugänglich (was es an Glück und Wohlstand gibt). Als sie sich dann schließlich über das freuten, was sie erhalten hatten, kamen wir plötzlich (mit einem Strafgericht) über sie. Da waren sie auf einmal ganz verzweifelt» (Koran 6, 44). Dies geschah ihm, nachdem er die volle Herrschaft erlangt und die Länder Ägyptens und Syriens unter seine Gewalt gebracht hatte und sich alle seinem Gehorsam fügten. Er hatte Ismāʿīl Aghā, einen Bruder des ʿAlī Bek al-Ghazzāwī, nach Istanbul gesandt, um die Statthalterschaft über Ägypten und Syrien zu fordern; mit ihm sandte er Geld und reiche Geschenke. Er erhielt zusagenden

Bescheid, und man gewährte ihm die Einsetzungsdokumente, das Ehrengewand und die Abzeichen der Wesirswürde. Der Bote sandte dem Emir Briefe und Botschaften darüber, daß die Sache perfekt sei. Dies erreichte ihn am Tag, an dem er nach ʿAkkā einzog. Er wurde von Freude gefüllt; sein Körper wurde sofort von einem Fieber ergriffen, und er blieb drei Tage lang fiebrig; dann starb er in der Nacht auf den vierten Tag, am 8. Rabīʿ II. Die Meldung von seinem Tod erreichte den Ismāʿīl Aghā, als er sich anschickte, das Schiff zu besteigen, um zu seinem Herrn zu reisen. Worauf der Befehl zurückgenommen und die Urkunden und anderen Gegenstände zurückerstattet wurden.

Als er seine Eroberung von Jāfā und ʿAkkā und der anderen Häfen vollendet hatte, hatten sich die Emire und Soldaten, die ihn begleiteten, gefreut, weil sie hofften, nach Ägypten zurückzukehren, denn sie waren voller Verlangen, aufzubrechen und in ihre Heimatorte zurückzukehren. Am Tag, bevor ihm dies zustieß, hatten sie sich bei ihm versammelt, und aus seinen Erklärungen war hervorgegangen, daß sie nicht zurückkehren würden. Vielmehr wollte er ihnen Ämter und Regierungsposten in Syrien und an dessen Küsten zuweisen. Er befahl ihnen nämlich, Briefe an ihre Sippen und Familien zu senden mit der Freudenbotschaft darüber, was ihnen Gott als Eroberung gewährt habe und was er ihnen künftig gewähren werde. Sie sollten ihre Angehörigen beruhigen und von ihnen die Dinge verlangen, die sie benötigten, und die Gegenstände, die sie gerne aus Kairo hätten. Dies bekümmerte sie, und sie wußten, daß sie keine Ruhe genießen würden, weil seine Absichten andere waren. Ein jeder ging in sein Zelt und dachte über seine Lage nach.

Einer, der dabei war, berichtete: «So verblieben wir drei Tage lang, während deren er krank war. Die meisten von uns wußten nichts von seiner Krankheit. Nur einige seiner Vertrauten konnten sein Zelt betreten, und sie sagten uns nichts davon; nur am dritten Tag hieß es, daß er sich unwohl befinde. Am Morgen nach der Nacht, in der er gestorben war, blickten wir auf sein Zelt und sahen, daß dessen Gerüst zusammengebrochen war; die jungen Schatzdiener *(aulād al-ḫazna)* waren voller Erregung. Später wuchs die Unruhe noch, und sie zogen wegen des Geldes die Waffen gegeneinander. Sein Ableben wurde offenbar, und es kam zu Zusammenstößen. Murād Bek traf ein, beruhigte sie und entfernte die Leute voneinander.

Die Großen unter ihnen versammelten sich und beratschlagten über die Lage. Sie stimmten darin überein, daß Gefahr bestand, daß ihnen eine Katastrophe widerfahre und sie in dem fremden Land vernichtet würden, weil sie die Begehrlichkeit der Syrer kannten und wußten, daß diese Schadenfreude über sie empfinden würden. So kamen sie überein, fortzuziehen und die Leiche ihres Herrn mitzunehmen, weil sie wußten, daß die Leute des Landes sie hervorholen würden, wenn sie ihn irgendwo dort bestatteten, und daß sie sie schänden und verbrennen würden. Sie wuschen ihn, wickelten ihn in ein Leichentuch, umgaben ihn mit gewachsten Tüchern und legten ihn auf einen Wagen. Damit machten sie sich auf und zogen nach Ägypten. Sie gelangten nach 16 Tagen in der Nacht auf den 14. Rabīʿ II (14. Juni 1775) gegen Ende des Tages nach Kairo. Sie wollten ihn zuerst auf dem Friedhof begraben, doch der Scheich aṣ-Ṣaʿīdī stellte sich ein und schlug vor, ihn in seiner Madrasa bei der Azhar zu bestatten. Man hob in dem kleinen östlichen Līwān ein Grab für ihn aus und stellte es über Nacht fertig. Als der Tag gekommen war, führten sie für ihn einen Begräbnisumzug durch, der von seinem Haus in Qauṣūn ausging. Vor ihm her schritten die Scheichs und Gelehrten, die Emire und alle Zünfte sowie alle anderen, die dazu kamen, auch die Kinder der Schulen. Vor seiner Bahre trug man Kohlenbecken mit Moschus und Aloe, um seinem üblen Verwesungsgeruch entgegenzuwirken. So brachte man ihn zu seinem Grab. Dort führte man Mystikersitzungen durch, las den Koran und gab Almosen während zahlreicher Tage und Nächte, gegen vierzig Tage lang. Er hatte seine Anhänger zu Emiren erhoben; ihre Oberhäupter waren Ibrāhīm

Bek und Murād Bek sowie die anderen, die er, als er noch lebte, zu Emiren erhoben hatte. Von ihnen waren gestorben: Jūsuf Bek und Aḥmad Bek al-Kalārǧī, Muṣṭafā Bek al-Kabīr, Ajjūb Bek al-Kabīr, Ḏū l-Fiqār Bek, Muḥammad Bek Ṭabbāl und Riḍwān Bek. Nach seinem Tod wurden zu Emiren erhoben: Ajjūb Bek Defterdār, Sulaimān Bek al-Aghā, Ibrāhīm Bek al-Wālī, Ajjūb Bek aṣ-Ṣaghīr, Qāsim Bek al-Mūsqū, ʿUṯmān Bek aš-Šarqāwī, Murād Bek aṣ-Ṣaghīr, Salīm Bek Abū Dijāb und Lāǧīn Bek. Die Berichte über sie werden folgen.

BIOGRAPHIE DES ABŪ ḎAHAB

(B I 480) Es starb auch der große Emir Muḥammad Bek Abū Ḏahab, Gefolgsmann des berühmten ʿAlī Bek. Sein Herr kaufte ihn im Jahre 75 (1761), und er verblieb nur wenige Tage unter den Schatzknaben *(aulād al-ḫazna)*; in jener Zeit war Ismāʿīl Bek Schatzmeister *(ḫāzindār)*. Als ihr Herr den Ismāʿīl Bek zum Emir erhob, überantwortete er dem hier Beschriebenen das Amt seines Schatzmeisters. Er zog mit seinem Herrn auf die Pilgerfahrt und kehrte zu Beginn des Jahres 78 zurück. In jenem Jahr wurde er zum Emir erhoben, erhielt den Rang eines Ṣanǧaqs und wurde unter dem Namen Abū Ḏahab, Vater des Goldes, bekannt. Der Grund für seinen Beinamen war, daß er, als er in der Zitadelle mit seinem Ehrengewand bekleidet wurde, Bakschisch in Gold austeilte, und auch als er aufsaß und durch die Stadt ritt, verteilte er Gold unter die Armen und Taugenichtse, bis er seine Wohnung erreichte. Er wurde dadurch bekannt, weil dies keiner seinesgleichen vor ihm getan hatte, als er das Emirat erhielt. Der Beiname machte ihn bekannt und breitete sich aus, und er vernahm, wie berühmt er dadurch geworden war. Er pflegte aus diesem Grund nichts in seine Tasche zu stecken außer Gold und nahm nichts in die Hand außer Gold.

In kurzer Zeit wurde er sehr mächtig, und sein Herr sprach stets lobend von ihm und verwandte ihn für die wichtigsten

Aufgaben unter den bedeutendsten Umständen. Er war glücklich in seinen Eingebungen und erfolgreich in seinen Entschlüssen; nie überkam ihn die Trägheit in der Sommerhitze des Nachmittags; über seine Taten und Umstände zur Zeit seines Herrn ʿAlī Bek haben wir oben berichtet. Er kaufte besonders viele Mamluken und Sklaven, so daß er in kurzer Zeit so viele bei sich versammelt hatte, wie es ein anderer nicht in langer Frist fertig bringt, und sie erhielten Ämter und Emirate zugesprochen.

Als das Land sich fast ganz in seiner Hand befand und er sich mit seinem Meister zerstritt, sammelte er alle Verstreuten um sich und überschwemmte sie mit Wohltaten. Die anderen Großen im Staate neigten ihm zu, und alle traten auf seine Seite. Sie scharten sich um ihn, liebten ihn, erwärmten sich für ihn, halfen ihm und kämpften auf seiner Seite, bis sie schließlich ʿAlī Bek zu entfernen vermochten und er aus Ägypten nach Syrien fliehen mußte. Doch der hier Genannte blieb in Ägypten, führte die Geschäfte des Landes, bestimmte seine hohen Ämter, zog seine Gelder und Ernten ein, schrieb Briefe an den osmanischen Staat und zeigte sich ihm gegenüber gehorsam. Seinem Mamluken Ibrāhīm Bek vertraute er die Führung der Pilgerfahrt jenes Jahres an; er sandte Getreide und die traditionellen Geldbörsen *(aṣ-ṣurar)* nach den beiden heiligen Städten.

ʿAlī Bek bemühte sich, nach Ägypten zurückzukehren und stellte Heere auf. Doch der Held dieser Biographie machte sich darüber keine Sorgen und wandte eine List gegen ihn an. Er versammelte seine Altersgenossen und jene, die er als gute Heuchler ansah, und befahl ihnen insgeheim, sie sollten dem ʿAlī Bek schreiben und für seine schleunige Ankunft nach Ägypten sorgen. In der Tat sprachen sie in ihren Briefen an ihn schlecht über Abū Ḏahab und verhießen ʿAlī Bek, sie wollten sich mit ihm verschwören und dafür sorgen, daß er den Sieg davontrage, wenn er sich einstelle. Dies sandten sie ihm in geheimen Botschaften. Sie fanden Glauben bei ihm, und er vertraute darauf, daß sie die Wahrheit sprächen, sandte ihnen Antworten, und sie entgegneten wieder mit neuen Briefen, stets mit Wissen ihres Herrn und auf seinen Befehl. Dadurch wurde der Entschluß des ʿAlī Bek, nach Kairo zu ziehen, verstärkt, und er wandte sich mit seinen Soldaten dem Lande Ägypten zu. Abū Ḏahab zog ihm entgegen, stieß mit ihm in aṣ-Ṣāliḥīja zusammen und brachte ihn als Gefangenen nach Kairo, wie ich das vorher berichtet habe. Jener starb wenige Tage später. So endete seine Sache, und Abū Ḏahab fand Ruhe vor ihm.

Er sammelte die restlichen Emire, die verstreut und entfernt waren, überhäufte sie mit Ehren und verlieh ihnen Ämter, Bestallungsurkunden und Wesirsposten. Er wies ihnen Stellen an, gab ihnen ihre Ländereien und ihre Einkünfte zurück und machte sie sich durch Wohltaten und Gastgeschenke zu Dienern. Er erwies ihnen Ehre nach Erniedrigung, gutes Leben und Ruhe in der Heimat nach verstreutem Herumziehen in der Fremde und Durchpilgern der Länder. So erstarkte sein Regime, und die Provinzen ruhten von Raub und Mißhandlung aus; die Beduinen verhielten sich still, wie auch die Wegelagerer und die Räuber; die Pfade waren sicher, und die Wege für Karawanen und Handelsgüter leicht zu begehen. Die Importschiffe kamen aus Oberägypten und aus dem Delta mit Handelsgütern und Verkaufswaren.

Als *wālī* für Ägypten traf Ḫalīl Pascha ein. Er zog nach dem alten Brauch auf die Zitadelle hinauf und brachte Abū Ḏahab Diplome und Sendschreiben mit; auch sandte man ihm ein Schwert und ein Ehrengewand. Er legte sich dies im Diwan an und zog mit einer gewaltigen Prozession von der Zitadelle hinab. Seine Macht war groß, und er herrschte allein über Ägypten. Seine Stellung war hervorragend, diejenige der Anhänger seines früheren Herrn ʿAlī Bek dagegen wurde gering; die meisten von ihnen verweilten ohne Amt und Würden in Kairo.

Muṣṭafā Pascha an-Nābulsī von der Familie der ʿAḍm (ʿAẓm) kam als Flüchtling zu ihm. Er besorgte ihm eine ehrenhafte Wohnung und wies ihm Gehälter an. Er schrieb auch an den osmanischen Staat, sorgte für seine Aussöhnung mit ihm und forderte für ihn die Position eines Gouverneurs von Ägypten. Er erhielt zustimmenden Bescheid, und man übersandte ihm die Urkunden und Abzeichen im Rabīʿ II des Jahres 88 (Juni/Juli 1774). Ibrāhīm Pascha seinerseits erhielt die Gouverneursstelle von Ǧidda zugewiesen; er reiste im Ǧumādā II (August/September) übers Rote Meer ab und starb dort am Ende des Jahres 87.

Abū Ḏahab ordnete an, seine Madrasa zu bauen, die bei der Azhar-Moschee liegt. Dort, wo sie heute steht, befanden sich zerfallene Wohnquartiere. Er kaufte sie von ihren Besitzern, zerstörte sie und befahl, den Bau dort zu errichten. Sie ist nach dem Modell der Moschee des Sinān gebaut, die am Nilufer von Būlāq liegt. Er stellte eine große Zahl von Maultierzügen bereit, um die Erde zu transportieren und den Kalk und die Asche zu tragen, auch Kamele, um die großen Steine herbeizuschleppen, ein Stein pro Kamel. Man mahlte festen Gips aus Ḥelwān für sie. Ihr Grundstein wurde im Ḏū l-Ḥiǧǧa, am Ende des erwähnten Jahres gelegt (Januar/Februar 1775). Als die Mauern fertig waren, errichtete er ihre große Kuppel und darum die Kuppeln über den Līwānen. Er ließ sie weißeln, ihr Inneres mit Farben und Tünchen ausmalen und für das Bauwerk schöne Fenstergitter anfertigen, ganz aus gelbem Messing geschmiedet. Außerhalb wurde ein Hof mit Marmorplatten angelegt; mit Waschhähnen in der Mitte, und um ihn herum Wohnungen für die türkischen Ṣūfis. In ihrem Inneren befand sich eine Anzahl von Sitzen zur Ruhe; so auch im oberen Stockwerk. Tiefer unten lag ein großangelegter Platz für die Waschungen, dessen Wasser aus einem Springbrunnen kam, der in der Mitte stand, und in eine gewaltige verzierte Marmorschüssel überlief, die man aus einem der Gebäude dorthin gebracht hatte; von dort strömte es über und füllte die Waschbecken; um diese herum befanden sich Sitze zum Ausruhen. Er legte eine Wasserleitung an, um dies alles zu speisen. Man grub nach einer Quelle, und das Wasser kam süß, was auch zu seinem Glück gehörte, denn alle Brunnen und Leitungen, die es sonst in dem Viertel gibt, sind äußerst salzig.

Darunter legte er eine gewaltige Zisterne an, die jedes Jahr vom Nilwasser gefüllt wurde, sowie auch ein weites Becken, um die Reittiere zu tränken. Oberhalb der Waschanlage errichtete er drei Räume, wo drei Muftīs einen Teil des Tages hindurch sitzen konnten, um den Leuten nützliche Bescheide zu erteilen. Scheich Aḥmad ibn ad-Duraid ernannte er zum Muftī der Mālikiten; Scheich ʿAbd ar-Raḥmān al-ʿArīšī zu jenem der Ḥanafiten und Scheich Ḥasan al-Kafrāwī zu dem der Šāfiʿiten. Als das Gebäude vollendet war, stattete er es ganz mit Matten aus; darüber legte man kleinasiatische Teppiche, außen und innen, sogar auf die Fensterbänke und in die Wohnzellen der oberen Stockwerke. Als die erwähnten Muftīs in den drei Räumen eingesetzt wurden, belästigte sie der Geruch, der aus den Latrinen zu ihnen hinaufstieg, die weiter unten lagen. Sie ließen das den Emir wissen, und er befahl, diese zu zerstören und andere, weiter entfernt, zu errichten. Als Prediger setzte er Scheich Aḥmad ar-Rāšidī ein. Die meisten Lehrer kamen aus der Azhar, wie Scheich ʿAlī aṣ-Ṣaʿīdī, der den Buḫārī lehrte ... (und 20 Namen mehr). Auch brachte er eine reiche Bibliothek in der Madrasa unter. Bibliothekar wurde Muḥammad Efendī Ḥāfiẓ, sein Stellvertreter Scheich Muḥammad aš-Šāfiʿī al-Ǧanāǧī. Die großen Lehrer erhielten jeden Tag 150 Halbsilberstücke; jene, die unter ihnen standen, fünfzig. Auch die Schüler erhielten Stipendien, manche zehn Halbsilberstücke pro Tag, andere weniger, andere mehr. Entsprechend der Anzahl von Dirhems erhielten sie auch gleich viele Doppelzentner *(irdabb)* Getreide im Jahr.

Als der Bau ganz vollendet war und man das Freitagsgebet darin sprach, im Šaʿbān des Jahres 88 (Oktober/November 1774), wohnte unser Emir dem Gebet bei, und die Scheichs, Schüler und Amtsinhaber versammelten sich, um das Freitagsgebet zu sprechen. Nach seiner Vollendung stieg Scheich aṣ-Ṣaʿīdī auf die Kanzel und erläuterte die Überlieferung des Propheten, die lautet: «Wer Gott eine Moschee errichtet, und sei sie nur so groß wie das Nest eines Flughuhns, dem wird Gott ein

Haus im Paradies bauen!» Als er das zu Ende gebracht hatte, wurden Ehrengewänder und Pelze herbeigeschleppt, und er verlieh dem Scheich aṣ-Ṣaʿīdī und dem Scheich ar-Rāšidī, dem Prediger, sowie den drei Muftīs Marderpelze, den anderen Lehrern geringere, weiße Pelze. Auch erwies er an jenem Tag den Dienern und Muʾaḏḏins Gunst, indem er Gold und Bakschisch unter ihnen austeilte. Die Rechtsgelehrten, Scheichs und Studenten wetteiferten untereinander und suchten einander zu übertreffen. Er legte als *waqf* für all dies das Dorf Quwaisina fest und noch andere Dörfer sowie auch die Läden, die sich im unteren Teil der Madrasa befanden. Doch all dies wurde nur ein Jahr lang ausbezahlt. Denn der Held unserer Lebensbeschreibung zog zu Beginn des Jahrs 89 (1775) nach Syrien, wie wir oben erwähnt haben, und starb dort; man brachte seine Leiche zurück. Doch seine Gefolgsleute verschworen sich untereinander und teilten das Land unter sich auf, darunter auch Quwaisina, das zum *waqf* bestellt worden war. So wurde die Angelegenheit der Madrasa vernachlässigt. Sie stellten als Ersatz für das *waqf* die Wakāla zur Verfügung, die ʿAlī Bek in Būlāq erbaut hatte, damit sie für die Löhne der Diener und für das Futter der Ochsen aufkomme. Die Gehälter begannen auszubleiben; man reduzierte sie und verteilte jene geringen Beträge. Die Sache nahm immer mehr ab und wurde immer geringer, bis schließlich die meisten Ämter unbesetzt blieben, die Diener entlassen wurden und am Ende sogar das Festlegen der Gebetszeiten und das Rufen zur Andacht eingestellt wurde, meistens sogar auch das Gebet. Die Matten und Teppiche nutzten sich ab, wurden alt und verdarben; manche wurden gestohlen. Eines der Tore wurde geschlossen, jenes gegenüber der Kuppel, das zur Ḥusainī-Moschee führt; ja Monate lang war sie überhaupt geschlossen, obgleich die Emire, die über alle Macht verfügten, Gefolgsleute des Stifters und seine Mamluken waren. Als sie jedoch jedes Zusammengehörigkeitsgefühl verloren und die Begehrlichkeit sich ihrer bemächtigte, Prahlsucht, Ehrgeiz, Untätigkeit aus Furcht vor Versagen und widersprüchliche Reden infolge der

Abwendung von den Realitäten – da wurden Ritzen in allen Dingen sichtbar, sogar in jenen, die zur Erhaltung ihres Staates und zur Bewahrung der Ordnung notwendig waren, wie dies in den späteren Entwicklungen deutlich werden sollte.

Zusammenfassend kann man sagen: Der Emir war der letzte der Befehlshaber von Ägypten, den wir erlebt haben, in seiner Entschlossenheit, Tapferkeit, in seinem Glück und seiner Fähigkeit, sich durchzusetzen, seiner Beherztheit, Weisheit, Würde und Festigkeit. Allem Guten stand er nahe; er liebte die Gelehrten und Rechtschaffenen, und seine Natur neigte ihnen zu. Er vertraute ihnen, verlieh ihnen Rang, schenkte ihren Worten Gehör und bedachte sie mit reichlichen Gaben. Er haßte die Widersacher der Religion; nie ist eine Schandtat von ihm bekannt geworden, nie etwas, was seine Religion befleckt oder sein Mannestum beeinträchtigt hätte. Wohlgewachsen, schönen Angesichts, von weißer Hautfarbe, mittlerer Größe und Korpulenz, mit einem frei hinabströmenden Bart, ehrwürdig anzusehen, majestätisch, feierlich, wortkarg und regungslos, weder zu rasch noch zu hinhaltend noch zu beflissen, eindrucksvoll, selbst wenn er kauerte oder saß, pflegte er die Regierungsgeschäfte selbst zu erledigen. Wenn jenes nicht gewesen wäre, was er am Ende tat, als er zu weit ging und die Bewohner von Jāfā auf Rat seiner Minister alle hinrichten ließ, wären seiner Wohltaten mehr gewesen als seiner schlechten Handlungen.

Kein Emir hat wie er die Mamluken vermehrt und sie in ähnlich kurzer Zeit ausgebildet. Nach seinem Tod war ihre Lage hervorragend. Doch seine Gefolgsleute wandten sich von der Gerechtigkeit ab und neigten den Wegen der Unwissenheit zu; sie kauften Mamluken und übergingen ihre herkömmlichen Methoden; sie wichen vom Vorbild ihrer Vorfahren ab und begannen tyrannische Handlungen, die sie als Gewinne erachteten. Sie beharrten auf den Gewaltakten und folgten einander rasch in das Unrecht nach, bis geschah, was geschehen mußte, und die Leute ihretwegen erlitten, was sie erleiden sollten. Bald wirst du darüber weitere Nachrichten und Berichte erhalten und auch erfahren, was die Provinzen ihretwegen an Zerstörung und Zusammenbruch erleben mußten. Doch Gott – Er ist hoch erhaben – weiß es am besten!

KAMPF ZWEIER MAMLUKEN-FAKTIONEN; DAS DUUMVIRAT DES IBRĀHĪM BEK UND DES MURĀD BEK

Nach dem Tode des Muḥammad Bek Abū Ḏahab im Jahre 1775 übernehmen zwei seiner ehemaligen Mamluken die Macht, Ibrāhīm Bek und Murād Bek, die nun, gestützt auf ihre «Altersgenossen» (ḫušdāšīja), *die ehemaligen Mamluken des Muḥammad Bek, für mehr als zwei Jahrzehnte die Geschicke des Nillandes lenken sollten. Im Jahre 1778 wird dieses Regime der «Muḥammadīja» bedroht durch einen Aufstand des der Pforte ergebenen Ismāʿīl Bek; Ibrāhīm und Murād müssen aus Kairo fliehen. Doch als die «ʿAlawīja», d.h. die ehemaligen Mamluken des ʿAlī Bek al-Kabīr (s.o. S.46), von ihm abfallen, muß Ismāʿīl Bek Kairo wieder räumen; Ibrāhīm und Murād kehren zurück. Die siegreiche Partei fällt aber gleich wieder auseinander; ʿAlawīja und Muḥammadīja liefern sich Straßenkämpfe in Kairo, und mit dem Sieg der Muḥammadīja setzen sich die Duumvirn Ibrāhīm und Murād endgültig durch.*

Das Jahr 1192 (1778).

(B I 517) Am Donnerstag, dem 7. Muḥarram (8. Januar 1778), kam Ismāʿīl, der Katḫodā der *ʿazabān,* zusammen mit einigen Ṣanǧaqs des Ismāʿīl Bek nach Kairo. Am Samstag, dem 9., langte Ismāʿīl Bek selbst an. Er setzte mit der Ḫabīrī-Fähre über den Strom, zog in Kairo ein und begab sich nach Hause. Die Bevölkerung war voller Klatsch über die Bedeutung seiner Ankunft und über die jener, die vor ihm in der gleichen Art und Weise eingetroffen waren. Dann wurden die Tatsachen deutlich: Ḥasan Bek al-Ǧiddāwī mit seinen Altersgenossen *(ḫušdāšīja),* nämlich Riḍwān Bek, ʿAbd ar-Raḥmān Bek, Sulaimān Katḫodā und dessen Gefolgsleute, Ḥasan Bek Sūq as-Silāḥ, Aḥmad

Bek Šanan, al-Fallāḥ mit seiner Familiengruppe, Unterführer und Mamluken, Soldaten und Maghribiner, hatten alle Ismā‘īl Bek hintergangen und waren zu Ibrāhīm Bek und Murād Bek und den Ihrigen übergelaufen. Daraufhin war Ismā‘īl Bek mit den Seinen aufgesessen und in aller Eile nach Kairo geritten, wo sie in kürzester Frist anlangten. Er war voll von heftigem Zorn und großer Wut. Am frühen Morgen sandte Ismā‘īl Bek Boten aus und untersagte den Fähren, Leute überzusetzen. Am Montag zogen sie auf die Zitadelle und hielten beim Pascha Kriegsrat. Die in Kairo anwesenden Emire, die Janitscharenchefs und die Scheichs waren zugegen; man beriet sich über die Sache, doch kam kein klarer Beschluß zustande. So zogen sie in ihre Häuser hinab und machten sich daran, ihre Geräte und Güter an ihre Vertrauensleute zu verteilen und ihre Häuser zu schließen. Ihre Angelegenheiten befanden sich in Verwirrung. Ismā‘īl Bek sandte nach den Händlern und den Steuerpächtern und forderte von ihnen einen Vorschuß an Geld. Al-Ḫabīrī traf ein und meldete ihm, daß die Vorhut der Gruppe aus Oberägypten bis in die Gärten von Kairo gelangt sei und ein Teil von ihnen auf dem anderen Ufer schon die Höhe von Gīze erreicht habe. Als er dies feststellte, befahl er aufzuladen und verließ Kairo Schritt für Schritt im Zeitraum des Nachmittags, bis zur vierten Stunde der Nacht. Sie schlugen ihre Lager in al-‘Ādilīja auf; dies geschah in der Nacht auf den Mittwoch, den 14. Muḥarram. Ihre Partei bestand aus Ismā‘īl Bek und seinen Ṣanǧaqs, Ḥusain Bek, ‘Uṯmān Bek Ṭabbāl, ‘Uṯmān Bek Qafā’ aṭ-Ṭaur, ‘Alī Bek al-Čūḫadār, Salīm Bek Katḫodā von den *‘azabān,* Jūsuf Aghā dem Wālī und anderen. Die Stadtbewohner verbrachten die Nacht voller Unruhe. Frühmorgens zogen jene in Richtung Syrien davon. Die Zeit der Herrschaft Ismā‘īl Beks und seiner Gefolgsleute über das Land hatte diesmal sechs Monate und zwei Tage gedauert, wenn man die Tage seiner Abwesenheit in Oberägypten mitrechnet. Murād Bek, Muṣṭafā Bek und die anderen überquerten den Strom am gleichen Tag sowie auch Ibrāhīm Aghā al-Wālī, der dies Amt in ihren Tagen ausgeübt hatte. Er durchritt die Stadt und ließ Sicherheit ausrufen. Ibrāhīm Bek sandte eine Botschaft an den Pascha, um Einlaß zu erbitten. Der Pascha schrieb ihnen einen Fermān und sandte ihn hinaus durch seinen Sohn und seinen Kathodā Saʿīd Bek. Die übrigen Emire zogen am Mittwoch ein, mit Ausnahme des Ibrāhīm Bek, der in Qaṣr al-ʿAinī übernachtete und am Donnerstag in sein Haus einzog. Er befand sich in Begleitung des Ismāʿīl Abū ʿAlī, des obersten Chefs des Hawwāra-Stammes.

Am Sonntag, dem 18., zogen sie in den Diwan hinauf; der Pascha empfing sie und schenkte ihnen Ehrenkleider zum Willkommensgruß; dann zogen sie in ihre Häuser hinab.

Am Donnerstag, dem 21., stiegen sie wieder auf die Zitadelle hinauf, und der Pascha gewährte dem Ibrāhīm Bek ein Ehrengewand, auf daß er die Herrschaft über das Land ausübe, wie es vorher gewesen war, während Aḥmad Bek zum Ṣanǧaq und Stellvertreter ernannt wurde; ʿUṯmān Aghā wurde Ḫāzindār, Ibrāhīm Bek – das ist der als der Blonde *(al-Aṡqar)* bekannte – übernahm die *Ṣanǧaqīja;* Muṣṭafā wurde Kāšif der Provinz al-Manūfīja, ebenfalls mit dem Grad eines Ṣanǧaq; ʿAlī Kāšif wurde Janitscharenaghā; Mūsā Aghā aus der Gruppe des ʿAlī Bek wurde Wālī, wie er es zur Zeit seines Herrn gewesen war. – Am Ende des Monats trafen Nachrichten ein, daß Ismāʿīl Bek und seine Begleiter nach Ghazza gelangt waren, während die oben aufgezählten sich in Kairo in *ʿAlawīja* und *Muḥammadīja* aufspalteten.

Die *ʿAlawīja* rühmten sich über die *Muḥammadīja* und nahmen die höchste Ehre und die besten Vorteile für sich in Anspruch, weil sie sich mit den anderen verschworen hatten und sie ohne ihr Überlaufen nicht nach Kairo gelangt wären. Die *Muḥammadīja* vermochte nichts anzuordnen, ohne ihre Erlaubnis und Zustimmung erhalten zu haben, so daß es war, als ob sie an jene gebunden wäre. Sie konnte nur essen, was von jenen übriggeblieben war.

Am Donnerstag, dem 18. Ǧumādā I, kam Ibrāhīm Bek Odabašı aus Ghazza nach Kairo, nachdem er den Ismāʿīl verlassen hatte. Vor seiner Ankunft hatte er Boten gesandt und darum ersucht, zugelassen zu werden. Dies hatte man ihm erlaubt. Er nahm Wohnsitz in seinem Haus. Doch Riḍwān Bek nahm Anstoß daran und wollte ihn in die Verbannung schicken. Deshalb suchte er Zuflucht bei Murād Bek und schloß sich ihm an.

Am Samstag, dem 17. (20?) Ǧumādā I, stieg Murād Bek zu Pferd und ritt zum Turnierplatz. Er war wie aufgeschwollen vor Zorn, wenn er an seinen Streit mit der *ʿAlawīja* dachte. ʿAbd ar-Raḥmān Bek und ʿAlī Bek al-Ḥabašī gesellten sich zu ihm, die beide zur *ʿAlawīja* gehörten. Als dann ʿAbd ar-Raḥmān Bek fortgehen wollte, überraschten ihn Murād Bek und seine Gefolgsleute und töteten ihn. ʿAlī Bek al-Ḥabašī entkam. Er bedeckte sein Haupt mit seinem Überkleid und versteckte sich unter einer Sykomore; Murād Bek bemerkte ihn nicht. Nachdem seine Feinde fortgegangen waren, stieg er zu Pferd und ritt eilig davon, bis er das Haus des Ḥasan Bek al-Ǧiddāwī erreichte, während Murād Bek in sein Haus zurückkehrte. Bei Ḥasan Bek sammelten sich seine Parteifreunde und Stammesgenossen sowie Aḥmad Bek Sanan, Sulaimān Katḫodā, Mūsā Aghā der Wālī, Ḥasan Bek Riḍwān, der Befehlshaber der Pilgerfahrt; Ḥasan Bek Sūq as-Silāḥ und Ibrāhīm Bek Balfījā. Sie verschanzten sich im Hause des Ḥasan Bek in ad-Dāwūdīja und errichteten Barrikaden bei Bāb Zuwaila und Bāb al-Ḫarq sowie in as-Sarūǧīja und al-Qanṭara al-Ǧadīda.

Bei Murād Bek sammelten sich seine Altersgenossen *(ḫušdāšīja)* und sein Stamm. Dies waren Muṣṭafā Bek al-Kabīr und Muṣṭafā Bek aṣ-Ṣaghīr; Aḥmad Bek al-Kalārǧī, während Ibrāhīm von der Qubbat al-ʿAzab ausritt, auf die Zitadelle hinaufstieg, die Tore besetzte und mit den Kanonen das Haus des Ḥasan Bek al-Ǧiddāwī beschoß. So kam es zum Kampf zwischen den beiden Parteien; er dauerte den ganzen Samstag hindurch. Die Märkte und die Läden wurden geschlossen. Man verbrachte auch die Nacht auf den Sonntag und den Sonntag selbst in gleicher Weise. Beide Seiten beschossen einander in den Gassen und Quartieren mit Gewehren und Kanonen. Die beiden Parteien rückten manchmal gegen den Gegner vor und zogen sich dann wieder zurück; sie suchten in die Häuser der Gegenseite einzubrechen. Die Häuser, die auf ihrem Kampfplatze lagen, erlitten Schaden durch Plünderung, Brand und Kämpfe. Dann gelang es einer Gruppe von der *Muḥammadīja,* vom Ḫalīǧ-Kanal aus durchzuschlüpfen und in der Nähe der Ḥīn-Moschee zwischen die Barrikaden vorzustoßen. Sie eroberten das Haus des ʿAbd ar-Raḥmān Aghā von außen her und nahmen es ein. Sie stellten Kanonen darauf und beschossen damit das Haus des Ǧiddāwī. Da erkannten die *ʿAlawīja,* daß sie besiegt waren, saßen auf und ritten zum Bāb Zuwaila hinaus bis zum Bāb an-Naṣr, die *Muḥammadīja* hinter ihnen her mit blanken Schwertern und im Galopp. Als sie ins Freie kamen, stießen sie mit ihnen zusammen, und Ḥasan Bek Riḍwān, der Befehlshaber der Pilgerfahrt, wurde getötet; auch Aḥmad Bek Šanan, Ibrāhīm Bek Balfījā, der auch als Sallāq bekannt war, sowie noch andere Unterführer, Soldaten und Mamluken. Ḥasan Bek al-Ǧiddāwī und Riḍwān Bek entflohen. Dies geschah zur Zeit der Mittagshitze am Sonntag; es war ein sehr heißer Tag. Von der *Muḥammadīja* wurde keiner getötet; nur Muṣṭafā Bek al-Kabīr wurde von einer Kugel an der Schulter getroffen, was ihn dazu zwang, einige Tage lang das Bett zu hüten, doch dann genas er.

Ḥasan Bek und Riḍwān Bek flohen mit einer kleinen Truppe, und die Beduinen zogen gegen sie aus und kämpften mit ihnen aufs heftigste. Es gelang ihnen, sie zu zerstreuen; Riḍwān Bek entkam und zog fort zu seinem Besitz in Šībīn al-Kōm. Doch Ḥasan Bek al-Ǧiddāwī wurde immerfort von den Beduinen umzingelt, bis sie ihn schließlich geschwächt und von seinen Begleitern getrennt hatten. Der Beduinenscheich Saʿd Ṣaḥsāḥ verfolgte ihn und rief ihm zu: «Wohin fliehst du, Verdammter?» und ähnliches. Dann umzingelte ihn die Rotte eines geringeren Beduinenscheichs; sein Hengst stürzte in eine Walkgrube für Leinen, und er wurde gefangen. Sie nahmen ihm seine Waffen und seine Kleider ab, fesselten ihn, schlugen ihn mit Peitschen ins

Gesicht und auf den Nacken, dann schleppten sie ihn fort, zu Fuß und ohne Schuhe. Sie sandten Botschaft an die Emire in Kairo, um seine Gefangennahme zu melden. Doch Sajjid Ibrāhīm Šaiḫ Balaqs ritt zu ihm, als er von seiner Lage erfuhr, befreite ihn aus seinem Zustand, löste seine Fesseln und gab ihm Kleider und Geld. Als Ibrāhīm Bek und Murād Bek die Nachricht erhielten, sandten sie einen Unterführer zu ihm aus, und als dieser bei ihm anlangte und ihm gegenübertrat, behandelte er ihn freundlich. Der Gefangene fragte ihn: «Wohin willst du mich bringen?», und er antwortete: «Wohin immer du willst!» Als er nach Kairo gelangte, ging er nach Būlāq und begab sich in das Haus des Scheichs Aḥmad ad-Damanhūrī. Eine große Truppe der *Muḥammadīja* saß auf und ritt nach Būlāq; sie forderten seine Auslieferung, doch der Scheich suchte sie zu vermeiden. Sie wagten es nicht, ihn mit Gewalt aus dem Haus des Scheichs zu holen. Doch der Emir al-Ǧiddāwī war von Wahnvorstellungen befallen. Er stieg auf das Dach und sprang zum nächsten über und so immer fort, bis er in der Nähe der Leinwand-Wakāla hinabsteigen mußte. Zufällig befand sich dort einer der Mamluken. Den erschlug er, nahm sein Pferd, gab ihm die Sporen und ritt alleine davon. Seine Flucht wurde jedoch bekannt. Die Soldaten ritten aus und suchten ihm den Weg abzuschneiden. Er kämpfte gegen alle an, die ihn ergreifen wollten, doch fand er keinen offenen Weg ins Freie. So drang er in die Stadt ein und floh zum Haus des Ibrāhīm Bek. Er fand ihn, wie er gerade mit Murād Bek zusammensaß, und bat Ibrāhīm Bek um Asyl. Der gewährte es ihm und sagte ihm Sicherheit zu. Er verblieb fünf Tage lang in seinem Haus. Er war wie von Sinnen, weil er soviel durchgemacht und dem Tod mehrmals ins Auge geschaut hatte. Dann ordneten sie an, er solle nach Ǧidda ins Exil gehen, und sandten ihn am Mittwoch, dem 28. Ǧumādā I, in einer Kamelsänfte nach Suez.

Als er dann ein Schiff bestiegen hatte, befahl er dem Kapitän, er solle ihn nach al-Quṣair bringen. Dieser weigerte sich; doch er drohte, er werde ihn töten, worauf das Schiff ihn nach al-Quṣair brachte. Er zog so nach Oberägypten hinauf.

Doch was Ḥasan Bek Sūq as-Silāḥ angeht, so suchte er Zuflucht bei der Gemahlin des Ibrāhīm Bek. ʿAlī Bek al-Ḥabašī und Sulaimān Katḫodā flüchteten sich in das Grabmal des ʿAbd al-Wahhāb as-Šaʿrānī, und Ḥamza Bek zog sich in sein Haus zurück, weil er nicht an den Ereignissen teilgenommen hatte und deshalb nichts zu fürchten hatte wie die anderen. Mūsā Aghā al-Wālī floh nach Šubrā. Später beschlossen die Sieger, daß ʿAlī Bek al-Ḥabašī, Ḥasan Bek und Sulaimān Katḫodā nach ar-Rašīd verbannt werden sollten, und ließen Mūsā Aghā al-Wālī auf Fürsprache ʿAlīs, des Janitscharenaghā, in sein Haus ziehen. An Riḍwān Bek sandten sie Erlaubnis, daß er in Šībīn verbleiben könne. Er baute sich ein Schloß über dem Nil und wohnte darin; so endete jene üble Episode (B I 521).

EIN PASCHA WIRD ABGESETZT

Am Dienstag, dem 19. Ǧumādā II (5. Juli 1778), stiegen die Emire zu Pferd und ritten zum Tor der Janitscharen und der *ʿazab* hinauf. Sie sandten den Katḫodā der *ǧāwīsīja* und den Aghā der *Mutafarriqa* mit dem Dolmetscher zum Pascha, auch den Schreiber für Wechsel und einige Freiwillige *(iḫtijārīja)*, um ihm zu befehlen, er solle in das Haus des Ḥasan Bek al-Ǧiddāwī hinabziehen, das in der Dāwūdīja lag. Als sie ihm diesen Befehl überbrachten, fragte er sie: «Und was habe ich getan, daß ich abgesetzt werde?» – Sie kamen zurück und berichteten den Emiren, was der Pascha gesagt hatte. Diese befahlen ihren Soldaten, aufzusitzen; dann zogen sie in den Hof des Diwans empor und sammelten sich dort, bis er ganz voll von Soldaten war. Der Pascha erschrak vor ihnen, setzte sich sofort auf sein Pferd und ritt von der Zitadelle in das Haus im Dāwūdīja-Quartier hinab. Sie brachten Kamele herbei und versagten ihm von jenem Tag an den Gehorsam. Seine Herrschaft hatte zwei Jahre und drei Monate gedauert.

Am Freitag, dem 21. des Raǧab (15. August 1778), der mit

dem 10. Masrī der Kopten zusammenfiel, erreichte die gesegnete Nilflut ihre Fülle.

DER JANITSCHARENAGHĀ ʿABD AR-RAḤMĀN

Am Dienstag, dem 22. Šaʿbān (15. September 1778), wurde die Nachricht bekannt, daß eine Gruppe von Soldaten aus Ghazza gekommen war, unter ihnen ʿAbd ar-Raḥmān, der einstige Janitscharenaghā. Sie ritten auf Kamelen und waren hinter al-Ǧirra vorübergeritten, um nach dem Süden hinaufzuziehen. ʿAbd ar-Raḥman aber blieb in Ḥelwān hinter ihnen zurück, wegen einer seiner Angelegenheiten, die er aus Kairo erwartete. Murād Bek saß sofort auf mit einer von ihm befehligten Truppe, und sie zogen des Nachts nach Ḥelwān, als er an keine Gefahr dachte. Sie umzingelten die Stadt und seine Herberge, ergriffen den ʿAbd ar-Raḥmān und schlugen ihm den Kopf ab. Murād Bek kehrte nach Kairo zurück und durchzog die Stadt, während der Kopf auf einer Lanze vor ihm hergetragen wurde. Später brachte man seinen Leichnam in sein kleines Haus an der Straße der *kaʿk*-Bäcker, wusch ihn, bahrte ihn auf, zog aus zu seinem Begräbnis und betete über ihm bei al-Mārdānī; nachher brachte man auch den Kopf dazu nach ar-Rumaila und begrub ihn auf dem Friedhof. So verging sein Leben.

Der Nil stieg in jenem Jahr übermäßig; er überschwemmte die Wege in allen Richtungen und blieb so bis zum Ende des Monats Tūt.

Am Ende des Ramaḍān floh Riḍwān Bek aus Šībīn al-Kūm und zog auch nach Oberägypten. Als dies geschah, gab man dem Ibrāhīm Bek al-Wālī einen Auftrag: er zog nach Rosette, nahm ʿAlī Bek al-Ḥabašī und auch Sulaimān Kathodā fest und tötete sie. Doch Ibrāhīm Bek Odabašı floh zum Qabuṭān und bat ihn um Asyl (B I 524).

(B I 530) Der Emir ʿAbd ar-Raḥmān, Oberaghā der *mustaḥfiẓān* (Janitscharen), kam in jenem Jahr (1192 = 1778) um. Er gehörte zu den Mamluken des Ibrāhīm Katḫodā und erhielt den Rang eines Aghā im Jahr 70 (1756), wie weiter oben berichtet wurde. Er behielt sein Amt bis zum Jahr 79 (1765). Als dann ʿAlī Bek zum letzten Mal verbannt wurde, wurde er von Ḫalīl Bek und Ḥusain Bek entlassen, und Qāsim Aghā wurde an seiner Stelle ernannt. Als ʿAlī Bek aber zurückkehrte, bestellte er ihn von neuem und machte Qāsim Bek zum *Ṣanǧaq*. Er verblieb im Amt bis zum Jahr 83; damals wurde er entlassen, und an seiner Stelle wurde Salīm Bek al-Wālī ernannt. Den Mūsā Aghā jedoch erhob ʿAlī Bek zum Wālī anstelle des erwähnten Salīm Bek. Beide gehörten sie zu seinen Mamluken. Den Helden dieser Biographie jedoch sandte er als Provinzverwalter nach Ghazza mit dem Befehl, den Salīṭ zu überlisten und zu töten. Das war ein Mann von großer Heftigkeit und Immoralität. Er ließ nicht davon ab, ihn zu umgarnen, bis daß er ihn in seinem Haus umbrachte und sein Haupt zu ʿAlī Bek nach Kairo sandte. Dies war der erste Erfolg, den ʿAlī Bek in Syrien davontrug; er sollte ihn dazu verleiten, ganz Syrien in Besitz nehmen zu wollen. Als der Zwist zwischen Muḥammad Bek und seinem Herrn ʿAlī Bek ausbrach, schlug sich der hier Behandelte auf die Seite des Muḥammad Bek, und als jener die Herrschaft erlangte (1772), ernannte er ihn wieder zum Janitscharenaghā. Er blieb im Amte, solange sein Herr dauerte. Doch als Muḥammad Bek starb, entfernte Murād Bek ihn, entließ ihn und stellte statt seiner den Sulaimān Aghā an; dies geschah im Jahr 90 (1776). Als dann die Spaltung zwischen Ismāʿīl Bek und der *Muḥammadīja* erfolgte, schloß er sich Ismāʿīl Bek und Jūsuf Bek an und gab sich große Mühe, ihnen den Sieg zu verschaffen. Er stieß vor und ritt wieder zurück, trieb die Leute an, errichtete Barrikaden, verstärkte andere, erfand Kriegslisten und Ränke, kam und ging Tag und Nacht, bis er sein Ziel erreichte und Ibrāhīm Bek mit

Murād Bek floh, während Ismāʿīl Bek und Jūsuf Bek das Feld behaupteten; die ernannten ihn zum Janitscharenaghā. Er blieb eine Zeitlang im Amt. Als Ismāʿīl Bek nach Oberägypten zog, um die *Muḥammadīja* zu bekämpfen, ließ er ihn in Kairo zurück, und er übernahm die Regierung der Stadt. Das geschah auch, als Muḥammad Bek nach Syrien fortgezogen war. Doch als die *ʿAlawīja* den Ismāʿīl Bek verriet und zur *Muḥammadīja* überlief und Ismāʿīl dann zurückkehrte, wie wir es erzählt haben, da zog er mit ihm nach Syrien in der Erwartung, daß ihre Lage sich wieder wenden werde. Dann beschloß er, nach Oberägypten zu ziehen. Er nahm zahlreiche Soldaten und Mamluken mit sich, und sie reisten, bis sie in die Nähe von al-ʿĀdilīja gelangten. Er sandte einen schwarzen Mamluken aus, den er besaß, damit er ihm Dinge bringe, die er aus seinem Haus in Kairo haben wollte, und sie nach Ḥelwān bringe; er wollte dort auf ihn warten; Ḥelwān hatte zu seinen Lehensgütern gehört. Dann zog er mit der Truppe hinter dem Berg vorbei und stieg nach Ḥelwān hinab. Sie stiegen zu Pferd und ritten weiter, während er allein zurückblieb und auf seinen Diener wartete, damit das Geschick, Gottes Beschluß, an ihm vollzogen werde. Er übernachtete dort. Ein Beduine kam zu Murād Bek und meldete ihm die Sache. Er sandte nach jenem Diener Häscher aus und ritt selbst sofort los. Die Häscher brachten ihm den Knecht auf seinem Weg nach Ḥelwān. Er befragte ihn, und jener berichtete ihm die Wahrheit, nachdem er zuerst zu leugnen versucht hatte. Er ritt eilig nach Ḥelwān und umzingelte den Ort; seine Truppe griff seine Herberge an, und sie fingen ihn, indem sie ihn mit Händen griffen. Sie zogen ihm die Kleider aus, sogar die Hosen, und schleppten ihn unbedeckten Hauptes und mit bloßer Scham fort. Sie brachten ihn vor Murād Bek, und als seine Augen auf ihn fielen, befahl er, ihm die Hände abzuschlagen. Dann übergaben sie ihn den Pferdeknechten, damit sie ihn ohrfeigten und ins Gesicht schlügen; am Ende schnitten sie sein Genick durch, indem sie es mit einem Messer durchsägten. Dabei sagten sie zu ihm: «Sieh mal, nur ein Flohstich!», weil sie sich daran erinnerten, daß er jenen, die er hinrichten ließ, zu sagen pflegte: «Fürchte dich nicht, mein Junge, es ist nur wie der Schmerz von einem Flohstich», und zwar um den Schrecken der Hinzurichtenden zu stillen, in der Absicht, Gutes zu tun; sie aber sagten es, um ihn zu verspotten. Nachher zog Murād Bek nach Kairo ein, von dessen Haupte begleitet, das auf einer Lanze vor ihm hergetragen wurde. Er wurde begraben, wie ich es erwähnt habe.

Nach ihm hat nie jemand sein Amt innegehabt, der es ihm an Schlauheit gleichgetan hätte, an Urteilsfähigkeit, richterlicher Einsicht und Erfahrenheit in Ränken gegenüber den Verdächtigen, bis daß sie ihre Schuld zugaben. Er war wie die Rache Gottes für die Übeltäter, besonders aber für die Diener der Türken, die als *Sarrāǧūn* bekannt sind. Es geschah ihm zu Beginn seiner Amtsausübung, daß er ihnen mehrmals Strafen auferlegte und sie sich über ihn bei Ḥusain Bek al-Maqtūl beklagten. Er sprach zu ihm über ihre Angelegenheit, und der Janitscharenaghā gab ihm zur Antwort: «Jene sind die widerlichsten Geschöpfe und tun den Muslimen mehr Schaden an als alle anderen. Die meisten von ihnen sind Christen und wurden nur Muslime, um euch zu dienen und so die Möglichkeit zu erhalten, den Muslimen Schaden zu tun. Wenn du an meinem Wort zweifelst, gib mir Erlaubnis, sie zu entblößen, damit ich jene von ihnen, die beschnitten sind, von den anderen unterscheiden kann.» Der Ṣanǧaq antwortete: «Tu, was du nicht lassen kannst!» Am nächsten Tag waren die meisten *Sarrāǧūn* des Ṣanǧaq geflohen; nur jene waren zurückgeblieben, die Muslime und beschnitten waren. Das waren jedoch nur wenige. Ḥusain Bek bewunderte seine Einsicht, und von jenem Tag an widersetzte er sich keiner seiner Maßnahmen mehr. ʿAlī Bek und Muḥammad Bek hielten es ebenso.

Als Muḥammad Bek seinem Herrn zuwiderhandelte und sich von ihm lossagte, zog er nach Oberägypten und schloß sich mit seinem Altersgenossen *(ḫušdāš)* Ajjūb Bek zusammen. Sie verbündeten sich und schworen sich über dem Koran und dem Schwert die Treue. Doch Ajjūb Bek brach den Schwur, und

Muḥammad Bek verurteilte ihn dazu, daß seine Hand und seine Zunge abgeschnitten würden. Er sandte unseren ʿAbd ar-Raḥmān Aghā zu ihm, damit er das Urteil vollstrecke. Als der bei ihm anlangte, um ihn zu bestrafen, und in Begleitung des Scharfrichters vor ihn trat, sagte er dem Henker beständig: «Geh sorgfältig mit meinem Herrn um, damit wir ihm keine Schmerzen bereiten!» und ähnliches. Als dann Muḥammad Bek den Sieg erlangte und in Kairo einzog, sandte er ihn zu ʿAbdallāh Bek, dem Katḫodā des Pascha, der sich gegen seinen Herrn verschworen hatte und zu ʿAlī Bek übergelaufen war. Er ging zu ihm, nahm ihn fest, schlug ihm in seinem eigenen Hause den Kopf ab und kehrte mit dem Haupt zu seinem Meister zurück.

Eine Zeitlang war er auch Marktaufseher (*muḥtasib*) gleichzeitig mit seinem Amt als Janitscharenaghā. Die Marktbevölkerung liebte ihn. Während einer Periode amtierte er auch als Aufseher der Azhar-Moschee. Er schätzte die Gelehrten, war den Leuten der Wissenschaft gegenüber höflich und nahm ihre Fürsprache oftmals an. Er besaß Würde und Scharfsinn bei den Geschäften und verfügte auch über Kraft zur Ritterkunst und über große Willensstärke, bis das Geschick seine Entschlußkraft überkam – möge Gott ihm verzeihen! (B I 533).

ʿABD AR-RAḤMĀN BEK

(B I 533) Den Tod fand auch der Emir ʿAbd ar-Raḥmān Bek. Er war einer der Mamluken des ʿAlī Bek und seiner Ṣanǧaqs gewesen, die er zu Emiren erhob und langsam aufsteigen ließ. Er war ein Altersgenosse (*ḫušdāš*) von Muḥammad Bek Abū Ḏahab, Ḥasan Bek al-Ǧiddāwī, Ajjūb Bek, Riḍwān Bek und anderer. Als die Tage des ʿAlī Bek vergingen und der Aufstieg des Muḥammad Bek sichtbar wurde, sank seine Wertschätzung unter seinen Altersgenossen ab, bis die Zwischenfälle zwischen den Leuten der *Muḥammadīja* und Ismāʿīl Bek vorfielen und jener sie wieder zu Emiren erhob, mit Ausnahme des ʿAbd ar-Raḥmān;

der blieb ohne Beförderung, obwohl er einiges Ansehen besaß. Als der Tag kam, an dem Jūsuf Bek getötet wurde, war er der erste, der auf ihn einschlug. An jenem Tag flohen die Überlebenden der *Muḥammadīja,* während die Verbleibenden durch die Verbannung entfernt wurden und man ihm seine Ṣanǧaq-Würde zurückgab, wie er sie früher besessen hatte. Später zog er mit seinen Altersgenossen aus, um die Feinde in Oberägypten zu bekämpfen. Doch sie betrogen Ismāʿīl Bek, liefen zu ihren Gegnern über und zogen mit ihnen nach Kairo zurück, wie oben erwähnt worden ist. Dann begannen sie einander zu beargwöhnen und einander zu drängen, um den Rang jener zu erlangen, die gebieten und verbieten können. Einer von jenen, die am meisten beneidet wurden, war Murād Bek, während er seine Rivalen ebenfalls scheel ansah. Beide Parteien waren voll Argwohn gegenüber der anderen Seite, und die *Muḥammadīja* begann sich so sehr vor der *ʿAlawīja* zu fürchten, daß sie nicht mehr in ihren Häusern zu verweilen wagten, sondern beständig vor die Stadt hinauszogen, um in ihren Schlössern zu übernachten. Ibrāhīm Bek und seine Gefolgsleute pflegten nach al-ʿĀdilīja hinauszuziehen, und Murād Bek mit den Seinen in Richtung Altkairo.

Als der Samstag, der 17. Ǧumādā I, anbrach, stand Murād Bek auf mit vor Zorn geschwollenen Venen, sonderte sich mit jenen Leibwächtern ab, auf die er sich besonders verließ, und sagte zu ihnen: «Ich bin entschlossen, heute noch mit jener Gesellschaft zu brechen und den Kampf zu beginnen!» Sie fragten: «Und wie fangen wir es an?» Er sagte: «Wir gehen zu dem Lanzenwurfplatz; dort werden bestimmt einige von ihnen zu uns kommen. Wir töten einen von ihnen, der uns begegnet; nachher kann geschehen, was geschehen muß!» Damit stieg er zu Pferd und machte bei den Steinbänken des Turnierplatzes halt. Er setzte sich eine Zeitlang hin; unser ʿAbd ar-Raḥmān Bek kam zu ihm und auch ʿAlī Bek al-Ḥabašī, und sie setzten sich eine Weile zu ihm (vgl. o. S. 61). Murād Bek gab mehrmals seinen Gefolgsleuten ein Zeichen, daß sie ihn niederschlagen sollten; doch sie scheuten sich, es zu tun. Dem Silāḥdār (Waffenträger) des ʿAbd ar-Raḥmān Bek fielen seine Gesten auf, und er stieß seinen Herrn mit dem Fuß an, um ihn zu warnen. Sie waren im Begriff, aufzustehen, als Murād Bek ihnen zuvorkam, seinen Säbel zog und ihn auf den Kopf schlug. Auch der andere zog seinen Säbel und wollte zurückschlagen, doch stürzte er von der Steinbank auf die Erde hinab, und die Gefolgsleute des Murād Bek eilten herbei und töteten ihn. Im Augenblick des größten Tumultes verhüllte ʿAlī Bek al-Ḥabašī sein Haupt mit seinem Übergewand und versteckte sich unter einem Sykomorenbaum. Murād Bek stieg sofort zu Pferd, sammelte seine Familiengruppe um sich und sandte Botschaft an Ibrāhīm Bek. Jener ritt von der Kuppel zur Zitadelle. Dann geschah, was ich oben erzählt habe. ʿAbd ar-Raḥmān Bek blieb unter der Steinbank liegen, bis seine Gefolgsleute anlangten, ihn aufhoben und auf dem Friedhof begruben (B I 534).

SKANDAL IN DER AZHAR

Am Ende des Rabīʿ I (1193 = 17. April 1779) ereignete sich ein Zwischenfall in der Azhar-Moschee zwischen der Gruppe der Syrer und jener der Türken in der Zeit zwischen Sonnenuntergang und Abendgebet. Die Syrer griffen die Türken an, schlugen sie, töteten einen von ihnen und verwundeten mehrere. Am nächsten Morgen gingen die Türken zu Ibrāhīm Bek und meldeten ihm, was geschehen war. Er ließ den ʿAbd ar-Raḥmān al-ʿArīšī vorladen, der für die Gemeinschaft der Syrer sprach, und befragte ihn über die Sache. Dieser gab ihm die Namen der Gruppe bekannt und schrieb sie für ihn auf ein Papier. Er erklärte ihm auch, daß die Mörder sich aus dem Staub gemacht hätten und geflohen seien, doch wenn sie auftauchten, würde er sie vor ihn bringen. Doch nachdem er fortgegangen war, forschte Ibrāhīm Bek den Namen nach und fand, daß sie falsch waren. Er ließ darauf Scheich Aḥmad al-ʿArūsī, den Scheich der Azhar, und die übrigen Scheichs kommen und sandte auch nach Scheich ʿAbd ar-Raḥmān al-ʿArīšī, doch der war verschwunden und konnte nicht gefunden werden. Ibrāhīm Bek und Murād Bek waren zornig und entzogen ihm die Würde eines Muftī. Sie ließen den Scheich Muḥammad al-Ḥarīrī kommen und verliehen ihm ein Ehrenkleid, damit er anstelle des ʿAbd ar-Raḥmān als Muftī der Ḥanafiten amtiere. Sie ließen nach jenem fahnden, weil sie ihn außer Landes verbannen wollten. Der Scheich as-Sādāt legte Fürbitte für ihn ein. Die ganze Gemeinschaft der Syrer floh, und der Aghā vernagelte ihre Schlafquartiere und ließ sie ausrufen. Die Sache blieb so einige Tage lang. Man verbot den Leuten aus Maǧdal und aus Tiberias, in die Schlafräume *(ruwāq)* einzukehren; hundert Brotlaibe wurden von ihrer Brotration abgezogen und den Türken als Sühnegeld für den Ermordeten zur Verfügung gestellt. Ein Protokoll darüber wurde in Gegenwart der Scheichs und der Emire aufgestellt, dann wurden die Schlafräume wieder geöffnet. Scheich al-ʿArīšī jedoch wurde krank vor Zorn und starb am 4. Ǧumādā I (10. Mai 1779) (B I 537).

SCHEICH AL-ʿARĪŠĪ

(B I 539) Es starb ferner der Scheich und Rechtsgelehrte, der vortreffliche Imam, unser Lehrer, ʿAbd ar-Raḥmān ibn ʿUmar al-ʿArīšī al-Ḥanafī al-Azharī. Er war in Qalʿat al-ʿArīš im Bezirk Ghazza geboren, dort aufgewachsen und hatte einige Texte auswendig gelernt. Als der weise Scheich as-Sajjid Manṣūr as-Samīnī durch seine Ortschaft kam, fand er ihn aufgeweckt, von rascher Auffassung, guter Bildungsfähigkeit und mit einem vorzüglichen Gedächtnis ausgestattet. Er nahm ihn zum Begleiter in der Form eines Gehilfen, der ihm dienen sollte, und brachte ihn nach Kairo, wo er sein unzertrennlicher Assistent wurde. Er gab ihm Erlaubnis, die Azhar zu besuchen. Er pflegte zu den Kursen des Scheichs Aḥmad al-Bīlī und anderer über Grammatik und Logik zu gehen. Als der erwähnte Sajjid in sein Land heimkehrte, ließ er ihn zurück, damit er sich mit den Wissenschaften abgebe. Er schloß sich eng an Scheich Aḥmad as-Sulaimānī an und studierte unter ihm die meisten Bücher, die in ihrer Rechtsschule *(maḏhab)* verwendet werden. Er wohnte auch den Lektionen des Scheichs aṣ-Ṣaʿīdī und des Scheichs al-Ḥanafī bei. Jener lehrte ihn den *ḏikr,* gab ihm die Lehrerlaubnis und verlieh ihm die Krone des Ḫalwatīja-Ordens. Dann traf er mit meinem verstorbenen Vater Ḥasan al-Ǧabartī zusammen und schloß sich ihm an. Er ließ ihn schrittweise bis zum *fatwā* aufsteigen, repetierte die Rechtsregeln mit ihm und half ihm, sie zu beherrschen. Bei dem Verstorbenen fand er viele seltene Bücher vor; mit seiner Hilfe wurde er höchst brillant und erhaben. Allmählich wurde er den Leuten bekannt. Er erhielt den Rang eines Scheichs des *ruwāq* (Schlafsaales) der Syrer. Der Verfasser hat seinerseits unter ihm die Rechtslehre studiert; das erste, was ich von ihm hörte, war das Werk «Klärendes Licht» *(Nūr al-Īḍāḥ)* des Gelehrten as-Saranbalālī, dann den Band «Der Schatz» *(al-Kanz)* mit seinem Kommentar von Mullā Miskīn sowie «Die ausgewählten Perlen / Erklärung zur Erleuchtung der Einsicht» sowie auch die Hälfte von «Die Perlen» *(Durar),* auch den Kommentar des Sajjid zur Sirāǧīja über die Erbregeln. Er besaß ein starkes Gedächtnis und tiefes Verständnis zusammen mit schöner Ausdrucksfähigkeit. Alle Materien, die er unterrichtete, rezitierte er frei aus dem Gedächtnis in beredter Sprache, ohne anzustoßen oder anzuhalten. Er zog im Jahr 79 (1765) von al-Qulzum (Suez) aus auf die Pilgerfahrt, allein und in asketischer Armut, und erreichte die Heiligen Stätten. Er kehrte dann nach Kairo zurück. Im Jahr 86 (1772) überkam ihn eine Ekstase; er verließ seine Familie und legte seinen bisherigen Stand ab. Er suchte in den Zāwijas und Moscheen Unterschlupf, erteilte Unterricht im *aš-Šifāʾ* und über die Wege der Mystiker sowie über die Lehraussprüche des Sīdī Muḥjīddīn (Ibn ʿArabī) und des Ghazālī. Dann kehrte er allmählich wieder zu seinem früheren Stand zurück. Als der Muftī der Ḥanafiten, Scheich Aḥmad al-Ḥamāqī, verschied, wurde unser Scheich zum Muftī ernannt; sein Ansehen wuchs noch weiter, und er stach unter seinen Zeitgenossen hervor. Er kaufte ein schönes Haus nah bei der Azhar-Moschee, das gleiche, in dem Scheich al-Ḥanafī früher gewohnt hatte und das das Haus des Qarṭasī genannt wird. Die Großen und Würdenträger besuchten ihn oft, und in Scharen kamen solche, die Prozesse führten und Gesetzesentscheidungen suchten. Er hatte nun Diener, Gefolgsleute, Wegbereiter und ähnliches Personal. Nach dem Tod des Muḥammad Bek reiste er nach Istanbul, um über gewisse Angelegenheiten ein Urteil zu fällen. Dort las er das «Buch der Heilung» *(aš-Šifāʾ)* öffentlich vor und kehrte dann nach Kairo zurück. Er war großmütigen Herzens, gebefreudig mit seinem Besitz; er gab gerne Gastmähler und veranstaltete Gelage für die Emire, auch gab er ihnen Ehrengewänder. Als Scheich Aḥmad ad-Damanhūrī immer schwächer und sein baldiges Abscheiden deutlich wurde und als das Ende seiner Lebenszeit nahe schien, begehrte das Herz des Helden unserer Biographie nach dem Rang eines Scheichs der Azhar, was das höchste Amt ist, das ein Gelehrter erhalten kann. Er wollte es erreichen und mit allen Mitteln und auf allen Wegen dazu gelangen. Die Zuneigung der Emire half ihm dabei sowie jene der großen Scheichs, besonders des Scheichs Abū l-Anwār as-Sādāt, wie auch all das, was er ihnen in jenen Tagen darbrachte. Die Sache war schon beinahe perfekt, doch einige Šāfiʿiten ohne großes Prestige kritisierten den Plan. Sie gingen zu Scheich Muḥammad al-Ǧauharī, und der half ihnen und ritt mit ihnen zum Haus des Scheich al-Bakrī. Dort versammelte sich eine Menge der Oberhäupter der Šāfiʿiten wie Scheich Aḥmad al-ʿArūsī, Scheich Aḥmad as-Samannūdī, Scheich Ḥasan al-Kafrāwī und andere. Sie schrieben ein Gutachten für die Emire, das besagte, die Scheichwürde der Azhar sei ein Amt der Šāfiʿiten; seit alter Zeit habe kein Ḥanafit es je innegehabt, besonders kein zugereister Ausländer, der nicht zu den Bürgern Kairos gehöre; Scheich ʿAbd ar-Raḥmān aber sei ein solcher. Unter den šāfiʿitischen Gelehrten befänden sich Leute, die des

Amtes durchaus würdig seien wegen der Jahre ihrer Gelehrsamkeit. Sie seien darin übereingekommen, daß der geeignetste für das Amt Scheich Aḥmad al-ʿArūsī sei. Die Anwesenden besiegelten jenes Gutachten und sandten es an Ibrāhīm Bek und Murād Bek. Doch jene verblieben auf ihrem Standpunkt und lehnten das Ansuchen ab. Ihre Solidarität (mit den Ḥanafiten) lehnte sich in ihnen auf; sie weigerten sich energisch, die Kritik der Šāfiʿiten gelten zu lassen, und sandten ihnen einen entsprechenden Beschluß zurück. Jene erhoben sich sofort, Scheich Muḥammad al-Ǧauharī drängte darauf, und ritten auf den Friedhof hinaus; dort setzten sie sich in der Moschee des Imāms as-Šāfiʿī nieder und verblieben in ihr über Nacht. Es war die Nacht vor dem Freitag, und die Leute versammelten sich, um das Grab zu besuchen. Die Leute wurden von Erregung ergriffen; viele einfache Leute liefen zusammen, um zu sehen, was aus der Sache werde. Die Emire hatten jedoch Vertrauen und Respekt gegenüber Scheich Muḥammad ibn al-Ǧauharī, wie auch ihre Frauen und Aghās, weil er sich von ihnen fern hielt und nie in ihre Häuser eintrat, sich weigerte, mit ihnen zu beten, und sich durch diese Haltung von allen anderen Turbanträgern unterschied. Die meisten unter ihnen traten dafür ein, daß sein Wunsch erfüllt werde, und baten Murād Bek und warnten ihn, er und auch sie könnten Strafe erlangen oder es könne ein Bürgerkrieg in der Stadt ausbrechen. ʿAlī Aghā, der Katḫodā der *ǧāwīšīja*, stieß zu ihnen und suchte ihnen zuzureden, während sie ihm auch zureden wollten. Dann erhob er sich und ging zu ihnen, auch Murād Bek ging zum Grab des Šāfiʿī, um es zu besuchen. Scheich Muḥammad (al-Ǧauharī) sprach mit ihm und sagte: «Du mußt unbedingt dem al-ʿArūsī einen Pelzmantel verleihen, damit er Scheich der Šāfiʿiten werde. Jener kann Scheich der Ḥanafiten sein, und Scheich Aḥmad ad-Dardīr Scheich der Mālikiten. Diese Stadt ist die Stadt des Imām Šāfiʿī. Wir stehen auf seinem Grabe, und er befiehlt dir, so zu handeln; wenn du dich ihm widersetzt, fürchte die Folgen für dich!» Es blieb ihm nichts anderes übrig, als nach einem Pelzmantel zu senden und ihn dem Scheich al-ʿArūsī bei dem Tor der Maqṣūra zu verleihen. Dann ritt Murād Bek seines Weges. Die Scheichs saßen ebenfalls auf, unter ihnen al-ʿArūsī, und ritten zu Ibrāhīm Bek. Die Emire hatten vor diesem Ereignis den Scheich al-ʿArūsī nie vor Augen bekommen und nie kennengelernt. Sie setzten sich (bei Ibrāhīm Bek) so lange, wie man braucht, um einen Kaffee zu trinken, und gingen dann wieder fort. Sie sagten kein Wort zu Ibrāhīm Bek. Von dort ging der Scheich al-ʿArūsī in sein Haus zurück; es war das Haus seines Schwagers, des Scheichs Aḥmad al-ʿAjjān. Die Leute strömten bei ihm zusammen, und sein Ansehen begann zuzunehmen.

Al-ʿArīšī wurde zornig und ging zum Scheich as-Sādāt und zu den Emiren; sie verliehen ihm ebenfalls einen Ehrenpelz, und die Sache wuchs immer mehr an, bis zwei Parteien entstanden. Für den Helden dieser Biographie eiferte die Gruppe der Syrer, weil sie gleicher Herkunft waren, und die Schar der Maghribiner, weil ihr Scheich, Scheich Abū l-Ḥasan al-Qalʿī, von Beginn an auf seine Seite getreten war. Sie befeindeten jene, die zur Gegengruppe gehörten, wollten ihnen Schrecken einjagen und stellten sich ihnen in den Weg, um ihnen den Eintritt in die (Azhar-) Moschee zu verwehren. Der Sohn des Ǧauharī leitete die Manöver und suchte die Zuneigung der Emire zu erlangen, wie auch jene der Hauptscheichs, die es mit al-ʿArīšī gehalten hatten, wie Scheich ad-Dardīr, Scheich Aḥmad Jūnis und andere. Die Sache dauerte so etwa sieben Monate lang fort, bis die Vorsehung dem al-ʿArūsī zu Hilfe kam und der erwähnte Zwischenfall zwischen den Türken und den Syrern (s. o. S. 71 f.) stattfand. Die Emire ereiferten sich aufgrund ihrer Landsmannschaft für die Türken und forderten eine genaue Untersuchung. Al-ʿArīšī schritt zugunsten der Syrer ein, um sie zu retten, und es stieß ihm das Erwähnte zu, weil er sie entkommen lassen wollte. Als dies geschah, wandten sich die Zungen gegen ihn, und seine Freunde wurden zu Feinden; die Emire wandten sich von ihm ab und stellten ihm nach, während er sich verstecken mußte und der Wālī und die Gefolgsleute der Polizei nach ihm forschten. Auch entzogen sie ihm die Muftī-Würde. Der Aghā und mit ihm Scheich al-ʿArūsī drangen in die Moschee ein, um die Syrer gefangenzunehmen; diese verbargen sich, flohen und hielten sich versteckt. Ihre Schlafsäle wurden verschlossen und für einige Tage zugenagelt. Später wurde in der erwähnten Art eine Versöhnung erzwungen. Al-ʿArūsī trat von jenem Tag an hervor und befestigte seine Stellung als Scheich und Oberhaupt, während al-ʿArīšī gedemütigt wurde. Er erhielt Befehl, in seinem Haus zu verbleiben, sich in nichts mehr einzumischen und auf keine Sache mehr Einfluß zu nehmen. So blieb er mit sich alleine und wandte sich dem Gottesdienst, dem *ḏikr* und Lesen des Korans zu. Vor Ärger erlitt er einen Fluß in beiden Ohren; man riet ihm zu einem Aderlaß und ließ ihn zur Ader. Doch seine Schmerzen nahmen nur zu, und er starb in der Nacht auf den Donnerstag, den 7. Ǧumādā I jenes Jahres (1193 = 13. Mai 1779; vorher hatte Ǧabartī ein anderes Datum gegeben; S. 72). Am nächsten Morgen wurde er aufgebahrt, man betete über ihm in der Azhar in einer großen Feier, der Murād Bek und viele Emire beiwohnten, auch ʿAlī Aghā, der Katḫodā der *ǧāwīšīja,* und er wurde auf dem besonderen Platz der Sajjids bestattet. Dies geschah 39 Tage nach dem Zwischenfall – möge Gott sich seiner erbarmen! Unter seinen Werken ist auch ein Traktat über die Geheimnisse der Patronyme *(kunā),* den er im Namen des Sajjid Abū l-Anwār Ibn Wāfī verfaßte und mit dem er sich besonders hervortat. Es gelangte bis zum Namen Zubaid. Scheich ʿAbd al-Ḫāliq ibn az-Zain hat einen Randkommentar dazu verfaßt, und Scheich al-ʿArūsī wie auch Scheich aṣ-Ṣabān haben ihn gepriesen. Er hat auch andere Werke verfaßt (B I 543).

ZWEITER TEIL

DIE FRANZOSEN IN KAIRO

DIE ANKUNFT DER FRANZOSEN

Das Jahr 1213 (1798).

Es war das erste Jahr großen endzeitlichen Gemetzels und schwerwiegenden Wechsels, in dem Ereignisse auf uns niederprasselten, so daß wir erblaßten; Vervielfachung alles Schlimmen, Überstürzung aller Dinge; Aufeinanderfolgen von Unglücken, voll von Mißgeschicken; Umkehrung alles Natürlichen, Revolution alles Gebührlichen; Abfolge von Scheußlichkeit, entgegen geregelter Häuslichkeit; der Ordnung Ersterben, Beginn von Verderben; allgemeine Zerstörung, Verwirrung und Empörung; Gott zerstörte durch Tyrannen die Dörfer und den Frieden ihrer Mannen.

Am Sonntag, dem 10. Muḥarram jenes Jahres (24. Juni 1798) kamen Briefe an, die Läufer aus der Hafenstadt Alexandria überbrachten. Darin hieß es: Am Freitag, dem 8. Muḥarram (22. Juni), seien zehn englische Schiffe vor der Hafenstadt angelangt und hätten in einiger Distanz angehalten, so daß die Bewohner der Stadt sie sehen konnten. Etwas später seien 15 weitere Schiffe dazu gekommen, und die Leute in der Stadt hätten abgewartet, um zu sehen, was sie begehrten. Ein kleines Boot sei von ihnen gekommen, das zehn Personen enthielt; sie seien an Land gestiegen und hätten sich mit den Notabeln der Stadt getroffen, besonders mit ihrem damaligen Befehlshaber Sajjid Muḥammad Kurajjim, von dem wir schon früher mit Tadel und Ablehnung sprachen. Sie besprachen sich mit ihnen und fragten sie über ihre Absichten. Die Fremden erzählten ihnen, sie seien Engländer, die gekommen seien, um nach den

Franzosen zu forschen, denn jene seien mit einer großen Flotte ausgefahren, die irgendwohin ziele, «doch wissen wir nicht, welches ihr Ziel ist. Es ist möglich, daß sie euch überfallen. Dann könnt ihr euch nicht verteidigen und sie abwehren.» Doch Sajjid Muḥammad Kurajjim wollte diese Reden von ihnen nicht annehmen. Er wies sie zurück und dachte, es müsse sich um eine Kriegslist handeln. Deshalb antwortete man ihnen mit harten Worten. Die Boten der Engländer sagten: «Wir wollen mit unseren Schiffen im Meer liegen bleiben, um eure Festungswerke und Städte zu bewachen; wir brauchen von euch nur Wasser und Proviant, den wir gebührend bezahlen werden.» Doch sie wiesen das ab und sagten: «Dies Land gehört dem Sultan, und die Franzosen können nicht in es eindringen, sowenig wie sonst jemand. Deshalb geht fort von hier!» Daraufhin kehrten die Boten der Engländer um und fuhren übers Meer davon, um sich irgendwo anders Proviant zu verschaffen, nicht in Alexandria – und damit Gott eine Tat geschehen lasse, die geschehen mußte! Dann schrieben die Einwohner der Hafenstadt an den Kāšif (der Provinz) al-Buḥaira, er solle die Beduinen sammeln und sie herbeiführen, um die Stadt zu verteidigen.

Als jene Schreiben in Kairo gelesen wurden, verursachten sie viel Gerede unter den Bewohnern. Sie sprachen darüber untereinander, und es gab viel Rederei und Alarm. Dann, am dritten Tag nach der Ankunft der ersten Briefe, kamen weitere, die besagten, die Schiffe, die zu der Hafenstadt gelangt waren, seien nun wieder umgekehrt und fortgesegelt, woraufhin die Leute sich beruhigten und die Gerüchte ein Ende nahmen. Was aber die Emire angeht, so kümmerten sie sich um all das in keiner Hinsicht. Sie nahmen es nicht ernst, weil sie sich auf ihre Kräfte verließen und behaupteten, selbst wenn alle Europäer zusammen ankommen sollten, wären sie doch nicht imstande, ihrem Ansturm standzuhalten, und sie würden sie unter ihren Pferden zerstampfen.

Als der Mittwoch, der 20. des Monats (Muḥarram, 4. Juli), anbrach, kamen Briefe aus der Hafenstadt und aus Damiette und

Damanhūr, die besagten, am Dienstag (*sic*), dem 18., seien Schiffe und Geschwader der Franzosen angekommen; sie hätten im Meer geankert und Gruppen von Leuten an Land gesandt, die nach dem Konsul und einigen Leuten ihres Landes fragten. Als diese zu ihnen gekommen seien, hätten sie sie bei sich zurückbehalten. Bei Einbruch der Nacht seien einige ihrer Schiffe vor al-ʿAǧamī gesegelt, und sie seien mit Kriegsgerät und Soldaten an Land gegangen. Als der Morgen über Alexandria heraufgekommen war, hatten sie sich schon wie Heuschrecken über das ganze Land verteilt. Die Leute der Stadt zogen zusammen mit den Beduinen, die zu ihnen gestoßen waren, und dem Kāšif von al-Buḥaira hinaus, doch sie vermochten sich ihrer nicht zu erwehren und hielten es nicht lange aus, gegen sie zu kämpfen. Der Kāšif und die Beduinen, die mit ihm waren, wurden geschlagen. Die Leute der Stadt begannen sich in ihren Häusern und hinter den Mauern zu verschanzen, während die Franzosen in das Land eindrangen und viele von ihnen sich dort festsetzten. Dies geschah, während die Stadtbewohner sie beschossen, um sich und ihre Angehörigen zu verteidigen; sie kämpften und suchten sich ihrer zu erwehren. Doch als sie dessen nicht mehr mächtig waren und erkannten, daß sie auf jeden Fall eingenommen werden würden, weil sie damals nicht auf den Krieg vorbereitet waren und die Türme des Kriegsgeräts und des Pulvers entbehrten, auch weil die Feinde so viele und ihnen überlegen waren, forderten die Bewohner von Alexandria Frieden und erhielten ihn. Die Franzosen hörten auf, gegen ihre Befestigungen anzustürmen, und hießen sie hinabsteigen; sie riefen Frieden in der Stadt aus und zogen ihre Fahnen *(bandīrāt)* über ihr auf. Sie fragten nach den führenden Würdenträgern von Alexandria, und diese stellten sich vor ihnen ein. Sie zwangen sie, die Waffen einzusammeln und ihnen zu bringen und auch dazu, die Kokarde *(ǧūkār)* auf ihrer Brust über ihren Kleidern zu tragen. Die Kokarde besteht aus drei Stücken Tuch oder Seide oder ähnlichem Stoff, die rund sind und etwa so groß wie ein Rial, schwarz *(sic)*, rot und weiß. Man legt sie eines über das andere, so daß ein jedes runde Stück kleiner ist als jenes, das unter ihm liegt, und die drei Farben wie Ringe erscheinen, deren einer den anderen umfaßt.

Als diese Nachrichten Kairo erreichten, bemächtigte sich Unruhe der Bewohner, und die meisten wollten ihre Zuflucht bei Entfernung und Abwanderung nehmen. Doch was die Emire von Kairo anging, so ritt Ibrāhīm Bek nach Qaṣr al-ʿAinī, und Murād Bek stieß aus Gīze, wo er sich aufgehalten hatte, zu ihm. Sie versammelten sich mit den anderen Emiren und Gelehrten sowie auch dem Qāḍī und beratschlagten über dieses Ereignis. Sie beschlossen, einen Brief mit der Meldung der Geschehnisse nach Istanbul zu senden, und daß Murād Bek die Soldaten ausrüsten und mit ihnen ausziehen solle, um die Feinde zu bekämpfen und zu bekriegen. Dann löste sich die Versammlung auf. Man verfaßte das Sendschreiben, und Bakr Pascha sandte es auf dem Landwege ab – als wollten sie ein Heilmittel aus dem fernen Irak suchen!

Sie begannen die Festungen instandzusetzen, alles Notwendige bereitzustellen und Kriegsvorbereitungen in der Frist von fünf Tagen zu treffen. Sie gingen dazu über, die Leute zu enteignen; das meiste, was sie brauchten, nahmen sie, ohne dafür zu bezahlen. Dann, nach dem Freitagsgebet, brach Murād Bek auf. Er richtete sein Zelt und seinen Pavillon bei der Schwarzen Brücke (al-Ǧisr al-Aswad) auf und verweilte dort zwei Tage, bis das Heer und seine Abteilungen vollzählig waren. Mit ihm waren ʿAlī Pascha aṭ-Ṭarābulsī und Naṣūḥ Pascha, seine engsten Vertrauten, die mit ihm in Gīze wohnten. Er nahm eine große Menge Kanonen und Pulver mit und ritt mit seiner Kavallerietruppe über Land. Die Fußsoldaten jedoch, die *ildāšāt,* die Matrosen *(qaljūnǧīja),* die Kleinasier und die Maghribiner, fuhren auf dem Strom mit den kleinen Galeonen, die der erwähnte Emir hatte bauen lassen. Als er von der Schwarzen Brücke aufbrach, sandte er Befehl nach Kairo, man solle eine eiserne Kette von größter Dicke anfertigen, die 130 Ellen lang sein müsse, damit sie über die Enge bei Burǧ Mughaizal (in

Rosette) von einem Ufer zum anderen gespannt werden könne. Diese sollte die Schiffe der Franzosen daran hindern, den Nil hinaufzusegeln. Dies geschah auf Rat des ʿAlī Pascha. Auch sollte dort eine Schiffsbrücke mit Brustwehren und Kanonen errichtet werden. Sie taten dies, weil sie dachten, die Franzosen könnten ihnen zu Lande nicht standhalten und würden daher auf ihre Schiffe steigen, um von ihnen aus gegen sie zu kämpfen; die Emire beabsichtigten, sie dann hinzuhalten und den Krieg hinauszuziehen, bis sie Hilfe erhielten. Doch die Dinge verliefen keineswegs so; die Franzosen marschierten nach ihrer Einnahme Alexandrias auf dem westlichen Landwege, ohne behindert zu werden.

Als Murād Bek die Stadt verließ und das Heer aufbrach, begannen die Sūqs sich zu leeren. Es gab viele Tumulte und Gerüchte unter den Leuten; Wegelagerer erschienen auf den Straßen, und die Diebe zogen jede Nacht durch alle Teile der Stadt. Die Leute wagten nach Sonnenuntergang nicht mehr, durch die Straßen und Sūqs zu gehen. Der Aghā und der Wālī ließen ausrufen, die Sūqs und Cafés sollten des Nachts geöffnet bleiben und Laternen müßten vor den Häusern und in den Läden brennen. Dies geschah aus zwei Gründen: erstens um zu erreichen, daß die Angst aus den Herzen weiche und die Leute Vertrauen zurückgewönnen, und zweitens aus Angst, daß Fremde sich in die Stadt einschleichen könnten.

ERSTE GEFECHTE

Am Montag trafen Meldungen ein, denen zufolge die Franzosen Damanhūr und Rašīd (Rosette) erreicht hatten. Der größte Teil der Bewohner jener Landstriche floh vor ihnen und zog nach Fūwa und Umgebung. Ein Teil jedoch bat um Frieden und blieb an seinen Orten; dies waren die Verständigeren. Die Franzosen hatten, nachdem sie Alexandria besetzt hatten, ein Schreiben verfaßt; sie hatten es gedruckt und Exemplare davon in die

Ortschaften gesandt, in deren Richtung sie vorrückten, um die Leute über sie zu beruhigen. Dieses Schreiben gelangte mit einer Gruppe von Gefangenen nach Kairo, die sie in Malta vorgefunden und in ihrer Gesellschaft mitgeführt hatten und von denen einige einen oder zwei Tage vor den Franzosen selbst nach Būlāq gelangten; die hatten eine Anzahl Exemplare bei sich. Es waren auch Leute aus dem Maghrib darunter; Spione waren auch dabei, die sich wie die Ungläubigen aus Malta ausnahmen und (fremde) Sprachen verstanden.

Der Wortlaut jenes Schreibens war: «Im Namen Gottes, des barmherzigen Erbarmers! Es gibt keinen Gott außer Gott; Er hat keinen Sohn und keinen Gefährten in seiner Herrschaft! Von Seiten Frankreichs, das auf der Freiheit und der Gleichheit beruht, tut der Oberbefehlshaber, Kommandant der französischen Heere, Bonaparte, allen Bewohnern Ägyptens kund, daß die Ṣanǧaqs, die über das Land Ägypten herrschen, die Rechte der französischen Nation mißachtet und geschädigt und ihren Händlern durch alle Art Schikanen und Feindseligkeit Unrecht getan haben. Nun ist die Stunde der Bestrafung gekommen. Es währt seit vielen langen Jahrhunderten, daß dieser Schwarm der aus Georgien und dem Tscherkessenland importierten Mamluken dieses schöne Land verdirbt, das zu den besten gehört, die es auf dem ganzen Erdball gibt. Der Herr der Menschen in aller Welt ist aller Dinge mächtig; Er hat das Ende ihrer Macht angeordnet.

Ihr Ägypter, man hat euch vielleicht vorsagen wollen, daß ich nicht in dieser Absicht gekommen sei, sondern vielmehr, um eure Religion zu zerstören. Dies ist eine offenkundige Lüge; schenkt ihr keinen Glauben! Sagt vielmehr den Verleumdern, daß ich zu euch gekommen bin, um euer Recht aus der Hand der Unrechttuer zu befreien, und daß ich mehr als die Mamluken Gott – Er ist hoch und erhaben – diene und seinen Propheten und den herrlichen Koran verehre. Sagt ihnen auch, daß alle Menschen vor Gott gleich sind und daß das, was sie voneinander unterscheidet, ihr Verstand sei, ihre Vorzüge und ihr Wissen.

Doch was haben die Mamluken an Verstand und Vorzügen? Was unterscheidet sie von anderen Menschen, so daß sie Ägypten alleine besitzen sollen und das Beste im Land, schöne Mädchen, herrliche Hengste und freundliche Häuser, für sich alleine nehmen wollen? Wenn die Erde Ägyptens einzig den Mamluken gehören soll, so sehen wir nicht, welchen Rechtstitel darauf ihnen Gott erteilt habe. Doch der Herr der Menschen in aller Welt ist barmherzig, gerecht und langmütig. Von nun an und mit Seiner Hilfe – Er ist langmütig – soll keiner der Ägypter mehr ohne Hoffnung sein, hohe Ämter und reiche Gehälter zu erlangen. Die Gelehrten, die Tugendhaften und die Verständigen unter ihnen werden die Dinge so ordnen, und dies wird der ganzen Nation Nutzen bringen. Einst gab es im Lande Ägypten herrliche Städte, weite Kanäle und reichliche Waren; all dies haben jedoch das Unrecht und die Habsucht der Mamluken verdorben. Ihr Scheichs, Qāḍīs, Imāme, Čorbağīs, ihr Würdenträger des Landes, erklärt eurer Nation, daß die Franzosen ebenfalls echte Muslime sind. Als Beweis dafür dient, daß sie in die große Stadt Rom eingedrungen sind und den Sitz des Papstes zerstört haben, der stets die Christen dazu aufgehetzt hatte, Krieg gegen die Muslime zu führen. Daraufhin haben sie sich der Insel Malta zugewandt und haben die Ritter *(al-kawāllīrīja)* verjagt, die zu behaupten pflegten, Gott – Er ist hoch erhaben – verlange von ihnen, gegen die Muslime zu kämpfen. Außerdem sind die Franzosen zu allen Zeiten aufrichtige Freunde des Hohen Sultans der Osmanen gewesen sowie Feinde seiner Feinde – möge Gott seine Herrschaft lange dauern lassen! –, während die Mamluken ihm keinen Gehorsam leisteten, außer wenn sie vortäuschen wollten, daß sie sein Gebot befolgten; im Grunde aber gehorchen sie nur ihren eigenen Begierden. Alles Wohl und Heil wird den Ägyptern geschehen, die uns ohne Verzögerung zustimmen; ihre Lage wird angenehm sein, und ihre Gehälter werden zunehmen. Wohl wird es auch jenen ergehen, die in ihren Wohnungen bleiben und keiner der beiden kriegführenden Parteien zuneigen. Denn wenn sie uns besser kennenlernen, werden sie aus ganzem Herzen uns zueilen. Doch Weh über Weheleid steht jenen bevor, die die Mamluken im Krieg gegen uns unterstützen; sie werden später keinen Ausweg zur Rettung mehr finden, und keine Spur von ihnen wird übrigbleiben!

1) Es ist allen Dörfern im Umkreis von drei Stunden der Lokalitäten, welche das französische Heer durchzieht, geboten, dem Oberbefehlshaber Vertreter zu schicken, damit er wisse, daß sie ihm gehorsam sein wollen. Sie müssen auch die französische Fahne aufziehen, die weiß, blau und rot ist.

2) Jedes Dorf, das sich gegen das französische Heer erhebt, wird mit Feuer verbrannt.

3) Jedes Dorf, das dem französischen Heer gehorcht, soll auch die Fahne *(ṣanǧāq)* des osmanischen Sultans, unseres Freundes – möge er lange leben! – hissen.

4) Die Scheichs eines jeden Ortes sollen allen Besitz, Häuser und Güter, die den Mamluken gehören, versiegeln; sie haben große Sorge zu tragen, daß nicht das geringste davon verloren gehe.

5) Den Scheichs, Gelehrten, Qāḍīs und Imāmen obliegt es, ihre Pflichten weiter zu erfüllen. Ein jeder von den Bewohnern des Landes soll ruhig in seinem Haus verbleiben. Auch die Gebete sind wie gewöhnlich in den Moscheen zu verrichten, und die Ägypter sollen alle Gott, dem Erhabenen, dafür danken, daß die Herrschaft der Mamluken zu Ende ist. Sie sollen mit lauter Stimme sagen: Möge Gott die Herrschaft des Sultans der Osmanen lange andauern lassen! Möge Gott der Macht des französischen Heeres Dauer verleihen! Möge Gott die Mamluken verfluchen und die Lage der ägyptischen Nation besser werden lassen!

Redigiert im Lager von Alexandria am 13. Messidor *(Sīdōr)* (des Jahres VI, fehlt) nach der Errichtung der Französischen Republik *(al-Ǧumhūr al-Fransāwī)*, das heißt, am letzten Tag des Monats Muḥarram des Jahres 1213 d.H. Buchstabengetreu.»

Am Donnerstag, dem 28. des Monats, traf die Nachricht ein, daß die Franzosen in die Gegend von Fūwa und dann nach ar-Raḥmānīja gelangt waren.

Es begann der Monat Ṣafar des Jahres 1213 (15. Juli 1798). – Am Sonntag nach dem Neumond des Ṣafar langte die Nachricht an, daß am Freitag, dem 29. Muḥarram, das ägyptische Heer mit den Franzosen zusammengestoßen war. Dies geschah nur kurz; doch Murād Bek und jene, die mit ihm waren, wurden geschlagen. Es war keine richtige Schlacht, nur ein Gefecht zwischen den Vorhuten der beiden Heere, weshalb auf beiden Seiten nur wenige getötet wurden. Doch die Schiffe des Murād Bek verbrannten mit allen Pulvervorräten und allem Kriegsgerät, das darauf war. Der Chef der Artillerie *(ṭobǧīja)*, Ḫalīl Kurdlī, verbrannte mit ihnen. Er hatte zu Wasser tapfer gekämpft, doch Gott wollte, daß das Feuer ein Segel erfaßte und daß ein Funken davon auf das Pulver fiel; da ging alles in Flammen auf, und das Schiff verbrannte mit allen Kämpfern, die darauf waren, und mit ihren Vorgesetzten; sie flogen in die Luft. Als Murād Bek dies sah, erfaßte ihn ein Schrecken, und er wandte sich geschlagen zur Flucht. Er ließ das schwere Gerät und die Kanonen zurück, und die Soldaten folgten ihm. Die Fußsoldaten der übrigen Schiffe stiegen aus und kehrten nach Kairo zurück. Berichte über diese Ereignisse gelangten nach Kairo, und die Leute wurden immer unruhiger. Ibrāhīm Bek ritt zum Ufer von Būlāq; der Pascha, die Gelehrten und die Würdenträger der Stadt stellten sich ebenfalls ein und berieten über dieses bedeutungsvolle Ereignis. Sie kamen überein, Barrikaden zwischen Būlāq und Šubrā zu errichten, und Ibrāhīm Bek übernahm die Garnison von Būlāq mit seinen Kāšifs und Mamluken. Die Gelehrten hatten sich seit dem Auszug Murād Beks jeden Tag in der Azhar-Moschee versammelt und im Buḫārī gelesen sowie andere Gebete gesprochen; ebenso die Scheichs der Derwische der *Aḥmadīja*, der *Rifāʿīja*, der *Barāhima*, der *Qādirīja*, der *Saʿdīja* sowie anderer Orden und Gottesmänner. Sie hielten Zusammenkünfte in der Azhar ab; sogar die Kinder in den Schulen rezitierten den Namen des Allgütigen und Seine anderen Namen.

Am Montag begab sich Murād Bek auf das offene Land von Imbāba und machte sich daran, dort Hindernisse aufzurichten, die sich bis nach Baštīl erstreckten. Er selbst leitete die Arbeiten zusammen mit seinen Ṣanǧaqs und Emiren und mit einer Gruppe seiner gleichaltrigen Mamlukengefährten *(ḫušdāšīja)*. Er war persönlich bemüht, all dies zu organisieren und zu leiten, zusammen mit ʿAlī Pascha aṭ-Ṭarābulsī und Naṣūḥ Pascha. Man brachte große Schiffe sowie Galeonen, die er in Gīze hatte bauen lassen. Sie wurden ans Ufer von Imbāba verbracht und mit Soldaten und Kanonen beladen. Das östliche und das westliche Ufer waren voll von Soldaten, Verschanzungen, Pferden und Fußvolk.

Doch die Herzen der Befehlshaber waren trotz alledem unsicher. Sie hatten sich nämlich von dem Augenblick an, als ihnen die Nachricht aus Alexandria zugekommen war, damit befaßt, ihre Güter aus ihren berühmten und bekannten Palästen in kleinere Häuser überzuführen, die niemand kannte. Die ganzen Nächte hindurch fuhren sie fort, ihre Habe wegzubringen und sie unter ihren Freunden und Vertrauten zu verteilen. Einige davon brachten sie sogar in die Dörfer aufs Land hinaus. Sie begannen auch Tragtiere bereitzuhalten und Maultiere zum Transport sowie alle Reisegeräte herbeizubringen.

Als die Leute der Stadt das sahen, befielen sie große Furcht und Schrecken. Die Reichen und Mächtigen bereiteten sich ihrerseits zur Flucht vor, und wenn die Befehlshaber sie nicht daran gehindert und alle getadelt und bedroht hätten, die fortreisen wollten, so wäre keiner von ihnen in Kairo geblieben.

Am Dienstag rief man zum allgemeinen Kampf auf und befahl der Bevölkerung, zu den Barrikaden zu ziehen. Es wurde angeordnet, daß die Ausrufer dies jeden Tag tun sollten. Die Leute schlossen ihre Läden und die Sūqs ab, und alle zogen aufs Land vor Būlāq hinaus. Jede Handwerkerzunft hatte Geld gesammelt. Man errichtete Zelte für sie oder wies ihnen in Ruinen oder Moscheen Kriegsstationen an; man gewährte ihnen auch einen Sold, den sie für das ausgeben konnten, was sie brauchten, und zwar von dem Geld, das einige von ihnen zusammengebracht hatten. Manche Leute nahmen es freiwillig auf sich, für andere aufzukommen. Es gab solche, die eine ganze Gruppe von Maghribinern oder Syrern mit Waffen, Essen und ähnlichem ausstatteten, so daß alle Leute sich nach Kräften bemühten und taten, was sie vermochten, und durchhalten konnten, und was ihre Herzen ihnen an Reichtümern auszugeben erlaubten. In jener Zeit knauserte keiner mit seinem Besitz; doch das Geschick sollte ihnen nicht günstig sein.

Die Fakire und Mystiker zogen aus mit Trommeln, Pfeifen, Fahnen und Zimbeln; sie lärmten, schrien und vollführten verschiedene Arten von *ḏikr*. Sajjid ʿUmar Efendī, der Vorsteher der Scherifen, stieg zur Zitadelle empor und brachte eine große Standarte von dort herab, welche das Volk die Standarte des Propheten nannte. Er entfaltete sie und ließ sie von der Zitadelle bis nach Būlāq vor sich hertragen. Vor ihr und um sie herum waren Tausende aus dem Volk mit Stöcken und Stäben, die riefen: «Es gibt keinen Gott außer Gott» und «Gott ist am größten!» und die überlaut schrien. Sie hatten Trommeln und Pfeifen und andere Instrumente bei sich. Kairo aber verblieb mit leeren Straßen; man fand niemanden dort außer den Frauen in den Häusern, den Kindern und den alten und schwachen Männern, die nicht auszuziehen vermochten. Sie schlossen sich mit den Frauen in ihre Häuser ein. Die Märkte waren leer und die Straßen verstaubt, weil niemand sie fegte und netzte. Der Preis für

Pulver und Blei stieg scharf an, bis ein *raṭl* Pulver für 60 Halbreale *(nuṣf)* verkauft wurde und Bleikugeln für 90. Auch alle Waffen wurden teuer, und wenige waren zu finden. Die meisten einfachen Leute zogen mit Schlagstöcken, Stäben und Peitschen aus. Die Scheichs und Gottesgelehrten ließen sich in der Zāwija des ʿAlī Bek in Būlāq nieder und flehten Gott demütig um Sieg an. Das gleiche taten viele einfache Leute, manche in ihren Häusern, andere in den Zāwījas oder in den Zelten.

Es kam dazu, daß alle Männer, die es in Kairo gab, nach Būlāq zogen und sich dort aufhielten, und zwar von der Zeit ab, in der Ibrāhīm Bek in jener Gegend seinen Standort nahm, bis zur Niederlage. Nur wenige Leute, die keine Bleibe und keinen Unterschlupf finden konnten, pflegten des Nachts in ihre Häuser zurückzukehren, um dort die Nacht zu verbringen, und dann morgens früh nach Būlāq zurückzumarschieren.

Ibrāhīm sandte Befehl an die Beduinen, die in der Umgebung von Kairo lebten, und schrieb ihnen vor, sie sollten sich der Vorhut in der Region von Šubrā und in den angrenzenden Gebieten anschließen. Auch viele Beduinen aus al-Buḥaira und Gīze, aus Oberägypten, von den al-Ḫabīrīja, al-Qiʿān, Aulād ʿAlī, al-Hannādī und anderen strömten bei Murād Bek zusammen. Mit jedem Tag nahm die Menge zu. Die Panik wuchs, und die Bedrängnis der Armen steigerte sich auch, weil sie gewöhnt waren, sich ihre Nahrung von Tag zu Tag zu erwerben, Handel und Wandel jedoch stillstanden und alle Leute auf einen Flecken zusammengeströmt waren. Straßenräuber tauchten auf, und die Leute griffen einander an, weil die Regierenden sich nicht um sie kümmerten, sondern mit der Notlage beschäftigt waren, die über sie hereingebrochen war.

In den Dörfern und auf dem Lande aber war die Lage so, daß die Leute einander töteten und plünderten, während die Beduinen weit und breit Überfälle durchführten. Die ganze Umgebung von Kairo erlitt von einem bis zum anderen Ende Totschlag und Plünderung, Räuberei und Übeltun, Übergriffe gegen den Besitz und Verderben der Pflanzungen zusammen mit allen anderen Arten von Korruption, die nicht aufgezählt werden können. Die Befehlshaber von Kairo ließen den europäischen Händlern nachspüren und kerkerten sie ein, einige in der Zitadelle und andere in den Häusern der Emire. Sie gingen auch und forschten in den Geschäftshäusern der Europäer nach Waffen und ähnlichem Gerät. Auch die Häuser der syrischen Christen, der Kopten und der Orthodoxen wurden nach Waffen durchsucht, auch ihre Kirchen und Klöster. Das Volk wollte sich mit nicht weniger zufrieden geben, als daß die Christen und Juden getötet würden; doch die Regierenden verhinderten das. Wären sie nicht eingeschritten, hätte das Volk sie in jener Periode der Unruhe umgebracht. Jeden Tag gab es mehr Gerüchte darüber, wie nahe die Franzosen an Kairo herangelangt seien; doch die Ansichten der Leute darüber, aus welcher Richtung man sie zu erwarten habe, widersprachen sich. Manche sagten, sie kämen von der westlichen Wüste her; andere, nein, aus der östlichen; und noch andere: vielmehr von beiden Seiten. Dies war die Lage; doch keinem von den Befehlshabern oder Soldaten kam es in den Sinn, Späher oder eine Vorhut auszuschicken, die sie in einen Kampf verwickeln würde, bevor sie nach Kairo oder in die unmittelbare Nähe der Stadt gelangten und bevor sie Gelegenheit erhielten, Kairo zu vernichten. Vielmehr sammelten beide, Murād Bek und Ibrāhīm Bek, ihre Soldaten um sich herum und verblieben an Ort und Stelle, ohne sich fortzubewegen, um zuzusehen, was sie mit ihrem Heer unternehmen könnten. Sie reparierten auch keine Zitadelle, kein Fort und keine Festung, so schlecht organisiert und nachlässig gegenüber dem Feind waren sie!

DIE SCHLACHT BEI DEN PYRAMIDEN

Am Freitag, dem 6. des Monats, gelangten die Franzosen zur Schwarzen Brücke, und am Morgen des Samstags erreichten sie Umm Dīnār. Dort war eine große Menge von Soldaten, Untertanen und Bauern aus den Kairo naheliegenden Dörfern versammelt; doch alle Soldaten waren zagen Herzens, schwachen Willens, widersprüchlicher Ansichten, voller Begierde, ihr Leben zu retten und sich ihr Wohlleben und ihren Rang zu erhalten. Ihre Oberhäupter waren eingebildet und verließen sich auf die große Menge, während sie ihre Feinde verachteten. Sie widersprachen sich in ihren Meinungen und waren in Nachlässigkeit versunken. All dies waren Gründe für ihre spätere Flucht und Niederlage. Man hatte erwartet, daß die Franzosen auf beiden Seiten des Niltales heranziehen würden; auch war aus den Anstalten Ibrāhīm Beks ersichtlich, daß er sie von beiden Seiten her erwartete. Doch sie kamen nur aus der westlichen Wüste.

Als es Mittagszeit war, saß eine Gruppe von Soldaten, die sich auf dem westlichen Ufer befanden, auf und rückte in Richtung Baštīl vor, ein Dorf, das nahe bei Imbāba liegt. Sie stießen auf die Vorhut der Franzosen und griffen sie zu Pferd an. Die Franzosen schossen auf sie in rascher Folge aus ihren Gewehren, und beide Seiten kämpften tapfer. Ajjūb Bek der Defterdār wurde getötet, ferner auch ʿAbdallāh Kāšif al-Ğurf sowie eine große Zahl der Kāšifs des Muḥammad Bek al-Alfī und ihrer Mamluken. Eine Kolonne der Franğ verfolgte sie, die etwa 6000 Mann ausmachte; ihr Kommandant war Desaix *(Dīseh)*, der später Oberägypten verwaltete, nachdem sie sich seiner bemächtigt hatten. Was jedoch den großen Bonaparte angeht, so war er bei dem Zusammenstoß nicht zugegen, sondern kam erst nach der Niederlage. Er war sehr weit von jener Vorhut entfernt. Als die Kolonne an die Barrikaden des Murād Bek herankam, beschossen sich beide Seiten aus Kanonen; desgleichen die Seesoldaten.

Eine bedeutende Zahl von albanischen *(Arnaʾūd)* Soldaten kamen aus Damiette; sie begaben sich nach Imbāba, stießen zu den Fußsoldaten und kämpften mit ihnen auf den Barrikaden. Als eine Staubwolke aufwirbelte und die Soldaten auf dem östlichen Ufer den Kampfeslärm vernahmen, begannen das Volk und die Masse der Untertanen Lärm zu schlagen; die Leute schrien durcheinander, erhoben ihre Stimmen und riefen: «Du Herr! Du Gütiger! Ihr Männer Gottes!» und ähnliches, als könnten sie mit ihrem Geschrei und Gelärme kämpfen und Krieg führen. Die vernünftigen Leute hatten versucht, sie zu schelten und ihnen zu bedeuten, sie sollten das lassen. Sie sagten zu ihnen: «Der Prophet und seine Gefährten, die im Heiligen Krieg standen, pflegten vielmehr mit dem Schwert und mit Lanzen zu kämpfen und auf die Nackenwirbel zu schlagen, nicht aber ihre Stimmen in Geschrei und Gekläff zu erheben!» – Doch sie hörten nicht darauf und ließen sich nicht von ihrem Tun abbringen. Manche sprachen auch Koranverse, und andere hörten zu. Eine große Zahl von Emiren und Soldaten, die auf dem östlichen Ufer standen, saßen auf; unter ihnen Ibrāhīm Bek al-Wālī; sie wollten in Barken auf das westliche Ufer übersetzen. An den Übergangsstellen gab es ein großes Gedränge, weil man nur an einer Stelle übersetzen konnte und der Barken sehr wenige waren. Sie waren kaum auf das andere Ufer gelangt, als dort die Kämpfer ihre Niederlage erlitten. Während alledem wehte ein heftiger Nordwestwind, und die Wasser des Stromes waren in wilder Erregung. Die Sanddünen warfen Staubwolken auf, die der Wind in die Gesichter der Ägypter trieb, keiner konnte die Augen öffnen, weil der Staub so heftig einherwirbelte. Die Tatsache, daß der Wind von der Seite des Feindes blies, bildete eine der wichtigsten Ursachen der Niederlage; dies ist offensichtlich!

Dann teilte sich die Kolonne, die gegen Murād Bek kämpfte, in zwei Teile, wie sie das in der Kriegsführung zu tun vermag, und rückte auf die Barrikaden zu, so daß sie sich von vorne und von hinten von Soldaten umgeben sahen. Sie schlugen ihre Trommeln und schossen ihre Gewehre und Kanonen in rascher Folge ab. Der Wind blies immer heftiger, und der Staub wurde immer dichter. Die Welt wurde dunkel vor Pulverrauch und vor dem vom Wind aufgewirbelten Staub; die Ohren wurden taub, weil so viele Schüsse aufeinander folgten, so daß die Leute glaubten, die Erde wanke und der Himmel stürze ein. Der mörderische Kampf dauerte etwa drei Viertelstunden, dann erlitt das Heer seine Niederlage. Viele der Reiter ertranken im Strom, weil die Feinde sie umfaßt hatten und das Schlachtfeld finster geworden war. Gefangene fielen in die Hände der Franzosen, und sie nahmen die Barrikaden ein. Murād Bek und seine Begleiter flohen nach Gīze. Er stieg in sein Schloß hinauf, erledigte dort einige wichtige Dinge in etwa einer Viertelstunde, dann saß er auf und zog in Richtung Süden davon. Die Toten, die Kleider und Geräte, Waffen und Decken, blieben auf der Erde liegen, in der Wüste von Imbāba, unter den Hufen der Pferde. Unter jenen, die sich in den Nil geworfen hatten, waren Sulaimān Bek, genannt al-Aghā, und sein Bruder Ibrāhīm Bek al-Wālī. Sulaimān Bek entkam, doch Ibrāhīm Bek der Jüngere ertrank. Er war der Schwiegersohn Ibrāhīm Beks des Älteren gewesen.

Als das Heer auf dem westlichen Ufer geschlagen war, richteten die Franzosen ihre Kanonen und Gewehre auf das östliche Ufer und schossen sie ab. Die Leute auf dem anderen Ufer waren ihrer Niederlage gewiß, und ein großer Tumult brach unter ihnen aus. Ibrāhīm Bek, der Pascha und die Emire ritten sofort davon; die Soldaten und Untertanen verließen alles Gepäck und ihre Zelte, wie sie gerade waren, und nahmen nichts davon mit. Ibrāhīm Bek, der Pascha und die Emire begaben sich nach al-ʿĀdilīja, die Untertanen jedoch wogten und strömten nach der Stadt hin und drangen Schwarm auf Schwarm in sie ein. Sie waren alle voller Schrecken und Angst und erwarteten ihr Verderben. Sie weinten und schluchzten vor lauter Klagen und flehten Gott an, sie vor dem Übel jener schrecklichen Tage zu bewahren. Die Frauen schrien, so laut sie konnten, von den Häusern hinab. Dies geschah kurz vor Sonnenuntergang.

Als Ibrāhīm Bek in al-ʿĀdilīja ankam, sandte er Boten nach Kairo, um seinen Harem holen zu lassen, und das gleiche taten auch die Emire, die mit ihm waren. Sie luden die Frauen auf, manche auf Pferde, manche auf Maultiere, andere auf Esel und Kamele, noch andere gingen zu Fuß wie die Mägde und Diener. Während der ganzen Nacht verließen die Bewohner die Stadt, manche mit ihren Familien, andere nur, um sich selbst zu retten. Keiner fragte nach dem anderen; alle waren sie nur mit sich selbst beschäftigt, ohne sich um ihre Väter und Söhne zu kümmern. Die meisten Bewohner von Kairo zogen in jener Nacht davon, einige nach Oberägypten, andere, welche die Mehrzahl ausmachten, in östlicher Richtung. In Kairo blieb, voller Sorgen über sein Geschick, wer nicht in der Lage war, fortzuziehen; er glaubte sich dem Verderben ausgesetzt, das Schlimmste erwartend. Doch weil er keine Kraft besaß und wenig helfende Hände, nichts, was er für den Transport seiner Frauen und Kinder bezahlen konnte oder was er für ihren Unterhalt in der Fremde auszugeben vermochte, ergab er sich dem Schicksal – Gott gebührt das Ende aller Dinge!

Was aber die Herzen der Leute in jener Nacht am meisten beunruhigte, war, daß am Abend zuvor ein Gerücht umging, die Franken hätten Būlāq angegriffen und verbrannt und Gīze desgleichen, und auch, daß ihre Vorhut bis zum Bāb al-Ḥadīd gelangt sei, wo sie brandschatze, töte und die Frauen schände. Der Grund jener Gerüchte war, daß einige Marinesoldaten *(qaljūnǧīja)* Murād Beks, die sich in der Galeone im Hafen von Imbāba befanden, im Augenblick der Niederlage Feuer an die Galeone legten und auch Murād Bek selbst, als er Gīze verließ, den Befehl gab, man solle die große Galeone vor seinem Schloß fortschleppen, damit sie ihn auf seiner Reise nach Süden begleite. Sie schleppten sie eine kleine Strecke weit, doch dann blieb sie im Schlick stecken, weil das Wasser zu niedrig stand. Auf ihr war eine bedeutende Menge von Kriegsgeräten und

Pulver, und Murād Bek befahl, auch sie anzuzünden. So stieg eine Feuergarbe in der Richtung von Gīze auf und eine weitere in der von Būlāq, und die Bevölkerung glaubte, ja war gewiß, daß die Franzosen die beiden Ortschaften angezündet hätten. Sie regte sich auf und war noch mehr beunruhigt, als sie schon vorher erschreckt und voll Furcht und Panik gewesen war.

Die angesehensten Leute, die Efendīs und Würdenträger, verließen die Stadt, desgleichen ihre Ranghöchsten wie der Vorsteher der Nachkommen ʿAlīs und einige Scheichs, die über die Mittel verfügten. Als das Volk und die Untertanen dies sahen, verstärkte sich ihre Furcht und Panik noch mehr, und sie entschlossen sich, auch zu fliehen, um bei den Würdenträgern zu bleiben. Dabei war deutlich, daß alle zusammen nicht wußten, wohin sie ziehen, auf welchem Weg sie wandern und an welchem Ort sie eine Bleibe finden sollten. Sie drängten sich und suchten einander zu überholen; sie zogen aus allen Toren eilig davon. Man kaufte einen lahmen Esel und ein geschwächtes Maultier für das Mehrfache des Preises. Doch die meisten zogen zu Fuß aus, indem sie ihre Habe auf den Köpfen trugen und ihre Frauen die Kinder auf den Schultern. Wer ein Reittier besaß, ließ seine Frau oder seine Tochter oder seinen Sohn aufsitzen und ging selbst vor ihm her, um es zu führen. Doch die meisten Frauen zogen zu Fuß aus, ohne Schleier, die Kinder auf ihren Schultern, weinend im Dunkel der Nacht. Dies dauerte die ganze Nacht auf den Sonntag hindurch und den Morgen darauf an. Jedermann trug, soviel er vermochte an Geld und Geräten.

Doch als sie die Tore der Stadt hinter sich gelassen und in die Wüste gelangt waren, traten ihnen die Beduinen und die Fellachen entgegen und nahmen ihnen ihre Geräte, Lasten und Kleider ab. Dabei gingen sie so weit, daß sie jenen, die ihnen begegneten, nicht einmal das beließen, womit sie ihre Blöße bedecken oder ihren Hunger hätten stillen können. Was die Beduinen so zu rauben vermochten, war sehr viel, mehr als man hätte erwarten können, weil die Reichtümer und Schätze, die in jener Nacht aus Kairo entfernt wurden, ohne Zweifel ein Mehrfaches dessen waren, was zurückgeblieben war. Die größten Reichtümer befanden sich bei den Emiren und Würdenträgern und ihren Ḥarīms, die sie mit sich genommen hatten. Die meisten wohlhabenden und besitzenden Leute hatten auch mitgeschleppt, was sie besaßen. Wen das Alter zwang, zurückzubleiben, und wer etwas besaß, das er hoch schätzte, Geld oder Kleinodien, der gab es seinem Nachbarn oder Freund, welcher auszog; so auch die Treupfänder und Depotgelder der Pilger aus Nordafrika und anderer Reisender. All dies ging verloren. Manchmal töteten sie jene, deren sie Herr werden konnten oder die sich und ihre Habe zu verteidigen suchten. Sie plünderten die Kleider der Frauen, verunglimpften und schändeten sie, obgleich sich unter den Flüchtlingen vornehme und edle Damen befanden. Einige kehrten nach kurzer Zeit um; es waren jene, die zuletzt ausgezogen waren und die erfuhren, was ihren Vorgängern zugestoßen war. Doch gab es auch solche, die mit Verwandten und Wächtern in Gruppen auszogen und auf ihre Menge vertrauten; einige kamen davon, andere gingen unter. Es waren eine Nacht und ein Morgen von größter Abscheulichkeit, in denen Dinge vorfielen, wie sie Kairo nie vorher zugestoßen waren; wir haben nie von etwas Ähnlichem gehört, das in der Geschichte der früheren Generationen geschehen wäre. Keiner weiß es so gut wie der unmittelbare Zeuge!

VERHANDLUNGEN MIT DEN FRANZOSEN

Als der erwähnte Sonntag anbrach und die Zurückgebliebenen nicht wußten, was tun, während sie dasaßen, die Besetzung durch die Franzosen und den Beginn alles Übels erwarteten, kehrten viele der Flüchtlinge in einem bösen Zustande zurück, entblößt und in Panik. Es wurde deutlich, daß die Franzosen noch nicht auf das östliche Ufer übergesetzt hatten und daß die Feuersbrunst nur auf den Schiffen gewesen war, von denen ich vorher gesprochen habe. Einige Scheichs und Gottesgelehrte versammelten sich in der Azhar. Sie berieten sich untereinander und kamen zum Schluß, daß sie eine Botschaft an die Franğ senden wollten, um zuzusehen, was deren Antwort sein werde. Sie taten dies und sandten sie unter der Obhut eines Mannes aus dem Maghrib, der ihre Sprache verstand, sowie eines zweiten, der sie begleiten sollte. Sie gingen, kehrten zurück und berichteten, sie seien von dem Obersten jenes Volkes empfangen worden und hätten ihm ihr Schreiben übergeben; sein Dolmetscher habe es ihm vorgelesen. Sein Inhalt war, daß die Scheichs sich über ihre Absichten informieren wollten. Er habe darauf über den Dolmetscher gefragt: «Wo sind eure Würdenträger und Scheichs? Warum zögern sie, zu uns zu kommen, damit wir ihnen Vorschriften erteilen, die für uns alle von Nutzen sind?» Er habe sie zu beruhigen versucht und ihnen lächelnd ins Gesicht geschaut. Sie sagten: «Wir wollen Frieden von euch!» Er sprach: «Wir haben ihn euch schon früher geschickt!» Er meinte damit das oben erwähnte Schreiben. Sie sagten: «Auch damit sich die Leute beruhigen!» Man schrieb ihnen ein weiteres Dokument, in dem es hieß: «Vom Lager in Gīze, gerichtet an die Leute von Kairo: Wir haben euch schon zuvor ein Schreiben gesandt, das deutlich genug ist. Darin haben wir euch erklärt, daß wir nur gekommen sind, um den Mamluken ein Ende zu bereiten, welche die Franzosen mit Geringschätzung und Verachtung behandelt und das Geld der Händler und der Regierung geraubt haben. Als wir auf dem westlichen Ufer auftauchten, sind sie gegen uns gezogen, und wir haben sie empfangen, wie sie es verdienten. Einen Teil von ihnen haben wir getötet und andere gefangengenommen. Wir werden ihnen nachstellen, bis nicht einer von ihnen in Ägypten übrigbleibt. Doch was die Scheichs und Gottesgelehrten, die Würdenträger und die Untertanen angeht, so sollen sie ruhig und unbehelligt in ihren Wohnung verweilen usw., wie ich es schon erwähnt habe.» – Dann sagte er zu den Boten: «Die Scheichs und die Čorbağīs müssen unbedingt zu uns kommen, damit wir aus ihnen einen Diwan zusammenstellen, für den wir sieben verständige Persönlichkeiten auswählen wollen, die sich der Geschäfte annehmen werden.»

Als diese Antwort zurückkam, beruhigten sich die Leute. Der Scheich Muṣṭafā aṣ-Ṣāwī und der Scheich Sulaimān al-Faǧǧūmī mit anderen saßen auf und ritten nach Gīze. Er kam ihnen entgegen und lächelte ihnen zu. Er fragte: «Seid ihr die großen Scheichs?» Sie informierten ihn darüber, daß die Hauptscheichs sich geflüchtet hatten und entflohen waren. Er sagte: «Warum fliehen sie? Schreibt ihnen, sie sollen zurückkommen. Wir wollen für euch einen Diwan einrichten, damit ihr und die Untertanen ruhig leben könnt und der *šarīʿa* zur Geltung verhelft.» Sie schrieben mehrere Briefe in seinem Namen, des Inhaltes, sie sollten zurückkehren und Sicherheit genießen. Dann verließen sie das Lager der Franzosen nach dem Abendessen und kehrten nach Kairo zurück. Ihre Heimkehr beruhigte die Leute, die wegen ihrer langen Abwesenheit in Angst und Sorge gewesen waren. Am nächsten Morgen früh sandten sie den Pardon *(amān)* an die Scheichs, und der Scheich as-Sādāt sowie der Scheich aš-Šarqāwī kehrten zurück. Die Scheichs und jene Leute, die sich ihnen angeschlossen hatten, waren nach der Ortschaft al-Maṭarīja geflohen. Doch ʿUmar Efendī, der Vorsteher *(naqīb)* der Scherifen, traute der Sache nicht und stellte sich nicht ein. Auch der Rūznāmaǧī und andere Efendīs weigerten sich heimzukehren.

An jenem Tag lief der Pöbel zusammen und die Hefe des Volkes; sie plünderten den Palast des Ibrāhīm Bek und jenen des Murād Bek, die in der Qauṣūn-Straße lagen, und zündeten beide an. Sie plünderten auch eine Anzahl von Häusern der Emire, raubten die Möbel und Kupferkessel und anderen Geräte, die sich darin befanden, und verkauften sie um einen geringen Preis.

Am Dienstag, dem 10. (24. Juli 1798), setzten die Franzosen auf das Ufer von Kairo über, und Bonaparte nahm Wohnung im Palast des Muḥammad Bek al-Alfī in der Azbakīja im Viertel as-Sākit, den der erwähnte Emir im Jahr zuvor erbaut hatte. Er hatte ihn reich geschmückt, große Geldsummen dafür ausgegeben und ihn prachtvoll möbliert; doch als er ihn vollendet hatte und einziehen wollte, ereignete sich jene Erschütterung. Sie räumten ihn und ließen ihn mit allem, was darin war, zurück, als hätte er ihn für die Franzosen erbaut. Dasselbe geschah mit dem Haus des Ḥasan Kāšif Čerkes in Nāṣirīja.

Als ihr Oberhaupt herüberkam und in der Azbakīja Wohnung nahm, wie ich erwähnt habe, verblieb die Mehrzahl der Franzosen auf dem anderen Ufer und kam nicht in die Stadt. Nur eine kleine Zahl der Franzosen ging zu Fuß durch die Sūqs, ohne Waffen und militärische Ordnung. Sie gingen umher, lächelten die Leute an und kauften, was sie begehrten, für sehr teure Preise. Einer von ihnen nahm ein Huhn und bezahlte dafür einen französischen Rial; er nahm ein Ei für ein halbes Silberstück, entsprechend den Preisen ihres Landes und den Werten ihrer Waren. Als die Bevölkerung dies sah, wurde sie zutraulich und faßte Vertrauen auf sie. Sie zogen zu ihnen hinaus mit *Kaʿk*-Gebäck und aller Art Süßigkeiten, Brot, Eiern, Hühnern und anderen Eßwaren; auch mit solchen Dingen wie Zucker, Seife, Tabak und Kaffeebohnen und begannen es ihnen für Preise zu verkaufen, die sie selbst festlegten. Die meisten Sūqs, die Läden und Kaffeehäuser öffneten wieder.

Am Donnerstag, dem 12. Ṣafar (26. Juli 1798), sandten sie Botschaft, daß die Scheichs und die *Oǧāqlīja* zum Stellvertreter des Oberkommandanten kommen sollten, und als die Sitzung dort eröffnet wurde, redeten sie mit ihnen und forderten ihren Rat für die Ernennung von zehn von den Scheichs, um einen Diwan zu bilden und die Regierung einzurichten. Sie einigten sich auf Scheich ʿAbdallāh aš-Šarqāwī, Scheich Ḫalīl al-Bakrī,

Scheich Muṣṭafā aṣ-Ṣāwī, Scheich Sulaimān al-Fajjūmī, Scheich Muḥammad al-Mahdī, Scheich Mūsā as-Sirsī, Scheich Muṣṭafā ad-Damanhūrī, Scheich Aḥmad al-ʿArīšī, Scheich Jūsuf aš-Šubraḫītī und Scheich Muḥammad ad-Dawāḫilī. Der Sitzung wohnten auch Muṣṭafā, der Stellvertreter *(katḫodā)* des Bakr Pascha, und der Qāḍī bei. Sie ernannten Muḥammad Aghā al-Muslimānī zum Aghā der *mustaḥfiẓān* und ʿAlī Aghā aš-Šaʿrāwī zum Wālī der *šurṭa* (Polizei) sowie Ḥasan Aghā Muḥarram zum Marktaufseher *(amīn iḥtisāb)*. Dies geschah auf den Ratschlag des Diwans hin; denn die Franzosen waren fest entschlossen, einem Nachkommen von Mamluken keine Ämter mehr anzuvertrauen. Doch man erklärte ihnen, daß das Basarvolk von Kairo nur vor den Türken Respekt habe und nur von ihnen regiert werden könne; die erwähnten Personen seien Nachkommen alter Geschlechter, die nicht wie andere zur Tyrannei übergegangen seien. Sie ernannten ferner Ḏū l-Fiqār, den Stellvertreter des Muḥammad Bek (al-Alfī), zum Stellvertreter *(katḫodā)* Bonapartes. Zu den Mitgliedern des Rates gehörten auch Ḫawāǧa Monsieur *(Mūsī)* ... als Kommissare *(wakīl)* der Franzosen; Sekretär der Zollbehörden wurde Ḥannā Benoît *(Bīnū)*.

Am gleichen Tag versammelten sich die Mitglieder des Diwans bei seinem Vorsitzenden, und er brachte die Plünderungen von Palästen zur Sprache, die vorgekommen waren. Sie sagten zu ihm: «Das waren der Pöbel und die Hefe des Volkes!» Er fragte: «Aber warum haben sie das getan, wo wir euch doch aufgetragen hatten, die Häuser zu bewahren und zu versiegeln?» Sie entgegneten: «Dies ist eine Sache, die zu verhindern wir keine Macht haben; das wäre vielmehr Obliegenheit der Regierenden!» Sie befahlen dem Aghā und dem Wālī, sie sollten ausrufen lassen, daß Sicherheit herrsche und die Läden und Sūqs geöffnet werden könnten und daß alles Plündern verboten sei. Doch die Leute hörten nicht darauf, und sie erreichten es nicht. Die meisten Läden blieben geschlossen, und die Sūqs lagen still, weil die Händler der Lage mißtrauten.

Die Franzosen öffneten einige der geschlossenen Häuser, die

den Emiren gehörten; sie drangen ein und nahmen Dinge daraus; dann gingen sie wieder und ließen sie offenstehen. Sobald sie fortgingen, drang der Schwarm des Pöbels ein und nahm an sich, was darin zu finden war. Dies dauerte einige Tage lang; dann stellten sie genau fest, welches die Häuser der Emire und ihrer Gefolgsleute waren. Sie versiegelten einige davon und nahmen in anderen Wohnung. Wer von der *Oǧāqlīja* oder von den Stadtbewohnern für sein Haus fürchtete, der erhielt eine Fahne vor das Tor seines Hauses gehängt oder verschaffte sich ein von den Franzosen verfaßtes Papier und klebte es an sein Haus.

In jenem Monat setzten sie auch den orthodoxen Christen Barṭulmīn (Barthélémy) – das Volk nannte ihn «Granatapfelkern» *(Farṭ ar-Rummān)* – zum Katḫodā der *mustaḥfiẓān* ein. Er ritt in einem Umzug vom Palast des Oberbefehlshabers, während vor ihm verschiedene Gruppen von Soldaten und Müßiggängern einherzogen. Auf seinem Kopf trug er eine *ḥašīša;* er hatte das übliche pelzgefütterte Kleid aus Stoff an; vor ihm gingen Diener mit versilberten Lanzen. Er erhielt auch einen eigenen *bölük baši* und Polizeisoldaten *(qulluqāt)*, denen Amtsräume in den verschiedenen Quartieren der Stadt zugewiesen wurden, wo sie sich aufhielten. Er selbst nahm Wohnung im Haus des Jaḥjā Kāšif al-Kabīr im ʿĀbidīn-Viertel, das er mit allem, was es enthielt, Möbeln, Geräten, Sklavenmädchen usw., in Besitz nahm. Der Erwähnte gehörte zu den niedrigsten unter den orthodoxen Christen, die Soldaten waren und in Kairo wohnten. Er war einer der Artilleristen *(tobǧī)* des Muḥammad Bek al-Alfī. Er führte einen Laden im Mūskī-Viertel, wo er Flaschen und Gläser verkaufte, wenn er vom Dienst frei war.

Sie setzten auch einen Franzosen als Chef der Nilschiffahrt *(amīn al-baḥrain)* ein; einen anderen machten sie zum Aghā der Post *(aghā ar-risāla)*. Den Diwan richtete man im Haus des Qāʾid Aghā in der Azbakīja ein, nahe bei ar-Ruwaiʿī. Dort wohnte der Vorsitzende des Diwans. Dupuy *(Dubūy)*, der *qāʾimmaqām* von Kairo, nahm im Haus des Wālī Ibrāhīm Bek in der Nähe des

Elefantenteichs *(Birkat al-Fīl)* Wohnung. Der Stadtälteste *(šaiḫ al-balad)* zog in das Haus des Ibrāhīm Bek al-Kabīr und Magallon in das Haus des Murād Bek am Holzhändlerkai. Poussielgue *(Būslīk)*, der Direktor der Grenzen *(mudīr al-ḥudūd)*, bezog das alte Haus des Scheichs al-Bakrī. Die koptischen Christen kamen jeden Tag bei ihm zusammen und forderten die Rechnungsregister von den Buchhaltern.

ERSTE KONTAKTE; EIN RESTAURANT

Die französischen Soldaten begannen allmählich in die Stadt einzudringen, bis alle Straßen voll mit ihnen waren. Sie nahmen Quartier in den Häusern, ohne jedoch irgend jemanden zu beunruhigen. Sie fuhren fort, die Waren zu überhöhten Preisen zu kaufen. Die Märkte gerieten in Unordnung, die Brotlaibe wurden immer kleiner, und das Mehl wurde mit Staub vermischt. Die Leute öffneten eine Reihe von Läden in der Nähe ihrer Wohnungen, in denen sie alle Arten von Nahrungsmitteln verkauften, süßes Gebäck, Sesamkringel *(kaʿk)*, gebratenen Fisch und Fleisch, gerupfte Hühner und ähnliches. Die orthodoxen Christen eröffneten eine Anzahl Läden mit berauschenden Getränken und Cafés, und einige Franken aus der Stadt öffneten Häuser, in denen alle Art Speisen und Getränke zubereitet wurden, wie sie es in ihrem Lande gewöhnt sind.

Sie kauften Hammel, Hühner, Gemüse, Fische, Honig, Zukker und alles, was notwendig war; Köche bereiteten es und kochten alle Art Speisen und Süßigkeiten. An der Türe befestigten sie einen Hinweis darauf, mit dem sie es bekannt machten. Wenn eine Gruppe an jenem Ort vorüberkam und essen wollte, traten sie ein. Er umfaßte eine Reihe von Aufenthaltsräumen, bessere und schlechtere, und in einem jeden Raum war eine Anzeige mit der Anzahl von Dirhems, die man darin zu zahlen hatte. Sie traten in jenen Raum ein, den sie wählten. In seiner Mitte stand eine Theke aus Holz; sie diente als die Platte, auf die sie die Speisen stellten; rund herum standen Stühle. Sie setzten sich darauf, und die Diener gaben ihnen Essen entsprechend ihren Gesetzen. Sie aßen und tranken nach einer festen Ordnung, die sie nicht übertraten, und nachdem sie sich gesättigt hatten, zahlten sie, was sie schuldeten, nicht zu wenig und nicht zu viel, und dann gingen sie fort, ihren Geschäften nach.

Im gleichen Monat intervenierten die Mitglieder des Diwans zu Gunsten der gefangenen Mamluken, und die Franzosen nahmen ihre Fürsprache an und ließen sie frei. Viele von ihnen kamen in die Azhar-Moschee. Sie waren in einem elenden Zustand; ihre Prachtkleider hingen in Fetzen von ihnen ab. Sie hielten sich in der Azhar auf und aßen von den Almosen der Armen, die sie umgaben, und bettelten auch die Vorübergehenden an. Darin liegt eine Warnung für jene, die daraus lernen wollen.

ERSTE KRIEGSSTEUERN

Am Samstag versammelten sie sich im Diwan und forderten eine Anleihe in bar in Höhe von 500 000 Rial von den muslimischen und christlichen Händlern, von den Kopten und Syrern und auch von den fränkischen Handelsleuten. Man bat sie um eine Reduktion, doch sie lehnten dies ab, und man begann, die Summe einzutreiben.

Am gleichen Tag ließen sie ausrufen, wer etwas aus den geplünderten Häusern genommen habe, solle es zum Haus des Qā'immaqām bringen. Wenn er es nicht tue und die Sache komme später ans Licht, sei es um so schlimmer für ihn. Sie ließen auch verkünden, daß die Frauen der Emire Sicherheit genießen sollten und in ihren Häusern wohnen bleiben dürften, doch wenn sie etwas dort hätten, was ihren Ehemännern gehörte, sollten sie darüber (mit den Behörden) zu einer Übereinkunft gelangen. Für ihre eigenen Vermögen sollten sie Sicherheit genießen.

Sitt Nafīsa, die Gemahlin des Murād Bek, kam daraufhin hervor und schloß ein Abkommen für sich selbst und ihre Gefolgsleute, die Frauen der Emire und der Kāšifs ab, das sich auf 120000 französische Rial belief. Sie nahm es auf sich, diese Summe aus ihrem eigenen Vermögen und aus dem der anderen Frauen zusammenzubringen. Die Franzosen wandten sich mit ihren Begehren an sie. Wie sie handelten auch die übrigen Frauen mit Hilfe von Mittelsleuten und Vermittlern aus den Reihen der syrischen Christen und der Franken aus Kairo und anderer; diese gingen hin, trieben sie in die Enge und schüchterten sie ein; und in der gleichen Weise kam es zu Abkommen mit den Ghuzz und den Soldaten, die sich versteckt hatten oder fort waren und sich auf der Flucht befanden. Auf diese Art brachten (die Christen) viel Geld zusammen. Wer abwesend war, erhielt einen Brief, der ihm Sicherheit zusagte, nachdem eine Übereinkunft geschlossen war. Die Vorsteher des Diwans stempelten diese Papiere.

Am Sonntag forderten sie Kriegspferde, Kamele und Waffen, und eine große Menge davon kam zusammen; sie verlangten auch Ochsen und Kühe. Auch darüber wurden Übereinkünfte abgeschlossen. Sie wollten nach diesen Dingen forschen und brachen einige Läden im Sūq der Waffenhändler und anderswo auf. Die Waffen, die sie dort fanden, nahmen sie an sich, und jeden Tag schleppten sie auf Eseln und auf Kamelen so viele Geräte, Möbel und Kisten, auch Sattelzeug und ähnliches davon, daß man es nicht zählen konnte. Sie forschten nach verborgenen Gütern und Depots und forderten Hilfe von den Baumeistern, den Ingenieuren und den Dienern, die die Häuser kannten. Manche von diesen gingen sogar von sich aus zu ihnen und führten sie zu den Verstecken und Plätzen, wo vergrabene Güter lagerten, um sich dadurch den Machthabern anzunähern und zu Ansehen und zu Mitteln zu kommen, die ihnen erlaubten, ihr Begehr zu erreichen.

An jenem Tag nahmen sie auch den Scheich der Diebesgilde *(ǧuʿaidīja)* und eine weitere Person fest und füsilierten beide am

Azbakīja-Teich; später auch noch andere in Rumaila; die Plünderer brachten viele der Dinge, die sie geraubt hatten, zurück, weil sie es mit der Angst zu tun bekamen; sie zeigten sich auch gegenseitig an.

Am Mittwoch hießen sie die Handwerkergilden zusammenkommen, die in den Basaren lebten, und legten ihnen als angebliche Anleihe und Steuervorschuß eine Geldsumme auf, die so hoch war, daß sie sie nicht bezahlen konnten. Man gewährte ihnen eine Frist von 60 Tagen; die Handwerker erhoben Lärm, riefen um Hilfe und zogen in die Azhar-Moschee sowie an den Schrein Ḥusains, um die Scheichs um ihre Intervention zu bitten. Diese sprachen mit den Franzosen, und die erließen ihnen die halbe Summe; auch gewährten sie ihnen eine längere Zahlungsfrist.

An jenem Tag ordneten sie an, daß die Tore, die die Sackgassen abschließen, sowie die kleineren Türen, die durch sie Zulaß gewähren, zerstört werden sollten. Ein Trupp ihrer Soldaten zog aus, um die Tore der Gassen, der Durchgangswege und der Quartiere zu entfernen und abzureißen. Dies taten sie während mehrerer Tage. Die Bevölkerung geriet dadurch in Angst und Schrecken; sie bildete sich allerhand ein, und ihre verdorbenen Phantasiegespinste und Gerüchte nahmen in ihren Herzen durch das Gerede, das sie selbst hervorbrachten, Gestalt an, bis sie sich vorstellten, es handle sich um die Wahrheit. Sie gaben dies von einem zum anderen weiter; so sagten sie etwa, die Soldaten der Franzosen hätten vor, die Muslime zu ermorden, während sie zum Freitagsgebet versammelt seien. Andere behaupteten noch andere Dinge. All dies geschah, nachdem sich unter ihnen eine gewisse Ruhe eingestellt hatte und einige Läden geöffnet worden waren. Als sich diese beiden Unglücksfälle ereigneten, zogen sich die Leute von neuem zurück, und ihre Herzen erzitterten.

Am 20. Ṣafar (3. August 1798) trafen Briefe der Pilger aus ʿAqaba ein, und die Mitglieder des Diwans gingen zum Oberbefehlshaber *(sarʿasker)*, teilten ihm das mit und baten ihn um Sicherheit für den Befehlshaber der Pilgerfahrt *(amīr al-ḥāǧǧ)*. Er weigerte sich und sagte: «Ich kann ihm das nicht gewähren, es sei denn unter der Bedingung, daß er mit wenigen Gefolgsleuten kommt und nicht mit vielen Mamluken und Soldaten in die Stadt eindringen will.» Sie fragten: «Und wer soll die Pilger geleiten?» Er sagte: «Ich will ihnen 4000 Soldaten entgegenschicken, die sie nach Kairo begleiten.» Sie schrieben dem Befehlshaber der Pilgerfahrt dementsprechende Briefe und empfahlen ihm, mit den Pilgern nach Dār al-Ḥamra zu kommen; danach sei alles in bester Ordnung. Diese Antwortschreiben erreichten die Pilger erst, nachdem Ibrāhīm Bek ihnen geschrieben und sie aufgefordert hatte, nach Bilbais zu ziehen. Sie wandten sich dorthin und blieben dort mehrere Tage. Ibrāhīm Bek und die Seinen waren seither nach al-Manṣūra gezogen und hatten ihren Harem nach al-Qurain gesandt.

Am 23. zog ein Trupp von französischen Soldaten nach al-ʿĀdilīja aus, und jeden Tag zog darauf dann ein Trupp hinter dem anderen her, alle Richtung Osten. In der Nacht auf den Mittwoch zog ihr Oberbefehlshaber aus der Stadt, während ihre Vorhuten bereits bis nach al-Ḫānkah und Abū Zaʿbal gelangt waren. In Abū Zaʿbal verlangten sie Vorräte, doch die Bewohner verweigerten sie. Daraufhin bekämpften sie sie, schlugen sie in die Flucht, plünderten den Ort und zündeten ihn an. Dann zogen sie weiter nach Bilbais. Die Pilger waren in Bilbais abgestiegen. Diejenigen Pilger, die Fellachen waren, schlossen Verträge mit den Beduinen ab, und diese geleiteten sie in ihre Dörfer in die Provinzen Gharbīja, Manūfija, Qaljūbīja und andere. Doch der Befehlshaber der Pilgerfahrt, Ṣāliḥ Bek, schloß sich Ibrāhīm Bek an, und eine Gruppe von Kaufleuten und anderen begleitete ihn.

Am 28. des gleichen Monats nahmen die Franzosen ohne Kampf Bilbais ein, wo sich nur noch die Reste der Pilger befanden. Die Franzosen beunruhigten sie nicht und sandten sie unter dem Geleit einer Abteilung ihrer Soldaten nach Kairo; sie hatten sogar Trommeln dabei.

Als die Nacht zum Sonntag, dem Letzten des Ṣafar, begann, kam ein Späher zu den Emiren nach al-Manṣūra und meldete, daß die Franken angelangt seien und sich in der Nähe befänden. Sie saßen um Mitternacht auf und zogen in der Richtung nach al-Qurain davon. Die Händler und den Troß ließen sie zurück.

Als der Tag begann, stieß ein Trupp von Beduinen zu ihnen. Sie vereinbarten mit den Händlern, daß sie sie nach al-Qurain geleiten sollten. Sie schworen ihnen und versprachen feierlich, daß sie sie nicht verraten wollten. Doch als sie den halben Weg zurückgelegt hatten, brachen sie den Eid, verrieten sie, plünderten ihre Lasttiere, verteilten ihren Besitz untereinander und zogen ihnen ihre Kleider aus. Unter ihnen befand sich der Großhändler Sajjid Aḥmad al-Maḥrūqī. Er hatte für seinen Teil 300000 französische Rial in Münzen und Waren aller Art aus dem Ḥiǧāz bei sich.

Die Beduinen behandelten sie auf die schändlichste Art und Weise. Da stießen sie auf die französischen Soldaten, und Sajjid Aḥmad al-Maḥrūqī ging zu deren Oberbefehlshaber. Er führte ihm und seinen Gefährten einige der wortbrüchigen Beduinen vor. Der Händler beklagte sich über das, was ihm und seinen Gefährten geschehen war. Der Oberbefehlshaber aber tadelte sie dafür, daß sie im Land herumgezogen seien und den Mamluken und Beduinen Vertrauen geschenkt hätten. Dann ließ er Abū Ḫašaba, den *Šaiḫ al-balad* von al-Qurain, festnehmen und sagte zu ihm: «Laß mich den Ort wissen, wo das geraubte Gut sich befindet!» Er antwortete: «Schick einen Trupp mit mir nach al-Qurain.» Er entsandte eine Truppe, und der Scheich zeigte ihm, wo sich einige der Traglasten befanden. Die Franken nahmen sie und luden sie auf. Dann folgten sie ihm an einen anderen Ort. Er machte ihnen weis, er wolle dort hineingehen und ihnen weitere

Lasten hinausbringen; er trat ein, ging zu einem zweiten Ausgang wieder hinaus und verschwand fluchtartig. Die Soldaten kamen mit einer und einer halben Kamelslast zurück, nicht mehr. Sie sagten: «Das ist, was wir gefunden haben, doch der Mann ist uns entwischt!» Der Oberbefehlshaber erklärte: «Wir müssen jener Waren unbedingt habhaft werden!»

Die Händler baten um Erlaubnis, sich nach Kairo zu begeben, und er sandte eine Anzahl Soldaten zu ihrem Geleit mit. Sie gelangten nach Kairo; eine Trommel zog ihnen voraus, doch sie waren in einem erbärmlichen Zustand. Bei ihnen war auch eine Gruppe von Frauen, die in der Nacht jenes Unglücks ausgezogen waren. Auch sie waren in einem furchtbaren Zustand, so daß Worte fehlen, um es auszudrücken, wenn man sie sah.

GEFECHT MIT DEN MAMLUKEN

Der Monat Rabīʿ I im Jahr 1213 begann mit einem Montag (13. August 1798). Am 2. gelangten die Franzosen in die Nähe von al-Qurain. Ibrāhīm Bek aber und die Seinen waren nach aṣ-Ṣāliḥīja weitergezogen und hatten ihr Geld und ihre Frauen dort untergebracht. Die Beduinen meldeten den Franzosen, wo sich die Karawane befand, und der Befehlshaber saß auf und nahm seine Kavallerie mit, in der Absicht, die Karawane zu überfallen. Ibrāhīm Bek hörte ebenfalls davon, und auch er saß auf, mit Ṣāliḥ Bek und einer Anzahl der Emire und Mamluken. Sie fochten eine Stunde lang mit ihnen, und die Franzosen wären beinahe besiegt worden, weil sie nur ihre Pferde bei sich hatten. Doch da erhielt Ibrāhīm Bek die Nachricht, die Beduinen hätten vor, die Karawane anzugreifen, um sie zu plündern; als er das vernahm, floh er mit seinen Begleitern ihr nach. Sie ließen ab vom Streit mit den Franzosen, stießen mit den Beduinen zusammen, nahmen ihnen ihre Beute wieder ab und töteten einige. Dann zogen sie nach Qaṭjā. Der Oberbefehlshaber kehrte nach Kairo um und ließ eine Anzahl Soldaten übers Land verteilt zurück. Er gelangte des Nachts nach Kairo; es war die Nacht auf den Donnerstag, den 4.

FEST AUF DEM NIL

Am Freitag, dem 5. – der dem 13. Masrī der Kopten entsprach –, war die gesegnete Fülle des Nils. Der Oberbefehlshaber ordnete an, daß alles wie gewöhnlich aufs prächtigste vorbereitet und geschmückt werde; außerdem eine Anzahl von Galeonen und Schiffen. Er ließ ausrufen, die Leute sollten zu ihrer Ergötzung auf den Nil hinausfahren, zum Nilometer und nach ar-Rauḍa, wie sie das gewöhnlich zu tun pflegten. Der Oberbefehlshaber sandte Papiere an den Katḫodā des Pascha, an den Qāḍī und die Mitglieder des Diwans sowie an die Mitglieder des Rates und an einige Leute von Rang und andere. Darin hieß es, sie sollten sich einstellen, um ihm Gesellschaft zu leisten. Sie ritten mit ihm zusammen in einem Umzug, den seine Soldaten mit ihren Trommeln und Pfeifen zierten, bis zum Schloß von Qanṭarat as-Sadd. Der Brückendamm wurde in ihrer Gegenwart aufgebrochen. Sie schossen ihre Kanonen und Feuerwerk ab, bis das Wasser in den Kanal (Ḫalīğ) einfloß. Dann ritt er in ihrer Begleitung in sein Haus zurück. Doch die Bewohner Kairos zogen in jener Nacht nicht wie gewöhnlich in Umzügen aus, um sich zu ergötzen, ausgenommen die Christen: die Syrer, die Kopten, die Orthodoxen und die Franken von Kairo mit ihren Frauen, dazu auch einige wenige müßige Leute, die schon am Morgen teilgenommen hatten.

DIE ENGLÄNDER IN ALEXANDRIA

An jenem Tag trafen auch nacheinander Nachrichten ein, daß eine Anzahl von Schiffen der Engländer nach Alexandria gekommen sei und daß sie gegen die Franzosen gekämpft hätten, die im Hafen lagen. Diese Nachrichten hatten sich schon vorher ausgebreitet, und die Leute sprachen darüber. Die Franzosen aber ärgerte das. Es geschah, daß einige syrische Christen einen Scherifen anzeigten, der Sajjid Aḥmad az-Zarw hieß und zu den wichtigeren Händlern der Wakāla für Seife gehörte, weil er über diesen Gegenstand gesprochen hatte. Sie befahlen, ihn herzubringen, und sprachen mit ihm darüber. Er sagte: «Ich erzählte nur weiter, was ich von dem Christen Soundso vernommen hatte.» Sie ließen auch diesen kommen und befahlen, daß ihnen beiden die Zunge abgeschnitten werde oder daß ein jeder von ihnen 100 französische Rial zahle, um ein Exempel zu statuieren. Doch sie wehrten sich laut dagegen, für etwas leiden zu müssen, woran sie keine Schuld trügen. Die Scheichs wollten sich vermittelnd einschalten, doch die Franzosen nahmen es nicht an. Einige sagten sogar: «Laßt sie frei; wir werden euch das Geld geben!» Doch sie wollten es nicht zulassen. Der Scheich Muṣṭafā aṣ-Ṣāwī sandte fort, ließ 200 Rial herbeibringen und zahlte sie sofort aus; doch der Verwalter gab sie ihm zurück, nachdem er sie empfangen hatte, und sagte: «Verteile sie unter die Armen!» Der Scheich stimmte zu, gab sie jedoch ihrem ursprünglichen Besitzer (der sie vorgestreckt hatte) zurück. Aus diesem Grunde hörten die Leute auf, über jene Sache zu sprechen.

Tatsache war jedoch, daß die Engländer den Franzosen nach Alexandria gefolgt waren und gegen ihre Kriegsschiffe kämpften. Sie eroberten einige und verbrannten ein großes Schiff *(qā'iq)*, das den Namen «Die halbe Welt» trug; darauf hatten sie ihre Gelder und Schätze bewahrt, und es war mit Kupfer gepanzert. Die Engländer verblieben mit ihren Schiffen im Hafen von Alexandria, sie kamen und gingen und stellten den Franzosen nach. An jenem Tag zog auch eine Anzahl Soldaten nach Norden und nach der Provinz Šarqīja.

Als das Wasser in den Ḫalīǧ strömte, hinderten die Franzosen es daran, in den Azbakīja-Teich zu fließen; sie verstopften die Brücke ad-Dikka, weil sie ihre Zelte und Kanonen und das Kriegsgerät darin hatten.

Am gleichen Tag befragte auch der Oberbefehlshaber den Scheich al-Bakrī über den Geburtstag des Propheten und weshalb sie ihn nicht wie gewöhnlich feierten. Scheich al-Bakrī entschuldigte sich damit, daß die Geschäfte stillstünden und aller Handel und Wandel eingestellt sei. Doch er ließ das nicht gelten und sagte: «Es muß aber unbedingt sein!» Er gab ihm 300 französische Rial als Beihilfe und befahl, die Girlanden aufzuhängen und Seile für Lampen zu spannen.

Am Tag des Festes versammelten sich die Franzosen, zeigten ihre Kriegsspiele, schlugen Trommeln und Pauken und sandten auch eine große Kapelle *(ṭablḫāne)* zum Haus des Scheichs al-Bakrī. Sie blieben den ganzen Tag und die ganze Nacht in dem trockenen Teich (von Azbakīja) unter seinem Haus und spielten. *Ṭablḫāne* ist der Ausdruck für eine große Kapelle wie jene der türkischen Militärmusik, mit einer Vielzahl von Instrumenten und verschiedenen Pfeifen und erregenden Tönen. In der Nacht entzündeten sie verschiedene Feuerwerke und Raketen, die in die Luft emporstiegen. An jenem Tag wurde Scheich Ḫalīl al-Bakrī mit dem Pelz bekleidet, der dem Vorsteher der Scherifen *(naqīb al-ašrāf)* zusteht. Es wurde in der Stadt ausgerufen, daß ein jeder, der eine Klage gegen einen Scherifen erhebe, sich an das (neue) Oberhaupt wenden solle. Auch an jenem Tag traf die Nachricht ein, daß Ibrāhīm Bek und die Emire Ägyptens in Ghazza Wohnung genommen hätten.

ERFOLGLOSE BOTSCHAFT NACH PALÄSTINA

Am 15. (Rabīʿ I) marschierte eine große Zahl von französischen Soldaten nach Oberägypten ab. Ihr Oberhaupt war Desaix *(Dīzeh)*, und der Kopte Jaʿqūb begleitete ihn, um ihn über alle Angelegenheiten aufzuklären und über Unbekanntes zu informieren.

Am gleichen Tag kam der Abgesandte zurück, den das Oberhaupt der Franzosen mit Briefen und Geschenken an Aḥmad Pascha al-Ǧazzār nach ʿAkkā geschickt hatte. Dies war zu der Zeit gewesen, als sie sich in Kairo festgesetzt hatten. Er war von einigen syrischen Christen begleitet gewesen, die als Händler reisten und eine Menge Reis mit sich führten. Sie hatten sich im Hafen von Damiette auf einem der Schiffe des Aḥmad Pascha eingeschifft, und als sie nach ʿAkkā gelangten und Aḥmad Pascha das hörte, gab er seine Befehle: der Franzose wurde auf ein Schiff verbracht, ohne ihn zu Gesicht zu bekommen; er nahm auch kein Geschenk von ihm an; er befahl ihm, zurückzukehren, woher er gekommen war; die syrischen Christen, die mit ihm angekommen waren, behielt er bei sich in Haft.

HAUSDURCHSUCHUNG

Am gleichen Tag zog auch eine Gruppe von französischen Soldaten zum Haus des Riḍwān Kāšif in Bāb aš-Šaʿrīya begleitet von einem Ingenieur und einem Dolmetscher. Seine Gemahlin, die einige Tage zuvor für 1300 Rial ihre und ihres Hauses Sicherheit erkauft hatte, war beunruhigt, obgleich sie von ihnen ein Papier erhalten hatte, das sie an das Tor ihres Hauses geklebt hatte. Darauf stand, was sie an Geld und Geräten ausgeliefert hatte mit ihrer Bekanntmachung, und sie hatte sich darauf verlassen. Doch als der erwähnte Trupp zu ihr kam, sagte man ihr: «Der Oberbefehlshaber hat erfahren, daß du Waffen und Mamlukenkleider in deinem Haus hast!» Sie stritt es ab; doch sie erklärten: «Wir müssen eine Durchsuchung durchführen!» Sie sagte: «Tut es!» Sie stiegen an einen bestimmten Ort hinauf, öffneten ein Versteck und fanden darin 24 Hosen und Oberkleider sowie andere Gegenstände. Darunter fanden sie ein zweites Versteck mit vielen Pistolen, Waffen, Gewehren, Kisten mit Pulver und ähnlichem. Sie holten all dies hervor; dann stiegen sie in den Raum unter der Treppe hinab, gruben die Erde auf und holten dort viele Dirhems hervor sowie ein goldenes Gefäß, das mit Dinaren gefüllt war. Sie nahmen die Hausherrin mit, auch eine weiße Sklavin und ihre schwarzen Mägde, und brachten sie fort. Man hielt sie drei Tage lang bei den Franzosen fest. Alles, was sie in dem Haus vorfanden, Möbel und Geräte, wurde geplündert, und am Ende legten sie ihr eine Buße von 4000 Rial auf. Sie bezahlte sie, und man ließ sie frei. Sie kehrte darauf in ihr Haus zurück.

Wegen dieses Ereignisses suchten sie strenger nach Waffen. Sie ließen es ausrufen und erklärten, sie würden binnen drei Tagen die Häuser durchsuchen. Die Leute sagten, dies sei eine List, um die Häuser zu plündern. Doch dann wurde diese Maßnahme aufgegeben. Es war zwischen der Frau und ihrem koptischen Verwalter zu einer Art Wettkampf der List gekommen; er war gegangen und hatte sie angestachelt, jenes zu tun; dann hatte er sie angezeigt.

NEUE GELDFORDERUNGEN

Am 20. ernannten sie Muṣṭafā Bek, den Katḫodā des Paschas, zum Befehlshaber der Pilgerfahrt *(amīr al-ḥağğ)*. Sie zogen auf das Gericht zum Qāḍī und bekleideten ihn dort mit einem Ehrengewand; dies in Gegenwart der Scheichs des Diwans. Bonaparte bestand darauf, daß die Vorbereitungen für die Pilgerfahrt begannen und daß ein neues *maḥmal* angefertigt werde.

An jenem Tag erbaten sich die Inhaber der Steuerpachten *(ḥiṣaṣ al-iltizām)* die (weitere) freie Verfügung über dieselben. Die Franzosen forderten von ihnen eine Geldsumme, doch jene wollten nicht einwilligen. Da versprachen sie ihnen, es werde geschehen, sobald die Revision und die Registrierung abgeschlossen seien. Sie erklärten: «Jeder, der eine Steuerpacht besitzt und eine Urkunde darüber, die auf seinen Namen lautet, soll sich einfinden, damit sie registriert werde.» So geschah es mehrere Tage lang.

An jenem Tag legten sie auch den Dörfern und Städten eine Zwangsanleihe auf; sie brachten Papiere in Umlauf, in denen stand, daß diese entsprechend dem Vermögen berechnet werden solle. Sie betrauten koptische Geldwechsler mit dieser Sache, und jene fielen über die Dörfer her, als ob sie Herrscher wären; sie kerkerten Leute ein, schlugen sie und zwangen sie mit Gewalt, zu bezahlen.

DIE KOKARDE

An jenem Tag ließ auch der Oberbefehlshaber Bonaparte die Scheichs zu sich kommen. Als sie bei ihm versammelt waren, verließ Bonaparte den Raum; dann kam er zurück und hielt in seinen Händen bunte, dreifarbige Schärpen *(ṭailasān)*. Eine jede bestand aus drei Streifen, einem weißen, einem roten und einem blauen. Er befestigte einen davon an der Schulter des Scheichs aš-Šarqāwī, doch dieser warf ihn auf die Erde und bat, davon ausgenommen zu werden. Bonapartes Stimmung schlug um, sein Gesicht wurde bleich, und seine Miene ließ seinen Ärger erkennen. Der Dolmetscher sagte: «Ihr Scheichs, ihr seid Freunde des Oberbefehlshabers geworden. Er will euch Ehre antun und mit seinen Abzeichen und Orden euren Rang erhöhen. Wenn ihr damit ausgezeichnet seid, werden die Soldaten und alle anderen Leute euch respektieren; ihr werdet auch eine wichtige Stellung in seinem Herzen einnehmen.» Sie entgegneten: «Doch unser Ansehen bei Gott und unseren Brüdern, den Muslimen, wird sinken.» Dies ärgerte ihn, und er sagte etwas in seiner Zunge. Später war von einigen der Übersetzer zu erfahren, er habe gesagt, der Scheich aš-Šarqāwī tauge nicht zum Vorsitz (des Diwans) und ähnliches dieser Art. Die übrigen sprachen ihm freundlich zu und baten ihn, sie davon zu befreien. Er sagte: «Wenn dies nicht geht, so müßt ihr euch wenigstens die Kokarde *(ǧūkār)* an die Brust stecken!» Es ist dies ein Abzeichen, das man auch Rosette *(warda)* nennt. Sie antworteten: «Gib uns eine Frist, damit wir uns darüber beraten!», und sie einigten sich auf zwölf Tage.

In jenem Augenblick langte Scheich as-Sādāt an, der vorgeladen worden war; sie trafen ihn, als sie hinausgingen. Im Verlauf ihres Gespräches war er freundlich zu ihm und lachte mit ihm. Auch der Oberbefehlshaber erwies sich als freundlich, und der Dolmetscher übersetzte. Er schenkte ihm einen Diamantring, trug ihm auf, am nächsten Tag wiederzukommen, brachte eine Kokarde und befestigte sie an seinem Obermantel. Der Scheich schwieg, ließ es geschehen, stand auf und ging weg. Doch nachdem er das Haus verlassen hatte, nahm er die Kokarde wieder ab. Dies, obgleich ein solches Abzeichen nicht als religiös verboten angesehen werden kann.

Am gleichen Tag rief ein Trupp Gardisten *(qulluqāt)* die Leute dazu auf, die erwähnten Abzeichen, Rosetten genannt, anzustecken; sie gälten als Zeichen des Gehorsams und der Zuneigung. Die meisten Leute schämten sich, sie zu tragen, doch ein Teil war der Ansicht, daß dies nicht von den Religionsvorschriften verboten sei und daß es möglicherweise helfen könne, alle Art von Schaden zu vermeiden, weshalb sie es trugen. Später, am Nachmittag des gleichen Tages, wurde ausgerufen, daß das gemeine Volk die Rosette nicht tragen solle; dagegen wurde sie für einige Würdenträger als obligatorisch erklärt; auch alle, die wegen irgendeiner Angelegenheit bei ihnen vorsprechen wollten, mußten sie tragen. Die Leute pflegten sie anzustecken, wenn sie dorthin gingen, und sie beim Weggehen wieder abzunehmen. Dies dauerte einige Tage; dann geschah, was im folgenden erwähnt wird, und man ließ von der Kokarde ab.

FESTVORBEREITUNGEN DER FRANZOSEN

Am letzten des Monats trat die Sonne ins Zeichen der Waage; das ist die Periode des herbstlichen Äquinoktiums. Die Franzosen machten sich daran, im (trockenen) Teich von Azbakīja ihr

Fest zu begehen. Das ist der Tag, an dem in ihrem Land sich die Volksmasse erhoben hatte, und sie feierten ihn zur Erinnerung daran. Sie brachten Bretter, gruben Gräben und errichteten in der Mitte des Azbakīja-Reservoirs mit Geräten und Bauwerkzeugen einen gewaltigen Mast. Sie häuften ringsum viel Erde auf, so hoch wie ein Mann. An der höchsten Stelle befestigten sie ein hölzernes Gebilde, das oben spitz war und unten viereckig. Den Rest unterhalb jenes Gebildes bekleideten sie mit dickem Stoff, den sie mit roten Streifen bemalten. Zuunterst machten sie einen Aufenthaltsraum, den sie mit schwarzen Zeichnungen auf weißem Grund schmückten. Gegenüber dem Bāb al-Hawā stellten sie in den trockenen Teich eine Art Tor, groß und hoch, aus rechtwinkligen Holzlatten, und überzogen es mit Stoff, in den gleichen Farben wie der bunte Mast. Zuoberst, über dem Torbogen, war es geweißelt, und darüber waren schwarze Zeichnungen angebracht, die ein Abbild des Kampfes der Mamluken mit ihnen darstellten: jene waren schon halb in die Flucht geschlagen; einige von ihnen lagen übereinander, andere drehten sich nach rückwärts um. Dem gegenüber, auf der anderen Seite, nach der Dikka-Brücke hin, durch die das Wasser in den Teich einfließt, war das Abbild eines anderen Tores aufgestellt, in einer anderen Form, das dazu diente, Feuerwerke zu entzünden. Sie stellten Balken auf, die sie so ordneten und ausrichteten, daß sie von der Brücke bis zu dem Torbogen ein weites Rund bildeten, das den größten Teil des leeren Teiches umfaßte. Der erwähnte große Zentralmast stand in der Mitte. Sie spannten Seile zwischen den Balken und hängten zwei Reihen von Lampen daran. Dazwischen gab es auch Plattformen für Feuerwerke. Mit diesen Vorbereitungen verbrachten sie mehrere Tage.

DIE MAMLUKEN AUSSERHALB KAIROS

Im Jahr 1213 begann der Monat Rabīʿ II mit einem Mittwoch (12. September 1798), und an jenem Tag liefen Nachrichten ein, daß Murād Bek und seine Gefährten in Erfahrung gebracht hätten, daß die Franzosen ihnen nachzogen; aus diesem Grunde seien sie in Richtung Fajjūm zurückgewichen, während ʿUṯmān Bek al-Ašqar auf das östliche Nilufer übersetzte und hinter den Bergen hindurch zu seinem Meister Ibrāhīm Bek nach Ghazza zog. Ein Trupp Franzosen marschierte nach Osten. Sie hatten eine Anzahl von Kamelen und Lasttieren bei sich. Die Beduinen, die sie geleiteten, wandten sich gegen sie und überfielen sie. Sie nahmen eine Anzahl von Kamelen und Lasttieren weg, und die Franzosen konnten sie nicht mehr finden.

Am 3. langte ein Schreiben von Ibrāhīm Bek an, das an die Scheichs und an andere gerichtet war. Es lautete: «Bleibt zuversichtlich und wacht über euch selbst und die Untertanen. Seine Hoheit, unser Herr, der Sultan, hat uns Soldaten gesandt. So Gott will – Er ist erhaben! –, werden wir in kurzer Zeit bei euch eintreffen.» Als dieses Schreiben anlangte und weil Bonaparte sie schon früher danach gefragt hatte, schickten sie es an ihn, und es wurde ihm vorgelesen. Er sagte: «Die Mamluken sind Lügner!»

Es geschah auch, daß ein griechischer Aghā eintraf, der in Alexandria zurückgehalten worden war. Er zog durch die Straßen und ging die Ḥusainī-Moschee besuchen. Die Leute erblickten ihn, bewunderten seine Figur und freuten sich, ihn zu sehen. Sie sagten: «Er ist ein Abgesandter Gottes, der vom Sultan kommt und eine Antwort an die Franzosen bringt, in der ihnen befohlen wird, Ägypten zu räumen.» Ihre Geschichten, Ansichten und Gerüchte widersprachen sich; sie kamen in der Ḥusainī-Moschee zusammen, und einer redete dem anderen nach.

Es begab sich, daß Bonaparte zur gleichen Zeit vernahm, was unter den Leuten herumgeboten wurde und wozu auch gehörte, daß jener Briefe an die Scheichs bei sich habe, die sie verborgen gehalten hätten. Er saß sofort auf und kam zum Haus des Scheichs as-Sādāt geritten, in der Nähe der Ḥusainī-Moschee. Es war am Nachmittag, und er trat ein, ohne daß jemand auf ihn achtete; keine Ankündigung war ihm vorausgegangen. Er hatte eine Reitertruppe mit vielen Pferden und Soldaten bei sich. Der

Scheich war bestürzt, denn er schien übler Laune. Er stieg bei ihm ab, ohne daß jemand wußte, warum er gekommen war, zu einer solchen Stunde und in dieser Art und Weise! Sobald Bonaparte ihn sah, fragte er ihn nach jenen Briefen, und er antwortete: «Ich weiß nichts von dem, und ich habe nie davon gehört.» Er blieb etwa eine Stunde bei ihm, dann zog er wieder davon. Er ritt mit seinen Soldaten und seinem Gefolge am Tor der Moschee vorbei. Die Leute drängten sich in der Moschee und im ganzen Quartier; sie lärmten und sprachen durcheinander. Als sie ihn sahen und er ihre Menge erblickte, begriff er, daß etwas vorging. Sie erhoben alle zusammen ihre Stimme und sprachen laut die *Fātiḥa*. Er schaute auf sie und begann sein Gefolge über das Gedränge zu befragen. Man wollte ihm schmeicheln und sagte: «Sie beten für dich.» Daraufhin zog er fort in sein Haus. Es war ein seltsamer Augenblick und die Stunde eines unerwarteten Zusammenkommens, in der leicht ein Aufruhr hätte ausbrechen können. An jenem Tag schrieben sie vor, die Tore und die Verschlüsse der Sackgassen sollten abmontiert werden. Sie brachten sie alle in den Azbakīja-Teich zum Holzhändlerkai. Die großen Tore teilte man in zwei Hälften, und Träger schleppten sie dorthin. Eine große Menge davon wurde zusammengebracht; sie füllten den ganzen Raum vom Holzhändlerkai bis beinahe zur Mitte des Teiches.

DAS FEST DER FRANZOSEN

Am Samstag, dem 11. (22. September 1798), war der Tag ihres Festes, das angesagt war. Am frühen Morgen schossen sie viele Kanonen ab, und sie steckten auf einen jeden Holzpfeiler eine ihrer bunten Fahnen. Sie schlugen ihre Trommeln. Die Soldaten sammelten sich in dem ausgetrockneten Teich, Reiter und Fußvolk; sie ordneten sich in Reihen, in der Art, wie es ihnen bekannt ist. Sie luden die Scheichs und Würdenträger ein, Muslime, Kopten und Syrer. Alle versammelten sich im Haus des Oberbefehlshabers Bonaparte. Sie saßen einen Teil des Tages zusammen. An jenem Tag hatten sie ihre besten Kleider angezogen. Meister Ǧirǧīs, der Juwelier, trug einen Pelzmantel mit erhabener Stickerei von den Schultern bis zu den Ärmeln und auf seiner Brust gestickte Sonnen aus Goldfäden; ebenso Philotheos *(Filtijūs)*. Sie trugen Turbane aus Kaschmirtüchern ums Haupt, ritten auf prächtigen Maultieren und zeigten an jenem Tag Freude und Freundlichkeit. Dann kamen ihre Großen in Begleitung der Scheichs und der Qāḍīs sowie der Katḫodā des Paschas auf die Straße; sie saßen auf und ritten zu dem großen Mast, der sich in der Mitte des (trockenen) Teiches befand; an dessen Fußende hatten sie viele Teppiche ausgebreitet. Die Soldaten zeigten darauf ihre Exerziermanöver und führten die Figuren ihrer Kriegsführung aus; sie feuerten Gewehre und Kanonen ab. Nachdem dies zu Ende war, reihten sich die Soldaten in Rängen um jenen Mast herum auf, und ihr oberster Priester las ihnen etwas aus einem Papier ihrer Sprache vor, dessen Sinn nur ihnen verständlich war; es war in der Art einer Predigt oder eines guten Rates oder einer Mahnrede gehalten. Dann standen sie auf, und die Versammlung war zu Ende. Der Oberbefehlshaber kehrte in sein Haus zurück und lud alle Anwesenden zu einem reichen Bankett.

Als die Sonne unterging, zündeten sie alle Lampen an den Stricken an, sowie Hängelampen und Leuchter vor ihren Häusern. Am Abend brannten sie ein Feuerwerk ab mit Raketen und bengalischem Feuer, mit Leuchtkörpern aus Pech, die Schöpf- oder Wasserrädern glichen, und mit vielen Kanonenschüssen. Dies dauerte ungefähr zwei Stunden lang während der Nacht, und die Lampen brannten fort, bis der Morgen heraufzog. Dann lösten sie die Seile und nahmen die angehängten Figuren und Leuchter ab. Es blieben der Torbau gegenüber dem Bāb al-Hawā und der große Mast. Unter ihm stand eine Gruppe von Diensttuenden, die Tag und Nacht dort blieben und zu ihren Soldaten gehörten, denn er war, wie sie sagten, ihr Wahrzeichen und ein Symbol der Errichtung ihres Staates.

In der zweiten Nacht darauf ritt ihr Oberbefehlshaber zum Ufer von Gīze, und Soldaten marschierten in der Richtung ab, in der sich Murād Bek befand, ebenso auch in Richtung der Provinz Šarqīja; sie hatten Kanonen auf Lafetten bei sich.

Am gleichen Tag sandte Dupuy *(Dubwī)*, der Stellvertreter *(qā'immaqām)*, Botschaft an Sitt Nafīsa und forderte von ihr, sie solle die Gemahlin des ʿUṯmān Bek aṭ-Ṭanburǧī ausliefern. Sie sandte Nachricht an die Scheichs und bat sie um Hilfe. Scheich Muḥammad al-Mahdī und Scheich Mūsā as-Sirsī kamen zu ihr und versuchten, sie in Schutz zu nehmen. Der Grund, weshalb sie gesucht wurde, war, daß die Franzosen einen Diener entdeckt hatten, der eine Portion Tabak und einige Kleider bei sich trug. Sie hielten ihn an und nahmen ihn gefangen. Er sagte aus, daß er zu ihrem Gefolge gehöre; sie habe ihm jene Sachen gegeben und ihm versprochen, wenn er zurückkehre, werde sie ihm zwei Tschibuks Tabak, einen Pelz und 500 *maḥbūb*-Goldstücke aushändigen, damit er dies seinem Herrn bringe. Dies war der Grund, daß sie vorgeladen wurde. Die Scheichs fragten: «Wo ist der Diener?», und die Franzosen befahlen, ihn herauszuholen. Sie befragten die Frau darüber, doch sie stritt alles energisch ab. Sie warteten bis nach Sonnenuntergang, bis der Diener komme, doch er tauchte nicht auf. Die Scheichs schlugen ihnen vor: «Laßt sie nach Hause gehen; sie wird morgen wiederkommen, und diese Angelegenheit kann dann untersucht werden.» Doch Dupuy sagte: «Non, non», was in ihrer Sprache eine Ablehnung bedeutet, nämlich, daß sie nicht fortgehen könne. Sie schlugen vor: «Laß sie fortgehen; wir wollen als Bürgen für sie über Nacht hierbleiben!» Doch er wollte auch dies nicht zugeben. Sie suchten die Sache, so gut sie konnten, zu regeln; doch als sie nichts erreichen konnten, verließen sie sie und gingen fort. Sie verblieb über Nacht bei ihnen in einem Teil des Hauses, wo ihr muslimische und fränkische Frauen Gesellschaft leisteten. Als der Morgen kam, ritten die Scheichs zum Katḫodā des Paschas und zum Qāḍī, und die beiden stiegen zu Pferd und ritten zum Haus des Oberbefehlshabers. Man holte die Frau herbei und brachte sie vor den Qāḍī. Es gab keine Beweise gegen sie in bezug auf die Anklage; dennoch bestraften sie sie mit 3000 französischen Rials. Sie ging fort zu einem Haus, das ihr gehörte und in der Nähe des Hauses des Qāḍīs lag, damit sie unter seinem Schutz stehe.

VERSCHIEDENE MASSNAHMEN DER FRANZOSEN

Am Donnerstag riefen sie in den Sūqs aus, daß jedermann, der ein Maultier besitze, damit zum Qā'immaqām an den Elefantenteich *(Birkat al-Fīl)* kommen und seinen Preis dafür nehmen solle; wenn er es nicht von sich aus bringe, werde es ihm mit Gewalt abgenommen und er habe dazu noch 300 französische Rial Buße zu bezahlen. Wenn er es freiwillig bringe, erhalte er 50 Rial dafür, gleichgültig, ob es einen großen oder einen geringen Wert habe. Dadurch gewann, wer ein schäbiges Maultier besaß, und es verlor, wer ein wertvolles hatte. Später gaben sie das wieder auf.

Am gleichen Tag riefen sie auch aus, man müsse Nachtlichter auf den Märkten und Straßen aufstellen, jedes Haus sowie ein jeder dritte Laden habe eine Lampe aufzuweisen; auch sollten die Straßen gefegt, besprengt und von Abfällen und Schmutz reingehalten werden.

Am gleichen Tag riefen sie auch aus, daß die Ausländer aus dem Maghrib und aus anderen Ländern sowie die Diener ohne Arbeit in ihre eigenen Länder fortreisen sollten. Ein jeder von ihnen, der nach drei Tagen vorgefunden werde, sei selbst an dem schuld, was ihm dann zustoße. Die Ausrufer legten es so fest, doch später gaben sie ihnen noch 24 Stunden mehr. Eine Gruppe von Leuten aus dem Maghrib ging zum Oberbefehlshaber und sagte ihm: «Zeige uns den Weg, auf dem wir fortgehen sollen! Der Weg durch die Wüste ist nicht gangbar, und auf dem Weg übers Meer halten die Engländer Wacht und versperren ihn den Reisenden. Wir können uns auch nicht in Alexandria aufhalten, weil dort Teuerung herrscht und das Wasser fehlt!» Da ließ er sie verweilen.

Am gleichen Tag ernannten sie auch Ibrāhīm, den Aghā der *mutafarriqa,* den Baumeister, zum Kapitän von Suez. Er reiste mit anderen Personen unter einer Fahne der Franzosen, doch die Beduinen überfielen sie unterwegs, plünderten sie und ermordeten den erwähnten Ibrāhīm Aghā und seine Begleiter; nur wenige von ihnen entkamen.

Damals wurde auch der Diwan aufgelöst, den die Scheichs im Haus des Qā'id Aghā abhielten. Sie gingen einige Tage lang regelmäßig dorthin, doch niemand kam zu ihnen, worauf sie es aufgaben, hinzugehen, und auch nicht mehr dazu aufgefordert wurden.

VERSUCHE DER EINFÜHRUNG NEUER GERICHTE UND VERWALTUNGSREGELN

An jenem Tag ordneten sie auch an, daß ein neuer Diwan eingerichtet werde. Sie nannten ihn den Prozeßgerichtshof *(maḥkamat al-qaḍājā)* und schrieben ein Papier über seine Funktionen. Darin stellten sie Bedingungen auf und bestellten die Behörde aus sechs koptischen Christen und sechs muslimischen Kaufleuten. Zu seinem Großrichter machten sie den Kopten Malaṭī, der bei Ajjūb Bek Defterdār Schreiber gewesen war. Sie brachten vor ihn Angelegenheiten der Händler und des gemeinen Volkes, der Erbschaften und der Schuldklagen.

Für diesen Diwan legten sie Regeln fest, die äußerst schlecht waren. Sie schrieben viele Exemplare dieser Regeln und sandten sie an die Würdenträger. Sie klebten sie auch an den Wegkreuzungen, den Straßeneingängen und an den Toren der Moscheen an. Sie legten darin Bedingungen fest, und innerhalb dieser Bedingungen wieder andere Bedingungen, alles in undeutlichen Ausdrücken, die ein Beflissener nach langem Nachdenken teilweise zu verstehen vermochte; dies kam, weil sie die Gesetze der arabischen Sprachbildung nicht kannten.

Die Absicht bei alledem war, Listen zu erfinden, um Geld einzunehmen; zum Beispiel sagten sie, daß die Besitzer von Häusern kommen müßten, damit sie, wie sie behaupteten, ihnen ein Zeugnis für ihren Besitz ausstellen könnten. Wenn sie kamen, sollten sie ihnen erklären, wie sie zu dem Besitz gekommen seien, durch Kauf oder erblichen Nachlaß. Das genügte aber nicht, sondern es wurde angeordnet, daß dies in den Registern nachzuweisen sei; für diesen Nachweis war eine Geldsumme zu bezahlen, die sie in jenem Papier niederlegten. Wenn einer seinen Besitztitel in dem Register verzeichnet fand, verlangte man weiter von ihm eine Bestätigung. So hatte er für dieses zweite Zeugnis, nachdem es kontrolliert und angenommen worden war, eine weitere Summe zu entrichten; dann erhielt er eine Bescheinigung. Nach alledem wurde ihm ein Besitztitel ausgestellt. Daraufhin wurde der Wert geschätzt. Man hatte für je Hundert davon zwei zu bezahlen. Wenn aber jemand kein Beweisstück besaß, oder er hatte es und es war nicht in dem Register eingetragen, oder es war eingetragen und es lag keine Bestätigung der Eintragung vor, so ging der Besitz an den Diwan der Republik *(dīwān al-ǧumhūr)* über und ward deren Besitz. Die Prozedur war jedoch fast unmöglich, denn die Leute erwerben Grundbesitz entweder durch Kauf oder dadurch, daß er durch Erbschaft auf sie übergeht oder ähnliches. Die Beweismittel können also jüngerer oder sehr alter Herkunft sein oder auch auf ihre Vorfahren und Erblasser zurückgehen. Wenn man nun von ihnen verlangt, sie müßten ihren Inhalt beweisen, so kann dies schwierig oder unmöglich sein, weil ein Todesfall eingetreten oder eine Reise dazwischen gekommen war; oder aber es traten Zeugen auf, die nicht akzeptiert wurden.

Unter den Regeln, die sie über Erbschaften und Todesfälle aufstellten, und ihren verschiedenen Gebühren unterschiedlicher Art, größere und kleinere, war auch die folgende Vorschrift: Wenn jemand stirbt, so sollen sie benachrichtigt werden, und man hat eine Gebühr dafür zu bezahlen. Nach 24 Stunden wird sein Nachlaß eröffnet, doch wenn mehr als diese Zeit vergeht, so wird auch er dem Diwan zugewiesen, und der Erbe hat kein Recht mehr darauf. Wenn der Nachlaß eröffnet wird, so geschieht es auf ein Schreiben des Diwans hin, und für dieses Schreiben muß ebenfalls eine feste Gebühr entrichtet werden, ebenso dafür, daß das Erbschaftsrecht festgestellt wird. Nachher muß jeder Erbe eine Gebühr bezahlen, nachdem er seinen Anteil erhalten hat. Ebenso muß jemand, der eine Schuld des Verstorbenen einziehen will, dies vor dem Diwan für herrenloses Erbe *(ḥašrījāt)* beweisen und für die Bestätigung eine Gebühr bezahlen; dann erhält er ein Papier, durch das er seine Anleihe ausgehändigt bekommt, und wenn er sie erhält, muß er wieder eine Gebühr entrichten; desgleichen auch für Leibrenten *(rizaq)* und kultivierten Boden, mit bestimmten Bedingungen aller Art und anderen Regeln darüber hinaus, für Schenkungen und Verkäufe, Ansprüche, Dispute, Streitigkeiten und Bestätigungen in der strittigen Frage, zu Teilen deren oder über den gesamten Komplex. Sogar ein Reisender kann nicht fortreisen ohne ein Papier, für das er eine Gebühr bezahlt, und ein Neugeborenes, sobald es geboren ist, braucht ein Papier, welches Lebensbescheinigung genannt wird. Ebenso die Gehälter und die Mietbeträge, die einkassiert werden, und noch anderes dieser Art.

KRIEGSRECHTSVORSCHRIFTEN

An jenem Tag riefen auch die Büttel das Volk dazu auf, daß sie aufhören sollten, sich für die Angelegenheiten des Staates zu interessieren und darüber zu sprechen und daß sie sich nicht über verwundete oder besiegte Soldaten lustig machen sollten, wenn eine Gruppe von solchen an ihnen vorübergehe, und man sie auch nicht ironisch beklatschen solle, wie das ihre Gewohnheit war.

An jenem Tag plünderten sie auch die Geräte der Matrosen,

die als Soldaten unter den Emiren gedient hatten, und nahmen Lokale in Besitz, die in der Wakāla des ʿAlī Bek am Ufer von Būlāq und in der Ǧamālīja lagen. Sie nahmen ihre Geräte und die ihrer Parteigänger mit der Begründung weg, sie hätten zusammen mit den Mamluken gekämpft und seien mit ihnen geflohen.

Am gleichen Tag wurde Muḥammad Katḫodā Abū Saif eingebracht, der unter den Emiren Ägyptens Oberkommandant von Damiette gewesen war. Früher war er Katḫodā des Ḥasan Bek al-Ǧiddāwī gewesen. Als er in Kairo anlangte, setzten sie ihn in der Zitadelle gefangen. Mit ihm wurde ein Diener des Ibrāhīm Bek eingekerkert.

Am selben Tag befahlen sie den Bewohnern der Zitadelle, sie müßten ihre Häuser verlassen und in die Stadt hinabziehen, um dort Wohnung zu nehmen. Sie stiegen hinauf und brachten Kanonen auf die Zitadelle; sie stellten sie an mehreren Stellen auf und zerstörten zu diesem Zweck zahlreiche Häuser. Sie beschlossen auch, Mauern, einen Exerzierhof und Wälle anzulegen. Sie zerstörten die hohen Gebäude und erhöhten die niedrig liegenden Stellen.

Sie errichteten einen Aufbau über dem Baukörper des ʿAzab-Tores in Rumaila, änderten seine Form und zerstörten seine schönen Proportionen. Sie verwischten so die Zeichen der Sultane, die es trug; die Erinnerungen an die Großen und Herrscher, und die Waffen, die Schilde, Streitäxte, Helme, indischen Lanzen und Wurfkugeln verschwanden von den Torflügeln. Sie zerstörten auch das Schloß des Jūsuf Ṣalāḥ ad-Dīn (Saladin) und die Meisterwerke der Könige und Sultane mit ihren hochaufstrebenden festen Mauern und schlanken Säulen.

An jenem Tag wurden auch Soldaten gegen Murād Bek ausgesandt; sie zogen auf dem Baḥr Jūsuf gegen ihn in Richtung Fajjūm.

Am Donnerstag, dem 16., wurde ausgerufen, daß, wenn einer einen Rechtsstreit mit einem Christen oder einem Juden habe, jeder der Streitenden gegen den anderen zeugen und ihn in das Haus des Oberbefehlshabers zitieren könne.

Am gleichen Tag töteten sie zwei Personen, deren Köpfe durch die Straßen getragen wurden, wobei man ausrief: «Das ist die Strafe für jene, die Briefe von den Mamluken bringen oder mit ihnen zu den Mamluken gehen.»

Am gleichen Tag ermahnten sie die Leute, ihre Toten nicht in den nahe bei den Wohnstätten liegenden Mausoleen wie der Turba al-Azbakīja und ar-Ruwaiʿī zu beerdigen; man solle die Toten nur auf den entfernt liegenden Friedhöfen bestatten. Wer kein Mausoleum auf dem Friedhof besitze, solle seine Toten in den Gräbern der Mamluken beisetzen. Bei allen Beerdigungen jedoch sollten die Gräber sehr tief geschaufelt werden. Sie riefen auch aus, man solle die Kleider, Geräte und Betten der Verstorbenen einige Tage lang auf den Dächern ausbreiten und die Häuser mit Weihrauch ausräuchern, welcher die Fäulnis vertreibe. All dies aus Furcht vor der Pest und ihrem Schaden. Sie sagten, die Fäulnis finde sich in den Höhlen der Erde gefangen; wenn der Winter komme und diese Höhlen durch das Wachsen des Nils, den Regen und die Feuchtigkeit erkühlten, so drängen die schädlichen Dämpfe, die in der Erde gefangen gewesen seien, empor und verdürben die Luft; dadurch entstünden Epidemien und die Pest. Sie forderten auch, es sei unbedingt zu melden, wenn jemand krank geworden sei. Sie würden dann von sich aus einen Arzt senden, der ihn untersuchen und feststellen werde, ob die Krankheit die Pest sei oder etwas anderes, und sie würden darauf ihren Entschluß über ihn fassen.

Am Samstag, dem 18., zog eine Gruppe von Kawassen, die den Franzosen dienten, aus und ordneten an, daß die Bauten, die auf dem Friedhof der Azbakīja stehen, zerstört und dem Erdboden gleichgemacht werden sollten. Die Nachricht darüber breitete sich aus; die Besitzer der Grabstätten auf jenem Stück Land hörten davon und kamen eilends aus allen Winkeln hervor. Die meisten davon waren Frauen, die in den Quartieren al-Madābigh, Bāb al-Lūq, Kōm aš-Šaiḫ, Salāma, al-Fawāla, al-Manāṣira, Qanṭarat Amīr Ḥusain und Qalʿat al-Kilāb wohnten, bis es so viele waren wie schwärmende Heuschrecken; sie schrien und lärmten, strömten in Azbakīja zusammen und standen unter dem Haus des Oberbefehlshabers. Die Dragomane kamen zu ihnen hinab; sie entschuldigten sich damit, daß der Oberbefehlshaber nichts von den Zerstörungsabsichten gewußt habe; er habe nur angeordnet, daß die Beerdigungen an jenem Ort verhindert würden. Darauf kehrten sie zu ihren Wohnorten zurück, und die Zerstörung fand nicht statt.

PROPAGANDA

Am gleichen Tag veranlaßten sie die Scheichs, einen Brief an den Sultan und einen anderen an den Scherifen von Mekka zu senden. Sie druckten auch eine Anzahl Abzüge davon und klebten sie an den Straßen und Wegkreuzungen an. Der Inhalt war, zusammengefaßt: nach Erwähnung ihrer Ankunft und ihrer Schlacht mit den Mamluken und deren Flucht sowie der Tatsache, daß eine Gruppe von Gelehrten zu ihnen auf das Westufer gekommen war und sie ihnen wie auch den anderen Untertanen, nicht aber den Mamluken, Schutz gewährt hatten, führten sie auf, daß sie zu den Freunden des osmanischen Sultans und zu den Feinden seiner Feinde zählten, daß Münze und Freitagspredigt weiter in seinem Namen geblieben seien, wie sie früher waren, und so verbleiben würden; auch angeblich, wie dies schon früher behauptet worden war, daß sie Muslime seien und den Koran sowie den Propheten ehrten; daß sie die versprengten Pilger heimgeleitet und geehrt hätten; sie hätten auch dafür gesorgt, daß der Tag der Nilflut ein Tag der Feierlichkeiten gewesen sei, und sie hätten ihn herrlich durchgeführt, um die Gläubigen zu erfreuen. Sie gäben auch Geld aus, um den Armen zu helfen; sie hätten sich auch um den Geburtstag des Propheten bemüht und Geld ausgegeben, um ihn zu feiern. Weiter: «Ihre Ansicht und die unsere stimmten darin überein, die Hoheit des verehrten Herrn Muṣṭafā Aghā, Katḫodā des Bakr Pascha, nun als Wālī Ägyptens einzukleiden und daß dies für das Fortbestehen der Anhänglichkeit an den Staat der Hohen Pforte als wünschenswert gelten könne. Sie geben sich auch alle Mühe, um den Angelegenheiten der beiden Heiligen Städte obzuliegen. Sie haben uns befohlen, Euch dies kundzutun; mit Grüßen...»

STREIT MIT CHRISTEN

Unter den nebensächlichen Ereignissen dieses Tages war auch das folgende: Ein Wechsler, der zu den Bewohnern von al-Ǧawānīja gehörte, brachte zufällig über seine Lippen, daß (die Heiligen) Sajjid Aḥmad al-Badawī im Osten und Sajjid Ibrāhīm ad-Dasūqī im Westen alle Christen, die an ihnen (d.h. ihren Schreinen) vorübergingen, getötet hätten. Dies wurde in Gegenwart von syrischen Christen gesagt. Einige antworteten ihm und beschimpften ihn, und ein Streit brach zwischen ihnen aus. Ein Christ ging zu Dupuy und erzählte ihm die Geschichte. Der sandte aus und ließ jenen Wechsler festnehmen, kerkerte ihn ein, vernagelte seinen Laden und versiegelte seine Tür. Die Scheichs versuchten mehrmals, zu seinen Gunsten zu intervenieren. Nach zwei Tagen ließen sie ihn frei und sandten ihn zu Scheich al-Bakrī, damit er dort durch Schläge bestraft werde oder 500 französische Rial bezahle. Er erhielt 100 Peitschenhiebe und wurde dann freigelassen; auch die anderen Eingekerkerten ließ man gehen.

POLIZEIORDNUNG

Am Montag zogen die Polizeibüttel durch alle Quartiere und Wakālas. Sie registrierten ihre Namen und die der Torhüter und befahlen diesen, keinem Fremden Wohnung zu gewähren und niemanden ohne Erlaubnis des Aghā der Polizei fortgehen zu lassen.

WEITERE ERZWUNGENE FESTE

Am Dienstag wurde das Fest al-Ḥusains gefeiert. Es war beabsichtigt, es für jenes Jahr zu übergehen, doch ein übel gesonnener Intrigant mischte sich bei den Franzosen ein, indem er Schreiben einreichte, des Inhaltes, daß es der Gewohnheit entspreche, das Ḥusain-Fest nach dem Geburtstag des Propheten zu feiern, Bonaparte fragte: «Warum tut man es nicht?» Der Intrigant antwortete, der Scheich as-Sādāt schlage vor, es nicht durchzuführen, außer wenn die Mamluken zugegen seien. Der Scheich as-Sādāt vernahm dies und ordnete an, das Fest in verkürzter Form durchzuführen. Der Oberbefehlshaber kam und wohnte der Feuerzeremonie bei [vgl. Lane, *Manners and Costums,* S. 465]; am Abend kehrte er in sein Haus zurück.

EIN GEWÄHLTES OBERHAUPT

An jenem Tag kamen die Gelehrten und Würdenträger von Alexandria, Rašīd (Rosette), Damjāṭ (Damiette) und den anderen Häfen auf Einladung des Oberbefehlshabers, um dem Diwan beizuwohnen, durch den sie jene Ordnung einführen wollten, die ich vorher erwähnt habe.

Am selben Tag zog eine Gruppe von Franzosen gegen Murād Bek und seine Anhänger aus; sie stießen mit ihnen zusammen und beschossen einander eine Zeitlang; dann flohen sie vor ihnen und verlockten sie dazu, sie einzuholen. Die Franzosen stellten ihnen bis zum Fuß des Ǧabal al-Lāhūn nach; dort überfielen sie sie, indem sie zu Fuß, auf gleich und gleich, mit ihnen kämpften; sie beschossen einander und lockten sie in einen Hinterhalt; dort hielten sie ihnen stand, bis die Soldaten aus Kairo vor ihnen auftauchten; dabei wurden viele Franzosen getötet.

Am selben Tag stürzte das große Tor um, das im Teich von Azbakīja gegenüber dem Tor Bāb al-Hawā am Tag ihres Festes errichtet worden war; ich habe das weiter oben erklärt und beschrieben. Der Grund für seinen Einsturz war, daß Wasser in den Boden des leerstehenden Teiches einsickerte, da sie es am Einfließen in den Teich hinderten und die Brücke verstopft hatten, wie das oben berichtet wurde. So wurde der Boden aufgeweicht, und das Tor fiel um.

Am Freitag, dem 24., befahlen sie den Scheichs, Würdenträgern und Händlern, die aus der Provinz gekommen waren, sich zum Allgemeinen Diwan und dem Verwaltungsgericht, dessen Termin am folgenden Tag sei, zu begeben. Dies sollte im Haus des Marzūq Bek im ʿĀbidīn-Viertel abgehalten werden. Doch als der Samstag gekommen war, erhielten sie eine neue Weisung; sie sollten zum alten Diwan im Haus des Qāʾid Aghā in der Azbakīja kommen. Die Scheichs aus Kairo und jene, die aus den Häfen und Provinzstädten gekommen waren, gingen hin, auch die Würdenträger, Honoratioren und Händler, die Christen, Kopten und Syrer, die französischen Direktoren des Diwans und noch andere, eine bedeutende Menge.

Nachdem sie sich alle gesetzt hatten, begann der Kopte Malaṭī, den sie zum Qāḍī gemacht hatten, ein Dekret mit allerlei Klauseln zu verlesen und zu diskutieren. Der Oberste Direktor eilte herein und brachte ein anderes Schreiben. Man gab es dem Dolmetscher, damit er es erkläre und vorlese. Sein Inhalt waren im wesentlichen Ausführungen, nach denen das Land Ägypten als das fruchtbarste aller Länder einzigartig sei; Waren aus allen fernen Ländern seien dorthin importiert worden; die Wissenschaften und Künste, das Lesen und Schreiben, wie es die Leute überall auf der Welt lernten, sei zuerst von den Vorfahren der Ägypter überliefert worden. Doch weil das Land Ägypten so beschaffen sei, hätten die Nationen es zu besitzen begehrt. Die Babylonier hätten es besessen, dann hätten die Griechen es beherrscht und nun die Araber und die Türken. Der Staat der Türken jedoch habe viel zur Zerstörung des Landes beigetragen, denn er habe, nachdem er die Frucht erlangt habe, ihre Wurzeln abgeschnitten; deshalb verbleibe in Händen der Bewohner nur noch wenig, und die Leute hätten sich aus diesem Grunde mit dem Schleier der Armut bedeckt, der auf ihnen fortlaste, um dem Übel der Tyrannei zu entgehen. Des weiteren, daß die Nation *(ṭā'ifa)* der Franzosen, nachdem sie ihre eigenen Angelegenheiten geregelt und sich einen Namen für ihre Kriegstaten erworben habe, den Wunsch empfinde, Ägypten von der Bedrängnis zu retten, in der es sich befände, und seine Bewohner von der Oberherrschaft jenes Staates zu erlösen, der voll Unwissenheit und Nachlässigkeit sei. Sie seien ausgezogen, und der Sieg sei ihnen zuteil geworden, doch gedächten sie deswegen nicht, irgendwelchen Menschen entgegenzutreten und die Leute hart zu behandeln; vielmehr sei ihre Absicht, die Angelegenheiten Ägyptens zu ordnen und seine vernachlässigten Kanäle wieder zum Fließen zu bringen. Sie würden Ägypten zwei Wege schenken, einen nach dem Mittelmeer und einen nach dem Roten Meer. Dadurch würden sein Reichtum und seine Bevölkerungszahl zunehmen; auch würden die Starken gehindert, die Schwachen zu tyrannisieren, und Ähnliches gleicher Art, um sich die Dankbarkeit der Leute zu erwerben und bleibenden guten Ruf zu erlangen. Daher zieme es sich für die Bewohner Ägyptens, alle Unruhestiftung zu unterlassen und ehrliche Zuneigung zu zeigen. Von den aus den Provinzen herbeigeholten Leuten sei Gutes zu erwarten, denn sie seien Leute von Erfahrung und Verstand; sie würden gefragt, was getan werden müsse, und gäben darauf die Antwort; der Oberbefehlshaber werde dann entscheiden, was zweckmäßig sei, und ähnliche Reden, die sie vorbrachten. Ich (Ǧabartī) füge hinzu:

Von all diesen Wendungen gefiel mir nur eine, nämlich als er sagte: «(der Staat), der voll Unwissenheit und Nachlässigkeit war», und wie er nachher sagte: «sie wollten dennoch niemandem entgegentreten», bis zum Ende jenes Satzes. Dann fügte der Dragoman hinzu: «Wir wollen von euch, ihr Scheichs, daß ihr jemanden unter euch auswählt, der euer Vorsteher und Oberhaupt sei, so daß ihr durch seinen Befehl und Ratschlag vertreten seid.» Einige der Anwesenden sagten: «Der Scheich aš-Šarqāwī, er sei das Oberhaupt!» Doch er rief: «Non, non; die Wahl hat vielmehr durch Abstimmung zu erfolgen!» Sie machten Stimmzettel aus Papier, und der Scheich aš-Šarqāwī erhielt die meisten Stimmen. Da sagte er: «Von nun an wird also ʿAbdallāh aš-Šarqāwī das Oberhaupt sein.» Die ganze Sache nahm erst ein Ende, als die Sonne unterging; dann erlaubten sie ihnen, fortzugehen, doch legten sie ihnen auf, jeden Tag wieder zu erscheinen.

EINE DENUNZIATION

Am gleichen Tag geschah auch die Affaire des Ḥāǧǧ Muḥammad ibn Qīmuh al-Maghribī, eines Händlers aus Ṭrāblus. Sie bestand darin, daß zwischen diesem und einigen syrischen Christen, die als Dolmetscher dienten, eine Streitigkeit bestand. Es wurde infolgedessen den Offizieren der Franzosen zugetragen, daß er ein reicher Mann und ein Assoziierter des ʿAbdallāh al-Maghribī, des Gefolgsmannes von Murād Bek, sei. Sie sandten nach ihm, um ihn vorzuladen; doch er ging in das Haus des Scheichs ʿAbdallāh aš-Šarqāwī, weil eine Verwandtschaft zwischen ihnen bestand. Der Scheich fragte die Kawasse, die ausgesandt worden waren, um ihn zu holen, nach der Ursache ihrer Fahndung nach ihm. Sie sagten, wegen einer Anklage, die nichts mit dem Gottesgesetz *(Šarīʿa)* zu tun habe. Er entgegnete ihnen: «Morgen werde ich ihn und seinen Gegner vorladen, und der wird Anklage gegen ihn erheben. Wenn offenbar wird, daß er unrecht hat, werden *wir* ihn zwingen, zu zahlen.» Die Boten gingen fort, und der Mann verbarg sich aus Angst. Doch nach etwa einer Stunde kamen rund 50 französische Soldaten zum Haus des Scheichs und forderten seine Auslieferung. Der sagte ihnen, er sei geflohen, doch sie nahmen seine Entschuldigung nicht an und bestanden darauf, nach ihm zu suchen. Sie blieben dort mit ihren Gewehren und verbreiteten Schrecken um sich. Al-Mahdī und ad-Dawāḫilī ritten zum Oberbefehlshaber und meldeten ihm den Vorfall sowie die Tatsache, daß der Mann geflohen war. Er fragte: «Warum ist er geflohen?» – «Aus Furcht!» – «Wenn sein Vergehen nicht groß wäre, so wäre er nicht geflohen; ihr aber habt ihm dazu verholfen!» Er schien vor Wut zu ersticken. Sie aber redeten ihm freundlich zu und baten den Dolmetscher, seine Verzeihung zu erwirken. Er sprach mit ihm, und sein Zorn legte sich. Dann fragte er nach seiner Wohnung und nach seinem Laden, und sie meldeten ihm, wo sie lagen. Er befahl: «Geht und nehmt jemanden mit, der beide versiegelt, bis er morgen auftaucht!» Sie beruhigten sich damit und gingen am Abend, um sein Haus und seinen Laden zu versiegeln. Als dann der Mann nicht erschien und der Morgen kam, nahmen sie, was sie darin an Waren und anvertrautem Gut fanden.

NEUE RATSSITZUNG

Am Sonntag ging man in den Diwan und tat das gleiche wie vorher, bis die Namen der Gewählten für den Diwan aus ganz Ägypten bekanntgemacht wurden: für die Hafenstädte, die Scheichs, die Oğaq-Soldaten *(Oğāqlīja)*, Kopten, Syrer und muslimischen Händler. Diese Zusammensetzung war anders als jene des vorausgegangenen Diwans.

Am Montag kamen sie auch wieder in dem Diwan zusammen. An jenem Tag rief auch der Ausrufer die Leute in den Sūqs dazu auf, die Urkunden für den Besitz ihrer Immobilien dem Diwan vorzulegen. Die Frist dafür war dreißig Tage, und wer die dreißig überschritt, hatte doppelte Gebühren zu entrichten. Die Frist für das flache Land war sechzig Tage. Nachdem alle vollzählig waren, begann Malaṭī die Tagesordnung zu verlesen und aufzuzählen, welche Punkte sie enthielt, Zeile um Zeile. Einiges davon wurde aufgegriffen, darunter die Sache der Gerichte und der *Šarīʿa*-Angelegenheiten, der Nachweise für Grundbesitz und der Erbschaftssachen. Sie berieten einige Zeit lang darüber und legten dann diese vier Fragen den Leuten des Sonderdiwans vor, die ihre Ansicht darüber festlegen und darauf achten sollten, was passend und am zweckmäßigsten sei und was sie und die Untertanen am ehesten annehmen könnten. Dann sollten sie, was sie herausgefunden hätten, am Donnerstag vorlegen. Zwischen den beiden Daten solle eine Pause sein; woraufhin die Versammlung auseinanderging.

WEITERE BERATUNGEN

Der Monat Ǧumādā I begann im Jahre 1213 mit einem Donnerstag (11. Oktober 1798). Der Diwan trat zusammen, und seine Mitglieder trugen vor, was sie vorher im Großen zusammengefaßt und gebilligt hatten. Was die Gerichte und die Rechtsprechung angehe, so sei es das Beste, bei der früheren Organisation zu bleiben; die Versammelten legten den Franzosen dar, wie diese funktionierte. Die gleiche Lösung fand man auch für die Gerichte auf dem Lande. Sie billigten dies, nur daß sie sagten: «Die Gebühren müssen genau festgelegt und geregelt werden, so daß weder die Qāḍīs noch ihre Vertreter darüber hinausgehen können.» Sie legten dies fest, und zwar sollten sie, wenn der Streitwert 10000 Piaster oder weniger betrug, für je tausend dreißig Halbe nehmen. Wenn die Summe 100000 betraf, so sollte es fünfzehn pro tausend ausmachen, und wenn es mehr sei, zehn. Man kam überein, dies dem Qāḍī und seinen Vertretern vorzuschreiben.

Die Nachweise von Grundbesitz jedoch waren eine schwierige und langwierige Angelegenheit. Als das Zweckmäßigste erschien es, von vornherein Geldbeträge festzusetzen, um die Steuererhebung zu erleichtern und Unruhe zu vermeiden. Die Beträge wurden in höhere, niedrigere und mittlere unterteilt, und die zweckmäßige Summe legten sie nach Klassifikation der verschiedenen Orte fest und registrierten sie in einer Rolle; die ließen sie (zunächst einmal) liegen, damit auch die anderen ihre Ansicht darüber abgeben könnten, und der Diwan ging zu Ende.

HYGIENEMASSNAHMEN

An jenem Tag wurde auch in den Sūqs ausgerufen, man solle die Kleider und Geräte (der Toten) während vierzehn Tagen ausgebreitet lassen, und man beauftragte die Scheichs der Blöcke und Viertel und die Büttel, dies zu beaufsichtigen und zu inspizieren. In jedem Stadtteil wurden eine Frau und zwei Männer angestellt, die in die Häuser eindrangen, um dies zu beaufsichtigen. Die Frau stieg bis auf die Dächer der Häuser und meldete ihnen, ob die Auslüftung richtig erfolgte. Nachdem sie dies gegenüber den Hausbewohnern verifiziert hatten, gingen sie fort; oder sie warnten sie, wenn sie es zu tun unterlassen hatten. All dies geschah, damit die Fäulnis verschwinde, welche die Pest verursache. Sie schrieben darüber auch Papiere, die sie an den Mauern der Sūqs anklebten, wie sie das in solchen Fällen gewöhnlich taten.

UNORDNUNG IN DEN WAQF-STIFTUNGEN

An jenem Tag kam auch zum Haus al-Bakrīs eine große Zahl von Schulkindern, von Rechtsgelehrten, Blinden, Gebetsrufern, Inhabern von Pfründen, Pensionsempfängern, Kranken aus dem Krankenhaus *(bīmāristān)* al-Manṣūrs und aus den *Waqfs* des Katḫodā ʿAbd ar-Raḥmān. Sie beklagten sich, daß ihre Zuwendungen und Brotrationen gekürzt worden seien, weil die *Waqf*-Stiftungen ihre Zahlungen eingestellt hätten und Christen, Kopten oder Syrer, sich ihrer Beaufsichtigung bemächtigt hätten und sie zu ihrem Vorteil ausbeuteten. (Er versprach ihnen), ihre Klagen vor den Diwan zu bringen, und sagte ihnen seine Unterstützung zu. Daraufhin gingen sie fort, woher sie gekommen waren.

An jenem Tag kamen auch Schiffe aus Oberägypten an, auf denen sich eine Anzahl verwundeter Soldaten befand. Am gleichen Tag hißten sie auf den Hügeln, die Kairo umgeben, weiße Fahnen. Die Leute redeten viel darüber, doch wußten sie nicht, warum das geschah.

NEUE DIWAN-DISKUSSIONEN

Am Sonntag versammelten sie sich wieder in dem Diwan und behandelten Dinge, mit denen sie sich schon früher beschäftigt hatten. Sie kamen auf die Frage der Erbschaften zu sprechen, und Malaṭī sagte: «Ihr Scheiche, teilt uns mit, was ihr tut, wenn ihr ein Erbe verteilt.» Sie erklärten ihm die obligatorische Erbteilung nach der *šarīʿa*. Er fragte: «Und woher habt ihr das?» – «Aus dem Koran», und sie rezitierten ihm einige Verse, die von der Erbschaft handeln. Die Franǧ sagten: «Bei uns lassen wir den männlichen Kindern kein Erbe, die Töchter hingegen erben. Wir machen dies so und so.» Sie wollten damit ihren Verstand unterstreichen, weil ein Knabe leichter verdienen kann als ein Mädchen. Mīḫāʾīl Kaḥīl, der syrische Christ, der auch zu den Mitgliedern des Diwans gehörte, sagte: «Wir und die Kopten wollen unsere Erbteilung durchführen wie die Muslime.» Dann legten sie den Scheichs nahe, ihnen die Regeln der Erbteilung niederzuschreiben, zusammen mit den Belegstellen dafür, um sie darin zu unterrichten. Sie versprachen das und gingen auseinander.

An jenem Tag entließen sie Muḥammad Aghā al-Muslimānī

vom Posten des Janitscharenaghā und machten ihn zum Stellvertreter *(katḫodā)* des Befehlshabers der Pilgerfahrt. Muṣṭafā Aghā, der Gefolgsmann des ʿAbd ar-Raḥmān, des früheren Janitscharenaghās, wurde sein Nachfolger. Dies wurde ausgerufen.

Am Montag wurde wieder ein Diwan abgehalten, und man schrieb für sie die Art und Weise der Erbteilung nieder, die Pflichtteile nach der *Šarīʿa* und die Erbanteile sowie auch die Koranverse, die damit zusammenhängen, und sie hießen dies gut.

STEUERN

Am Samstag, dem 10. Ǧumādā I (20. Oktober 1798), hielten sie wieder einen Diwan ab und legten eine Liste der Steuern für Haus- und Grundbesitz vor. Das höchste waren acht französische Rial, der mittlere Tarif sechs und der niedrigste drei. Alles, dessen Miete weniger als einen Rial im Monat ausmachte, war frei. Doch die Ḫāne, die Wakālas, die Bäder, die Sesammühlen, Ölpressen und Läden taxierten sie manche auf dreißig, andere auf vierzig ein, je nach der Menge ihrer Besucher, dem Umsatz und ihrer Ausdehnung. All dies schrieben sie nach ihrer Gewohnheit auf Flugblätter und klebten diese an den Ecken und Wegen an. Sie schickten auch je ein Exemplar davon an die Würdenträger und stellten Ingenieure an, die von Personen begleitet waren, die das Teurere von dem Billigeren unterscheiden sollten und über Einzelheiten der Einschätzung entschieden. Sie zogen durch einige Quartiere, um Listen anzufertigen und die Namen der Besitzer aufzuschreiben. Als der Bevölkerung dies bekannt wurde, redeten sie mehr als je und fanden es unerhört. Einige ergaben sich in ihr Geschick, doch einige Leute aus dem einfachen Volk wollten sich widersetzen und besprachen sich heimlich darüber. Einige Turbanträger ermunterten sie darin. Sie waren von der Sorte, die nicht auf die Folgen der

Dinge achtet und nicht daran denkt, daß sie sich unter festem Zwang befindet. Viele Raufbolde kamen zusammen, ohne ein Oberhaupt, das sie angeführt hätte, und ohne Chef, der sie befehligte.

AUFSTAND

Am Sonntag begannen sie sich voller Begierde nach dem Glaubenskrieg zusammenzurotten. Sie holten die Waffen, die sie verborgen hatten, die Kriegsinstrumente und Verteidigungsgeräte hervor. Sajjid Badr und seine Gefährten sowie das Gesindel aus dem Ḥusainīja-Viertel und das niedere Volk aus den Außenquartieren kamen dazu. Sie schrien gewaltig und heulten mannigfaltig, wie man in ihren lauten Stimmen vernahm: «Gott schenke den Sieg dem Volk des Islam!» Sie zogen zum Haus des Heeresrichters *(qāḍī l-ʿaskar)*. Mehr als tausend ihrer Art sammelten sich und folgten ihnen nach. Der Qāḍī fürchtete die Folgen; er verriegelte seine Tore und alarmierte seine Bediensteten. Man warf nach ihm mit Steinen und Ziegeln. Er suchte zu fliehen, doch konnte er sich nicht verziehen.

Ferner versammelten sich in der Azhar die höheren Gelehrten. Zu eben jenem Zeitpunkt kam Dupuy mit seinen Reitern, Soldaten und kühnen Streitern vorüber. Er kam durch die Ghūrīja-Straße und bog um in die Ṣanādiqīja-Gasse, wandte sich nach dem Haus des Qāḍī, fand jenes Gedränge und fürchtete seine Enge. Er zog hinaus nach Bain al-Qaṣrain und Bāb az-Zuhūma. Die Quartiere und Gassen waren voll dichter Menschenmassen. Sie traten ihm entgegen und schlugen auf ihn ein; sie schwächten ihn durch schwere Wunden; die meisten seiner Reiter, Kämpfer und Recken wurden getötet.

Als dies geschah, ergriffen die Muslime Vorsichtsmaßnahmen. Sie zogen in Eile aus und kamen aus allen Ecken herbei; sie ergossen sich über die meisten Teile von Kairo: Bāb al-Futūḥ und Bāb an-Naṣr, von al-Barqīja bis Bāb az-Zuwaila, Bāb aš-

Šaʿrīja und die Region von Bandaqānījīn sowie die benachbarte Gegend, weiter aber nicht.

Sie zerstörten Läden und Steinbänke, um aus ihren Steinen Barrikaden zu bauen, um damit den Angriff der Feinde zur Stunde des Kampfes aufzustauen. Die Leute standen herum in Massen, ohne sich leiten zu lassen. Doch die Außenquartiere und die höher gelegenen Geviere, die kein Schreckerzeuger erregte und wo sich niemand bewegte und keiner sich regte, verblieben ruhig, wie Altkairo und Būlāq, deren Hauptentschuldigung darin lag, daß die Soldaten zu nahe seien.

Die Aufständischen blieben in den Gassen hinter den Barrikaden. Ein Trupp Franzosen erschien aus der Richtung von al-Manāḫlīja. Sie schossen auf die Barrikaden von aš-Šawwājīn, wo sich eine Menge von Maghribinern aus al-Faḥḥāmīn befand; die kämpften gegen sie, bis sie sie aus al-Manāḫlīja vertrieben und sie besiegt hatten. Daraufhin steigerte sich die Erregung, Erschütterungen und Erdbeben gerieten in Bewegung. Das Volk überbordete die Schranken, und die Sache kam ins Wanken. Sie erhoben ihre Hände zum Plündern, Rauben und Stehlen. Sie griffen das Ǧawānīja-Viertel an und plünderten restlos die Häuser der syrischen und griechischen Christen und dazu auch gleich die Häuser der Muslime, die in der Nachbarschaft lagen. Sie nahmen die anvertrauten Güter und Pfänder und erwiesen sich für Frauen und Mädchen als Schänder. Sie plünderten auch den Ḫān der Textilien und die dort gelagerten Geräte und Vorräte. Viele Schandtaten wurden begangen, ohne daß man um die Folgen mußte bangen. Die ganze Nacht verbrachten sie wachend und in jener Weise weitermachend. Doch die Franken waren bereit am nächsten Morgen; ihre Artillerie stand auf den Hügeln und auf der Zitadelle geborgen. Sie brachten alle Geräte, von den Kanonen und den Granaten bis zu den Bombonen; so standen sie bereit und warten auf den Bescheid ihres Kommandanten zum Streit.

Der Befehlshaber der Franzosen hatte einen Brief an die Scheichs gesandt, doch die antworteten nicht darauf. Er wurde des Wartens überdrüssig, und die Beschießung begann ohne Unterbrechung von zwei Seiten, so daß die Lage sofort doppelt schlimm wurde, bis der Morgen vergangen war und die Wut der Belagerung zunahm. Sie schossen mit Kanonen und Granaten auf die Häuser und Wohnquartiere; dabei zielten sie im besonderen auf die Azhar-Moschee und richteten auf sie Kanonen und Bomben; ferner auf die benachbarten Wohnbezirke der Aufständischen wie den Sūq al-Ghūrīja und al-Faḥḥāmīn. Als das auf sie herniederging und sie sahen, was sie noch nie erblickt hatten, riefen sie: «Frieden vor diesen Schmerzen! Du, voll verborgener Güte, nimm dir unsere Rettung zu Herzen!» Sie flohen aus des Sūqes Hitze und verbargen sich in jeder Ritze. Doch jene fuhren mit der Beschießung fort, von der Zitadelle und von jenem anderen Ort, bis die Grundmauern erzitterten und die Wände der Häuser verwitterten. Die Bomben fielen in einige der Schlösser und zerstörten die Wohngelässer, sowie wo die Händler sich niedergelassen; die Ohren ertaubten von ihrem schrecklichen Prasseln. Die Sache wurde immer schlimmer, und das Unglück wuchs immer, bis die Scheichs schließlich aufsaßen und zum Oberbefehlshaber ritten, damit er diesen Regen von ihnen nehme und das Ende der Beschießung befehle und sie zum Einhalten bringe, wie auch die Muslime ihren Kampf einstellen würden; denn der Krieg sei trügerisch und voll wechselnden Glücks. Als sie zu ihm kamen und bei ihm zusammentraten, tadelte er sie für ihr spätes Eintreffen und klagte sie an, ihre Pflicht zu vernachlässigen. Sie entschuldigten sich bei ihm, und er nahm die Entschuldigungen an. Er befahl, die Beschießung einzustellen, und sie verließen ihn und riefen auf den Straßen den Frieden aus. Die Leute hörten darauf, und das Leben war ihnen zurückgegeben; sie eilten, um einander die gute Botschaft zu geben. Ihre Herzen fanden die Ruhe wieder, und um jene Zeit ging die Sonne nieder. Der Tag war zu Ende, und die Nacht zog herauf; doch man erwartete allgemein, daß die Sache noch nicht zu Ende sei.

Die Leute aus al-Ḥusainīja und den Außenquartieren hörten

nicht auf zu kämpfen und zu schießen, doch ihre Vorräte waren beschränkt und ihr Pulver knapp, die Franǧ aber bedrängten sie mit unablässigem Schuß und Kanonenguß, bis etwa drei Stunden der Nacht vergangen waren und ihre Vorräte zu Ende kamen. Sie konnten nichts mehr tun und gingen hinab; das Volk ließ von ihnen und wandte sich ab.

Doch nach dem ersten Schlaf der Nacht brachen die Franzosen in die Stadt ein wie ein Wildbach. Sie ritten durch die Gassen und Straßen, ohne jemanden zu finden, der sie daran hinderte, als wären sie Teufel oder Soldaten des Satans. Sie zerstörten die Barrikaden, die sie vorfanden. Ihre Truppe drang durch das Bāb al-Barqīja ein und marschierte durch die Ghūrīja. Sie stießen vor und kehrten zurück, um sich zu vergewissern, daß alles schlief. Dann wußten sie mit Sicherheit: niemand wehrte sich gegen sie, und kein Hinterhalt war bereit. Botschaften gingen hin und her, zu Fuß und zu Pferd. Dann drangen sie in die Azhar-Moschee ein, hoch zu Roß, während die Infanteristen zwischen ihnen wie die Bergziegen wimmelten. Sie schwärmten über ihren Hof und ihre Maqṣūra und banden ihre Pferde an der *qibla*-Wand an. Sie zerstörten die Papiere und die Wohnquartiere, zerbrachen die Leuchter und Kerzen, zerschmetterten die Kästen der Studenten, der *muǧāwirūn* und der Schreiber; sie plünderten, was sie fanden – Geräte, Gefäße, Holzschüsseln, anvertrautes Gut und geheime Schätze in Schränken und Kästen; sie zerfetzten die Bücher und Koranmanuskripte, warfen sie zur Erde und zertraten sie mit Füßen und Hufen; sie verunglimpften sie, entleerten sich und urinierten darauf. Sie tranken Wein, zerbrachen die Flaschen und warfen sie in den Hof und in seine Umgebung. Einem jeden, dem sie begegneten, zogen sie seine Kleider aus und jagten ihn fort.

Als der Dienstag tagte, stellte sich ein Trupp von ihnen in Reih und Glied vor dem Tor auf. Jeder, der kam, um zu beten, sah sie und kehrte eilends um. Ihre Scharen verteilten sich in jener Gegend in Gruppen und begannen dort auf festen Wegen Runden zu gehen. Sie umschlossen das Viertel fest und plünderten einige Häuser unter dem Vorwand von Nachforschungen nach Raubgut, Waffengerät und Geschossen.

Die Bewohner des Quartiers zogen in zitternder Eile aus, um sich zu retten. Die Unantastbarkeit dieses Stadtteils wurde entweiht. Zuvor war es der ehrenwerteste Stadtteil gewesen, wo die Leute zu wohnen begehrten und bei dessen Bewohnern sie zu deponieren pflegten, was sie zu verlieren fürchteten. Die Franzosen waren früher nur selten dorthin gekommen und pflegten ihn vor allen anderen innerlich und äußerlich zu respektieren. Doch durch jenen Aufstand war die Lage umgeschlagen, und erniedrigt war über alles Maß, was bisher das Haupt hatte hoch getragen. Dann durchzogen sie die Sūqs und bildeten Reihen von Hunderten und Tausenden. Wenn jemand an ihnen vorbeikam, durchsuchten sie ihn, nahmen, was er bei sich hatte, und manchmal brachten sie ihn um. Man las die Toten auf, die auf der Erde lagen, Franken und Muslime. Eine Einheit der Franzosen machte sich daran, die Stellen zu säubern, wo Barrikaden errichtet worden waren. Sie nahmen die Erde und die Steine, die angehäuft worden waren, fort und schafften sie zur Seite, um den Weg zum Durchgang zu öffnen und für die Vorübergehenden aufzutun.

RACHE DER CHRISTEN

Die Christen aus Syrien und eine Gruppe von Orthodoxen, deren Häuser im Viertel von al-Ǧawānīja geplündert worden waren, rotteten sich zusammen, um sich vor dem Oberbefehlshaber der Franzosen über den Schaden zu beklagen, der ihnen angetan worden war. Sie ergriffen die Gelegenheit gegenüber den Muslimen und zeigten, was sie in ihren Herzen verborgen trugen. Sie schlugen auf sie ein, so kräftig sie konnten, als ob sie mit den Franzosen als deren Sachwalter gemeinsame Sache machen wollten. Sie plünderten, was jene besaßen, außer wenn sie ihnen als Verwandte nahe standen; und dies geschah, obgleich die Muslime, die ihre Nachbarn waren, ebenfalls beraubt und ausgeplündert worden waren; auch den bekannten Ḫān der Textilien, der beim Tor des Griechenviertels liegt und in dem Waren von Muslimen sowie hinterlegte Güter von Abwesenden lagerten. Wer betroffen wurde, schwieg über sein Unglück und bat Gott um Hilfe in seiner Sache; denn Er wird seine Gebete nicht erhören, wenn er viel redet, und sich um seine Klagen nicht kümmern.

REPRESSION

Barṭulmīn (Bonapartes Katḫodā) wurde beauftragt, Patrouillen auszusenden, um nach jenen zu forschen, die Waffen getragen oder geplündert hatten. Er sandte seine Gehilfen nach allen Richtungen aus, damit sie auf den Wegen spionierten und die Leute gefangennähmen, entsprechend ihrem freien Ermessen und gemäß den Anzeigen der Christen und ihren Haßinteressen. Er verurteilte sie nach seinem Willen und handelte nach seiner Entscheidung und Ansicht. Er nahm viele von ihnen gefangen, kam in seinem Umzug zu Pferde gegangen und führte sie gefesselt vor sich mit Stricken behangen. Die Gehilfen zerrten sie mit brutaler Gewalt und steckten sie in die Gefängnisse. Dort befragten sie sie nach den geplünderten Gütern und legten ihnen Strafe und Schläge auf. Sie befragten sie auch nach Waffen und Kriegsgerät. Einige von ihnen zeigten die anderen an, und die Angezeigten wurden ebenfalls verhaftet. Das Gleiche wie er unternahm der Verfluchte, der Aghā; er beging Unrecht und überschritt alle Grenzen in seinen Untaten. Viele Menschen schlachteten sie ab und warfen sie in den Nilstrom. In jenen zwei Tagen und in den folgenden sind so viele Menschen umgekommen, daß niemand ihre Zahl kennt außer Gott. Die Missetaten und die Halsstarrigkeit der Ungläubigen dauerten lange an, und die Muslime mußten von ihnen hinnehmen, was sie planten und beabsichtigten.

Am Mittwochmorgen saßen alle Scheichs auf und zogen zum Haus des Oberbefehlshabers. Sie suchten ihn auf und redeten ihm zu, um Vergebung zu erbitten. Sie umschmeichelten ihn und erbaten von ihm eine allgemeine Sicherheitsgarantie und eine Amnestie, die in beiden Sprachen ausgerufen werden solle, damit die Untertanen beruhigt würden und ihr Schrecken vor diesem Unglück sich lege. Er versprach es ihnen, wenn auch zögernd, und forderte sie auf, herauszufinden und bekanntzugeben, wer von den Turbanträgern mitgeholfen habe, das Volk aufzuregen, und wer sie zum Ungehorsam und Aufstand angeregt habe. Sie suchten ihn von jenen Absichten abzubringen, doch er sagte ihnen durch die Zunge des Dragoman: «Wir kennen sie alle von Anfang an!» Sie baten ihn auch, die Soldaten aus der Azhar zu entfernen. Er bewilligte dies und befahl, sie sollten sofort abziehen. Es blieben jedoch siebzig von ihnen zurück; die nahmen als Aufseher in dem Viertel Wohnung, um dafür zu sorgen, daß die Dinge verliefen wie vorgeschrieben und die Leute den Gesetzen oblagen.

FAHNDUNGEN

Dann fingen sie an, nach jenen zu forschen, die verdächtig waren, den Aufstand ausgelöst zu haben, und verhafteten Scheich Sulaimān al-Ǧausaqī, den Scheich der Blinden, ferner Scheich Aḥmad aš-Šarqāwī, Scheich ʿAbd al-Wahhāb aš-Šubrāwī, Scheich Jūsuf al-Muṣailiḥī sowie Scheich Ismāʿīl al-Barrāwī, und setzten sie alle im Haus des al-Bakrī gefangen. Sajjid Badr al-Maqdisī aber verbarg sich und ging nach Syrien; sie suchten ihn, doch fanden sie ihn nicht. Die Scheichs versuchten, die Gruppe der Festgenommenen freizubekommen, doch wurden sie abgewiesen. Auch Ibrāhīm Efendī, der Zollschreiber, wurde angeklagt, eine Gruppe von Aufrührern versammelt und ihnen Waffen verschafft zu haben; auch hätten bei ihm Mamluken sowie einige andere Männer versteckt gelegen. Er wurde festgenommen und ins Haus des Aghā verbracht.

Am Sonntag, dem 18., begaben sich der Scheich as-Sādāt und die anderen Scheichs zum Haus des Oberbefehlshabers der Franzosen und intervenierten bei ihm für die Eingekerkerten, die sich im Haus des Aghā und des Qā'immaqām sowie auf der Zitadelle befanden. Man antwortete ihnen: «Habt etwas länger Geduld, eilt euch nicht so sehr!» Sie standen auf und gingen fort.

An jenem Tag wurde die Sicherheitsgarantie in den Sūqs ausgerufen; niemand solle den anderen mehr beunruhigen; doch die Leute wurden weiter festgenommen und die Häuser beim geringsten Verdacht aufgebrochen. Einige gaben die Gegenstände zurück, die man den Christen gestohlen hatte.

MAGHRIBINISCHE HILFSEINHEITEN

An jenem Tag erschien ʿUmar al-Qulluqǧī unter den Maghribinernvon al-Faḥḥāmīn. Er brachte eine große Zahl von ihnen zusammen und führte sie dem Oberbefehlshaber vor. Der wählte unter ihnen die jungen Leute und die Kräftigsten aus, gab ihnen Waffen und Kriegsgerät und machte aus ihnen eine Truppe, deren Oberhaupt der erwähnte ʿUmar wurde. Sie zogen aus, die syrische Trommel vor ihnen her, wie es die Gewohnheit der Soldaten aus dem Maghrib ist, und marschierten nach Norden, weil einige Orte während der Unruhen gegen die Franzosen aufgestanden waren und sie bekämpft hatten; sie hatten auch zwei Schiffe beschossen, auf denen französische Soldaten waren, und hatten sie bekämpft. Als die Maghribiner dorthin gelangten, brachten sie die Unruhen zur Ruhe. Sie beschossen ʿAšmā und töteten das Oberhaupt des Fleckens, der Ibn Šaʿīr hieß. Sie plünderten sein Haus, seine Geräte, sein Geld und seine Herden, die sehr groß waren; sie brachten seine Brüder und seine Kinder herbei und töteten sie. Sie ließen von allen nur einen kleinen Knaben am Leben, den sie in Nachfolge seines Vaters zum Scheich erhoben.

Die maghribinischen Soldaten wurden in einem Haus beim Bāb Saʿāda einquartiert, und einige Franzosen wurden für sie bestellt, die jeden Tag zu ihnen kamen und sie in ihrer Art der Kriegsführung, in ihren Regeln und in der Bedeutung ihrer Kommandos beim Antreten übten. Der Lehrende steht da und die Lernenden in Reihen ihm gegenüber mit den Gewehren in ihren Händen. Er weist sie mit Worten in ihrer Sprache an, die *«mardabūš»* (garde à vous) lauten, worauf sie ihre Gewehre erheben, indem sie sie mit ihren Händen unten anfassen; dann sagen sie: *«Marš!»*, und sie setzen sich reihenweise in Bewegung und ähnliches mehr.

WEITERE STRAFEXPEDITIONEN UND FÜRBITTEN

An jenem Tag zog Barṭulmīn mit einer Anzahl Soldaten nach Sirjāqūs wegen der Leute, die nach Osten geflohen waren, doch er konnte die Flüchtigen nicht fassen und nahm die Leute der Gegend fest. Er handelte rücksichtslos, um ihrer habhaft zu werden, und kehrte nach einigen Tagen zurück.

Am Mittwoch sprach Scheich Muḥammad al-Mahdī mit dem Oberbefehlshaber wegen Ibrāhīm Efendī, dem Zollsekretär *(kātib al-bahār)*, und suchte ihn mit Hilfe von Poussielgue, der «Direktor der Grenzen» *(mudīr al-ḥudūd)* genannt wurde, gütig zu stimmen; das ist ein Ausdruck, der dem *rūznāmaǧī* entspricht, Ibrāhīm wurde aus dem Haus des Aghā in das seine übergeführt, und man verlangte von ihm eine Aufstellung, die darlegen sollte, was den Mamluken nach dem Zollregister zustand.

Am Donnerstag fuhr eine Anzahl von Schiffen, etwa vierzig, auf denen französische Soldaten waren, nach Norden ab.

In der Nacht auf den Samstag, den 24., kam ein Kamelreiter aus Syrien an und überbrachte Schreiben in der Form eines Fermāns mit der Tughra darauf sowie einen Brief von Aḥmad Pascha al-Ǧazzār und einen anderen von Bakr Pascha an seinen Katḫodā, Muṣṭafā Bek, sowie einen Brief des Ibrāhīm Bek an die Scheichs; all dies in arabischer Sprache. Sie enthielten – nach dem Lob Gottes, der Einführung und Koranversen – Überlieferungen und Berichte über den Heiligen Krieg, eine Verdammung der Nation der Franken und geringschätzige Äußerungen über sie sowie Bemerkungen über ihren korrupten Glauben und ihre durchsichtigen Lügen. Auch die anderen Briefe enthielten dementsprechende Äußerungen. Muṣṭafā Bek Katḫodā nahm sie und ging damit zum Oberbefehlshaber. Nachdem der sich über ihren Inhalt informiert hatte, sagte er: «Das sind lauter Fälschungen von Ibrāhīm Bek, um zwischen euch und uns Feindschaft und Haß zu säen. Was Aḥmad Pascha angeht, so ist er ein Naseweis, der weder Wālī von Syrien noch von Ägypten war, denn Wālī von Syrien war Ibrāhīm Pascha und Wālī von Ägypten ʿAbdallāh Pascha Ibn al-ʿAẓm, der gegenwärtig Syrien regiert. Ich weiß dies besser! Er wird also in einigen Tagen als Wālī hierherkommen, und er wird behandelt werden, wie die Mamluken mit den Wālīs umgingen!»

Nachricht traf auch ein, daß ʿIzzat Pascha als Großwesir abgesetzt und eine weitere Anzahl von Staatsmännern entlassen worden war.

KRIEGSVORBEREITUNGEN

In jenen Tagen wurde nicht, wie gewöhnlich, Versammlung im Diwan durchgeführt. Sie begannen sich darum zu kümmern, überall Befestigungen anzulegen. Sie errichteten Bauwerke auf den Hügeln und stellten dort mehrere Kanonen und Geschütze auf. Sie zerstörten Teile von Gīze und legten dort starke Befestigungen an, ebenso in Altkairo und in der Umgebung von Šubrā. Sie zerstörten eine Anzahl von Moscheen, darunter jene bei der Dikka-Brücke und die Moschee von al-Maqs, die heute als jene der Söhne des ʿInān bekannt ist, am Nāṣirī-Kanal beim Bāb al-Baḥr. Sie fällten viele Dattelpalmen und Bäume, um Festungen und Schanzen zu bauen. Sie zerstörten die Freitagsmoschee des Kāzerūnī in ar-Rauḍa und fällten in Gīze die Bäume bei der Abū Huraira(-Moschee). Dort wurden viele Gräben ausgehoben und anderes mehr. Sie fällten auch die Palmen bei al-Ḥillī und Būlāq, zerstörten viele Häuser, zerbrachen ihre Türen und Fenster und nahmen ihr Holz für ihre Arbeiten, um Feuer zu machen und zu anderen Zwecken dieser Art.

HINRICHTUNGEN

In der Nacht auf den Sonntag erschien um Mitternacht ein Trupp französischer Soldaten im Haus des Bakrī. Sie verlangten nach den eingekerkerten Scheichs, um sie zum Oberbefehlshaber zu führen, damit der zu ihnen spreche. Als sie das Haus verließen, fanden sie eine große Zahl (von Soldaten) vor, die sie erwarteten. Die ergriffen sie und brachten sie in das Haus des Qāʾimmaqām in Darb al-Ǧamāmīz, in dem Dupuy, der ermordete Qāʾimmaqām, gewohnt hatte; nach ihm bewohnte sein Amtsnachfolger das gleiche Haus. Als sie mit ihnen dort anlangten, zogen sie ihnen die Kleider aus und brachten sie zur Zitadelle hinauf. Dort kerkerten sie sie bis zum Morgen ein, dann holten sie sie hervor, erschossen sie und warfen sie von der Mauer hinter die Zitadelle hinunter. Die meisten Leute wußten mehrere Tage lang nicht, was mit ihnen geschehen war.

Am gleichen Tag ritten einige der Scheichs zu Muṣṭafā Bek, dem Katḫodā des Paschas, und redeten ihm zu, er solle mit ihnen zum Oberbefehlshaber kommen und mit ihnen zusammen für die erwähnten Leute Fürsprache einlegen, denn sie dachten, daß sie noch am Leben seien. Er ritt mit ihnen zu ihm, und sie sprachen über die Sache. Der Dolmetscher sagte zu ihnen: «Habt Geduld, dies ist nicht der richtige Zeitpunkt.» Sie verließen ihn; auch er ging fort, um seinen eigenen Geschäften nachzugehen. Auch die Scheichs erhoben sich und ritten nach Hause.

ALARM IM VIERTEL DER AZHAR

Am Dienstag kamen einige französische Soldaten und bezogen Posten im Azhar-Viertel. Die Bewohner erwarteten das Schlimmste von ihnen; Unruhe brach aus; sie schlossen ihre Läden und flohen um die Wette davon. Sie gingen in die Häuser und in die Moscheen und waren voll widersprechender Meinungen; sie beurteilten die Vorkommnisse je nach ihren Vermutungen, ihren Ideen und Wahnvorstellungen. Einige Scheichs gingen zum Oberbefehlshaber und berichteten ihm über die Vorfälle und die Befürchtungen der Leute. Er befahl den Soldaten, abzuziehen, und sie verließen das Viertel. Die Bewohner kehrten zurück und öffneten ihre Läden; der Aghā, der Wālī und Barṭulmīn zogen durch (das Viertel) und riefen den Frieden aus. So beruhigte sich die Lage. Man erzählte, einer der hohen Offiziere habe dem Wächter, der bei dem Schrein wohnt, einen Besuch abgestattet, und jene seien bloß seine Gefolgsleute gewesen, die dort gestanden hätten, um auf ihn zu warten. Doch möglicherweise geschah es auch in der Absicht, den Leuten Furcht und Schrecken einzujagen als Vorsichtsmaßnahme, damit kein Aufstand entstehe, wenn die Ermordung der erwähnten Scheichs bekannt werde; dies ist das Wahrscheinlichste.

VERSÖHNUNG UND BEFRIEDUNG

An jenem Tag schrieben sie Papiere und klebten sie in den Sūqs an. Sie enthielten eine Amnestie und Warnung vor einem neuen

Aufstand; es seien nicht mehr Muslime getötet worden als Franzosen.

Am gleichen Tag ordneten sie an, daß die Immobilien gezählt und die dafür angesetzten Steuern eingetrieben würden; niemand widersetzte sich diesmal, und niemand wagte seinen Mund auch nur für ein Wort zu öffnen, denn «wer mit den Beeren des Maulbeerbaums nicht zufrieden ist, muß sich mit seinem Brennholz begnügen».

An jenem Tag entfernten sie auch die Tore der Gassen und kleinen Quartiere ohne Ausgang. Diese waren bisher belassen und geduldet worden; ihre Bewohner hatten vor den Unruhen Geschenke dafür gemacht und sie sich so erhalten; sie hatten die Wächter und Mittelsleute bestochen, damit sie belassen würden. Auch in den Gassen des Ḥusainīja-Viertels war es so geschehen. Doch als jene Ereignisse ausbrachen, kamen sie wieder, rissen die Tore aus den Angeln und trugen sie zu den anderen, die sie schon in der Azbakīja aufgehäuft hatten. Dann zerbrachen sie sie alle und lösten ihre Balken heraus; einige luden sie auf Wagen und brachten sie zu ihren Erdarbeiten in der Umgebung, andere verkauften sie als Brennholz für Feuer. Ebenso verfuhren sie mit dem Eisen, das daran war, und den anderen Dingen.

In der Nacht auf den Donnerstag griff eine Bande das Tor des Ṭūlūn-Sūq an, brach es auf und drang in den Sūq ein. Sie zerbrachen die Lampen, öffneten drei Läden und raubten die Waren, die einige maghribinische Kaufleute gelagert hatten. Sie töteten den Wächter und zogen davon, ohne Schüsse und ohne Kampf.

Am erwähnten Donnerstag zogen die Scheichs zum Oberbefehlshaber und legten für den Sohn des al-Ǧausaqī, des Scheichs der Blinden, der getötet worden war, Fürbitte ein. Dieser befand sich gefangen im Haus des al-Bakrī. Er gewährte ihnen den Wunsch und ließ ihn frei.

Der Monat Ǧumādā II begann im Jahr 1213 mit einem Samstag (10. November 1798). An jenem Tag schrieben sie eine Anzahl von Papieren, als ob die Scheichs sie verfaßt hätten, und sandten sie in das ganze Land; sie klebten auch Exemplare davon in den Sūqs und Straßen an. Der Text lautete:

«Eine Anweisung von allen Gottesgelehrten des Islams in Kairo, der Wohlerhaltenen!

Wir nehmen unsere Zuflucht zu Gott vor allen inneren Wirren – jenen, die offen ausbrechen, und jenen, die im Verborgenen glimmen –, und wir wenden uns ab zu Gott von jenen, die in Korruptheit auf Erden wandeln. Wir tun den Bewohnern Kairos, der Wohlbehüteten, zu wissen, daß durch den Pöbel und schlechte Menschen Böses zwischen den Untertanen und den französischen Soldaten angestiftet worden ist, nachdem sie Gefährten und Freunde in Eintracht gewesen waren. Das führte zum Tod einer Menge von Muslimen, und einige Häuser wurden geplündert. Doch die verborgene Güte Gottes gewann, und der Bürgerzwist wurde gestillt, indem wir beim Oberbefehlshaber des Heeres, Bonaparte, Fürbitte einlegten. So ist das Unheil von uns genommen worden, denn er ist ein Mann von vollkommenem Verstand, voll Erbarmen und Mitleid mit den Muslimen und voll Liebe zu den Armen und Elenden; ohne sein Einschreiten hätten die Soldaten die ganze Stadt verbrannt, all ihre Reichtümer geplündert und alle Bewohner von Kairo getötet. Euch obliegt es daher, keinen Zwist zu entfachen und den Einflüsterungen der Korrupten nicht Folge zu leisten. Hört nicht auf die Worte der Betrüger und hört nicht auf die Bösen! Seid nicht unter den Verlorenen von geringem Verstand, welche nicht imstande sind, die Folgen ihrer Handlungen vorauszusehen, auf daß ihr eure Heimstätte bewahrt und für eure Familien und eure Religion keine Sorge zu empfinden braucht. Gott – Er ist erhaben – gibt die Herrschaft, wem Er will, und führt aus, was Er begehrt. Wir teilen euch mit, daß ein jeder,

der schuld am Ausbrechen dieses Aufstandes war, getötet wurde, bis auf den letzten Mann, Gott hat die Gläubigen und das Land von ihnen befreit! Unser Rat für euch ist, daß ihr nicht mit euren eigenen Händen an eurem Verderb mitwirkt; arbeitet für euren Lebensunterhalt, erfüllt eure religiösen Pflichten und bezahlt die *ḫarāǧ*-Steuer, die euch auferlegt ist. Die Religion besteht im guten Rat! *Salām!*»

TRENNUNG VON FRANZOSEN UND MUSLIMEN

An jenem Tag befahlen sie auch dem Rest der Bewohner am Azbakīja-Teich und rund herum, ihre Häuser zu verlassen, um darin jene von den Ihrigen unterzubringen, die weit verstreut wohnten, damit sie alle in einem Quartier versammelt seien. Dies kam daher, daß sie sich vor den Muslimen zu fürchten begannen. Keiner von ihnen ging mehr ohne Waffen einher, nachdem sie zuvor, seit der Zeit ihres Einzuges, im allgemeinen in der Stadt ohne Waffen einhergegangen waren, außer bei bestimmten Anlässen. Jene, die keine Waffen trugen, nahmen einen Stock oder eine Peitsche oder etwas ähnliches zur Hand. Ihre Herzen begannen die Muslime zu scheuen, und diese nahmen sich vor ihnen in acht. Die Muslime vermieden es, vom Sonnenuntergang bis zum Tagesbeginn auszugehen und in den Sūqs herumzulaufen.

Unter jenen, die von Darb al-Aḥmar nach der Azbakīja umzogen, war auch Caffarelli, den die Leute den «Vater des Holzstücks» nannten, denn er ging ohne Hilfe mit einem Holzbein und konnte sogar rascher als ein Gesunder Stufen hinauf- und hinabsteigen. Er ritt Pferde und spornte sie, trotz seiner Behinderung. Er war einer ihrer hervorragenden Persönlichkeiten und ordnete ihre Festungsarbeiten und Kriegslinien. Sie erwiesen ihm große Ehre und maßen ihm große Bedeutung zu. Er wohnte oft im Haus des Kāšif Muṣṭafā. Zur Zeit der Zwischenfälle war dieses Gebäude vom Volk angegriffen worden;

sie hatten es geplündert und einige Franzosen darin getötet; die übrigen waren geflohen. Sie hatten jene benachrichtigt, die in der Zitadelle waren, und einige von ihnen waren herabgekommen. Ein Teil von ihnen hatte vor dem Haus Posten bezogen, nachdem sie die angestaute Menge vor seinen Toren aus ihren Gewehren beschossen und entfernt hatten. Die übrigen waren eingedrungen und hatten alle Muslime, die sie darin fanden, getötet; es war eine große Menge.

In jenem Haus hatten sie viele kunstvolle Instrumente und seltsame Brillen, Geräte für Astronomie, Geometrie und mathematische Wissenschaften sowie ähnliche Dinge ohnegleichen. Jedes dieser Instrumente war unbezahlbar für jemanden, der weiß, wie sie angefertigt sind und wozu sie dienen. Das Volk aber hatte all dies verstreut und in Stücke zerbrochen. Dies schmerzte die Franzosen sehr, und sie suchten lange Zeit nach jenen Geräten; sie versprachen sogar jenen, die sie bringen würden, große Belohnungen. Unter jenen, die beim Zusammenstoß in diesem Haus getötet wurden, war auch der Scheich Muḥammad az-Zahhār.

WEITERE WARNUNGEN

Am 5. ließen sie Ibrāhīm den Zollsekretär frei, und der ging nach Hause.

Am 8. töteten sie vier Kopten; zwei waren Zimmerleute. Es hieß, sie hätten sich in einem Weinladen betrunken, und in ihrer Trunkenheit seien sie hingegangen und hätten einige Läden aufgebrochen und Gegenstände daraus gestohlen. Dies sei mehrmals vorgekommen, bis die Kopten darüber zornig wurden.

An jenem Tag schrieben sie auch eine Anzahl Papiere und sandten Exemplare davon in die Stadt, um sie an den Märkten und in den Quartieren anzukleben. Auch dieses war den Scheichs in den Mund gelegt, doch war sein Text länger als der vorhergehende. Er lautete:

«Ein Ratschlag von den Gelehrten des Islams für Kairo, die Wohlbewahrte: Wir tun euch zu wissen, ihr gläubigen Bewohner der Städte und Provinzhauptstädte und ihr Bewohner des Landes, Beduinen wie Fellachen, daß Ibrāhīm Bek, Murād Bek und die übrigen Mamluken eine Reihe von Briefen und Adressen an die verschiedenen Regionen Ägyptens gesandt haben, in der Absicht, Zwietracht unter den Geschöpfen Gottes anzustiften. Sie behaupteten, diese kämen von seiner Hoheit, unserem Herrn, dem Sultan, und von einigen seiner Wesire, was aber Lüge und Betrug ist. Der Grund dafür ist, daß heftiger Ärger und Besorgnis sie überkamen und sie auf die Gelehrten und die einfachen Leute Ägyptens sehr zornig sind, weil die nicht mit den Mamluken ausziehen und ihre Familien und ihr Vaterland verlassen wollen. Ihre Absicht war, Zwist und Haß zwischen der Bevölkerung und den Soldaten der Franzosen zu entfachen, um das Land zu zerstören und die Bevölkerung gänzlich zu verderben. All dies, weil sie so unglücklich darüber waren, daß ihr Regime ein Ende genommen hat und sie Ägypten, das Wohlbehütete, nicht mehr beherrschen können. Wenn diese Papiere echt wären und wirklich von Seiner Hoheit, dem Sultan der Sultane, kämen, hätte man sie öffentlich durch die dafür zuständigen Aghās gesandt. Wir teilen auch mit, daß die Nation *(ṭā'ifa)* der Franzosen, im Gegensatz zu anderen Nationen der Franken, stets die Muslime und ihre Nation *(milla)* geliebt haben, während sie den Heiden und ihrer Natur abhold waren. Sie sind gute Freunde unseres Herrn, des Sultans, und treten für seinen Sieg und für seine Freunde ein; beständig in ihrer Zuneigung und in enger Verbindung mit ihm und in ihrer Hilfsbereitschaft für ihn, lieben sie, wer ihm gehorcht, und hassen den, der ihn befeindet. Aus diesem Grunde besteht zwischen den Franzosen und Moskau *(Muskūf)* eine außerordentlich heftige Feindschaft, weil Moskau ein verabscheuenswürdiger Feind (der Pforte) ist. Die Franzosen werden der Majestät des Sultans dabei helfen, ihr Land zu erobern, so Gott will, und nicht einmal ein Rest von ihnen wird übrigbleiben. Wir raten euch, Städte Ägyptens, stachelt keine Unruhen auf, erregt nichts Böses unter den Geschöpfen Gottes und tut den französischen Soldaten kein Unheil und keine Art Schaden an, sonst wird euch Schaden und Verderben treffen! Hört nicht auf die Rede der Verderber und ‹gehorchet nicht dem Befehl derer, die nicht maßhalten und die Unheil auf der Erde anrichten und nicht für Frieden und Ordnung sorgen› (Koran 26, 151 f.) ‹damit ihr nicht über das, was ihr getan habt, Bedauern empfindet!› (Koran 49, 6).Es obliegt euch, die geforderten Steuern an alle Steuerpächter *(multazim)* zu bezahlen, damit ihr unversehrt in eurer Heimat verbleiben könnt, in Sicherheit und Ruhe mit euren Familien und eurem Besitz. All dies, weil der hohe Oberbefehlshaber, der große Kommandant der Heere, Bonaparte, mit uns übereingekommen ist, daß niemand in der Ausübung der islamischen Religion behindert werden soll und wir in allem, was Gott für das Regiment zum Heiligen Gesetz erhoben hat, auf keinen Widerspruch stoßen werden. Von den Untertanen soll alle Ungerechtigkeit ferngehalten werden, und er wird sich damit begnügen, die *ḫarāǧ*-Steuer einzuziehen. Er wird alles abschaffen, was die Tyrannen an ungesetzlichen Auflagen eingeführt hatten. Setzt eure Hoffnungen nicht auf Ibrāhīm und Murād, vielmehr blickt auf euren Herrn, den König der Könige, den Schöpfer seiner Knechte, dessen Prophet, sein hochverehrter Gesandter, gesagt hat: ‹Die Zwietracht schläft; möge Gott den verdammen, der sie unter den Staaten aufweckt!› *Salām!*»

WEITERE REPRESSIONEN

Am 13. richteten sie zwei Personen am Bāb az-Zuwaila hin. Einer war ein Jude; der Grund zur Hinrichtung ist nicht ersichtlich.

Am gleichen Tag nahmen sie aus dem Haus des Schwagers des Ibrāhīm Katḫodā Kisten, die Geld, Juwelen, goldene und silberne Geräte, Gegenstände und viele Kleider enthielten.

Am 15. zog ein Trupp Franzosen zum Bāb az-Zuwaila, öffnete dort einige Zuckerläden und nahm den Zucker fort, der so für seine Besitzer verlorenging.

Am gleichen Tag wurde bei ihnen ein Mann angezeigt, bei dem zwei Kisten gelagert waren, die Ajjūb Bek Defterdār hinterlegt hatte. Sie ließen ihn holen und befahlen ihm, sie herbeizubringen. Er lieferte sie aus, nachdem er es zuvor mehrmals abzustreiten und sie zu verbergen versucht hatte. Darin fanden sie Waffen, Juwelen, Perlenketten, Dolche und Edelsteine und ähnliches mehr.

DIE MONTGOLFIÈRE

Am 20. verfaßten sie einige gedruckte Papiere und klebten sie auf den Märktan an. Darin stand: «Am Freitag, dem 21., beabsichtigen wir, über dem Azbakīja-Teich aufgrund einer französischen Erfindung ein Schiff durch die Luft fliegen zu lassen.» Die Leute redeten viel darüber, wie das ihre Gewohnheit ist; und an jenem Tag, bevor der Nachmittag begann, versammelten sich die Leute und auch viele der Franken, um das Wunderschauspiel zu sehen. Ich war auch dabei. Ich sah einen Stoff in der Form eines Zeltdaches über einem aufrechten Pfeiler, rot, weiß und blau gefärbt über einer Art zylindrischen Siebs; darin war eine Lampe mit einem Docht, der in irgendein Öl getaucht war. Diese Lampe hing mit gekreuzten eisernen Drähten an dem Zylinder, und dieser wiederum war an Rollen und an Stricken befestigt, deren Enden sich in den Händen von Männern befanden, die auf den Dächern der umliegenden Häuser standen. Etwa eine Stunde nach dem Nachmittagsgebet zündeten sie den Docht an; der Rauch stieg empor in den Stoff. Er fand keinen Ausgang und zog den Stoff mit sich in die Höhe. Sie zogen ihn an jenen Seilen, ihm nachzuhelfen, bis er sich von der Erde erhob; dann schnitten sie die Seile ab, und er stieg mit dem Wind in die Luft empor. Für ein Weilchen zog er dahin, doch dann fiel der

Zylinder mit dem Docht herab, und der Stoff ebenfalls. Viele Papiere fielen aus ihm herab, die bedruckt waren. Als dies geschah, verloren sie ihre Fassung, weil das Ding herunterfiel und sich als unwahr erwies, was sie behauptet hatten, daß es nämlich eine Art Schiff sei, das durch die Luft segle, so kunstvoll angefertigt, daß Menschen darin sitzen könnten, um darin in ferne Länder zu reisen, Informationen zu erlangen und Botschaften zu überbringen. Es zeigte sich vielmehr, daß es nur eine Art Drachen *(ṭajjāra)* war, wie ihn die Diener bei Festlichkeiten und Freudenfeiern anfertigen.

HUNDEVERTILGUNG

In der folgenden Nacht streiften einige von ihnen durch die Sūqs und trugen Körbe bei sich, in denen vergiftetes Fleisch lag. Sie gaben dies den Hunden zu fressen, und eine große Zahl davon starb. Als der Tag heraufzog, fanden die Leute die Hunde überall auf den Sūqs verstreut herumliegen; sie waren schon tot, und die Stadtbewohner mieteten Leute, die sie auf die Schutthügel hinausschleppten. Der Grund dafür war, daß sie, wenn sie des Nachts durch die Sūqs zogen und wenig Lärm zu machen suchten, von den Hunden angebellt und verfolgt wurden. So taten sie dies mit ihnen und hatten vor ihnen Ruhe, und die Bewohner ebenfalls.

SUCHAKTIONEN

Am 25. zog eine Anzahl Soldaten gegen Murād Bek aus, und desgleichen in Richtung Kirdāsa gegen die Beduinen, auch nach Suez und aṣ-Ṣāliḥija. Sie nahmen alle Kamele der Wasserträger samt ihren Wasserschläuchen und ihren Eseln mit, doch bezahlten sie ihnen einen Preis. Das Wasser wurde knapp und teuer; ein Eimer stieg bis auf 10 Halbstücke Silber.

Am gleichen Tag fanden sie an verschiedenen Stellen eine Anzahl von Depots und Verstecken mit Truhen und Geräten, Waffen, Gefäßen aus Porzellan und Kupfer von schwerem Gewicht und ähnlichen Dingen.

BAUWERKE DER FRANZOSEN

Diesen Monat geschahen so viele Dinge von größerer oder kleinerer Wichtigkeit, daß man sie wegen ihrer großen Zahl nicht notieren kann, zum Beispiel, daß sie im Ghaiṭ an-Nūbī in der Nähe der Azbakīja ein Gebäude von eigenartiger Form errichteten, in dem sich Männer und Frauen zu bestimmten Stunden zum Spiel und zu unzüchtigem Treiben versammelten. Jeder, der dort hinein wollte, mußte einen bestimmten Preis bezahlen, es sei denn, daß er davon ausgenommen war und ein Papier präsentierte.

Dazu gehört ferner, daß sie den Nilometer auf (der Insel) Rauḍa zerstörten und wieder neu aufrichteten. Sie zerstörten auch mehrere Örtlichkeiten bei Gīze. Ferner ebneten sie den Hügel in der Nähe der Zitronenbrücke ein und setzten eine wunderliche Mühle auf seinen Gipfel, die sich im Wind drehte; sie mahlte ganze Irdabbs von Getreide und hatte vier Mühlsteine. Eine weitere Mühle errichteten sie auf der Nilinsel Rauḍa, in der Nähe der Bänke der Pfeilschnitzer. Sie zerstörten die Moschee in der Nähe der Dikka-Brücke und ordneten an, daß die Umgebung rings um den Azbakīja-Teich niedergerissen werde. Sie zerstörten die Baulichkeiten gegenüber dem Haus des Oberbefehlshabers, um einen weiten Platz freizulegen. Sie zerstörten auch die Gebäude, die ihm auf der anderen Seite gegenüberlagen, und die Gärten, die sich hinter jenen Häusern befanden, und fällten die Bäume. Anstelle von alldem ebneten sie die Erde zu einer gleichmäßigen Fläche, von beiden Seiten des Hauses des Oberbefehlshabers bis zur Maghribī-Brücke; sie erneuerten auch diese Brücke, die kurz vor dem Einsturz stand.

So fuhren sie fort zu pflastern und aneinanderzufügen, so daß ein gewaltiger Damm entstand, langgezogen, gerade und eben, der in einer Linie von der Azbakīja bis nach Būlāq führt. Nahe Būlāqs verzweigt er sich in zwei Teile, einen zum Abū l-ʿAlāʾ-Weg und einen, der in Richtung at-Tabāna und zum Nilufer führt; dieser Weg wird durchschnitten von jenem, der vom Abūʾ l-ʿAlāʾ-Weg und der Ḫaṭīrī-Moschee zum Quartier der Gerber führt. Auf beiden Seiten dieses Dammes, vom Anfang bis zum Ende, gruben sie Gräben und pflanzten Bäume und Büsche darin.

Sie bauten auch eine andere Straße zwischen Bāb al-Ḥadīd und Bāb al-ʿAdawī an einem Ort, der Scheich Šuʿaib heißt, wo die Töpfereien sind. Sie errichteten einen ausgedehnten, langgestreckten, ebenen Damm, der an dem erwähnten Ausgangspunkt beginnt und in der Nähe des Schlachthofs außerhalb der Ḥusainīja-Moschee endet. Sie beseitigten alle Gebäude, Mauern, Bäume und Hügel, die Hindernisse bildeten, und trugen einen bedeutenden Teil des großen Hügels ab, der sich in der Nähe der Ḥāğib-Brücke erhebt. Sie schütteten auf ihrem Weg auch ein Stück des Kanals des Raṭlī-Teiches zu und fällten die Bäume im Garten des Zollsekretärs, der gegenüber der Brücke über den Raṭlī-Teich liegt, ferner die Bäume bei der Brücke und die Häuser zwischen dem Bāb al-Ḥadīd und dem Platz vor der Maqs-Moschee. Sie gingen immer geradeaus, so daß ein Weg entstand, der sich von der Azbakīja bis zur Qubbat an-Naṣr erstreckt, die auch Qubbat al-ʿAzab heißt, in Richtung auf al-ʿĀdilīja hin, in einer geraden Linie nach beiden Seiten. Sie veranlaßten auch einige ihrer Leute, sich zu verpflichten, diese Wege instandzuhalten und zu reparieren, sobald ein Stück davon infolge der vielen Huftritte von Pferden, Mauleseln und Eseln aus den Fugen ging.

DER SCHUBKARREN

Sie bewerkstelligten diese große Arbeit und beeindruckende Leistung in sehr kurzer Zeit. Sie zwangen niemanden zur Fronarbeit, sondern zahlten den Leuten mehr Lohn, als sie zu erhalten gewöhnt waren, und zahlten sie jeden Nachmittag aus. Sie nahmen für diese Arbeiten und zu ihrer Beschleunigung Geräte zu Hilfe, die leicht zu erfinden und ohne Schwierigkeiten zu handhaben waren, nützlich für die Arbeit und von geringen Kosten. An Stelle der Körbe und Krüge benutzten sie kleine Wagen, deren Handgriffe nach hinten ragten. Der Arbeiter füllte den Wagen mit Erde oder Lehm oder Steinen mit Leichtigkeit von vorne; er faßte soviel wie fünf Körbe. Dann packte er mit seinen Händen die beiden erwähnten Holzenden und schob ihn vor sich hin. Die Wagen gingen leicht, mit geringer Nachhilfe, bis zum Arbeitsplatz; dort konnte man sie mit einer Hand umkippen und ihren Inhalt ohne Mühe und Anstrengung ausleeren. Sie hatten auch Hacken und Pickel, die zweckmäßig angefertigt und gut zu verwenden waren. Die meisten Hersteller waren ihrer Nationalität. Sie schneiden Steine oder Hölzer immer nur auf geometrische Art, in rechten Winkeln und gradlinig.

FESTUNGEN

Die Baibarsmoschee außerhalb des Ḥusainīja-Viertels verwandelten sie in ein Fort: ihr Minarett wurde zum Wehrturm, auf ihre Mauern pflanzten sie Kanonen, und im Inneren ließen sie eine Gruppe von Soldaten Quartier nehmen. Sie bauten innen eine Anzahl von Räumen, in denen die dort stationierten Soldaten wohnten. In dieser Moschee war der Gottesdienst vor geraumer Zeit eingestellt worden, und ihre Aufseher hatten viele ihrer Bestandteile und Säulen verkauft.

Zu den Ereignissen jenes Monats gehört auch, daß sie auf dem Hügel, den man den Skorpionenhügel nennt, in an-Nāṣirīja ein Gebäude mit Schießscharten und Türmen errichteten, in dem sie eine Anzahl von Kriegsgeräten mit Soldaten, die dort lebten, unterbrachten. Sie zerstörten mehrere Häuser von Emiren und nahmen Teile davon, darunter ihre Marmorplatten, für ihre Gebäude.

BIBLIOTHEK

Sie reservierten für die Techniker und Astronomen, die Leute der Wissenschaften wie Mathematik, Astronomie, Skulptur, Zeichnen, Malen, Schreiben, Rechnen und Baukunst das an-Nāṣirīja-Quartier im Bereich der Neuen Gasse mit seinen sämtlichen Häusern, darunter das Haus des Qāsim Bek und jenes des Emirs der Pilgerfahrt, Abū Jūsuf, sowie das Haus des Ḥasan Kāšif Čerkes, das alte und das neue, das er gründete, errichtete und schmückte und für das er gewaltige Geldsummen ausgab, die er von den Leuten durch unrechte Handlungen erpreßt hatte. Doch als es gerade fertig geweißelt und möbliert war, geschah dieses Ereignis, und er floh mit den anderen Flüchtlingen und ließ es zurück.

Dort hatten sie eine große Menge ihrer Bücher. Sie unterstanden Bewahrern und Dienern, die sie aufbewahrten und den Studierenden wie auch einem jeden anderen, der sie konsultieren wollte, herbeibrachten. Diese blätterten nach Herzenslust darin. Die Studierenden unter ihnen versammeln sich jeden Tag zwei Stunden vor Mittag und sitzen in einem weiten Raum vor den Bücherschränken auf Stühlen, die in parallelen Reihen vor einer breiten und langen Tafel aufgestellt sind. Wer etwas nachzuschlagen begehrt, fordert, was er haben will, und der Wärter bringt es ihm. Sie blättern, lesen und schreiben; sogar ihre niedrigsten Soldaten (können das tun).

Wenn einer der Muslime zu ihnen kommt, der sich die Sache anschauen will, verwehren sie ihm nicht, in ihre ehrwürdigsten Orte einzudringen. Sie begegnen ihnen mit Freundlichkeit und Lächeln und zeigen Freude darüber, daß er sie besuchen kommt, im besonderen, wenn sie in ihm Fähigkeit, Wissen oder Lust erkennen, sich mit den Wissenschaften abzugeben; dann zeigen sie ihm Sympathie und Freundlichkeit und bringen ihm alle Art Bücher, in denen die Klimata abgedruckt sind, die Tiere und Vögel und Pflanzen, die Geschichten der alten Zeit und die Sitten der Völker, auch Geschichten der Propheten mit ihren Bildern, Aussprüchen und Wundern, und die Ereignisse ihrer Völker; so viel, daß es einem die Gedanken verwirrt.

Ich bin mehrmals zu ihnen gegangen, und sie haben mir all dies gezeigt. Unter den Dingen, die ich sah, war auch ein großes Buch, das das Leben des Propheten behandelte – möge Gott ihn segnen und für ihn beten; sein ehrwürdiges Abbild war darin gezeichnet, so weit eben ihr Wissen und ihre Bemühungen *(iǧtihād)* reichen. Er steht auf seinen beiden Füßen und schaut zum Himmel auf, als wolle er die Geschöpfe einschüchtern; in seiner rechten Hand trägt er ein Schwert und in der Linken das Buch; um ihn herum stehen seine Gefährten – möge Gott sein Wohlgefallen an ihnen haben –, ebenfalls mit Schwertern in Händen. Auf einer anderen Seite ist das Bild der rechtgeleiteten Kalifen und auf noch einer anderen die Himmelfahrt (des Propheten), al-Burāq und wie er – möge Gott ihn segnen und sich seiner erfreuen – auf ihm vom Felsen Jerusalems aufsteigt. Ferner Bilder von Jerusalem, vom Ḥaram von Mekka und von Medina; ebenso auch die Bilder der (vier) Imame, welche die Rechtslehre festlegten *(muǧtahidīn)* sowie der übrigen Kalifen und Sultane; Bilder von Islāmbūl *(sic!)* und von den herrlichen Moscheen, die es dort gibt, wie der Ājāṣōfia und der Moschee des Sultans Muḥammad (Meḥmed); die Festlichkeiten des Geburtstages des Propheten und die verschiedenen Arten von Menschen, die ihn begehen; auch die Sultan-Sulaimān-Moschee und die Art, wie dort das Freitagsgebet begangen wird; jene des Abū Ajjūb al-Anṣārī (Eyüp) und die Art und Weise des dortigen Totengebetes; Bilder der Länder und Küsten, der Meere, der Pyramiden und Tempel Oberägyptens; Bilder der verschiedenen Klimata und Zeichnungen von dem, was ein jedes Land an bestimmten Lebewesen besitzt, an Vögeln, Pflanzen, Kräutern. Des weiteren die medizinischen Wissenschaften und Anatomie, Ingenieurswissenschaften und Hebung von Gewichten; auch viele islamische Bücher, übersetzt in ihre Sprache. Ich sah bei ihnen das «Buch der Heilung» des Qāḍī ʿIjāḍ, das sie in ihrer Sprache «Die erhabene Heilung» nennen, und die *Burda* des Būṣīrī, aus der sie eine Reihe von Versen auswendig gelernt und in ihre Sprache übersetzt haben. Ich traf auch einen von ihnen, der Suren aus dem Koran auswendig konnte. Sie sind an den Wissenschaften sehr interessiert, am meisten an der Mathematik und der Kenntnis der Sprachen. Sie strengen sich an, Sprachen und Sprechen zu lernen, und üben sich darin Tag und Nacht. Sie haben Bücher, die allen möglichen Sprachen, ihren Deklinationen und Konjugationen gewidmet sind, so daß es ihnen leicht wird, alles, was sie wollen, in kürzester Zeit aus irgendeiner Sprache in ihre eigene zu übertragen.

WISSENSCHAFTLICHE GERÄTE

Bei Tūt (Nouet?), dem Astronomen, und seinen Schülern gab es in einem besonderen Lokal seltsame astronomische Geräte, die kunstreich hergestellt waren, auch Geräte der Höhenmessung, vortrefflich und wundersam zusammengesetzt, sehr teuer, aus versilbertem Kupfer gearbeitet. Sie werden von Schrauben zusammengehalten, die solide hergestellt sind; ein jedes Instrument hat mehrere Bestandteile, die miteinander durch zweckmäßige Verbindungsglieder und Schrauben zusammengesetzt werden, so daß, wenn sie montiert sind, große Instrumente daraus werden, die bedeutenden Raum einnehmen. Dort gibt es auch Brillen und hohle Röhren, durch die der Blick auf ein zu betrachtendes Ziel gelenkt wird. Wenn man sie auseinander nimmt, finden sie Raum in einem kleinen Behälter. Es gab auch Gläser, um die Planeten anzuschauen und zu beobachten, um ihre Ausmaße, ihre Form, ihre Höhe, Konjunkturen und Oppositionen sowie alle Arten von Abweichungen festzustellen; auch Uhren, die mit Sekundengenauigkeit gehen, von seltsamer Art und sehr teuer, und dergleichen mehr.

Sie stellten auch einer anderen Gruppe von ihnen ein besonderes Haus zur Verfügung, jenes des Ibrāhīm Katḫodā as-Sinnārī; dies waren die Maler aller Dinge. Unter ihnen war der Maler Arago, der die Bilder von Menschen so malte, daß ein Beschauer den Eindruck erhielt, daß sie in den Raum hineinragten, mit einem Körper, dem nur fehlte, daß er sprechen konnte. Er malte sogar Bilder der Scheichs, eines jeden einzeln und auch in einer Runde, sowie auch anderer Würdenträger. Diese Bilder wurden in einem der Räume des Oberbefehlshabers aufgehängt.

Ein anderer an einem anderen Platz zeichnete Tiere und Insekten, noch ein anderer Fische und Meereswesen aller Art mit ihren Namen. Sie nahmen ein ihnen fremdes Tier oder einen Fisch, den es nicht in ihrem Lande gibt, und legten seinen ganzen Körper in ein Wasser, das so beschaffen ist, daß es den Körper bewahrt. Er bleibt, wie er war, in seiner ursprünglichen Form, ohne sich zu verändern oder zu verderben, auch wenn er lange Zeit so aufbewahrt wird.

APOTHEKER UND CHEMIKER

Ebenso stellten sie besondere Lokale den Ingenieuren und den Mechanikern zur Verfügung. Der Doktor Royat *(Rūjā)* wohnte im Haus des Ḏū l-Fiqār Katḫodā in ihrer Nähe. Er deponierte dort seine Geräte, Reibeisen und Mörser, und man hatte ihm Öfen und Herde eingerichtet, um Flüssigkeiten zu destillieren und Öle und Salze auszuziehen. Es gab auch eine gewaltige Anzahl von Töpfen und Steintiegeln. Er hatte für sie Räume im oberen und im unteren Teil des Hauses eingerichtet. Dort waren Regale, auf denen die Töpfe standen, voll von Präparaten und Pasten, auch Gläser aller Art. In dem Haus lebten auch mehrere Ärzte und Wundärzte.

Im Hause des Ḥasan Kāšif Čerkes richteten sie auch ein Lokal ein, das der medizinischen Wissenschaft und der chemischen Arzneikunde diente. Sie bauten dort wohlangeordnete Öfen und Destillierapparate von besonderer Art sowie Apparate zur Vaporisation von Gasen und Destillation von Flüssigkeiten, zur Gewinnung der Extrakte der Grundstoffe und Salze von Aschen, die aus Kräutern und Pflanzen gewonnen waren, und Geräte zum Herausziehen von klaren Flüssigkeiten und Lösungen. Im Inneren des Hauses gab es Flaschen und Gefäße aus Kristallglas verschiedener Formen und Arten auf Regalen sowie Tiegel mit allerlei Essenzen darin.

EXPERIMENTE

Eines der seltsamsten Dinge, die ich an diesem Ort gesehen habe, war, daß einer der Experten ein Glas nahm, in dem sich eine dieser destillierten Flüssigkeiten befand. Er goß ein wenig davon in eine Schale; dann goß er etwas aus einer anderen Flasche dazu. Sofort stieg bunter Dampf daraus auf. Als er aufhörte und der Inhalt des Kelches trocken wurde, war ein gelber Stein entstanden. Er leerte es aus; es war ein trockener Stein, den wir in die Hand nahmen und beschauten. Dann tat er das gleiche mit einer anderen Flüssigkeit, und diese erhärtete sich zu einem blauen Stein; noch eine andere verwandelte sich in einen roten Stein von der Art eines Rubins. Einmal nahm er auch ein klein wenig wie ein weißes Staubkörnchen und legte es auf einen Amboß; er schlug leicht mit einem Hammer darauf, und es ertönte ein schreckerregender Knall wie von einem Gewehr. Wir erschraken davor, und sie lachten über uns. Einmal nahm er auch ein leeres, langgezogenes, Glas, etwa so groß wie eine Handfläche und mit einer engen Mündung; er tauchte es in eine klare Flüssigkeit ein, die in einer hölzernen Truhe enthalten war, deren Inneres mit Blei ausgeschlagen war. Zugleich tauchte er auch ein anderes Gefäß ein, das eine andere Form hatte. Beide tauchte er in die Flüssigkeit und hob sie wieder hinaus mit einer Bewegung, durch die in dem einen davon Luft eingefangen wurde. Dann kam ein zweiter mit einem brennenden Docht dazu. Der erste entfernte die Flüssigkeit von der Öffnung des Gefäßes, während der andere gleichzeitig die Flamme in die Nähe brachte. Die darin gefangene Luft wich aus der Mündung, und die krachte ebenfalls mit einem lauten Knall. Ähnliche Dinge gab es viele, wissenschaftliche Experimente *(barāhīn ḥikmīja)*, die dadurch zustande kommen, daß Elemente gemischt werden und verschiedene Temperamente aufeinanderstoßen. So auch die runde Sphäre, in der sie ein Stück Glas drehen, durch dessen Bewegung Funken entstehen, die zum nächsten festen Gegenstand hinüberfliegen; dabei entsteht ein knisterndes Geräusch. Wenn jemand den Handgriff oder auch nur einen dünnen Faden, der damit verbunden ist, anfaßt, und ein anderer berührt das sich drehende Glas oder etwas in der Nähe Befindliches mit seiner anderen Hand, so wird sein Körper im gleichen Augenblick von einer plötzlichen Erschütterung geschüttelt, und die Knochen seiner Schulter und seines Armes knacken. Wenn einer jene Person oder etwas von ihrer Kleidung oder sonst etwas anfaßt, das mit ihr in Verbindung steht, so geschieht ihm das gleiche, sogar wenn es tausend und mehr Leute wären. Sie haben dort Dinge, Verhältnisse und Anlagen seltsamer Art, wie sie ein Verstand von der Art des unsrigen nicht zu erfassen mag.

SCHMIEDE UND WAGNER

Ein weiteres Lokal hatten sie reserviert für die Zimmerleute und die Hersteller von Geräten und Hölzern, Windmühlen und Wagen und von allen Werkzeugen, die sie für ihre Arbeiten brauchten; auch für ihre Ingenieure und Handwerksmeister. Noch ein anderer Ort war für die Schmiede bestimmt. Dort bauten sie gewaltige Öfen und große Blasebälge, aus denen unablässig eine Menge Luft strömte, während jene, die sie betätigten, sie von oben mit einer leichten Bewegung antrieben.

Sie hatten auch gewaltige Ambosse und Hämmer hergestellt, hervorragend geeignet, um eiserne Werkzeuge anzufertigen. Sie haben schwere Räder, die ein Mann für den Fräsermeister dreht, der das Eisen mit trockenen Stiften fräst; darüber hängt ein kleiner Krug mit einem Loch, in dem sich Wasser befindet, das auf die Stelle hinabtropft, wo gefräst wird, um die Hitze abzukühlen, die durch die Reibung entsteht. Ganz oben in jenem Haus befanden sich die Hersteller von Präzisionsinstrumenten wie Kompassen, Uhrenteilen, kunstvoll gefertigten geometrischen Instrumenten und ähnlichen Dingen.

HINRICHTUNGEN

Der Monat Rağab des Jahrs 1213 begann an einem Sonntag (9. Dezember 1798). Am 3. töteten sie einen Soldaten des Ḥusain Bek, genannt *Šuft,* der Muṣṭafā Kāšif hieß. Er war mit den anderen Flüchtigen aus Kairo geflohen, doch dann kehrte er ohne Erlaubnis zurück und hielt sich einige Tage lang im Haus des Sulaimān al-Fajjūmī verborgen. Dieser lieferte ihn an Muṣṭafā, den Janitscharenaghā, aus, um für ihn eine Sicherheitsgarantie zu erhalten. Doch der Aghā erstattete den Franzosen Meldung über ihn und hetzte sie gegen ihn auf. Sie befahlen, ihn hinzurichten, und er ließ ihm den Kopf abschlagen. Man trug diesen durch die Stadt und ließ ausrufen: «Dies ist die Belohnung für jene, die ohne die Zustimmung der Franzosen nach Kairo eindringen!»

Am Donnerstag traf der französische Kommandant der Provinz Qaljūb ein; er war von Sulaimān aš-Šawāribī begleitet, dem Scheich und Würdenträger des Bezirkes. Als er anlangte, wurde dieser in der Zitadelle eingekerkert. Es hieß, sie hätten einen Brief von ihm entdeckt, den er zur Zeit der vorausgegangenen Unruhen nach Sirjāqūs geschickt habe, um die Bewohner jener Region zur Rebellion aufzurufen und ihnen zu befehlen, sie sollten sich einstellen, sobald sie sähen, daß die Franzosen unterlägen. Als er eingekerkert wurde, brachte man mit ihm auch vier Soldaten ins Gefängnis. Am gleichen Tag installierten sie ein Horn *(mizmār)*, das sie jeden Mittag ertönen ließen, weil dieser Zeitpunkt bei ihnen als Beginn des Tages gilt.

AUSSCHREIBUNGEN

Am Mittwoch, dem 10., ließen sie in den Sūqs ausrufen, daß ein jeder, der ein Pferd oder einen Esel zu kaufen begehre, am Freitag, dem 13., nach Būlāq kommen könne, um von den Franzosen zu kaufen, was er begehre. Sie schrieben Papiere dieses Inhaltes und klebten sie in den Sūqs und Gassen an. Sie waren gedruckt und trugen das (übliche) Bild; ihr Text lautete (in schlechtem Arabisch): «Allen ägyptischen Untertanen wird bekannt gemacht, daß am Freitag, dem 13. des Monats Rağab, um zwei Uhr in Būlāq vom Oberkommando der Franzosen eine Anzahl Pferde verkauft wird. Und wegen dieses Käufers einem jeden, der begehrt ein Pferd anzuschaffen, dem geben wir ihm die Erlaubnis, es zu erstehen, wie er es will und begehrt.»

REISE NACH SUEZ

Am Montag, dem 16., reiste der Oberbefehlshaber des Heeres, Bonaparte, nach Suez und nahm als Begleiter Sajjid Aḥmad al-Maḥrūqī und Ibrāhīm Efendī, den Zollsekretär, mit. Er ließ sich auch von einigen Technikern, Ingenieuren und Malern begleiten sowie von dem Goldschmied Ğirğis, von Anṭūn (al-Ṭūn) Abū Ṭaqīja und anderen; auch eine Anzahl von Soldaten zu Pferd und zu Fuß, einige Kanonen, Wagen und Tragsänften sowie eine Anzahl Kamele, um die Vorräte, das Wasser und den Troß zu schleppen, waren dabei.

Am gleichen Tag erließen sie Vorschriften, um den Diwan anders zu organisieren. Sie ernannten sechzig Personen dafür; vierzehn davon wurden als «Besondere» bezeichnet; dies sollten jene sein, die stets anwesend zu sein hätten. Man nannte sie den «Besonderen» oder «Ständigen Diwan». Die übrigen aber sollten je nach Notwendigkeit einberufen werden. Die vierzehn waren: von den Scheichs: aš-Šarqāwī, al-Mahdī, aṣ-Ṣāwī, al-Bakrī und al-Fajjūmī; von den Händlern: al-Maḥrūqī und Aḥmad Muḥarram; von den koptischen Christen: Luṭfallāh al-Miṣrī; von den Syrern: Jūsuf Farḥāt, Miḫā'īl Kaḥīl; dazu Rawāḥa der Engländer (?) und die Franzosen Baudeuf *(Būdif)* und Monsieur Caffe *(Mūsī Kāfir)*; ferner Kommissare und Fachleute *(mubāširīn)*, die Franzosen waren, und Übersetzer. Was den «Allgemeinen Diwan» anging, so waren seine meisten Mitglieder Zunftvorsteher.

All dies schrieben sie in einem großen Denkschreiben nieder, druckten davon viele Exemplare und sandten viele davon an die Würdenträger; andere schlugen sie wie gewöhnlich in den Sūqs an. Sie sandten an jene, die sie für den Diwan ernannt hatten, Papiere mit ihren Namen in der Art von Erlassen. Den Wortlaut jenes Denkschreibens, das sie darüber erließen, habe ich im folgenden, obwohl es etwas langatmig ist, zitiert, um darüber zu informieren, welche falschen Ansprüche für den Verstand es enthält und welche Verführungsversuche, indem es sich besonderen Rang unter den Menschen anmaßt, und was für korrupte Erfindungen, deren Nichtigkeit der einfachste Verstand offenbar macht, geschweige denn genaues Hinsehen.

PROPAGANDAVERSUCHE

Die Schrift ist in den Mund Bonapartes, des Oberbefehlshabers der Franzosen, gelegt; sie lautet wörtlich: «Im Namen Gottes, des barmherzigen Erbarmers! Vom Befehlshaber der französischen Heere an alle Bewohner Ägyptens, vornehme und einfache:

Wir tun euch kund, daß einige Personen, die ohne Verstand und gänzlich unwissend sind, so daß sie nicht in der Lage waren, die Folgen im voraus zu erkennen, Zwietracht und Böses unter die Bewohner von Kairo gesät haben. Gott hat sie vernichtet, weil sie Böses beabsichtigten und taten. Der Schöpfer aber – Er ist gepriesen und erhaben! – befahl mir, Milde gegenüber seinen Knechten zu üben. Ich nahm mir Sein Gebot zu Herzen und verfuhr barmherzig und milde mit euch. Indes hatten mich heftiger Zorn und Groll über jene Unruhen, die unter euch aufgestachelt worden waren, ergriffen. Aus diesem Grund habe ich vor zwei Monaten den Diwan stillgelegt, den ich eingerichtet hatte, um das Land zu ordnen und euren Besitz zu gewährleisten. Doch nun richten wir unsere Gedanken von neuem darauf, den Diwan zu versammeln, so wie er vorher war, denn euer anständiges Verhalten und Handeln in der erwähnten Zeit läßt mich die Verbrechen der Bösen und der Urheber jener früheren Unruhen vergessen. Ihr, Gelehrte und Scherifen, lehrt eure Nation und die Massen eurer Untertanen, daß, wer mich anfeindet und mir zuwiderhandelt, dies nur tut, weil sein Verstand irrt und sein Denken gestört ist, und daß es in dieser Welt für ihn keine Zuflucht und Rettung gibt, die ihn vor mir bewahren könnten! Er wird auch Gott nicht entkommen, weil er sich Seiner Vorsehung – Er ist gepriesen und erhaben – widersetzt. Der Verständige erkennt, daß alles, was wir tun, durch die Macht Gottes – Er ist hoch erhaben – und nach Seinem Willen und Beschluß geschieht. Wer daran zweifelt, ist töricht und blind! Lehrt auch eure Nation, daß Gott seit jeher beschlossen hat, die Feinde des Islams zu verderben und die Kreuze durch meine Hand zu zerbrechen. Er beschloß von Ewigkeit an, daß ich aus dem Westen nach dem Lande Ägypten kommen solle, um jene zu verderben, die dort als Tyrannen herrschten, und um das Werk durchzuführen, das mir aufgetragen ist. Der Weise kann nicht daran zweifeln, daß all dies durch die Macht Gottes geschieht, nach Seinem Willen und Beschluß! Lehrt eure Nation, daß der herrliche Koran in vielen Versen erklärt hat, daß geschehen werde, was nun eingetreten ist, und daß er in anderen Versen auf Dinge hinweist, die in der Zukunft noch geschehen werden. Gottes Wort in Seinem Buch ist wahrhaftig und wahr; ihm kann nicht zuwidergehandelt werden. Wenn ihr dies festgestellt habt und wenn diese Worte in eurem Verstande klar geworden sind, bringt all euer Volk zur reinen Absicht und zum aufrichtigen Gehorsam zurück. Unter ihnen gibt es solche, die sich der Sünde enthalten und ihre Feindschaft gegen mich aus Furcht vor meinen Waffen und vor meiner gewaltigen Macht verbergen. Sie wissen nicht, daß Gott alle Geheimnisse kennt und alles weiß, was vor den Augen verborgen ist und die Herzen in sich verschließen. Wer dies tut, handelt gegen das Urteil Gottes und heuchlerisch; er wird von Gott verurteilt und bestraft werden, von Ihm, der das Verborgene sieht. Wisset auch, daß ich fähig bin, zu erkennen, was in den Seelen eines jeden von euch vor sich geht, denn ich erkenne die Natur einer jeden Person und weiß, sobald ich sie anschaue, was sie in sich schließt, wenn ich gleich nicht darüber spreche und nicht zum Ausdruck bringe, was sie verbirgt. Doch die Zeit wird kommen und der Tag, an dem euch deutlich werden wird, daß alles, was ich getan und angeordnet habe, einen göttlichen Ratschluß darstellt, dem nicht zuwidergehandelt werden kann. Wenn sich die Menschen noch so sehr anstrengen, wird sie das nicht vor dem Ratschluß Gottes bewahren, der sie in meine Hand gelegt hat. Wohl denen, die vereint zu mir eilen, in reiner Absicht und in lauteren Gedanken! *Salām!*»

Sie legten für die Mitglieder des Ständigen Diwans ein Monatsgehalt fest, das man ihnen bezahlte im Hinblick auf die Leistungen für das Allgemeinwohl und deren Anforderungen sowie darauf, was in der Ordnung für sie und die Muslime vorgeschrieben war. Am 18. machten sie die Runde der Mühlen und wählten von einer jeden ein Pferd aus, das sie wegnahmen.

Am 24. kamen Sajjid al-Maḥrūqī und der Zollsekretär aus Suez zurück. Der Oberbefehlshaber war nach Bilbais gezogen, und die beiden hatten ihn um Erlaubnis gebeten, nach Kairo zurückzukehren. Er gewährte sie ihnen und sandte 50 Soldaten mit, die sie nach Kairo geleiteten. Als sie anlangten, erzählten sie, daß die Bewohner von Suez geflohen waren, als sie von dem Kommen der Franzosen vernahmen, und die Stadt leer ließen. Sie gingen fort in den Sinai, und ein Teil von ihnen zog zu den Beduinen in die Wüste. Die Franzosen aber plünderten alles, was sie im Hafen an Kaffee und anderen Handelswaren, an Geräten usw. vorfanden; sie zerstörten die Häuser und zerbrachen die Holztüren und die Wasserkrüge.

Als ihr Oberbefehlshaber anlangte, der hinter ihnen zurückgeblieben war, sprachen die Händler, die mit ihm gereist waren, ihn an und erklärten ihm, daß solches Tun nicht gehörig sei. Er verlangte von den Soldaten einen Teil der Dinge zurück, die sie geplündert hatten, und versprach den Händlern, er werde auf Rückgabe des Restes drängen oder den Preis dafür in Kairo bezahlen. Er veranlaßte sie dazu, eine Liste der geraubten Dinge aufzustellen.

Er fand zwei Schiffe vor, die nach Suez gesegelt waren; sie hatten Kaffee und andere Waren geladen. Eines davon ging unter. Einige Franzosen fuhren in kleinen Booten dorthin; sie tauchten in einer Taucherglocke *(ghāṭis?)* zu ihm hinab; dann machten sie es mit Hilfe von Geräten, die sie dank ihrer Kenntnisse von der Hebung von Gewichten herstellten und einrichteten, wieder flott.

In der Zeit seines Aufenthaltes in Suez pflegte Bonaparte in alle Richtungen auszureiten und an den Meeresküsten und in der Wüste Beobachtungen durchzuführen, nachts und am Tage. Als Wegzehrung pflegte er auf diese Reisen drei gebratene Hühner mitzunehmen, die in Papier gewickelt waren; er nahm weder Köche noch Diener mit sich, weder Bett noch Zelt. Jeder Mann in seinem Heer hat einen großen Brotlaib auf sein Bajonett gespießt; davon ernährt er sich, und er trinkt aus einem dünnen Trinkgefäß aus Zinn, das er um seinen Nacken gehängt trägt.

STRAFEXPEDITION

Am Samstag kam ein Trupp Franzosen aus Bilbais zurück und brachte eine Anzahl von Beduinen mit, etwa 30 Personen, die sie mit Stricken gebunden hatten. Sie hatten auch einige von ihren Kindern gefangengenommen, Knaben und Mädchen; sie zogen mit ihnen in Kairo ein, mit Trommeln vorneweg. Sie hatten auch drei Traglasten dabei, die den Händlern gehörten, sowie einige Kamele mit jenen Gütern, die man ihnen auf ihrer Rückkehr von der Pilgerfahrt geplündert hatte.

In der Nacht auf den Montag, den Letzten des Monats, kam der Oberbefehlshaber während der Nacht von Bilbais nach Kairo. Er hatte einige Beduinen bei sich, ferner ʿAbd ar-Raḥmān Abāẓa, den Bruder des Sulaimān Abāẓa, des Scheichs der ʿAbābida, und andere Geiseln. Sie überfielen Abū Zaʿbal und al-Munīr und nahmen all ihre Herden und brachten sie nach Kairo; ihre Besitzer, Männer, Frauen und Kinder folgten ihnen nach. Am gleichen Tag töteten sie den Beduinenscheich aš-Šawāribī, den Scheich von Qaljūb, und mit ihm auch drei Männer, von denen es hieß, sie seien Beduinen aus der Provinz aš-Šarqīja. Sie brachten sie unter der Führung des Aghā von der Zitadelle hinab nach ar-Rumaila und schlugen ihnen die Köpfe ab. Den Körper des Šawāribī und seinen Kopf legten sie in einen Sarg, und seine Gefolgsleute brachten ihn in seine Heimat Qaljūb, um ihn dort zu begraben. So endete dieser Monat mit seinen kleinen und größeren Ereignissen.

Dazu gehörte auch, daß in der Nacht auf den 17. des Monats ein Trupp zum Haus des Scheichs Muḥammad ibn al-Ǧauharī kam, das in der Azbakīja in der Nähe des Bāb al-Hawā' liegt. Sie rissen einen Laden aus einem Fenster, das auf den Teich hinausging, drangen dort ein und stiegen in das Haus hinauf. Dort waren drei Dienerinnen und die Tochter der einen davon sowie der Torhüter des Hauses. Der Hausherr und seine Familie waren nicht anwesend; sie waren in ein anderes Haus umgezogen, als die meisten Soldaten in der Azbakīja Wohnung nahmen. Die Frauen erwachten und schrien. Sie schlugen sie und töteten eine von ihnen; das Mädchen aber versteckte sich irgendwo. Sie durchstöberten das Haus und nahmen Geräte und Juwelen, dann stiegen sie hinab, der Torwächter erwachte, doch versteckte er sich aus Furcht vor ihnen, Als der Tag heraufzog und die Geschichte bekannt wurde – in Abwesenheit des Oberbefehlshabers –, sprach niemand darüber. Doch als er von seiner Reise heimgekehrt war, saß der Scheich des Diwans auf und meldete es ihm. Er war bekümmert darüber, zeigte sich zornig und verdammte jene, die das getan hätten, weil die Schande davon ihn selbst berühre. Er bemühte sich, zu erkunden, wer es getan habe, und ließ die Betreffenden hinrichten.

STRASSENBELEUCHTUNG

Es gab viele Beschwerlichkeiten, weil die Wachen nachdrücklich darauf bestanden, daß Lampen aufgehängt werden müßten. (Diese Wachen) waren Stadtbewohner. Wenn sie des Nachts vorbeikamen und eine Lampe fanden, die der Wind ausgelöscht hatte oder deren Öl ausgegangen war, vernagelten sie den Laden oder das Haus, vor dem sie hing. Sie rissen die Nägel nicht eher wieder heraus, bis ihnen der Hausherr eine Geldsumme bezahlt hatte, die sie von ihm zu fordern gut fanden. Manchmal mögen sie auch selbst die Lampen zerbrochen haben, um das Geld zu bekommen. Es kam auch vor, daß der Regen eine Anzahl von Lampen im Sūq des Amīr al-Ǧujūš auslöschte, weil sie aus einer Art von Papier und aus Palmzweigen gemacht waren. Das Papier wurde naß, und das Wasser kam und löschte die Lampen aus. Daraufhin vernagelten sie die Läden des Marktes, und dessen Händler hatten dafür zu zahlen. Das Gleiche geschah auch in zahlreichen anderen Straßen, und sie sammelten an jenem Tag viel Geld ein. In derselben Weise verfuhren sie in den Wohngassen und Sackgäßchen, bis die Leute nichts anderes mehr im Kopfe hatten als die Lampen und die Sorge um ihr Brennen, besonders in den langen Winternächten.

Der erhabene Monat Šaʿbān 1213 (8. Januar 1799). Er begann mit einem Dienstag; an jenem Tag töteten sie drei Franzosen. Sie erschossen sie mit Kugeln auf dem Platz unter der Zitadelle; es hieß, sie hätten in den Häusern gestohlen. Auch erfuhr man von Reisenden, daß Murād Bek und seine Gefährten nach Süden hinauf fortgezogen und bis nach ʿAqabat al-Hawāʾ gelangt waren. Jedesmal wenn französische Soldaten sie beinahe einholten, zogen sie weiter nach Süden fort, denn sie hatten große Furcht vor den Franzosen. Es kam zu keinem Treffen oder Kampf zwischen ihnen. Am selben Tag kamen Lasttiere und brachten den Kaffee, der in Suez mit einer Dhow *(dāu)* eingetroffen war. Ein Trupp von Franzosen geleitete ihn, um ihn vor Wegelagerern zu behüten.

«HEILIGENKULT»

Am Sonntag, dem 6., ließ der französische Capitaine *(qabṭān),* der bei dem Schrein Ḥusains wohnte, ausrufen, daß die Bewohner jener Quartiere und ihrer Umgebung die Läden in den Sūqs öffnen sollten, und zwar wegen des *maulid* des Ḥusain. Er bestand nachdrücklich darauf und drohte, die Läden jener zu vernageln, die geschlossen blieben, und sie zu zwingen, 10 französische Rial Buße zu zahlen.

Die Ursache und der Ursprung jenes *maulid* waren, daß der Sajjid Badawī ibn Fatīḥ, der Verwalter des *waqf* des Schreins, von der französischen Liebeskrankheit befallen worden war und gelobt hatte, dieses Fest durchzuführen, wenn Gott – Er ist erhaben – ihn heile. Er erlangte einige Besserung; daher begann er das Fest, indem er in der Moschee und ihrer Kuppel einige hundert Kerzen anzündete. Er gab einigen *fuqahā'* Gehälter, damit sie tagsüber in den Schulen und des Nachts in der Moschee den Koran läsen, und anderen, um die «Hinweise auf die (göttlichen) Wohltaten» des Ǧazūlī zu rezitieren. Andere sprachen Verse aus der *Burdat al-Madīḥ* des Buṣīrī, und andere, die ihnen gegenüber standen, antworteten mit dem Ruf: «Betet für den Propheten, möge Gott sein Wohlgefallen an ihm haben und ihn segnen!»

Die *ʿĪsāwīja* nun ist eine Gruppe von Leuten aus Nordafrika und anderen Anhängern der (mystischen) Liebesleidenschaft, die sich nach einem Scheich aus Nordafrika nennt, der Sīdī Muḥammad ibn ʿĪsā hieß. Ihre Methode besteht darin, daß sie einander in zwei Reihen gegenübersitzen und in einer rhythmischen Melodie verstümmelte Wörter in ihrem Dialekt sprechen. In den Händen halten sie Trommeln und Tamburine und schlagen im Takt des Gesanges heftig darauf, indem sie gleichzeitig ihre Stimmen erheben. Eine andere Gruppe steht vor jenen, die die Tamburine schlagen, und sie legen ihre Schultern an die Schultern der anderen, ohne daß einer vom anderen abläßt. Sie verdrehen sich und erheben sich, stehen auf und kauern sich nieder und stampfen mit den Füßen auf die Erde, all dies in heftiger Bewegung und mit übermäßigem Kraftaufwand, so daß niemand an ihren Sitzungen teilnehmen kann, der sich nicht durch Kraft auszeichnet.

Diese Bewegungen und Verrichtungen wie das Tamburinschlagen verursachen in der Moschee einen gewaltigen Lärm und lautes Getöse, ob sie nun von jenen kommen oder von anderen, die zu der Fakir-Gemeinschaft gehören. Eine jede von diesen hat ihre Methode und Eigenart, die sie von den anderen unterscheidet. Dazu kommen alle die Massen des Volkes, die in der Moschee um sie herumstehen, um zu scherzen und mit vielem Klatsch, Geschichten und Gelächter zu schwatzen und sich nach beachtenswerten jungen Knaben umzudrehen, die zuschauen kommen, hinter ihnen dreingehen, um sie zu verführen, und die Fruchtschalen, Abfälle und Eßwaren in der Moschee auf den Boden werfen; dabei gehen die Eßwarenhändler und Wasserverkäufer unter den Leuten herum; so wird die Moschee mit all dem Unflat, der darin zusammenkommt, und mit den Leuten geringen Standes zu einer Art niedrigem Sūq – es gibt keine Macht und keine Kraft außer in Gott, dem Hohen, Erhabenen!

Dann nahm die Sache noch weiter überhand, indem Gruppen mit ihren Fahnen aus den fernen und nahen Quartieren ankamen, mit Leuchtern voller Lampen und großen Bannern, die von Männern getragen wurden, mit Kerzen, Trommeln und Pfeifen und verdrehtem Gestammel, von dem sie glauben, daß es Gottesgedenken bedeute und eine Annäherung an Gott erlaube, für die sie belohnt würden.

Wer sie aber tadelt oder ihnen entgegentritt, dem werfen sie vor, er wolle sich abseits halten, stehe zur Seite und sei überhaupt ein Ungläubiger. Die meisten kommen aus dem Sūq und sind Leute von den niedrigen Zünften und solche, die nicht wissen, was sie nächste Nacht essen werden. Man findet manche, die sich mit all ihrem Vermögen anstrengen, um mitzuziehen, die ihre Arbeitsgeräte verkaufen oder Schulden für einige Dirhems eingehen, um Geld dafür auszugeben, daß sie Lampen anzünden oder Trommeln und Pfeifen mieten können. Ein jeder versammelt sich mit Zunftleuten seinesgleichen, verbringt so die ganze Nacht, ohne zu schlafen, findet sich morgens verstört und faul und bildet sich dann ein, er habe die ganze Nacht damit zugebracht, Gott zu dienen, Seiner zu gedenken und sich in Seinem Dienst anzustrengen.

Dieses *maulid*-Fest wurde mehr als zehn Jahre lang gefeiert. Der Stifter erreichte dadurch nichts, als daß er immer kränker und immer mehr verhaßt wurde. Doch der Kult an dem Schrein wurde fortgeführt, weil ihnen dies von den Unverständigen Kerzen und Dirhems einbrachte. Sie verwendeten dies als List, um den Besitz der Leute für Nichtigkeiten aufzubrauchen. Doch als dieses Unglück in Kairo geschah, gab man den *maulid* auf, zusammen mit anderen Festen, auf die man verzichtete. Dann kam es zu dem besagten Aufstand, und jener Franzose ließ sich im Quartier des Schreins al-Ḥusains nieder, um diese Gegend zu bewachen. Er verfügte über List und Verstellung; er zeigte Vorliebe für die Muslime und behandelte sie freundlich, besuchte die Häuser seiner Nachbarn und nahm Fürbitten entgegen, wenn sie ihm vorgetragen wurden. Er verbot seinen Soldaten, mit den Waffen herumzustehen, wie es in anderen Quartieren ihre Gewohnheit war; auch untersagte er ihnen, die Leute in Bedrängnis zu bringen, wie es dadurch geschah, daß man die Bevölkerung in Angelegenheiten wie jener mit den Lampen streng behandelte.

EIN ARABERFREUND

Die Leute des Quartiers begannen, ihm Vertrauen zu schenken, und kehrten wieder zum Frühgebet in die Moschee zurück. Vorher hatten sie sich vor den Soldaten, die bei ihnen einquartiert waren, gefürchtet und hatten aus diesem Grunde das Frühgebet unterlassen. Als sie sich an ihn gewöhnt und seinen Charakter kennengelernt hatten, kehrten sie zu ihren alten Gewohnheiten zurück und gingen sogar nachts ohne Angst und Furcht auf die Straße.

Sein Dolmetscher war von gleicher Natur wie er selbst. Er war ein Scherif aus Aleppo, ein Gefangener, den sie auf Malta befreit hatten und der mit ihnen nach Kairo gekommen war. Als jener Offizier über das Quartier eingesetzt worden war, war sein

Dolmetscher ein Jude gewesen. Einige der Würdenträger schritten ein, und jener erwähnte Scherif wurde eingestellt, damit die Leute durch ihn zur Ruhe kämen. Er eröffnete ein Café in der Nähe des Hauses seines Herrn, und die Leute kamen zusammen, um dort zu sitzen und einen Teil der Nacht zu durchwachen. Er gab Befehl, die Läden einen Teil der Nacht hindurch nicht zu schließen, wie das früher die Gewohnheit gewesen war, und die Leute gewöhnten sich an die Zusammenkünfte, Unterhaltungen und losen Sitten, so daß sich dies in dem Quartier ausbreitete, weil es den Neigungen der unteren Klassen entsprach; denn die meisten von ihnen neigen von Natur aus zum Vergnügen und zur Unzucht. Ebenso ist die Natur der Franzosen. So pflegten sie sich bei ihm zu versammeln, um die Abende zu verbringen und zu plaudern, zu spielen und zu scherzen. Der Offizier war mit dabei und seine Frau ebenfalls; sie war eine von den unzüchtigen Töchtern der Stadt. Die Rede kam auf jenen *maulid* des Monats und auch auf die Zusammenkünfte und Schaustellungen, die in seinen Nächten üblich waren. Man stellte ihm seine Wiedereinführung als etwas Gutes hin; er stimmte zu und befahl, man solle ihn ausrufen, die Läden offenhalten und die Lampen anzünden, und er bestand auf seinem Befehl.

NOCH EIN LUFTBALLON

Am Mittwoch schrieben sie Papiere, sie wollten im Azbakīja-Teich ein Fluggerät fliegen lassen, gleich dem schon vorher erwähnten Versuch, der fehlgeschlagen war. Am Mittwoch strömten die Leute dazu zusammen; sie ließen es fliegen, und es stieg hoch auf und ging fort, bis es die Hügel von al-Barqīja erreichte; dort stürzte es ab. Wenn der Wind es höher gehoben hätte und es aus der Sicht verschwunden wäre, wäre die List gelungen, und sie hätten behaupten können, es sei in entfernte Länder gereist.

Am gleichen Tag reiste Ḫawāǧa Magallon nach Oberägypten als Wālī von Ǧirǧā, um das Land zu befreien und die Gelder und Steuern einzubringen, die in jenen Gegenden infolge von Razzias im Rückstand waren.

Am gleichen Tag zog eine Karawane aus, die viele Lasten, Lasttiere und fränkische Frauen mitführte, auch Kisten, von denen es hieß, sie würden nach dem Sinai geschickt. Eine Anzahl von Soldaten begleitete sie.

FEINDESGUT BESCHLAGNAHMT

Am Donnerstag, dem 10., zog eine Schar von französischen Soldaten vor die Wakāla des Ḏū l-Fiqār in der Ǧamālīja; sie öffneten ein Stockwerk, das dem Katḫodā des ʿAlī Pascha Ṭarābulsī gehörte, und sie nahmen, was sie an Geräten vorfanden. Sie versiegelten eine Anzahl Sektionen und Stockwerke in jenem Ḫān und in der Wakāla al-Ǧadīda und in anderen, die Reisenden, Flüchtigen und Schiffssoldaten gehörten. Sie schrieben auf, was sich darin befand, und nahmen eine Anzahl von Türken und Marinesoldaten fest, die Händler waren. Sie wurden in der Zitadelle eingekerkert. Sie begannen auch nach jenen von ihnen zu forschen, die noch in Kairo zurückgeblieben waren, besonders nach den Kretern, die Soldaten des Murād Bek gewesen waren. Sie nahmen viele von den Christlich-Orthodoxen und von der Marinetruppe, die unter Murād Bek gedient hatten, fest; einige davon waren in Kairo geblieben. Sie ließen sie in ihr Heer eintreten, kleideten sie in ihre Uniform, gaben ihnen Waffen und ordneten sie ihren Reihen ein.

Am gleichen Tag liefen auch nacheinander Meldungen des Inhaltes ein, daß ʿAlī Pascha und Naṣūḥ Pascha sich von Murād Bek getrennt hätten und jenseits der Berge auf Reitkamelen nach Syrien gezogen seien, begleitet von Truppen des Ibrāhīm Bek. Ihr Auszug soll am Ende des Monats Raǧab stattgefunden haben.

Am gleichen Tag ließen sie auch ausrufen, daß die Lampen abgeschafft seien, die des Nachts vor den Häusern und Läden angezündet werden mußten. Statt ihrer solle man in der Mitte der Sūqs zusammengesetzte Leuchter aufstellen; jeder von ihnen habe vier Lampen zu tragen, und zwischen den Lampenträgern solle 30 Ellen Distanz sein. Dafür hätten die Reichen aufzukommen, nicht aber die Armen; diese brauchten sich dadurch nicht beunruhigt zu fühlen. Die Leute freuten sich darüber, weil dieses Unglück nun von ihnen genommen war.

Am gleichen Tag ließen sie auch ausrufen, daß ein jeder, der eine Rechtsklage einzureichen habe oder dem Unrecht geschehen sei, zu den Rechtsgelehrten und zum Qāḍī gehen solle.

An jenem Tag zog auch eine Gruppe von Soldaten aus und schlug die Kawāmil-Beduinen. Sie kamen mit ihrem Plündergut zurück: Schafen, Geißen, Hühnern, Gänsen, Eseln und dergleichen.

An jenem Tag kam auch ein Mann aus Ghazza an, der eine Friedenszusicherung für Sitt Fāṭima, die Gattin des Murād Bek, und für die Tochter des abgeschiedenen Muḥammad Efendī al-Bakrī und ihren Gemahl, den Emir D̲ū l-Fiqār, und seine Gefolgsleute haben wollte. Das Gesuch war an Scheich Ḫalīl al-Bakrī gerichtet; der zeigte es dem Oberbefehlshaber und bat ihn darum. Dieser schrieb ihnen eine Friedenszusage und daß sie kommen könnten und sandte ihnen ein Weggeld. Doch dies war eine List von ihnen, damit sie das Weggeld erhielten und einige andere Dinge, deren sie bedurften.

Der gleiche Bote meldete auch, daß ʿAbdallāh Pascha ibn al-ʿAẓm in Ghazza sei, Ibrāhīm Bek und alle, die mit ihm waren, lägen außerhalb der Stadt; sie befänden sich in Not und Bedrängnis, und der Zugang zur Stadt sei ihnen verwehrt.

Am gleichen Tag zog eine Anzahl französischer Soldaten nach Qaṭjā und ordnete an, daß dort ein Gebäude errichtet werde. Man gab auch bekannt, daß der Oberbefehlshaber nach

Syrien ziehen werde, um gegen jenes Land einen Kriegszug zu unternehmen.

In der Nacht auf den Sonntag, den 13., zog die Sonne in das Haus des Wassermanns. Dies ist nach ihrer Zählung ihr erster Monat, und sie veranstalteten in jener Nacht ein Feuerwerk mit Pulver und Raketen, wie das bei ihnen die Gewohnheit ist, wenn die Sonne von einem Tierkreiszeichen ins andere zieht.

EXPEDITIONEN DER FRANZOSEN

Am Montag, dem 14., ließ der Muḥtasib ausrufen, daß das Schaffleisch sieben Halbstücke pro *raṭl* koste (es waren zuvor acht gewesen) und jenes der Büffel *(gāmūs)* fünf (zuvor sechs).

Am gleichen Tag zog ein Trupp von Soldaten aus und schlug die ʿAbābida-Beduinen in der Umgegend von Ḫānkah. Sie töteten eine Anzahl von ihnen und plünderten sie aus. Unter den Dingen, die sie den Leuten wegnahmen, fanden sie Geräte und Waffen von französischen Soldaten in großer Menge. Sie nahmen dies mit dem anderen, was sie plünderten, an sich und brachten auch eine Anzahl von Kindern und Frauen mit und kerkerten sie in der Zitadelle ein.

Am gleichen Tag zog auch eine Anzahl Soldaten nach Ṣanāfīr und Aǧhūr al-Ward, nach Qaranfil, Kafr Manṣūr und anderen Dörfern, um die Beduinen zu durchsuchen. Sie nahmen den Beduinen alles ab, was sie finden konnten, Tiere und anderes; wer ihnen nicht gehorchen wollte, den schlugen sie und plünderten ihn dazu aus. Doch raubten sie die Kamele und das Vieh auch jenen, die sich ihnen nicht widersetzten. Sie kamen mit all dieser Beute in die Stadt zurück und begannen, die Kühe für zwei und drei Rial zu verkaufen, ein Schaf mit seinem Lamm für einen. Die koptischen Christen kauften das meiste davon.

Am Samstag töteten sie etwa sechzig Menschen in der Zitadelle, die meisten davon Mamluken, die sie als Flüchtlinge auf dem Land angetroffen hatten oder die der abscheuliche Aghā

Barṭulmīn und seine Polizisten auf ihren Nachtrunden aufgespürt, sowie solche, die sie in den Häusern verborgen gefunden hatten.

ABMARSCHVORBEREITUNGEN

Am gleichen Tag griffen sie auch fünf Personen auf, die Juden waren, sowie zwei Frauen und warfen sie in den Nil.

An jenem Tag ließen sie auch ausrufen, daß ein jeder, der etwas von den geplünderten Gegenständen der Beduinen gekauft habe, welche die Soldaten geraubt hatten, diese zum Haus des Oberbefehlshabers zu bringen habe. Am gleichen Tag rief der Abmarsch der Franzosen nach Syrien viel Aufsehen und Bewegung hervor. Sie beschafften sich eine Anzahl von Reitkamelen und rüsteten sie aus. Sie brachten auch die Kamele der beduinischen Erdtransporteure herbei, um Munition, Mehl, Viehfutter, Biskuit darauf zu laden. Dann wollten sie die Bewohner Kairos zur Ablieferung einer großen Anzahl von Eseln und auch von Maultieren zwingen. Der Scheich der Eseltreiber erhielt jene Auflage und den Befehl, sie zusammenzubringen; ebenso die Maultierführer, denen befohlen wurde, die Maulesel zusammenzutreiben. Die meisten Eseltreiber versteckten sich, weil die Leute für ihre Esel fürchteten. Auch die Wasserträger, die das Wasser in Schläuchen auf Eseln transportieren, wollten nicht mehr ausziehen, ebensowenig die Wasserträger mit Kamelen und die Leute, die auf Kamelen den Klee in die Stadt bringen. Die Bewohner gerieten deswegen in Schwierigkeiten.

ABSCHIEDSPROKLAMATION BONAPARTES

Am Montag, dem 21., schrieben sie Papiere und klebten sie nach ihrer Gewohnheit in den Sūqs an; darauf stand: «Gott allein sei gelobt! Dies ist ein Schreiben an alle Bewohner von Kairo,

Vornehme und Geringe, das vom Versammlungsort des Sonderdiwans kommt, der aus verständigen Leuten, Gelehrten des Islams, Soldaten und Großhändlern besteht: Wir tun euch kund, ihr Bewohner Kairos, daß Seine Exzellenz, der große Oberbefehlshaber des Heeres, Bonaparte, Chef des französischen Heeres, gegenüber allen Menschen und Untertanen alle Zwietracht und Untaten gegenüber den französischen Soldaten vergessen und vergeben hat, die durch geringwertige Menschen die guten Bewohner dieser Stadt befallen haben. Er hat gänzlich verziehen und so den Diwan wiederum in das Haus des Qā'id Aghā an der Azbakīja zurückkehren lassen. Er hat ihn aus 14 Personen zusammengestellt, Persönlichkeiten von Wissen und Frömmigkeit, die aus einer Schar von 60 Männern hervorgingen, welche er durch einen *firmān* ausgewählt hatte. Dies im Interesse der Bedürfnisse der Untertanen und um den Bewohnern von Kairo, den vornehmen und den gemeinen, Ruhe zu schaffen und um die Regierung auf bestmögliche Art zu ordnen. All dies aus der Fülle seines Verstandes und seines großen Organisationstalentes sowie aus seiner Liebe zu Kairo und seiner Barmherzigkeit gegenüber den Einwohnern, den kleinen Leuten gegenüber noch mehr als den großen.

Er hat sie täglich in das erwähnte Haus bestellt, damit ein jeder, der Unrecht erleidet, von den Übeltätern freikomme. Er hat auch jene unter seinen Soldaten streng bestraft, die im Haus des Scheichs al-Ǧauharī Böses taten; zwei von ihnen ließ er auf dem Qaramaidān hinrichten, und einige von ihnen hat er von ihrem hohen Rang zum niedrigsten degradiert, denn Verrat ist nicht die Gewohnheit der Franzosen, besonders nicht gegenüber den Frauen und Witwen. Sie halten dies für schmählich, und nur die Übelsten unter ihnen tun etwas dergleichen.

Er hat auch befohlen, daß ein christlicher Steuereinzieher in der Zitadelle eingesperrt werde, weil er vernommen hatte, daß der den Leuten am Zoll von Altkairo allzuviel Unrecht antat. Sein Willen ist, alles Unrecht von allen Geschöpfen fernzuhalten. Er gedenkt auch einen Kanal zu graben, der vom Nil bis zum

Meer von Suez reicht, damit die Transportgebühren von Kairo nach dem berühmten Ḥiǧāz geringer werden und die Waren von den Dieben und Wegelagerern befreit werden, wodurch dann der Handel nach Indien und dem Jemen und allen entfernten Gebieten zunehmen wird.

Befaßt euch mit den Dingen eurer Religion und mit den Belangen eurer Umwelt, und laßt die Zwietracht und das Böse. Folgt nicht euren Teufeln und Begierden, seid zufrieden mit dem Los Gottes und einem guten Auskommen, damit ihr den Ursachen der Strafe entgeht und nicht der Buße verfallt. Unser Auskommen ist Gott; euch obliegt Zustimmung und Ergebung. Wer ein Bedürfnis hat, soll mit standhaftem Herz zu dem Diwan gehen; wer aber eine rechtliche Klage hat, soll sich damit an den Qāḍī des Heeres wenden, dem das hinter Dammauern wohlbewahrte Kairo anvertraut ist. Gruß dem besten aller Gottgesandten!»

Am gleichen Tag sandten sie den Wālī, damit der den Wasserträgern melde, sie sollten wieder Wasser transportieren, und es werde ihren Eseln nichts geschehen.

In der Nacht zum Mittwoch, dem 23., zog eine große Schar von Soldaten davon, und der Chef der Franzosen, Bonaparte, begehrte Muṣṭafā Bek, den Kat̮hodā des Paschas, der als Befehlshaber der Pilgerfahrt bestellt war, mitzunehmen. Er ließ sich auch vom Qāḍī des Heeres, Baǧmaqšī Zāde, von vier Personen im Turban, den Gelehrten al-Fajjūmī, aṣ-Ṣāwī, al-ʿArīšī und ad-Dawāẖilī, sowie von einer Schar von Händlern und Janitscharen, von Christen, Kopten und Syrern begleiten.

RAMAḌĀNBEGINN

Am 26. riefen sie Sicherheit für alle Menschen aus und öffneten die Sūqs des Nachts für den Ramaḍān, wie das normalerweise geschieht.

Am gleichen Tag zog der Qāʾimmaqām (aus dem Haus), das

auf den Elefantenteich hinausging; es war das Haus des Wālī Ibrāhīm Bek gewesen. Auch die Bewohner des Hauses des Ajjūb Bek al-Kabīr, ebenfalls am Elefantenteich, verließen das Haus. Sie alle zogen zum Azbakīja-Teich um.

Am selben Tag schlug Ḥasan Aghā, der Muḥtasib, dem Oberbefehlshaber vor, er solle anordnen, daß der *muḥtasib,* wie das Gewohnheit sei, ausreite, um festzustellen, ob der Neumond des Ramaḍān erschienen sei. Man ordnete all dies für ihn an, wie es die alte Sitte wollte, und der *muḥtasib* bereitete eine übertrieben große Feierlichkeit vor. Er trug ein gewaltiges Gastmahl in seinem Hause auf, das vier Tage lang dauerte; der erste war der Samstag und der letzte der Dienstag. Am ersten Tag lud er die Gottes- und Rechtsgelehrten ein, die Scheichs, die Oǧāqlīja und andere; am zweiten Tag die Kaufleute und Würdenträger; desgleichen am dritten Tage; am vierten Tag lud er auch die großen und kleinen Franzosen ein.

Am Dienstag ritt er aus in größter Pracht, die über das übliche hinausging: vor ihm gingen die Zunftvorsteher mit ihren Trommlern und Pfeifern einher. Er durchquerte Kairo in der gewöhnlichen Art und zog am Haus des Qā'immaqām, des Befehlshabers der Pilgerfahrt und des Oberbefehlshabers Bonaparte vorbei. Dann, nach Sonnenuntergang, kehrte er zum Haus des Qāḍī nach Bain al-Qaṣrain zurück, und sie legten fest, daß der Ramaḍān-Neumond in der Nacht auf den Mittwoch erschienen war. Dann ritt er von dort in einem Umzug aus – ihm voran viele Fackeln, Trommeln, Pfeifen und Trompeten –, und der Fastenmonat wurde ausgerufen. Einige Reiter folgten bloßen Hauptes, ihre Haare hingen ihnen in schimpflicher und anstößiger Art und Weise in den Nacken. Damit endeten der Monat Šaʿbān und seine Ereignisse.

Doch ist auch zu erwähnen, daß die Bewohner von Kairo sich in ihrer gewöhnlichen Art den ungesetzlichen Neuerungen hingaben, denen sie zu obliegen pflegten. Sie hatten aus Furcht vor den Franzosen einige davon aufgegeben und hatten sich vor ihnen zurückgehalten. Doch als sie langsam wieder dazu zurückkehrten und die Franzosen ihnen die Zügel schleifen ließen, ihnen Erlaubnis gaben und sie sogar ermutigten, nahmen sie sie wieder auf und befaßten sich eifrig mit dem Feiern von Maulids an den Schreinen, in denen sie ein religiöses Verdienst sehen wollten und von denen sie behaupteten, daß sie ihnen Rettung vor dem Verderben brächten und daß sie sie Gott auf erhöhten Wegen näher brächten.

WIRTSCHAFTLICHE NOT

Sie gaben sich ganz diesen Ablenkungen hin, obgleich sie sich in Unfreiheit und Gefangenschaft befanden und obgleich die meisten Waren keinen Absatz fanden und teuer waren, obgleich man von allen Nachrichten abgeschnitten war und aller Import unterbunden blieb. Die Engländer lagen auf dem Meer und sperrten den Export und Import, sosehr sie konnten. Die Preise aller Waren, die über das Griechische Meer transportiert werden, stiegen an, und viele Handwerksmeister fanden kein Auskommen mehr, weil ihnen in Abwesenheit ihrer Kunden der Absatz fehlte. Sie waren gezwungen, durch niedrige Gewerbe wie den Verkauf von Süßigkeiten, Braten von Fischen, Kochen von Speisen und Eßwaren und deren Verbrauch in den Läden sowie durch die Eröffnung einiger neuer Cafés ihren Lebensunterhalt zu verdienen. Die Leute der niedrigen Handwerke, die keinen Absatz fanden, arbeiteten fast alle als Eselführer, indem sie sich vermieteten, so daß die Gassen, besonders in der Umgebung der Soldaten, von Eseln vollgestopft waren, die sie mieteten und auf denen sie in den Straßen Kairos herumritten.

ESELSRITTE

Die Franzosen zeigten eine erstaunliche Vorliebe dafür und zahlten dafür übertriebene Mieten, so daß viele von ihnen den ganzen Tag auf den Rücken der Esel verbrachten, ohne jede Notwendigkeit, sondern nur, um damit durch die Straßen zu flanieren. Es kamen auch Gruppen von ihnen zusammen, die mieteten Esel und feuerten sie an, zu rennen und um die Wette zu laufen, während sie sangen, lachten und schrieen und sich lustig machten. Die Eseltreiber halfen ihnen dabei. Sie haben auch eine Vorliebe dafür, ihr Geld auszugeben, indem sie in den Lokalen für berauschende Getränke verkehren, und sie pflegen das Obst, die Getränke und Flaschen zu überzahlen. Unser Freund Ḥasan al-ʿAṭṭār hat darauf gedichtet:

Die Franzosen haben in unserm Kairo ihr Geld verloren,
indem sie die Esel und die Weinstuben dazu erkoren;
bald wird sie in Syrien das Unglück ereilen,
das ihre Herrschaft beendet und ihr Verweilen ...

Es gehört zu ihrer Gewohnheit beim Trinken, daß sie sich diesem bis zur Grenze der Fröhlichkeit und Ausgelassenheit hingeben; wenn sie aber über diese Grenze hinausgehen, verlassen sie ihre Häuser nicht. Wenn einer betrunken ist und auf den Markt geht und dort einen Verstoß gegen die Sitte begeht, bestrafen sie ihn und tadeln ihn.

Es geschah auch, daß sie die niedrigsten Christen, Kopten, Syrer, Griechen und Juden emporhoben und ihnen erlaubten, auf Pferden zu reiten und Schwerter umzugürten, nur weil sie den Franzosen dienten. Sie trugen Arroganz zur Schau und zeigten dies durch Erniedrigung der Muslime und Schimpfreden auf sie – ganz abgesehen vom Gewinn ihrer Hände. Doch dein Herr wird über seinen Dienern keine Tyrannen dulden! Die Sachen sind, wie sie sind; wer aufrechten Charakters ist, bleibt sich gleich; doch einige haben die Teufel begehrlich gemacht, und sie weichen – ich suche Zuflucht bei Gott! – von der Religion ab. Es gibt keine Macht und keine Kraft außer bei Gott, dem Hohen, Erhabenen!

EIN MANN DES HEILIGEN KRIEGES

Es geschah auch, daß seit dem Beginn des Monats Raǧab Berichte über einen Mann aus dem Maghrib umgingen, der sich Scheich al-Kīlānī nannte und in Mekka, Medina und Ṭā'if gewohnt hatte. Als die Nachricht in den Ḥiǧāz gelangte, daß die Franzosen Ägypten in Besitz genommen hätten, empörten sich die Bewohner des Ḥiǧāz, und er rief sie zum Glaubenskrieg auf und ermunterte sie, dem Recht der Religion zum Sieg zu verhelfen. Er verlas in dem Moscheebezirk von Mekka ein Schreiben, das in jenem Sinne verfaßt war, und predigte zu einer Menge von Leuten. Sie stellten ihre Gelder und ihre Personen zur Verfügung. Etwa 600 *ǧihād*-Krieger kamen zusammen mit anderen Leuten aus Janbuʿ und anderen Gegenden, die sich ihnen anschlossen. Am Ende des Monats traf eine Nachricht ein, daß eine Menge von Leuten aus Oberägypten zu ihnen gestoßen waren, ferner einige Türken und Leute aus dem Maghrib von jenen, die mit den Ghuzz von Kairo ausgezogen waren, als der Zusammenstoß von Imbāba stattfand. Auch diese Ghuzz zogen mit ihnen und wollten gegen die Franzosen kämpfen. Doch die Ghuzz vermochten, wie gewöhnlich, nicht standzuhalten und erlitten eine Niederlage. Die irregulären Soldaten aus Oberägypten sowie die aus den Dörfern zusammengeströmten Massen folgten ihnen nach (in die Flucht); doch die Leute aus dem Ḥiǧāz hielten stand. Später ließen sie davon ab, sie zu bekämpfen. Dies ereignete sich in dem Bezirk von Ǧirǧā. Die

Ghuzz und die Mamluken flohen nach Isnā; mit ihnen ging Ḥasan Bek al-Ǧiddāwī, und ʿUṯmān Bek Ḥasan folgte ihnen nach. Zwischen den Kämpfern aus dem Ḥiǧāz und den Franzosen kam es noch zu weiteren kriegerischen Zusammenstößen an verschiedenen anderen Orten, doch die beiden Parteien trennten sich ohne Entscheidung.

Zu den Ereignissen des Monats gehörte auch, daß die Franzosen eine Quarantäne *(karantīla)* auf der Insel von Būlāq einrichteten. Sie erstellten dort ein Gebäude und hielten alle Reisenden für einige Tage dort fest, jene aus den verschiedenen Gegenden des Südens und jene aus dem Norden, einen jeden entsprechend seiner Herkunft. Gott weiß es aber am besten.

ABMARSCH NACH SYRIEN

Dann begann der Monat Ramaḍān des Jahres 1213 mit einem Mittwoch. An jenem Tag begann Bonaparte Vorbereitungen für seinen Marsch nach Syrien zu treffen. Sie rüsteten sich durch viele Requisitionen aus; jeden Tag zog von ihnen eine Schar nach der anderen aus Kairo ab. Am Samstag hielt der Oberbefehlshaber einen Diwan ab. Er ließ die Scheichs und die Oǧāqlīja kommen und sprach zu ihnen über seinen Abmarsch. Er sagte, sie hätten die Mamluken getötet, die nach Oberägypten geflohen seien; die Verbleibenden würden im hintersten Oberägypten verweilen. Sie wollten sich nun gegen die andere Gruppe von Mamluken wenden, die sich noch im Bezirk Ghazza aufhalte. Sie würden sie zerstreuen und die Länder Syriens gewinnen, damit die Wege geöffnet würden und die Karawanen und der Handel zu See und zu Land zu verkehren vermöchten, um so die Region aufzubauen und die Lage zu verbessern. «Wir werden von euch einen Monat fernbleiben, dann werden wir zurückkommen, und nach unserer Heimkehr werden wir eine Ordnung im Lande einrichten und Gesetze erlassen, die anders sind als die gegenwärtigen. Euch obliegt es, das Land und die

Untertanen während unserer Abwesenheit zu verwalten. Überwacht die Vorsteher der Viertel und Quartiere; jeder Würdenträger soll auf seine Untergebenen acht haben, damit keine Zwietracht zwischen ihnen und den Soldaten entsteht, die in Kairo zurückbleiben.» Sie versprachen ihm das, und man verfaßte gedruckte Blätter dieses Inhalts und schlug sie an den Wegkreuzungen an.

Am gleichen Tag zog der Qāḍī aus zusammen mit Muṣṭafā, dem Katḫodā des Paschas, sowie den Scheichs, die ausgewählt worden waren, um nach al-ʿĀdilīja mitzureisen. Auch eine große Zahl ihrer Soldaten zog aus, und sie nahmen viele Leute mit, sogar ganze Familien, Möbel, Behälter sowie eine Anzahl von Zelten und Tragbetten für die Frauen und die weißen, schwarzen und äthiopischen Sklavinnen, die sie aus den Häusern der Emire genommen hatten. Die meisten davon hatten sich gekleidet wie ihre fränkischen Frauen. Auch anderes mehr.

AUSRITT BONAPARTES

Am Sonntag, dem 5., saß der Oberbefehlshaber des französischen Heeres auf und zog ebenfalls nach al-ʿĀdilīja; es war in der vierten Stunde unter dem Aspekt des Widders, während der Mond im Gevierte des Saturns stand. Eine Anzahl von Soldaten blieb in Kairo, auf der Zitadelle und in den Festungstürmen, die sie auf den Hügeln errichtet hatten. Als Qāʾimmaqām amtete Poussielgue, und der General Desaix *(Dīzeh)* befand sich mit einer Anzahl Soldaten in Oberägypten, ebenso die anderen Oberkommandanten in den Provinzen, von denen ein jeder sein Heer bei sich hatte.

Er nahm die Ingenieure mit sich, die Mitglieder des Rates, Übersetzer und Handwerksmeister wie Schmiede, Zimmerleute und Kriegsingenieure. Ihr Kommandant war Abū Ḫašaba («der Vater des Holzbeins», d. i. Caffarelli). Einige ihrer Offiziere blieben auch in Kairo zurück. Die zurückgebliebenen begannen dann auch abzuziehen; jeden Tag zog ein Trupp von ihnen davon.

EINE INTRIGE DER CHRISTEN

Am Dienstag, dem 7., präsentierten sich drei syrische Christen vor ihnen in verleumderischer Absicht: sie meldeten ihnen, die Muslime beabsichtigten, die Franzosen am Donnerstag, dem 9., zu überfallen. Der Statthalter sandte nach al-Mahdī und dem Aghā, ließ sie vor sich treten und erzählte ihnen die Sache. Beide sagten: «Dies ist eine Lüge, an der nichts Wahres ist. Es ist gewiß eine Verleumdung der Christen aus Abneigung gegen die Muslime.» Er ließ nach jenen forschen, die es aufgebracht hatten, und man brachte ihnen die drei syrischen Christen. Sie ergriffen sie und kerkerten sie in der Zitadelle ein, bis der Donnerstag vorüber war. Es wurde deutlich, daß sie mit ihren Behauptungen nicht die Wahrheit gesagt hatten, und er beließ sie in Haft.

Bald darauf kehrten die syrischen Christen zu ihrer alten Sitte zurück, schwarze und blaue Turbane zu tragen, und sie gaben es auf, weiße Turbane und bunte, mit Ranken geschmückte Kaschmirschals anzuziehen, weil die Franzosen es ihnen verboten. Sie ließen auch am 1. Ramaḍān ausrufen, daß die Christen des Landes nach ihrer Gewohnheit gehen sollten, indem sie den Muslimen den Vortritt ließen; sie sollten sich tagsüber nicht beim Essen sehen lassen und auch nicht beim Rauchen, nichts dergleichen vor den Augen der Muslime – all dies um die Sympathie der Untertanen zu erwerben.

RAMAḌĀNSITTEN

Es geschah sogar, daß einer der Untertanen, der ein Rechtsgelehrter war, an einem der Christen vorüberritt, während dieser rauchte. Er tadelte ihn, und der andere antwortete mit Schimpfworten. Da stieg der Turbanträger ab und schlug den Christen. Leute sammelten sich um sie herum; der Vorsteher des Quartiers kam herbei und brachte beide vor den Statthalter. Er befragte die anwesenden Christen nach ihren Sitten in dieser Hinsicht, und sie berichteten, daß es eine alte Sitte sei, daß sie in den Sūqs weder äßen noch tränken, sobald der Ramaḍān begonnen habe, und auch nirgends sonst, wo die Muslime sie sähen. Da ließ er den Christen schlagen und den Gelehrten von dannen ziehen.

DER FALL VON AL-ʿARĪŠ

Am 19. brachten sie Murād Aghā, den Gefolgsmann des Sulaimān Bek, und mit ihm andere Soldaten aus Oberägypten nach Kairo; sie führten sie auf die Zitadelle, bevor sie sie töteten.

Am 25. traf die Botschaft ein, daß die Franzosen die Zitadelle von al-ʿArīš eingenommen hätten. Ein Mann, der zu den Gefolgsleuten der Polizei gehörte, zog durch die Sūqs und rief aus, die Franzosen hätten die Zitadelle von al-ʿArīš erobert und eine Anzahl von Mamluken gefangengenommen. «Am nächsten Tag werden sie ein Feuerwerk veranstalten und Kanonen abfeuern. Wenn ihr das hört, fürchtet euch nicht!»

Am Sonntag morgen kamen die erwähnten Mamluken an; es waren achtzehn Mamluken und vier Kāšifs; sie ritten auf Eseln und trugen ihre Waffen. Sie waren von etwa hundert Franzosen begleitet, und Trommeln zogen ihnen voraus. Ein Teil der Bewohner verließ die Stadt, um sie anzuschauen.

Als sie außerhalb Kairos angelangt waren, wo die Ẓāhirī-Freitagsmoschee steht, zogen der Aghā und Barṭulmīn mit ihren Bedienten hinaus, um sie anzuschauen; sie hatten Trommeln, Banner und Truppen bei sich. Sie zogen mit ihnen auf der Straße, die sie neu angelegt hatten, bis zur Azbakīja und brachten sie in das Haus des Statthalters. Sie nahmen ihnen ihre Waffen ab und ließen sie frei. Sie gingen in ihre Häuser. Unter ihnen war Aḥmad Kāšif, der Gefolgsmann ʿUṯmān Beks des Blonden, und ein anderer, der Ḥasan Kāšif ad-Dawādār genannt wurde, sowie zwei andere Kāšifs: Jūsuf Kāšif ar-Rūmī und Ismāʿīl Kāšif, Gefolgsmann des erwähnten Aḥmad Kāšif.

Sie berichteten unter anderem, daß sie in der Zitadelle von al-ʿArīš stationiert seien und etwa 1000 Soldaten bei sich hätten, Maghribiner und Albanier. In den letzten Tagen des Saʿbān seien die Franzosen, die zur Vorhut gehörten, bei ihnen angekommen. Sie hätten die Festung umstellt, und die Mamluken hätten sie von innen bekämpft und ihnen allerhand Verluste beigebracht. Die in al-ʿArīš Belagerten hätten Botschaft nach Ghazza gesandt und um Entsatz gebeten. Man habe ihnen etwa 700 Personen geschickt, die von Qāsim Bek, dem Aufseher der Nilschiffahrt *(amīr al-baḥrain)*, befehligt waren. Doch sie hätten nicht bis zur Festung zu gelangen vermocht, weil die Franzosen sie umschlossen hielten und sie ringsum belagerten. Sie hätten ein Lager in der Nähe der Zitadelle aufgeschlagen, doch das französische Heer habe sie in der Nacht überrascht; Qāsim Bek und andere fielen als Glaubensmärtyrer, und die restlichen wurden in die Flucht geschlagen. Doch die Belagerten in der Festung hätten nicht aufgehört zu kämpfen und Krieg zu führen, bis alles Pulver, das sie dort hatten, und auch die Granaten aufgebraucht gewesen seien. Da baten sie um Pardon, und sie erhielten ihn; man ließ sie aus der Festung ausziehen, nachdem sie 14 Tage lang belagert worden waren. Als sie auf den Pardon hin herauskamen, sandte man sie nach Kairo mit einem geschriebenen Befehl, sie frei gehen zu lassen. Sie gelangten nach Kairo, wie es beschrieben worden ist; man nahm ihnen ihre Waffen ab und ließ sie frei ihres Weges ziehen. Später gingen die Franzosen sie oft besuchen, erwiesen ihnen Ehre und waren freundlich zu ihnen; sie zeigten ihnen auch, was sie (in Kairo) getan hatten und wie sie sich eingerichtet hatten.

Doch die Soldaten, die mit ihnen in der Festung von al-ʿArīš waren, schlossen sich zum Teil den Franzosen an. Sie gaben ihnen Sold und Unterhalt und ließen sie in der Festung zusammen mit französischen Soldaten. Andere waren damit nicht einverstanden; denen nahmen sie die Waffen ab und ließen sie ihrer Wege ziehen. Die Franzosen zogen weiter nach Ghazza.

An jenem Tag gegen Abend brannten sie das versprochene Feuerwerk ab und feuerten einige Kanonen auf der Zitadelle und in der Azbakīja ab. Die Christen zeigten Freude und Heiterkeit in den Sūqs und Häusern, veranstalteten Freudenbankette in ihrem Namen, zogen neue Kleider und Turbane an, kamen zusammen zu Spiel und Ausschweifungen und vermehrten noch ihre Übel und Ausschreitungen.

SIEGESBOTSCHAFTEN DER FRANZOSEN

Am Mittwoch starb plötzlich der erwähnte Aḥmad Kāšif. Am Nachmittag kam eine Gruppe von Franzosen auf Reitkamelen an; auf ihren Köpfen trugen sie weiße Turbane, und sie waren in weiße Burnusse gekleidet, die von ihren Schultern hingen. Sie gingen zum Haus des Qā'immaqām in der Azbakīja. Als der Donnerstag anbrach, veranstalteten sie einen Diwan und lasen das Schreiben vor, das die Kamelreiter gebracht hatten. Sein Inhalt war, daß die Franzosen Ghazza und Ḫān Jūnis eingenommen hätten, sowie verschiedene andere Nachrichten, unter anderem, daß sie festgestellt hätten, daß Ibrāhīm Bek und seine Gefährten von dort fortgezogen seien und ihre Familien und den Troß nach dem Ǧebel Nāblus gesandt hätten. Doch hieß es auch, sie hätten mit ihnen gekämpft und seien besiegt worden.

An jenem Tag, ungefähr zwanzig Minuten nach dem Nachmittagsgebet, traf eine Anzahl Franzosen ein; bei ihnen befand sich einer ihrer hohen Offiziere. Sie ritten auf Pferden; einige waren auch zu Fuß. Unter ihnen gab es einen Trupp, der weiße Turbane trug, einen anderen mit Mützen; sie hatten einen Trompeter bei sich, der sein Instrument blies, und in ihren Händen trugen sie Fahnen, und zwar jene, welche die Muslime in der Festung von al-ʿArīš gehabt hatten. So gelangten sie zur Azhar-Moschee. Dort reihten sie die Männer und Reiter vor dem Tor der Moschee auf und verlangten nach dem Scheich aš-Šarqāwī, überreichten ihm jene Banner und befahlen ihm, sie aufzuziehen und am Minarett der Moschee aufzuhängen. Sie hängten zwei bunte Fahnen von dem großen Minarett hinab, das zwei Halbmonde besitzt, ein Banner von jedem Halbmond, und ein drittes Banner von dem anderen Minarett. Als diese aufgezogen wurden, schossen sie auf der Zitadelle mehrere Kanonen ab als Zeichen der Freude und des Triumphes. Dies war die Nacht vor dem Fastenbrechen (*ʿĪd al-fiṭr*). Bei Sonnenuntergang schossen sie nochmals einige Kanonen ab, um den Festbeginn anzuzeigen, und nach dem letzten Abendgebet zogen die Polizeileute durch die Straßen und riefen aus, daß Frieden herrsche und die Leute ihrer Gewohnheit gemäß die Häuser verlassen sollten, um die Gräber in den beiden Gräberstädten zu besuchen. Sie sollten zusammenkommen, um das Festtagsgebet abzuhalten und ihre besten Kleider anziehen.

SIEGESPROKLAMATION

Als sie al-ʿArīš in Besitz genommen hatten, schrieben sie Papiere und sandten sie durch das ganze Land. Ihr Wortlaut war: «Ein allgemeines Staatsschreiben vom Oberbefehlshaber der Heere, gerichtet an die Bewohner von ganz Syrien: Im Namen Gottes, des barmherzigen Erbarmers – bei Ihm suchen wir Hilfe! Von Bonaparte, dem Befehlshaber der französischen Heere, an die ehrwürdigen Muftīs, Gottesgelehrten und alle Bewohner von Ghazza und Umgebung, wie auch von Ramla und Jāfā – möge Gott der Erhabene sie bewahren! Nach dem Gruß tun wir euch kund, daß wir diese Zeilen für euch redigiert haben, um euch wissen zu lassen, daß wir in diese Regionen in der Absicht gezogen sind, die Mamluken und die Söldner des al-Ǧazzār von euch zu entfernen und aus dem Land zu vertreiben. Aus welchem Grund sind die Soldaten des al-Ǧazzār hierhergekommen und haben die Landschaften Ghazza und Jāfā angegriffen, die doch nicht zu seinem Verwaltungsgebiet gehören? Aus welchem Grund hat er ferner seine Soldaten in die Festung von al-ʿArīš gelegt und damit das Territorium von Ägypten angegriffen? Ohne Zweifel war es seine Absicht, gegen uns Krieg zu führen. Deshalb kamen wir herbei und bekämpften ihn.

Doch ihr, Bewohner der erwähnten Gebiete, werdet keine Unbill und nicht den geringsten Schaden erleiden, wenn ihr voller Vertrauen und ruhig in euren Wohnsitzen und Heimatorten verbleibt. Meldet allen denen, die sich außerhalb ihres Wohnortes und ihrer Heimat befinden, daß sie zurückkehren und in ihren Wohnsitzen und Heimatorten verbleiben sollen. Wir sagen euch und auch ihnen vollen Frieden und restlose Sicherheit zu. Niemand wird sich an euren Gütern vergreifen noch an dem, was eure Hände besitzen. Unsere Absicht ist, daß die Richter fortfahren, ihren Dienst zu versehen und ihre Ämter auszuüben, wie das bisher geschehen war, und vor allem, daß die Religion des Islams immerfort geehrt und gepflegt werde, und daß die Moscheen weiterhin dem Besuch und Gebet der Gläubigen dienen. Alles Gute kommt ja von Gott – Er ist erhaben; Er gewährt den Sieg, wem Er will!

Es ist auch nicht verborgen geblieben, daß alles, was die Leute gegen uns unternommen haben, vergeblich gewesen ist und ihnen keinen Nutzen gebracht hat, denn alles, was wir in unsere Hände nehmen, muß notwendigerweise im Guten vollendet werden, und wer sich dagegen durch Verrat sträuben will, geht zugrunde. Aus allem, was geschehen ist, könnt ihr wohl begreifen, daß wir unsere Feinde unterwerfen, aber den unterstützen, der uns wohlgesinnt ist, und daß wir uns besonders durch Erbarmen und Barmherzigkeit gegenüber den Armen und Elenden auszeichnen.»

EINNAHME VON GHAZZA

Als sie Ghazza eingenommen hatten, sandten sie ein Sendschreiben mit einer Beschreibung des Ereignisses; davon druckten sie viele Exemplare. Es wurde im Diwan vogelesen, und gedruckte Abzüge wurden in den Sūqs angeschlagen. Es lautete: «Im Namen Gottes, des barmherzigen Erbarmers; keine Feindschaft außer gegen Übeltäter! Wir melden den Bewohnern Ägyptens und seiner Provinzen, daß ein in Ghazza verfaßtes Staatsschreiben eingetroffen ist, das von der Exzellenz, dem General Iskandar Berthier, an seine Exzellenz, den Befehlshaber Dugua, den Kommandanten von Kairo, gerichtet ist.

Er meldet darin, daß die französischen Soldaten die Nacht in Ḫān Jūnis zugebracht haben. Am Morgengrauen jenes Tages zogen sie nach Ghazza und stießen eine Stunde vor Mittag auf Soldaten der Mamluken und des al-Ǧazzār, die den Weg nach Ghazza versperrten. Der General ging mehrmals mit berittenen Soldaten und mit Infanteristen gegen sie vor, in der Absicht, die Soldaten des al-Ǧazzār und der Mamluken zu vernichten. Als sie seiner ansichtig wurden, flohen sie ängstlich. Zwischen ihnen und unseren Soldaten wurden wenige Schüsse gewechselt, durch die nur zwei von den Franzosen verwundet wurden; ein Soldat starb, und einige wenige von den Soldaten der Mamluken und des al-Ǧazzār fielen auch. Während so der General Murat mit Schüssen und Gefechten ablenkte, drang seine Exzellenz, der General Kléber, der Gouverneur von Alexandria gewesen war, in den Hafen von Ghazza ein und nahm ihn ohne Widerstand in Besitz. Sie fanden dort Magazine voll von Granaten, Biskuits, Weizen und 400 Zentner *(qinṭār)* Pulver sowie zwölf Kanonen; des weiteren ein großes Magazin, das mit vielen Zelten, mit Decken und Bomben und anderen Geräten gefüllt war, die nach der Art der Franǧ angefertigt waren. Dies geschah, als sie Ghazza in Besitz nahmen. Wir haben euch vorher gemeldet, wie al-ʿArīš erobert wurde. Geht auf geradem Wege und dient Gott und seid zufrieden mit dem Ratschluß des Herrn, der euch und euresgleichen geschaffen hat! Gruß und Ende.»

Der Ramaḍān ging zu Ende; bevor die erwähnten Nachrichten eintrafen, war er ruhig und friedlich. Die Straßen waren leer von Soldaten; diejenigen von ihnen, die zurückgeblieben waren, vermieden es, darin herumzuziehen, es sei denn ausnahmsweise. In der Nacht waren sie allesamt gänzlich verschwunden, und die Sūqs und die Läden wurden geöffnet. Die Leute kamen und gingen und besuchten einander während der Nacht; sie gingen umher, wie es ihre Gewohnheit gewesen war, mit oder ohne Lampen. Die Leute blieben bis zum frühen Morgen in den Kaffeehäusern versammelt, und die Moscheen waren für die *tarāwīḥ*-Gebete erleuchtet. Die Frühwecker zogen umher; man zerstreute sich mit Geschichten und Berichten und betete um das Erhoffte und Gemochte. Die Preise sanken, außer für jene Waren, die aus dem Ausland kamen.

Die Franzosen pflegten die Würdenträger, Scheichs und Händler zu *ifṭār*-Mahlzeiten und nächtlichen Gesellschaften einzuladen. Sie bereiteten ihnen Gelage und legten ihnen Gerichte vor, nach muslimischem Brauch und nach ihrer Sitte. Diese Arbeit oblag Köchen und Dienern, die Muslime waren, damit die Gemüter der Gäste ruhig sein konnten. Sie gingen auch ihrerseits und teilten die Tafel mit ihnen; sie aßen mit ihnen zur Zeit der *ifṭār*-Mähler und besahen sich ihre Ordnung und ihren Brauch. Sie suchten sie sogar nachzuahmen und zeigten sich den Leuten so zugänglich und so viel weniger stolz, daß jedermann staunte; doch Gott kennt die Erklärung dafür am besten.

GESTÖRTES FEST

Der Monat Šawwāl 1213 (8. März 1799).

Er begann mit einem Freitag, und am Morgen jenes Tages schossen sie eine Anzahl Kanonen ab, um das Fest anzuzeigen.

Die Leute strömten zusammen, um das Festtagsgebet in der Azhar zu sprechen. Doch es geschah, daß der Imām der Azhar vergaß, bei der zweiten *rakʿa* die *Fātiḥa* zu sprechen. Nachdem er den Endgruß gesprochen hatte, mußte er das Gebet wiederholen, nachdem ihn die Gemeinde getadelt hatte.

Männer und Frauen zogen hinaus, um die Friedhöfe zu besuchen. Doch ein Unruhestifter aus der Umgebung des Grabmals von Bāb an-Naṣr lief eilig durch die Menge und rief: «Die Beduinen sind über euch hergefallen, ihr Leute!» Die Bevölkerung wurde aufgeregt, und die Frauen eilten wild umher. Das niedere Volk und die Unruhestifter stürzten sich auf sie, packten die Kleider der Frauen und ihre Schleier und auch die Turbane der Männer, die sie erwischen konnten, und Ähnliches. Dies geschah bei dem Grabmal der Muǧāwirīn, beim Bāb al-Wazīr und beim Friedhof. Einige Frauen kamen sogar unter den Füßen der Menge um. Doch der Warnruf war falsch gewesen, ein bloßer Trick des Pöbels, um seinen diebischen Absichten zu frönen.

In jenem Monat saßen die Würdenträger der Franzosen auf und zogen zu den Notablen des Landes, um sie zum Fest zu beglückwünschen, und die Leute behandelten sie freundlich auf ihren Rundfahrten.

NACHRICHTEN AUS ÄGYPTEN

Zu Beginn des Monats trafen Nachrichten ein, nach denen sich die ägyptischen Emire im oberen Niltal voneinander getrennt hätten; Murād Bek und andere seien zu Ibrāhīm Bek fortgezogen, andere seien in die Region von Aswān hinaufgezogen, während al-Alfī mit seinen Leuten in die östliche Wüste eingedrungen sei.

Am 5. traf der Scheich Muḥammad ad-Dawāḫilī aus der Region al-Qurain erkrankt ein. Aṣ-Ṣāwī und al-Fajjūmī begleiteten ihn; beide waren auch in al-Qurain zurückgeblieben. Der Grund dafür war, daß der Chef der Franzosen, als er nach aṣ-Ṣāliḥīja gezogen war, dem Katḫodā und dem Qāḍī sowie ihren sämtlichen Gefolgsleuten befohlen hatte, nach aṣ-Ṣāliḥīja zu kommen, weil sie sich auf dem Marsch von ihm entfernt hatten. Als sie dieses Gebot ausführen wollten, vernahmen sie, daß die Beduinen den Weg beherrschten, und fürchteten sich, auf ihm zu reisen. Sie zogen weiter nach al-Qurain und blieben dort. Die französischen Soldaten nahmen ihnen ihre Kamele weg, und so blieben sie, wo sie waren, doch alle drei waren voller Unruhe und fürchteten schlimme Folgen. Deshalb verließen sie die anderen und gingen nach al-Qurain. Al-Fajjūmī blieb hinter ihnen zurück und blieb bei dem Qāḍī, doch seine beiden Gefährten waren voller Ungewißheit.

HINRICHTUNG DER KLEINEN DIEBE

Am 7. führte der Aghā einen Mann vor und ließ ihm beim Bāb Zuwaila den Kopf abschlagen, während eine Frau am Gitter des Brunnens gegenüber dem Tor gehenkt wurde. Der Grund dafür war, daß ein Franzose, der das Quartier al-Ḫalīfa sowie die Rakbīja regierte und Dilois hieß, die Getreideverkäufer von Rumaila hatte kommen lassen, ihnen ihre Ware konfiszierte und sie dann hinderte, dem Gouverneur die übliche Abgabe zu entrichten. Sie kamen zusammen und begaben sich zum Chef der Franzosen, der sich *šaiḫ al-balad* titulierte, um sich bei ihm zu beklagen. Der Emīr Ḏū l-Fiqār war zugegen; er wohnte in jenem Stadtteil und unterstützte ihre Klage. Da ließ der Stadtälteste *(šaiḫ al-balad)* dem Dilois Botschaft senden, tadelte ihn und befahl ihm, alles, was er an sich genommen hatte, zurückzugeben. Seine Gefolgsleute erzählten dem Franzosen, daß es Ḏū l-Fiqār gewesen war, der die Kläger unterstützt hatte und ihren Klagen beim Chef der Franzosen zum Erfolg verholfen hatte. Da kam jener erwähnte Dilois, drang in das Haus des Ḏū l-Fiqār ein, beschimpfte ihn, beleidigte ihn in seiner Sprache und bedrohte ihn mit Prügeln. Als er sein Haus verlassen hatte, stand jener auf, ging zum Oberbefehlshaber und meldete ihm, was Dilois getan hatte. Der befahl, ihn herbeizubringen, und ließ ihn in der Zitadelle einkerkern. Später berichteten gewisse Leute dem *Šaiḫ al-balad*, daß die Übergriffe, die sich Dilois gegenüber den Getreidehändlern hatte zu schulden kommen lassen, auf Anstiftung seines Dieners zurückgingen, und man meldete ihm, daß jener Diener in eine Tänzerin von ar-Rumaila sterblich verliebt war, die mit ihren Gefährtinnen zu ihm und zu seinen Genossen zu kommen pflegte. Diese Frau tanzte für sie tags und nachts in einem Kaffeehaus, das sie in ihrem Quartier hatten, und verbrachte auch die Nacht mit ihnen in ihrem Haus, bis es Morgen wurde. Als jedoch ihr Vorgesetzter eingekerkert wurde, versteckten sie sich. Der Mann und die Frau wurden angezeigt; man nahm sie fest und verfuhr mit ihnen, wie oben erwähnt. Was ihnen geschah, war kein Schaden.

DER UMZUG DES MAḤMAL

Am Freitag, dem 8., wurde in den Sūqs ausgerufen, daß der Umzug der Bekleidung *(kiswa)* der erhabenen Kaʿba vom Qaramaidān aus stattfinden werde, und die Oǧaqs und Fahnenträger mit ihren Gefolgsleuten wurden aufgefordert, wie gewöhnlich den Umzug zu bilden. Am Samstag morgen sammelten sich die Leute in den Sūqs und auf dem Weg des Festzuges und setzten sich hin, um ihn anzuschauen. Sie zogen in der Tat damit durch die Straßen, der *wālī* und der *muḥtasib* vorneweg, angetan mit Kaftanen und langärmligen Roben, dann alle Zünfte mit ihren Trommeln, Pfeifen und Zymbeln; dann kam

Barṭulmīn, der Katḫoda der *mustaḥfiẓān,* ihm voran ein Trupp Janitscharen, an die zweihundert Mann, und auch eine große Zahl orthodoxer Christen mit ihren Waffen und mit Gesichtsschleiern; er selbst trug einen prachtvollen Pelzmantel. Dann kamen die Züge der Polizeiposten, dann der Zug des mit der *kiswa* Beauftragten, der ein Gefolgsmann Muṣṭafās, des Katḫodā des Paschas, war und dem eine türkische Kapelle folgte. Der Umzug war eines der seltsamsten und erstaunlichsten Wunder, weil er sich aus so vielen verschiedenen Bestandteilen zusammensetzte, aus aller Art Figuren und Gruppen von Religionen, indem er die Niedrigen erhöhte und die Massen zusammenbrachte, die unterschiedlichsten Geschöpfe und die Gegenteile, Leute gegensätzlicher und feindlicher Standpunkte vereinigte. Die *kiswa* war im Hause des erwähnten Katḫodā Muṣṭafā gewirkt worden, im Gegensatz zur Tradition, nach der sie in der Zitadelle hergestellt wurde.

NEUE SIEGESBOTSCHAFT

Am Mittwoch, dem 13., traf eine Anzahl Franzosen ein, die mehrere Flaggen und Fahnen bei sich führten und auf Reitkamelen ritten. Es war am Nachmittag. Sie meldeten, daß die Franzosen die Festung von Jāfā erobert hätten, und überbrachten ein Schreiben des Oberbefehlshabers, das Nachrichten darüber enthielt, was geschehen war.

Am Donnerstag versammelten sich die Mitglieder des Diwans, und man las ihnen jenes Sendschreiben vor, nachdem es übersetzt und in der folgenden Art und Weise redigiert worden war: es war gänzlich als eine Proklamation der Häupter des Diwans formuliert; dies geschah durch Zwang und weil es ihnen befohlen wurde. Sein Wortlaut war: «Im Namen Gottes, des barmherzigen Erbarmers! Preis dem König, der in seinem Reich tut, was er will! Gepriesen sei seine Herrschaft, gerecht, wirksam, auserwählt und von großer Macht! Dies ist die Beschreibung davon, wie Gott – Er sei gepriesen und ist erhaben – der französischen Republik den Hafen Jāfā, Teil der syrischen Regionen, in die Hand gab.

Wir tun den Bewohnern von Kairo und seinen Provinzen und den anderen Ländern kund, daß die Franzosen am 23. Ramaḍān Ghazza verließen und am 25. in Ruhe und Frieden nach Ramla gelangten. Sie sahen, wie die Soldaten des Aḥmad Pascha al-Ǧazzār in aller Eile flohen und riefen: ‹Flucht, Flucht!› Die Franzosen fanden in Ramla und in der Stadt Ludd eine große Menge von Depots mit Biskuits und Weizen. Sie sahen dort auch 1500 Wasserschläuche, die al-Ǧazzār vorbereitet hatte, um damit nach dem Land Ägypten, dem Wohnort der Armen und Ohnmächtigen, zu ziehen; seine Absicht war, sich mit den übelsten Stämmen von den Hochebenen gegen Ägypten zu wenden. Doch Gottes Beschlüsse vereitelten die Listen und Kniffe, die darauf abzielten, das Blut der Leute zu vergießen, wie er das in Syrien zu tun pflegt, wo seine Gewalttaten und seine Tyrannei berüchtigt sind. Dies kommt daher, daß er von den Mamluken aufgezogen wurde, die Ägypten mißhandelt haben. In der Niedrigkeit seines Verstandes und in seiner Unordnung wußte er nicht, daß der Befehl allein Gott zusteht; alle Dinge geschehen nur auf Seinen Beschluß und auf Seine Anordnung hin.

Am 16. Ramaḍān gelangte die französische Vorhut zum Hafen Jāfā, der zu Syrien gehört. Sie umzingelten ihn und belagerten ihn von Osten und Westen aus. Sie sandten Boten an den Gouverneur, und man riet al-Ǧazzār, ihnen die Festung auszuliefern, bevor die Zerstörung ihn und seine Soldaten treffe. Doch in der Schwäche seiner Einsicht und seiner geringen Umsicht schritt er in sein Verderben und seine Vernichtung. Er gab ihnen keine Antwort und handelte gegen die Gesetze des Krieges und der Rechtschaffenheit.

Am Ende jenes Tages, des 26., vollendeten die französischen Soldaten die Einschließung Jāfās; sie brachen alle gegen sie auf und teilten sich in Kolonnen. Eine erste wandte sich der Straße nach (der Festung) ʿAkkā zu, die vier Stunden von Jāfā entfernt liegt. Am 27. des gleichen Monats befahl Seine Exzellenz, der hohe Oberbefehlshaber, daß Gräben um die Festungsmauer gegraben würden, damit daraus sichere Verhaue und feste Wehrstellungen würden, denn er sah, daß die Mauern von Jāfā mit Kanonen bestückt und von zahlreichen Soldaten des Ǧazzār besetzt waren.

Am 29. des Monats, als die Laufgräben bis auf 150 Schritte an die Mauern herangeführt waren, befahl Seine Exzellenz, der Oberbefehlshaber, daß die Kanonen auf ihre Schanzen geschleppt und die Mörser auf feste Grundlagen gestellt würden. Er befahl auch, andere Kanonen in die Nähe des Meeres zu bringen, um Ausfälle gegen sie von den Schiffen des Hafens aus zu verhindern, denn er hatte im Hafen einige Schiffe beobachtet, die von den Soldaten des Ǧazzār für die Flucht vorbereitet waren – doch gibt es keine Flucht für jene, deren Geschick im Buche steht.

Als die Soldaten des Ǧazzār, die sich in der Festung befanden und belagert wurden, feststellten, daß die Truppen der Franzosen dem Augenschein nach wenige waren, weil die Franzosen sich in den Gräben und hinter den Schanzen bewegten, ließen sie sich von ihrer Gier verleiten und brachen eiligen Laufes aus der Festung hervor, in der Meinung, sie könnten die Franzosen besiegen. Die Franzosen griffen sie an, töteten in jenem Gefecht eine große Menge von ihnen und zwangen sie dadurch, von neuem in der Festung Zuflucht zu suchen.

Am Donnerstag, dem letzten des Monats Ramaḍān, erfaßte Erbarmen das Herz des Oberbefehlshabers; er fürchtete Böses für die Bewohner von Jāfā von seinen Soldaten, wenn diese mit Trutz und Gewalt eindringen würden. Daher sandte er ihnen durch einen Boten ein Schreiben folgenden Inhalts: ‹Es gibt keinen Gott außer Gott, dem Einzigen, der seinesgleichen nicht kennt! Im Namen Gottes, des barmherzigen Erbarmers! Von seiner Exzellenz dem Oberkommandanten Alexandre Berthier, Katḫodā des Heeres der Franzosen, an Seine Hoheit, den Gouverneur von Jāfā. Wir tun euch zu wissen, daß der große Oberbefehlshaber Bonaparte uns befohlen hat, dir in diesem Brief mitzuteilen, daß der Grund seines Kommens in diese Regionen nur darin besteht, daß er die Soldaten des Ǧazzār aus dieser Ortschaft entfernen will. Denn jener erwies ihm Feindschaft, als er sein Heer nach al-ʿArīš und in seine Umgebung aussandte. Denn jene Stadt gehört zum Land Ägypten, das Gott uns gewährt hat. Es steht ihm nicht zu, sich in al-ʿArīš aufzuhalten, denn es ist nicht sein Land. Er vergriff sich am Besitz eines anderen, und wir tun euch kund, ihr Bewohner Jāfās, daß wir euren Hafen von allen Seiten und Richtungen umzingelt und ihn mit allerhand Kriegsgerät und vielen Kanonen und Granatwerfern umgeben haben. In der Frist zweier Stunden werden wir eure Mauern umstürzen und eure Kriegsgeräte und Instrumente unschädlich machen. Wir melden euch auch, daß Seine Exzellenz, der Oberbefehlshaber, aus Erbarmen und Mitleid, besonders mit den schwachen Untertanen, für euch den Anprall seiner kämpferischen Soldaten fürchtet, wenn sie bei euch mit Gewalt eindringen und euch alle verderben. Er verpflichtete uns, euch diesen Brief zu senden, der für die Leute der Stadt und die Fremden als genügende Sicherheit gelten kann. Aus diesem Grunde hat er die Beschießung durch Kanonen und Mörser um eine Sonnenstunde hinausgeschoben. Ich gebe euch einen guten Rat! Dies ist die letzte Antwortsfrist auf den Brief!› – Doch sie beantworteten ihn, indem sie den Boten festnahmen und damit den heiligen, reinen muḥammadanischen Kriegsgesetzen zuwiderhandelten!

Sobald die Frist der Stunde verstrichen war, ergrimmte der Oberbefehlshaber, und sein Zorn war gewaltig über sie alle, und er befahl, mit der Beschießung durch die Kanonen und Granaten zu beginnen, was Zerstörung mit sich brachte. Nach kurzer Zeit schon schwiegen die Kanonen von Jāfā still, die gegen die Kanonen der Schanzen gerichtet waren, und die Soldaten des Ǧazzār stürzten kopfüber ins Unheil hinab.

Am Mittag des gleichen Tages war die Mauer von Jāfā durchbrochen und ihre Besatzung erschüttert. Sie wurde durch die Gewalt der Kanonenschüsse und durch die Heftigkeit des Feuers durchbrochen; es gibt keine Entgegnung auf den Beschluß Gottes, nicht einmal mit Kanonen! Sofort befahl Seine Exzellenz der Oberbefehlshaber, sie anzugreifen, und in weniger als einer Stunde beherrschten die Franzosen den ganzen Hafen und alle Türme. Das Schwert ging unter den Kämpfenden um, und das Meer des Krieges brandete und wogte hoch auf. In jener Nacht kam es zur Plünderung.

Am Freitag, dem ersten Šawwāl, wurde schöne Großzügigkeit von seiten Seiner Exzellenz, des Hohen Oberbefehlshabers, sichtbar; sein Herz erbarmte sich der Leute aus Ägypten, der reichen wie der armen, die sich in Jāfā befanden; er gewährte ihnen Sicherheit und befahl, sie in Ehren in ihr Land zurückzugeleiten. Auch befahl er den Bewohnern von Aleppo und Damaskus, unversehrt in ihre Vaterstädte zurückzukehren, damit sie die Größe seiner Barmherzigkeit und das Ausmaß seiner Güte und Gnade erkennen sollten. Dem Mächtigen steht Vergebung zu, und sie erscheint in Zeiten der Not, indem sie ihm noch mehr Erhöhung und Sicherheit gewährt.

In jenem Kampf wurden mehr als 4000 Soldaten des Ǧazzār durch das Schwert und das Gewehr getötet, und sie unterlagen. Doch von den Franzosen verloren nur wenige ihre Leben, und der Verwundeten waren auch nicht viele. Der Grund dafür war, daß sie auf sicheren und vor den Augen der Gegner verborgenen Wegen bis zu der Festung hin vorpirschten. Sie eroberten viele Schätze und großen Reichtum; sie nahmen auch die Schiffe ein, die sich im Hafen befanden, und erbeuteten darauf teure und wertvolle Güter. In der Festung fanden sie mehr als 80 Kanonen, denn jene wußten nicht, daß gegen die Macht Gottes Kriegsgeräte nichts fruchten! Deshalb gehet geraden Weges, in der Knechtschaft Gottes; seid zufrieden mit Seinem Ratschluß und widersetzt euch nicht Seinen Entscheiden; fürchtet Gott; wisset, daß die Herrschaft Ihm gehört, und daß Er sie gibt, wem Er will; Frieden sei mit euch und Gottes Erbarmen!»

Als die Leute diese Nachrichten erhielten, wunderten sie sich. Sie glaubten, ja sie waren gewiß, daß dies unmöglich sei, besonders in solch kurzer Zeit. Doch was beschlossen ist, geschieht.

SIEGESFEIERN

Am Freitag, dem 15., durchzog eine Gruppe von Polizeiagenten die Sūqs, die Bäder und die Kaffeehäuser; sie mahnten die Leute, überflüssiges Gerede und Geschwätz über die Franzosen zu unterlassen. Sie sagten: «Wer an Gott, Seinen Gesandten, den Jüngsten Tag und Seine Gnade glaubt, der unterlasse es, darüber zu sprechen, denn es sind dies Dinge, die Feindschaft erregen!» Sie taten ihnen zu wissen, daß sie bestraft oder hingerichtet werden könnten, wenn dem Gouverneur durch seine Spione zu Ohren komme, jemand habe darüber geschwätzt. Doch die Leute hörten nicht auf. Manchmal wurden einige erwischt, und sie bestraften sie mit Schlägen und Bußen.

An jenem Tag trat die Frühlingssonnenwende ein; die Sonne ging über ins Himmelszeichen des Widders, und dies ist der erste Monat ihres Jahres. Sie veranstalteten daher in der Nacht auf den Samstag ein Feuerwerk mit Fackeln und Raketen und versammelten sich im Haus der Ausschreitungen, Frauen und Männer, um zu tanzen und zu spielen. Sie zündeten Lampen und Kerzen an und so weiter. Auch die Kopten und die Syrer zeigten sich sehr vergnügt und voller Freude.

Am gleichen Samstag sandten sie die Banner und Fahnen, die sie aus der Zitadelle von Jāfā hergebracht hatten, zur Azhar-Moschee; es waren ihrer dreizehn, und manche hatten große silberne Stangen. Einen Tag vorher hatten sie die Banner der Festung von al-ʿArīš von der Spitze des Minaretts einziehen lassen und ließen nun an ihrer Stelle die Fahnen von Jāfā aufsteigen. Sie ordneten dafür einen Umzug an, mit einer Abteilung von Soldaten, denen Trommeln voranzogen; ihnen folgten der Aghā mit seinem Gefolge, der Muḥtasib und die Chefs des

Diwan; ihnen folgte eine weitere Trommel, die sie mit Heftigkeit schlugen. Nach diesen Trommeln kamen einige Soldaten, die ihre Gewehre auf den Schultern trugen, wie die erste Gruppe; nachher Soldaten, die weiße Turbane auf den Köpfen hatten; die trugen jene große Fahne und die erwähnten Banner. Nach ihnen kam ein Trupp von Reitern, die Offiziere jener Soldaten waren, und noch andere, die auf gemieteten Eseln ritten. Als sie zum Tor der Azhar-Moschee gelangten, richteten sie jene Fahne auf und befestigten sie zuoberst an dem Hauptportal über der Schule, die andere über dem anderen Tor an der anderen Seite beim Ketāma-Quartier, das heute al-ʿAinīja genannt wird. An den Minaretten zogen sie keine auf, wie sie das mit den Fahnen von al-ʿArīš getan hatten.

ANORDNUNGEN

Am Sonntag, dem 17., erteilten sie Befehle, schrieben sie auf gedruckte Blätter und schlugen sie in den Sūqs an. Einer betraf die Pestkrankheit, ein anderer die fremden Gäste. Der erste lautete mit seinen Unterteilungen und Abschnitten:

«Eine Mahnung an die Bewohner von Kairo, Būlāq, Altkairo und Umgebung. Ihr sollt die Befehle befolgen und ausführen, ohne ihnen zuwiderzuhandeln. Jeder, der ihnen nicht gehorcht, hat schwere Vergeltung und schmerzhafte Strafe sowie gewaltige Buße zu gewärtigen. Die Pest manifestiert sich, indem Beulen ausbrechen, und jedermann, von dem ihr mit Sicherheit wißt oder glaubt oder vermutet oder als möglich erachtet, daß er solche hat – sei es an irgendeinem Ort, in einem Haus, einer Wakāla oder einem Quartier, in dem er wohnt –, so müßt ihr unbedingt eine Quarantäne durchführen; das heißt, man muß jenen Ort absperren, und der Scheich des Viertels oder Sūqs, in dem er sich aufhält, muß dies sofort dem französischen Polizeiposten melden. Dieser wird es dem Stadtältesten *(šaiḫ al-balad)* und dem Qāʾimmaqām von Ägypten und seiner Provinzen mitteilen. Dies hat augenblicklich zu geschehen. Ebenso sollen auch alle Religionsgemeinschaften in Kairo und Umgebung sowie die Ärzte, wenn sie untersuchen und feststellen, daß jene Krankheit vorliegt, sich an den Qā'immaqām wenden und es ihm mitteilen. Er wird anordnen, was zum Schutz und zur Bewahrung vor Ansteckung zu geschehen hat. Alle Vorsteher der Quartiere, Scheichs der Viertel oder Posten der Stadtteile, die eine Nachricht davon erhalten und die Krankheit nicht melden, werden in der Art bestraft werden, die dem Qā'immaqām angemessen erscheint. Die Scheichs der Viertel sollen als Strafe für ihre Verfehlung hundert Peitschenhiebe erhalten.

Ferner ist zwingend vorgeschrieben, daß jemand, der selbst von jener Krankheit befallen wird oder in dessen Haus, Familie oder Stamm sie auftritt und der von seinem Haus in ein anderes umzieht, mit dem Tode bestraft wird. Er hat als einer zu gelten, der gegen sich selbst ein Verbrechen begeht, indem er fortzuziehen versucht. Jedes Oberhaupt einer Gemeinschaft in einem Quartier, das eine Beule, die in seinem Quartier vorkam, nicht sofort meldet, oder diejenigen zu melden unterläßt, die daran gestorben sind, soll mit dem Tode bestraft werden und büßen. Ebenso wenn der Totenwäscher, sei es Mann oder Frau, sieht, daß der Tote an einer Beule gestorben ist oder auch nur unsicher über seine Todesursache ist und es nicht vor dem Verstreichen von 24 Stunden meldet, so sei seine Strafe und Sühne der Tod.

Diese Befehle sind obligatorisch für den Aghā der Janitscharen und für die Landesbehörden, Franzosen wie Muslime; die Untertanen müssen auf sie aufmerksam gemacht und verwiesen werden, denn es handelt sich um sehr ernste Dinge. Jeder, der ihnen zuwiderhandelt, hat strengste Bestrafung durch den Qā'immaqām zu gewärtigen. Die Posten haben nach dieser bösartigen Krankheit zu forschen und Hausdurchsuchungen durchzuführen, damit die Leute des Landes sie vermeiden und sich vor ihr schützen können. Vor Zuwiderhandlung wird gewarnt *Salām!*»

Der Inhalt des zweiten Schreibens lautete:

«Die folgende Verordnung stammt vom stellvertretenden

Oberbefehlshaber Dugua und dem Stadtkommandanten, dem Qā'immaqām Desaix *(Dasī)*. Die Vorsteher des Diwans haben die folgenden Befehle bekanntzugeben und auf sie hinzuweisen. Wer ihnen zuwiderhandelt, hat schwere Strafe zu gewärtigen. Nämlich: jedem Besitzer eines Weinlokals oder einer Wakāla wie auch dem eines Hauses, in dessen Wohnung ein Gast oder sonst eine Person aus einer anderen Ortschaft oder Region einkehrt, obliegt es, darüber sofort den Stadtkommandanten zu informieren. Er darf dies nicht länger als 24 Stunden verzögern, und er muß angeben, aus welchem Orte er kommt, was der Grund seines Kommens ist, wie lange er gereist ist und welcher Art er sei – ein Gast, Besucher, Händler, Fremder, Partei in einem Rechtsstreit. Es ist unerläßlich, daß der Hausherr eine klare Erklärung abgibt. Nachdrücklich wird vor Verschleierung der Tatsachen und Täuschungen gewarnt!

Wenn die Meldung all des oben Erwähnten nicht binnen 24 Stunden vollständig erfolgt, mit Namen des Ankommenden, Land und Grund seines Kommens, so wird der Besitzer der Lokalität als Feind angesehen, schuldig des Verrates und der betrügerischen Zusammenarbeit mit den Mamluken.

Wir tun euch zu wissen, ihr Untertanen und Besitzer von Weinlokalen und von Wakālas, daß ihr bei der ersten Übertretung eine Buße von 20 Rial zu entrichten habt; doch beim zweiten Mal wird die Buße um das Dreifache erhöht. Wir erklären auch, daß in dieser Sache ihr und diejenigen Franzosen, die Weinhäuser und Wakālas eröffnet haben, gleichgestellt seid; *Salām!*»

DIE UNTERWEGS ZURÜCKGEBLIEBENEN NOTABELN

Am gleichen Tag versammelte sich der Diwan und beriet über die Angelegenheit des Muṣṭafā Bek, des Kat̲hodā des Paschas, der zum Befehlshaber der Pilgerfahrt ernannt worden war. Es ging darum, daß jener mit dem Oberbefehlshaber ausgezogen war, in Begleitung des Qāḍīs, der Scheichs, die zu der Reise aufgefordert worden waren, und der Oğaqs und Händler. Doch der Oberbefehlshaber trennte sich von ihnen in Bilbais und reiste nach aṣ-Ṣāliḥija fort. Sie aber zogen nach al-ʿArīn, wo sich eine Gruppe von reisenden Soldaten einstellte, die Kamele benötigten und ihnen die ihrigen fortnahmen.

Als der Oberbefehlshaber an seinem Ziel anlangte, sandte er Botschaft und rief sie zu sich, doch sie fanden keine Gelegenheit, um ihn ihres Gehorsams zu versichern. Sie hatten erfahren, daß der Weg durch Beduinen unsicher geworden sei, und vermochten nicht zu ihm zu stoßen. Sie blieben einige Tage in al-ʿArīn (das mit einem bloßen *ʿAin* geschrieben wird), und der Befehlshaber ließ nicht mehr von sich hören. Dann aber fürchteten aṣ-Ṣāwī, al-ʿArīšī und ad-Dawāḫilī sowie noch andere die Folgen ihres Verhaltens, und sie trennten sich von ihnen und zogen nach al-Qurain (mit *Qāf* geschrieben). Ad-Dawāḫilī wurde von Unwohlsein und Schwäche befallen und kehrte nach Kairo zurück, wie ich schon vorher erwähnt habe. Doch der erwähnte Muṣṭafā Bek, der Qāḍī und in ihrer Begleitung der Scheich al-Fajjūmī und andere Leute, Händler und Oğaqs, zogen nach Kufūr Niğm und verweilten dort einige Tage lang.

VERRATSANSCHULDIGUNG

Es traf sich damals, daß aṣ-Ṣāwī einen Brief nach Hause sandte, in dem er unter anderem erwähnte, der Grund dafür, daß sie sich von jener Gruppe getrennt hätten, läge darin, daß sie Dinge unzulässiger Art bei dem Katḫodā des Paschas entdeckt hätten. Als dieser Brief eintraf, wollten die Franzosen, die sich in Kairo aufhielten, ihn sehen. Sie lasen ihn und begannen nach den unzulässigen Dingen zu forschen. Zuerst versicherten ihnen einige der Scheichs, er habe ihnen nicht genügend Ehre erwiesen und kein Interesse für sie gezeigt. Sie schwiegen und fuhren fort, weiter zu forschen. Am Ende wurde ihnen klar, daß er ein

Verräter sei, der heimlich gegen sie handelte. Al-Ǧabbālī und andere rebellische Beduinen hatten sich bei ihm versammelt, und er hatte ihnen Ehre erwiesen und Ehrengewänder angetan. In ihrer Begleitung war er nach Minjat Ghamr, nach Daqadūs und nach Bilād al-Waqf gezogen und hatte begonnen, von diesen Orten Geld einzuziehen. Als sie zum Strom gelangten, segelten an ihm Schiffe vorüber, die Vorräte und Mehl zu den Franzosen nach Damiette transportierten; denen schnitten sie den Weg ab und nahmen ihnen mit Gewalt ab, was sie bei sich hatten. Die Matrosen erschienen vor dem Diwan und erzählten, was ihnen zugestoßen war. So wurden der Verrat des erwähnten Muṣṭafā Bek und seine Auflehnung klar, und die Franzosen sandten einen Kamelreiter aus, der dies dem Oberbefehlshaber meldete. Er kehrte mit der Antwort zurück, man solle Truppen gegen ihn aussenden und Soldaten nach seinem Hause schicken, die ihn gefangennehmen, sein Haus versiegeln und seine Anhänger einkerkern sollten.

KONFISKATION

Am 24. sandten sie Soldaten gegen ihn und schickten auch eine Gruppe nach seinem Haus, wo sich Verwalter *(wukalāʾ)* befanden. Sie verhafteten seinen Katḫodā, der das Amt eines Aufsehers über die Arbeit an der Kiswa ausübte, ferner seinen Neffen und andere, die bei ihnen waren. Alle wurden in das Gefängnis von Gīze gebracht. Sie legten Listen darüber an, was er besaß und was sein Herr, Bakr Pascha, bei ihm zurückgelassen hatte. All seine Habe wurde in der Zitadelle deponiert. Man fand die meisten Möbel des Paschas, sein Geschirr, seine Kleider, Pferde, Ausrüstungen und Sättel und viele andere Dinge. Sie fanden auch einige Pferde und Kamele und nahmen sie ebenfalls mit. Die Leute waren darüber bedrückt, denn seine Gegenwart und jene des Qāḍīs hatte ihnen Vertrauen eingeflößt; sie verließen sich auf ihre Fürsprache bei den Franzosen, weil ihr Wort von diesen wohl aufgenommen und ihre Befehle befolgt worden waren. Die Franzosen sandten darauf Friedenszusicherungen an die Scheichs, die Oğaqs und die Händler, des Inhaltes, daß sie getrost nach Kairo kommen könnten, ohne daß ihnen etwas zustoßen werde.

ZURÜCK AUS JĀFĀ

Am gleichen Tag traf die Nachricht ein, daß Sajjid ʿUmar Efendī, der Vorsteher der Scherifen, in Begleitung einer Gruppe von geflüchteten Efendīs und Steuerschreibern nach Damiette gekommen sei: ʿUṯmān Efendī al-ʿAbbāsī; Ḥasan Efendī, der Stadtschreiber; Muḥammad Efendī, der zweite *qalfa* und *bāš ǧāǧart*; der Scheich Qāsim al-Muṣallī und andere. Sie waren in der Zitadelle von Jāfā gewesen, und als die Franzosen diese belagerten und Zitadelle und Stadt eroberten, hatten sie den Ägyptern nichts angetan. (Bonaparte) ließ sie vor sich bringen, tadelte sie, weil sie fortgezogen und aus Kairo geflohen waren, und verlieh ihnen Ehrengewänder. Er ließ sie dann auf ein Schiff bringen und sandte sie nach Damiette.

SICHERHEITSMASSNAHMEN

Am Montag riefen sie in den Sūqs aus, daß die Mamluken, die al-Ghuzz und die anderen ausländischen Soldaten sich zum Haus des Stellvertreters zu begeben hätten, um Papiere zu empfangen, nachdem sie ihre Identität klargestellt und Sicherheit über ihre Person gegeben hätten. Wer später ohne ein solches Papier in seiner Hand angetroffen werde, verdiene, was ihm dann zustoße. Der Grund dafür war, daß Gerüchte umgingen, nach denen viele von ihnen heimlich und als Fellachen verkleidet nach Kairo eingedrungen seien.

Am Dienstag riefen sie in den Sūqs und Straßen aus, daß ein

jeder, der auf die Pilgerfahrt zu gehen beabsichtige, zur See von Suez aus die Reise unternehmen könne, gleichzeitig mit der Kiswa und der Börse. Dies geschah, nachdem sie eine Ratssitzung darüber durchgeführt hatten.

DIE ANGELEGENHEIT DES BEFEHLSHABERS DER PILGERFAHRT

Am gleichen Tag traf der Imam des Katḫodā des Paschas ein; er hatte ein Schreiben bei sich, in dem die Franzosen gepriesen wurden sowie Dank für ihre Aktivität und Sorge darum ausgesprochen wurde, daß sie den Umzug mit der Kiswa durchgeführt hatten. Sie wurden gesegnet, und es hieß darin auch, daß Muṣṭafā Bek weiterhin den Franzosen ergeben sei und sie liebe und daß er sie um Erlaubnis ersuche, nach Kairo zu kommen, um zum Geleit der Kiswa und der Pilger die Reise antreten zu können. Die Zeit dränge, daß er einziehe und zur Pilgerfahrt aufbreche. Am Ende des Briefes hieß es: «Wenn ihr von Verleumdern etwas über mich erfahren habt, so handelt es sich um Lügen und böse Nachrede; glaubt ihnen nicht!»

Das Schreiben wurde im Diwan verlesen, und nachdem die Franzosen seinen Inhalt zur Kenntnis genommen hatten, hielten sie es für Lüge und schenkten ihm kein Gehör. Sie sagten: «Wir sind gewiß, daß er ein Verräter ist, und solche Ausflüchte nützen ihm nichts.» Dann schrieben sie ihm eine Antwort und sandten sie mit seinem Imam zurück. Darin hieß es, wenn er in dem, was er schreibe, aufrichtig sei, solle er zum Oberbefehlshaber nach Syrien ziehen. Sie gaben ihm eine Frist von sechs Stunden, nachdem ihr Schreiben bei ihm eingetroffen sei, und wenn er länger zögere, sei er ein Lügner in seinen Ausführungen; sie würden dann den Soldaten befehlen, gegen ihn Krieg zu führen und ihn anzugreifen.

Am gleichen Tag schrieben sie Papiere und ließen ihren Inhalt auf den Straßen ausrufen; darin hieß es: «Leute von Kairo, wir tun euch kund, daß der Befehlshaber der Pilgerfahrt seiner Reise mit der Pilgerkarawane enthoben worden ist, wegen der Dinge, die er sich hat zuschulden kommen lassen. Doch die Bewohner von Kairo, die Gottesgelehrten, Oğaqs, Händler und Untertanen sind nicht in diese Sache verstrickt, und ihnen ist nichts vorzuwerfen. Gott sei gepriesen, der die Bewohner von Kairo von jenem Zwist befreit hat in ihrer Gegenwart, in Frieden und Heil; frei von Sorgen, ohne Unheil. Wer die Absicht hatte, sich auf die Pilgerfahrt zu begeben, soll sich vorbereiten und in Begleitung der Kiswa und der Börse zur See reisen; die Schiffe stehen bereit. Ihr wohlbewahrten und geschützten Bewohner von Kairo, die ihr zur Begleitung der Pilgerfahrt hergekommen seid, wisset, daß ihr ruhig sein könnt; deshalb laßt das Gerede von Haschischrauchern!»

BRÜCKEN ÜBER DEN NIL

Am Samstag, dem letzten des Monats, stellten sich die Scheichs, die Oğaqs und die Händler ein, alle außer dem Qāḍī; der kam nicht, sondern blieb fern mit Muṣṭafā, dem Katḫodā.

So endete dieser Monat mit den Neuigkeiten, die sich darin zutrugen. Dazu gehörte auch, daß die Franzosen eine Brücke aus Schiffen bauten, auf die Balken gelegt waren. Sie reichte vom Ufer von Kairo in der Nähe von Qaṣr al-ʿAinī bis nach der Insel ar-Rauḍa, nah beim Standort der Windmühle. Die Leute konnten über sie mit ihren Reittieren auf das andere Ufer hinüberziehen. Sie errichteten auch eine große Brücke von ar-Rauḍa nach Gīze.

SONNENUHREN

Dazu gehörte ferner, daß der Astronom Tūt (Nouet?) im Vorraum ihrer Kommandantur, der Residenz Ḥasan Kāšifs des Tscherkessen, Linien zog, die dazu dienten, die Stellung der

Sonne im Kreis des Mittags zu kennen; und zwar über die ganze Länge des Pflasters hin. Anstatt eines Pfahles verwandte er eine durchlöcherte Scheibe mit mehreren Löchern, die er auf dem obersten Sims gegenüber der Sonnenscheibe anbrachte. Die Sonnenstrahlen fielen durch diese Löcher und auf die gezeichneten und unterteilten Linien, so daß man daraus ablesen konnte, wie lange es noch bis zum Mittag war; ferner die Runde der Tierkreiszeichen, Monat um Monat. Auf jedem Tierkreiszeichen war dessen Bild angebracht, damit man so die Höhe der Sonne ablesen könne.

Er zeichnete ferner eine Sonnenuhr oben auf der Wand über dem Hof des Parterres zwischen den beiden Häusern, mit einem Zeiger, der so geformt war, daß er die Deklinationen und Mittagslinien angab. Doch die Stunden vor und nach der Mittagslinie waren anders markiert, als das bei uns üblich ist für das Mittnachmittagsgebet, die Kreise für Sonnenaufgang und die Bögen für Abend- und Morgendämmerung, den Azimut der Gebetsrichtung und die Unterteilung in Grade und ähnliches, was (bei uns) der Festlegung der Gebetszeiten dient. Sie brauchen dies ja auch nicht und haben dafür keine Verwendung.

Er zeichnete auch eine runde Sonnenuhr auf ein viereckiges Stück Messing, mit vielen Linien versehen und aufgestellt auf einer kurzen Säule, geringer als mannshoch, die in der Mitte eines Gartens steht. Ihr Zeiger ist ein eisernes Dreieck, dessen Schatten sich über die eingeschnittenen Linien ausdehnt. Sie war solide gezeichnet und angefertigt, und rund um sie herum waren ihre Angaben und auch der Name ihres Erstellers in arabischem *ṯulṯ*-Duktus in den Messing eingraviert; sie waren mit Silber eingelegt, wie dies die Perser zu tun pflegen.

NEUER AUFTRAG FÜR DIE KISWA

Zu den Ereignissen des verflossenen Monats gehörte auch, daß sie dem Kat̮hodā des Paschas zürnten und seine Gefolgsleute festnahmen und einkerkerten. Unter ihnen befand sich der Kathoda, der als Beaufsichtiger der Kiswa wirkte. Sie ernannten als Aufsichtsperson, um sie rasch zu vollenden, unseren Freund Sajjid Ismāʿīl al-Wahbī, genannt al-Ḫaššāb, der als einer der offiziellen Zeugen *(ʿudūl)* bei Gericht fungiert. Er ließ die Kiswa zum Haus des Ajjūb Ǧāwīš, nahe bei der Moschee der Sajjida Zainab, transportieren, und dort wurde sie vollendet. Die Franzosen zeigten sich auch darum bemüht, das Geld für die Börse zusammenzubringen, und sie ordneten an, daß ein besonderes Register für die Übersendung angefertigt werde.

BOTSCHAFT AUS ʿAKKĀ

Im Jahr 1213 begann der Monat Ḏū l-Qaʿda mit einem Sonntag (6. April 1799). Am 6., einem Freitag, kamen französische Kamelreiter an, die Briefe überbrachten. Darin stand, daß sie Ḥaifa eingenommen hatten und dann gegen ʿAkkā geritten waren, die Festung beschossen und einen Teil ihrer Mauern zerstört hatten und daß sie sie binnen 24 Stunden erobern wollten; ferner, daß sie sich beeilt hätten, diese Kamelreiter zu entsenden, weil die Zeit des Wartens so lange gewesen sei und damit ihre Freunde sich nicht beunruhigten. «Seid ruhig, in sieben Tagen werden wir bei euch sein. *Salām!*»

PILGER ODER KRIEGER?

Am gleichen Tage gelangten Pilger aus dem Maghrib ans Ufer von Gīze. Die Leute redeten und schwätzten nur zuviel. Sie behaupteten, es seien 20000, und sie seien gekommen, um Kairo von den Franzosen zu befreien. Die Franzosen sandten Kundschafter aus, um festzustellen, was es damit auf sich habe. Sie fanden, daß es Leute aus den Gehöften und Dörfern von Fes, also

Fellachen, waren. Sie erlaubten ihnen, einige der Ihren über den Strom zu setzen, um ihre Geschäfte zu erledigen.

Einer von ihnen begab sich zu den Franzosen und flüsterte ihnen ein, sie seien gekommen, um gegen sie Krieg zu führen und den Glaubenskampf gegen sie zu entfesseln; sie kauften auch Pferde und Waffen, denn ihre Absicht sei, einen Bürgerkrieg auszulösen. Daraufhin sandten die Franzosen eine Gruppe zu ihnen, die sich um ihre Angelegenheiten kümmern sollte. Sie gingen zu ihnen hinüber und sprachen mit ihnen und mit ihren Führern über das, was ihnen nachgesagt worden war. Sie erklärten: «Wir sind vielmehr für die Pilgerfahrt gekommen und für nichts anderes.»

Dann kehrten die Abgesandten in Begleitung des Anführers der Maghribiner zurück, und am nächsten Tag wurde ein Diwan einberufen und er vor ihn gebracht. Auch der Mann, der sie beschuldigt hatte, wurde vorgeladen. Sie sprachen mit dem Chef der Maghribiner, befragten ihn und forschten nach ihren Absichten. Er sagte: «Wir sind nur in der Absicht gekommen, die Pilgerfahrt durchzuführen.» Man fragte ihn: «Wozu kauft ihr Waffen und Pferde?» Er erwiderte: «Ja, die brauchen wir notwendigerweise.» Man fragte ihn weiter: «Es ist euch nachgesagt worden, daß ihr gegen die Franzosen Krieg führen wollt und daß ihr sagt, der Glaubenskrieg sei besser als die Pilgerfahrt.» Er entgegnete: «Dieses Gerede ist unbegründet.» Man erklärte ihm: «Der dies behauptet, ist einer von euch!» Er sagte: «Dieser Mann ist ein Dieb; wir ertappten ihn bei einem Diebstahl und erteilten ihm Schläge. Nun veranlaßt der Groll ihn, so zu handeln. Dieses Land gehört nicht uns und nicht unserem Sultan, wie sollen wir um es kämpfen? Es ist auch nicht glaubhaft, daß wir mit dieser kleinen Schar gegen euch kämpfen können; wir haben auch nicht mehr als einen halben Zentner Schießpulver bei uns.» Dann einigten sie sich darauf, daß sie ihre Waffen einsammeln wollten und ihr Anführer (als Geisel) bei ihnen in Kairo zu bleiben habe, bis der ganze Trupp übergesetzt und weitergereist sei. Er könne zwei Tage später mit den Waffen wieder zu ihnen stoßen. Er willigte ein, und sie dankten ihm und gaben ihm Ehrengeschenke.

Am Samstag zog eine Anzahl Soldaten mit zwei Kanonen nach Būlāq, um die Maghribiner zu bewachen, bis sie über den Strom gesetzt hätten, und um dann mit ihnen nach al-ʿĀdilīja zu marschieren. Als die Leute in der Stadt und in Būlāq sahen, daß die Soldaten mit den Kanonen auszogen, erschraken sie sehr und begannen wie gewöhnlich in Geschrei und Klatsch auszubrechen und das Gerücht zu verbreiten, die Franzosen seien ausgezogen, um gegen die Maghribiner zu kämpfen. Die meisten Basare und Läden wurden geschlossen, und das aus bloßen Phantasievorstellungen. Die Marokkaner setzten an jenem Tag nicht über den Strom; sie taten es am folgenden, und die Franzosen marschierten mit ihnen bis nach al-ʿĀdilīja, indem sie ihre Trommeln schlugen. Eine Kanone zog vor ihnen her und eine hinterdrein, jede mit einem Trupp Soldaten.

AUSZUG UND HEIMKEHR VON SOLDATEN

Am Dienstag, dem 10., zog eine Anzahl französischer Soldaten gegen die Araber der Ǧazīra aus, weil Muṣṭafā Bek, der Katḫodā des Paschas, zu ihnen geflohen war und bei ihnen Asyl gesucht hatte. Jene Soldaten wollten sie gegen ihn aussenden.

Am Mittwoch ließen sie eine Anzahl der Marinesoldaten (*qaljūnǧīja*) und andere frei, die in der Zitadelle gefangen saßen. Unter ihnen war Meister Niqūlā, ein armenischer Christ, der ehemalige Kapitän des Kriegsschiffes des Murād Bek, welches in Gīze gebaut worden war. Sie wiesen ihm das Haus des Ḥasan Katḫodā beim Šaʿrīja-Tor zur Wohnung an.

Am gleichen Tag stellte sich Ibn Šadīd, der Scheich der Ḥuwaiṭāt-Beduinen, unter einer Friedenszusicherung ein. Er hatte in Rebellion gestanden, doch sie gewährten ihm Frieden und Ehrengewänder; sie ließen mit ihm eine Karawane mit Mehl und Biskuits für die Soldaten nach Syrien fortreisen.

Am Samstag, dem 21., kam Magallon aus Oberägypten zurück mit den Reichtümern jenes Landes, mit Vieh und anderem.

An jenem Tag richteten sie eine Quarantäne bei al-ʿĀdilīja ein; sie diente für die Soldaten, die von der syrischen Küste und aus den östlichen Provinzen zurückkamen.

An jenem Tag kehrten auch jene zurück, die gegen die Araber der Ǧazīra gezogen waren. Sie hatten sie geschlagen und ihnen einige Beute abgenommen, doch von Muṣṭafā Bek wußte man nicht, was mit ihm wirklich geschehen war. Es hieß, er sei nach Syrien geflohen.

WEITERE VERHANDLUNGEN MIT DEM BEFEHLSHABER DER PILGERFAHRT

Am 25. traf ein Schreiben von dem erwähnten Muṣṭafā Bek ein, das an die Scheichs gerichtet war; darin hieß es, sie möchten den Chefs der Franzosen mitteilen, daß er zu ihrem Oberbefehlshaber nach Syrien unterwegs sei, und sollten darum bitten, daß seine Verwandten wie auch sein Katḫodā freigelassen würden; ferner, daß die Möbel, die man ihm abgenommen habe, wohl aufbewahrt würden, denn es handle sich um Staatseigentum. Als man die Franzosen über den Inhalt des Schreibens informierte, erklärten sie: «Die erwähnten Personen können nicht freigelassen werden, bis wir mit Sicherheit wissen, daß er sich tatsächlich zum Oberbefehlshaber begeben hat, und bis wir einen diesbezüglichen Brief von ihm darüber erhalten. Es ist denkbar, daß er uns anlügt.»

An jenem Tag wurde deutlich, daß Muḥammad Bek al-Alfī hinter den Bergen vorbeigezogen und zu den Arabern der Ǧazīra gestoßen war. Er hatte etwa 100 von seinen Leuten bei sich, nach anderen Informationen auch mehr. Viele der Ghuzz und der in jenen Regionen verstreuten Mamluken gesellten sich zu ihm. Die Beduinen brachten ihm Gaben und Spenden dar, und die Franzosen sandten eine Abteilung gegen ihn aus.

Am 27. des gleichen Monats verfaßten die Franzosen ein Sendschreiben, das im Diwan verlesen wurde und von dem man mehrere Exemplare gedruckt in den Sūqs anschlug. Die Leute hatten viele Gerüchte verbreitet, weil Nachrichten von den Franzosen, die ʿAkkā belagerten, ausgeblieben waren, auch weil Berichte über al-Kīlānī und über die Scherifen, die mit ihm waren, sowie auch über anderes umliefen. Das Schreiben lautete: «Von der Versammlung des großen Diwans in Kairo: Im Namen Gottes des Allerbarmers; keine Feindschaft außer gegen Tyrannen! Wir verkünden allen Bewohnern Kairos: Es ist ein Antwortschreiben aus ʿAkkā von seiner Exzellenz, dem großen Oberbefehlshaber, eingetroffen, das an seinen Stellvertreter im Hafen von Damiette gerichtet ist, datiert vom 30. Ḏū l-Qaʿda des gegenwärtigen Jahres. Er berichtet darin: ‹Wir haben euch zwei Boote nach Damiette geschickt, das erste am 25. und das zweite am 28. Šawwāl. Wir meldeten euch damit, daß wir euch befehlen, Kugeln und Granaten zu unseren Soldaten zu bringen, die Ghazza und Jāfā besetzt halten, damit sie besser ausgestattet und versehen sind. Was diese Länder angeht, so haben wir zahlreiche Kugeln, Granaten und Eßvorräte sowie auch zu trinken und Überfluß an allem. Die Kugelvorräte sind bei uns sogar noch angewachsen, weil wir eine Menge gesammelt haben, die der Feind nach uns schoß, als wollten unsere Feinde uns helfen.

Wir melden euch, daß wir eine Mine gegraben haben, die 30 Fuß tief ist. Wir sind damit bis auf 18 Fuß in die Nähe der Mauer vorgestoßen. Die Soldaten sind auch auf jener Seite, von der aus wir sie bekämpfen, bis auf 48 Fuß an die Mauern herangerückt, nach dem Willen Gottes – Er ist erhaben! Wenn unser Brief euch erreicht und bevor ihr ihn noch zu Ende gelesen habt, werden wir über ganz ʿAkkā gesiegt haben und es besitzen. Wir bereiten uns vor, die Festung zu stürmen. Die Nachricht darüber werdet ihr nach diesem Brief erhalten. Das übrige Syrien und die Länder, die zu ʿAkkā gehören, besitzen wir schon. Sie gehorchen uns voller Achtsamkeit und streben nach unserer Gunst. Sie bringen uns alle guten Dinge und kommen in Schwärmen mit vielen Geschenken, denn kräftige Zuneigung kommt aus einem friedlichen Herzen. Dies geschieht, weil Gott uns begünstigt und weil sie al-Ǧazzār Pascha sehr zürnen.

Wir melden euch ferner, daß General Junot 4000 Krieger besiegt hat, die aus Damaskus beritten und zu Fuß heranzogen. Er trat ihnen mit 300 unserer Fußsoldaten entgegen, und die haben die erwähnte Truppenabteilung geschlagen. Etwa 600 Personen von ihnen, Tote und Verwundete, fielen, und fünf Standarten wurden von ihnen erobert. Dies ist eine wundersame Aktion; nie ist ihresgleichen in einem Krieg geschehen; 300 Mann haben etwa 4000 in Flucht geschlagen. Wir wissen wohl, daß der Sieg von Gott stammt, nicht von der großen oder kleinen Zahl.›

Soweit der Brief des Großen Oberbefehlshabers an seinen Stellvertreter in Damiette. Der Hohe Stellvertreter des Oberbefehlshabers, Dugua, dem das wohlbehütete Kairo anvertraut ist, versammelte uns im Diwan und las uns den Wortlaut dieses Briefes vor. Er gebot uns, den Untertanen in Kairo und den umgebenden Landgebieten nahezulegen, den Sitten und der Billigkeit zu folgen und von Lügen und Fabeln abzulassen. Das Gerede der Haschischraucher bringt selbst erfahrenen Leuten Schaden. Der Hohe stellvertretende Oberbefehlshaber Dugua hat vernommen, daß die Leute von Kairo und vom Lande über die Scherifen Dinge reden, die grundlos sind. Die Wahrheit ist, daß über die Scherifen, von denen sie sprechen und über die sie Lügen verbreiten, Nachrichten vom Hohen Oberbefehlshaber aus Oberägypten eingetroffen sind. Er teilt dem Stellvertreter Dugua mit, daß die erwähnten Scherifen, die al-Kīlānī begleiten, gänzlich aufgerieben worden sind; sie wurden besiegt und zerstreut. Heute verbleibt nichts in Oberägypten, was dem Willen der Franzosen zuwiderhandelt; das Land wurde vor Zwiespalt und Aufstand bewahrt. Ihr aber, Leute von Kairo und vom Land, laßt ab von den Dingen, die euch Verderben und

Unheil bringen, und haltet euch an die guten Sitten, bevor euch Schaden zustößt und Reue und Scham ihn begleiten. Erste Aufgabe des Verständigen ist, daß er sich mit seiner Religion und mit seinen weltlichen Interessen abgibt, daß er das Lügen unterläßt und sich den Beschlüssen Gottes und Seinem Entscheid fügt. Der Verständige weiß die Folgen abzuschätzen und für sich selbst die Lage in Rechnung zu stellen; die Vernünftigen lassen das Reden und den Klatsch und kümmern sich um die Verbesserung ihrer Lage, indem sie zum Großen und Erhabenen Zuflucht nehmen; *Salām!*»

PESTWARNUNG

Im gleichen Monat schrieben sie auch Papiere mit Befehlen folgenden Wortlauts: «Vom versammelten Allgemeinen Diwan an die Bewohner von Kairo, Altkairo und Būlāq: Wir haben beobachtet und erkannt, daß das sicherste Mittel, um der dringenden Gefahr zu entgehen, von der Pest angesteckt zu werden, darin besteht, daß man die öffentlichen Frauen meidet und sich nicht mit ihnen einläßt. Sie sind nämlich die Hauptursache der erwähnten Ansteckung. Aus diesem Grund beschließen wir, ordnen an und verbieten – für dreißig Tage vom heutigen Datum an – allen Leuten, seien sie Franzosen oder Muslime, Orthodoxe, Christen oder Juden, von welcher Glaubensgemeinschaft auch immer, daß ein jeder von ihnen, der eine öffentliche Frau nach Kairo, Būlāq oder Altkairo bringt, sei es in die Baracken der Soldaten oder in irgendwelche andere Häuser der Stadt, daß seine Strafe der Tod sein soll. Ebenfalls sollen die öffentlichen Frauen und Mädchen, die bei der Armee sind, wenn sie von sich aus (nach Kairo) eindringen, mit dem Tode bestraft werden.»

Zu den Ereignissen jenes Monats gehörte auch, daß zwei englische Schiffe – nach anderer Version vier – nach al-Qulzum gelangten, vor Suez beidrehten und aus ihren Kanonen schossen. Einige der Bewohner von Suez flohen nach Kairo und berichteten dies, wie auch, daß einige Dhows eingetroffen seien, die Kaffee und andere Handelswaren geladen hatten, und von jenen gehindert worden seien, nach Suez einzulaufen.

Auch geschah es, daß ein Trupp Beduinen aus der Buḥaira, die man Ghuzz-Beduinen nennt, nach Damanhūr kamen, es beschossen und einige Franzosen töteten. Sie verheerten die ganze Umgebung jener Region und gelangten bis ar-Raḥmānīja und Rosette. Sie töteten, wen sie vorfanden, Franzosen und andere, und plünderten das Land und die Felder.

Ferner geschah es, daß der oben erwähnte al-Kīlānī starb und zu Gottes Gnade – Er ist erhaben – einging und seine Anhänger sich im Lande verstreuten. Einige von ihnen gelangten sogar bis nach Kairo. Die Leute von Oberägypten hatten sie am ärgsten getäuscht; sie hatten ihnen vorgemacht, daß sie ihnen helfen würden, doch in den Kriegshandlungen ließen sie sie im Stich. Ein Teil der Ortschaften beherbergte sie, doch die Franzosen bemächtigten sich ihrer und nahmen sie gefangen.

EINE BERGFESTE

Es geschah auch, daß das Gros der französischen Truppen, die nach Oberägypten geschickt worden waren, nach Kairo zurückkehrte. Auf ihrem Heimweg beschossen sie Banī ʿAdī, eine bekannte Ortschaft Oberägyptens. Deren Bewohner hatten sich geweigert, Geld und Tribut zu bezahlen, weil sie glaubten, genügend Verteidigungskraft zu besitzen. Sie zogen gegen sie aus und bekämpften sie, doch die Franzosen besetzten einen hohen Hügel über ihnen, beschossen sie mit Kanonen und vernichteten sie. Sie brannten ihre Vorratshäuser nieder, dann besiegten sie sie und gingen dazu über, sie zu töten. Sie plünderten sie aus und erbeuteten viel Gut und bedeutende Reichtümer sowie wertvolle Hinterlegschaften, die den Ghuzz und anderen Reichen des Landes und ihrer Stämme gehörten, weil sie alle an ihre feste Position geglaubt hatten. Das gleiche taten sie auch mit al-Maimūn.

EIN NEUER VERSUCH DES HEILIGEN KRIEGES

Der Monat Ḏū l-Ḥiǧǧa begann im Jahre 1213 mit einem Dienstag (6. Mai 1799). Am 2. zogen etwa 1000 französische Soldaten aus, um das Land der Provinz aš-Šarqīja zu decken, weil Beduinen und Mamluken unter der Führung von al-Alfī sich dort konzentrierten. Eine weitere große Menge von Franzosen kam zusammen und brach nach Damanhūr auf. Sie verfuhren mit dieser Stadt in derselben Weise wie mit Banī ʿAdī; sie töteten und plünderten, weil die Bewohner sich gegen sie aufgelehnt hatten. Die Ursache dafür war, daß ein Mann aus Marokko zu ihnen gekommen war, der sich für den Mahdī ausgab und die Leute zum Glaubenskrieg anstachelte. Er hatte etwa 80 Gefährten bei sich. Er schrieb Briefe an die Stadtbewohner und forderte sie zum Heiligen Krieg auf. Die Bewohner der Provinz al-Buḥaira und andere scharten sich um ihn, zogen nach Damanhūr und kämpften gegen die Franzosen, die sich dort befanden. Während vieler Tage sammelten sich die Leute jener Region um ihn, doch dann liefen sie wieder auseinander. Der erwähnte Marokkaner zog einmal nach Westen, dann wieder nach Osten. An jenem Tag wurde auch die Nachricht verbreitet, daß al-Alfī an einen Ort in der Šarqīja gelangt sei und mit den dortigen Franzosen gekämpft habe; doch dann sei er wieder nach der Ǧazīra fortgezogen.

Am 7. kam eine Gruppe von Franzosen aus Syrien in die Quarantäne von al-ʿĀdilīja. Unter ihnen waren auch Verwundete, und einige Leute erzählten, indem sie sich auf sie beriefen, daß der Krieg zwischen ihnen und Aḥmad Pascha in ʿAkkā noch fortdaure und daß ihr Kriegsingenieur, der im Volk als «Vater des Holzbeins» bekannt, dessen eigentlicher Name aber Caffarelli war, gefallen sei. Sie trauerten um seinen Tod, denn er gehörte zu ihren listenreichsten und teuflischsten Leuten. Er wußte alles über Kriegslisten und Kampfeskniffe und Vorrükken unter Gefahr. Dazu kam noch, daß er etwas von Bauten verstand und wußte, wie man sie anlegt, und auch, wie Festungen zu belagern und einzunehmen sind.

EIN SKLAVE LÄUFT AMOK

Am Mittwoch fand das Fest des Schlachtopfers statt; von Rechts wegen wäre es am Donnerstag gewesen. Als die Dämmerung jener Nacht anbrach, schossen sie Kanonen auf der Zitadelle ab, um das Fest anzukündigen; ebenso beim Sonnenaufgang. Doch an diesem Fest wurden keine Opfer dargebracht, wie das Sitte ist, weil die Schafe fehlten; sie waren in die Quarantäne eingesperrt worden. Doch die Leute hatten andere Sorgen. Denn es geschah an jenem Tag, daß ein orthodoxer Sklavenhändler, der einen Mamlukensklaven besaß und im Obergeschoß der Wakālat Ḏū l-Fiqār in der Ǧamālīja wohnte, seine Wohnung verließ, um das Festtagsgebet zu verrichten. Dann kam er in sein Obergeschoß zurück und fand jenen jungen Sklaven in der Art der Kriegsmatrosen in Uniform gekleidet. Er fragte ihn: «Woher hast du diesen Anzug?» Er antwortete: «Von unserm Nachbarn Soundso, dem Soldaten.» Er befahl ihm, die Uniform auszuziehen, doch jener hörte nicht auf ihn und behielt sie an. Er beschimpfte ihn und schlug ihn ins Gesicht. Da verließ er das

Obergeschoß, und es überkam ihn der Wunsch, seinen Herrn zu ermorden. Er kehrte deshalb zurück, um dies zu tun, doch fand er bei seinem Herrn einen Gast zugegen und wagte nicht, ihn in der Gegenwart dieses Gastes anzugreifen. Er blieb also vor der Tür stehen, doch sein Herr sah ihn und erkannte seinen Verrat an seinen Augen. Als der Gast aufstand, ging er mit diesem hinaus und schloß die Tür hinter dem Sklaven ab. Der aber stieg auf das Dach, kletterte auf ein anderes Dach hinüber, ließ sich mit einem Seil in den Hof des Ḫāns hinab und ging hinaus in den Sūq. Er hielt das blanke Schwert in der Hand und rief: «Auf zum Glaubenskrieg, ihr Muslime; schlachtet die Franzosen!» und dergleichen mehr. Er lief in Richtung der Ghūrīja und begegnete drei Franzosen; er erschlug einen von ihnen, die beiden anderen flohen. Dann kehrte er wieder um und ging auf dem gleichen Wege zurück. Die Leute liefen hinter ihm her, bis er zu einer Sackgasse in der Ǧamālīja gelangte; dort lief er hinein und drang in ein Haus ein, das er offen fand und unter dessen Tor sein Besitzer stand. Einige Franzosen liefen zusammen; sie fürchteten das Schlimmste und eilten in ihre Festungen. Zu ihnen stieß ein Trupp Polizeibüttel und fragte nach jenem Sklaven. Das ganze Volk geriet in Aufregung; einige Leute schlossen ihre Läden. Die Franzosen hörten nicht auf, nach dem Sklaven zu forschen, und die Leute antworteten ihnen: «Hier ist er vorbeigekommen», bis sie zu jener Sackgasse gelangten. Sie drangen ein, und als er sie hörte, legte er seine Kleider ab und stieg in einen Sodbrunnen hinab, der sich in jenem Haus befand. Sie drangen in das Haus ein, holten ihn aus dem Brunnen heraus und nahmen ihn gefangen. Die Unruhe ging damit zu Ende. Sie verhörten ihn, was mit ihm los sei und warum er das getan habe. Er sagte: «Dies ist der Tag der Schlachtopfer, und ich wollte die Franzosen schlachten!» Sie fragten ihn nach den Waffen, und er sagte: «Sie gehören mir!» Sie untersuchten ihn und forschten nach der Sache. Sie suchten auch seinen Herrn und fanden ihn beim Scheich al-Mahdī. Sie nahmen auch einige Leute aus dem Ḫān fest, doch dann ließen sie sie unbeschadet wieder frei. Seinen

Herrn griffen sie bei al-Mahdī auf und kerkerten ihn ein. Der Aghā Barṭulmīn kam am Spätnachmittag in den Ḫān. Sie verlangten nach dem Torhüter und dem Vorsteher des Ḫāns sowie den Nachbarn, stiegen in das Obergeschoß hinauf und durchsuchten es nach Waffen, indem sie sogar das Pflaster aufrissen, doch fanden sie nichts. Sie wollten auch die Magazine aufbrechen, doch Sajjid Aḥmad ibn Maḥmūd Muḥarram hinderte sie daran. Darauf zogen sie ab und nahmen den Vorsteher des Ḫāns und die Nachbarn aus dem Obergeschoß sowie einige andere Personen mit und sperrten sie alle ein. Am nächsten Tag töteten sie den Sklaven. Die Leute aber blieben im Gefängnis, bis man sie viele Tage nach dem Ereignis wieder freiließ.

STREIT MIT EINEM CHRISTEN

Am gleichen Tag kam ein syrischer Christ auf einem Esel an der Ḥusain-Moschee vorüber geritten. Der Dolmetscher des Offiziers des Quartiers, Sajjid ʿAbdallāh, sah ihn und befahl ihm, er solle absteigen, aus Ehrfurcht vor der Moschee, wie es die Sitte will. Er weigerte sich; da schüttelte jener ihn, schlug ihn und warf ihn auf die Erde. Daraufhin ging der Christ zu den Franzosen und beklagte sich bei ihnen über Sajjid ʿAbdallāh. Sie ließen ihn vorführen und kerkerten ihn ein. Sein Brotherr legte Fürsprache für ihn ein, doch sie ließen ihn nicht frei. Der Christ behauptete, er sei fern von der Moschee gewesen, und brachte auch Zeugen bei, die ihm das bestätigten; deshalb sei Sajjid ʿAbdallāh in seinem Tun vorschnell gewesen. Er behauptete auch, er habe, als er geschlagen wurde, Geld verloren, das er in der Tasche getragen habe. Der Dolmetscher blieb einige Tage in Haft, bis er jenes Geld ersetzt hatte; es waren 6000 Dirhem!

An jenem Tag sandten die Franzosen dem Oberbefehlshaber in Syrien aus Kairo Proviant auf etwa 800 Kamelen, die Beduinen gehörten. Barṭulmīn geleitete sie mit einem Trupp Soldaten. Sie brachten sie bis Bilbais, und nach zwei Tagen kamen sie wieder zurück.

Am gleichen Tag kamen auch 9 Dhows nach Suez, beladen mit Kaffee, Gewürzen und Handelswaren. Der Scherif von Mekka hatte eine Ladung von 500 Säcken Kaffee dabei. Die Engländer hatten die Schiffe am Landen gehindert; doch der Scherif schrieb ihnen, und sie ließen sie frei, nachdem sie ihnen für den Transport und zum Löschen der Fracht eine Frist von einigen Tagen gesetzt hatten. Sie nahmen einen Zoll von ihnen; die Franzosen aber ließen die Kaffeebohnen des Scherifen zollfrei ein, denn er hatte ihnen deswegen einen Brief geschrieben und ein Geschenk übersandt, etwa 20 Tage bevor die Schiffe in Suez anlangten. Sie hatten ihn im Wortlaut abgedruckt und in den Sūqs angeschlagen. Er war an Poussielgue gerichtet und lautete: «Von Šarīf Ghālib ibn Musāʿid, dem Scherifen des verehrten Mekka, an das Auge seiner Augen, die Stütze seiner Brüder, Poussielgue, Lenker der Angelegenheiten der Französischen Republik, dem klar darliegenden Vorbild der Politik auf Grund der Perfektion seiner überreichen Fürsorge! Es folgt: Dein Brief hat uns erreicht, wir verstanden alles, was Du darin über die Ankunft unseres Schatzes sagst und daß Du einen Kamelreiter entsandtest, daß die Zölle auf dem Kaffee aufgehoben seien, und daß Du alles getan hast, daß er frei verkauft werden kann. Wir haben Deinen Brief genau betrachtet und fanden, daß er solch wahre Sprache enthält, daß er uns zwingt, uns unsererseits an fest gefügte Worte zu halten und die Dunkelheit des Zweifels von aller Meinung zu entfernen. Es ist uns nun eine Verpflichtung, die Grundlagen von Zuvorkommenheit und Freundschaft zu festigen, damit die Wege zwischen uns und Euch offen stehen ohne Schwierigkeiten und Hindernisse. Wir haben in der jüngsten Zeit nun fünf beladene Schiffe aus unserem eigenen Hafen, dem wohlgebauten Ǧidda, in eure Regionen gesandt. Es war uns nur mit größter Mühe möglich, diese Menge zu entsenden, weil die Händler zu wenig Vertrauen besitzen. Die vielen Lügennachrichten haben sie zu allzuviel Furcht und Ausflüchten veranlaßt, da zwischen uns und Euch ja nichts anderes ist als Araberstämme mit lauter verschiedenen Gerüchten, solange die Zeit währt. Doch wir haben von Euch schon früher Schreiben erhalten, die uns veranlaßt haben, durch die Sprache Eurer Briefe jenen lügenhaften Gedanken ein Ende zu bereiten. Wir denken stets voller Sicherheit an Euch, weil dies bei uns durch die Ausdrücke Eurer Briefe unerschütterlich feststeht. – Wir bitten, sobald unser Brief eintrifft, Soldaten von Euch zum Hafen von Suez zu entsenden, damit die Besitztümer der Leute wohlbewahrt bleiben und sie ihren Kaffee nach Kairo bringen und ihn den Händlern verkaufen können, wodurch die Ursachen von Stillstand und Untätigkeit beendet werden. Auch daß Ihr für ihre Rückkehr in kürzester Frist Sorge tragt, damit dadurch eine größere Zahl von Kaffeesendungen angeregt werde. Wenn sie nach dem Verkauf von Kairo nach Suez zurückkehren, laßt sie ebenfalls durch Soldaten aus Eurer sicheren Region geleiten, damit sie vor den Gefahren des Weges bewahrt werden. Diesmal haben wir Dir nur eine kleine Menge geschickt, als Versuch und Experiment für die Großhändler. Wenn sie erfahren, daß Ihr ehrenwert seid und daß sie in allen Fällen willkommen sind, werden sie Euch ihre wertvollen Güter zusenden und eilen, sie zu Euch zu transportieren. Die Furcht wird dann von ihren Herzen weichen. Wir bitten Gott um Erfolg bei unserer Aufgabe, die darin besteht, die Wege gangbar zu machen, die Begehren zu erfüllen und die Zielsetzungen zu erreichen in bestmöglichem Frieden und besser als je zuvor in früheren Zeiten, und daß mit Gottes Kraft viele Waren aus dem Ḥiǧāz zu Euch gebracht werden können. Wir haben selbst einigen Kaffee auf jenen Schiffen und hoffen, daß Ihr einen Blick auf jene Diener werft und tut, was Ihr vermögt, so wie auch wir von unserer Seite, denn auch Ihr werdet Eurerseits bei uns größte Ehrerbietung in jeder Hinsicht finden. Es soll Euch nicht verborgen bleiben, daß wir vor wenigen Tagen Briefe vom Befehlshaber der französischen Heere erhielten, unserem hochgeliebten Bonaparte! Was davon für uns bestimmt war, haben wir sehr genau meditiert, und er wird eine Antwort erhalten, die wir an ihn gerichtet haben. Was wir aber nach Indien weitersenden sollten an Ibn Ḥaidar (Tippū) und an den Imam von Masqaṭ und Euren Verwalter in Moḫā, das haben wir alles von hier aus mit zuverlässigen Boten an die jeweiligen Adressaten weitergesandt. So Gott will, werdet Ihr bald die Antwort erhalten! *Salām!* Ausgestellt am 18. des Monats Ḏū l-Qaʿda im Jahr 1213.» – Darunter steht: «Dieser Brief gelangte nach Kairo am 16. Tage des Monats Ḏū l-Ḥiǧǧa. Die Frist seiner Überbringung vom hochverehrten Mekka nach Kairo betrug 28 Tage.»

KEINE NACHRICHTEN

Dieser Monat verging, ohne daß klare Meldungen über die Franzosen in Syrien eingetroffen wären. Man vernahm nichts für sie Günstiges und nichts Ungünstiges, nur Märchen, denen man nicht vertrauen konnte. Daraus ließ sich nichts Klares erkennen, außer daß die Franzosen mehrmals versucht hatten, die Festung von ʿAkkā zu stürmen und daß sie all ihre Kriegslisten und Kniffe anwandten, ohne damit ihr Ziel zu erreichen.

So ging dieses Jahr zu Ende mit seinen Ereignissen, derengleichen früher nie vorgekommen waren. Eines der wichtigsten von allen war, daß die Pilgerfahrt von Ägypten unterbrochen wurde; weder die Kiswa noch die Börse wurden nach Mekka gesandt. So etwas war in all diesen Jahrhunderten noch nie vorgekommen, auch nicht unter der Dynastie der Osmanen! Der Befehl aber steht Gott alleine zu!

Würdenträger, die in jenem Jahr starben, und Personen, an die sich die Leute erinnern.

Es starb der Imām und Meister, der Rechtsgelehrte, der Weise, der Forscher, der Verständige, der Fromme, der Kunstreiche, der Hochgelehrte, einer der vorzüglichen Würdenträger der Azhar-Moschee, Aḥmad ibn Mūsā ibn Aḥmad ibn Muḥammad al-Bīlī al-ʿAdawī al-Mālikī. Er war in Banū ʿAdī im Jahr 1141 (1727/28) geboren; dort wuchs er auf und lernte den Koran auswendig. Er zog an die Azhar und schloß sich dem Scheich ʿAlī aṣ-Ṣaʿīdī an, so eng und vollständig, daß er in den Wissenschaften erfahren wurde und seine Vorzüge unter den Wenigen und den Vielen aufleuchteten. Er besaß vortreffliche Naturgaben und ein ausgezeichnetes Gedächtnis; er diktierte in seinen Vorlesungen ein Kompendium von allem, was die großen Kommentatoren geschrieben hatten, und dies in guter Darstellung. Die Studenten pflegten es unter ihm nachzuschreiben. Seine Vorlesungen waren in mehreren Büchern gesammelt, die er so lange vorlas, bis sie zu Bänden wurden, aus denen die Studenten großen und weitreichenden Gewinn zogen. Zu Lebzeiten seines Scheichs unterrichtete er viele Jahre lang, und er war berühmt für seine Berichte über die muslimischen Eroberungen. Der Scheich aṣ-Ṣaʿīdī befahl seinen Schülern, zu ihm zu gehen und seinen Kursen zu folgen. Er war sehr ansehnlich in Gestalt und Mannestum. Er hinterließ seinen beiden Söhnen Geheimnisse von Wissen, Nutzen und Vollkommenheit ... Als Scheich Muḥammad Ḥasan starb, übernahm er aufgrund eines Vorschlags der Mystiker *(ahl al-bāṭin)* dessen Lehrstuhl. Als Scheich Aḥmad ad-Dardīr verstarb, übernahm er den Vorsitz im *ruwāq* der Oberägypter. Er hat mehrere Schriften verfaßt, darunter: «Fragen zu allen (jenen Fällen, in denen das) Gebet ohne Imam ungültig ist», und anderes ähnliches. Er fuhr immer fort so zu leben und Gewinn zu bringen, bis er in diesem Jahr verschied. Er wurde im Mausoleum der Muǧāwirūn beerdigt; möge Gott – Er ist erhaben – sich seiner erbarmen.

AŠ-ŠARQĀWĪ

Es starb auch der Gelehrte und vortreffliche Rechtswissenschaftler Scheich Aḥmad ibn Ibrāhīm aš-Šarqāwī aš-Šāfiʿī al-Azharī. Er hatte unter seinem Vater gelernt; er studierte das Recht und hielt sich an seine Familie. Er hörte nicht auf, zu den Vorlesungen seines Vaters zu gehen, bis dieser starb; dann begann er an seiner Stelle zu unterrichten. Die Studenten seines Vaters und andere sammelten sich um ihn. Er blieb den ganzen Tag lang an seiner Stelle in der Azhar-Moschee, wo er diktierte, dozierte und Rechtsentscheidungen entsprechend seiner Rechtsschule abgab. Die Fellachen aus der Umgebung seines Haimatortes kamen mit ihren Rechtsfragen, Streitigkeiten und Heiraten zu ihm. Er sprach Recht unter ihnen und schrieb Fetwas (Rechtsgutachten) für die Kläger, die ihrer bedurften, um sie dem Qāḍī vorzulegen. Es kam sogar manchmal vor, daß er einen allzu Insistenten von ihnen tadelte, schlug und beschimpfte. Sie hörten auf all seine Worte und fügten sich all seinen Urteilen. Manche brachten ihm auch ein Geschenk oder Geld. Er war sehr bekannt; er war groß mit einem gewaltigen Bart und von beredter Zunge. Er lebte so fort, bis er in dem oben erwähnten Aufstand gegen die Franzosen angeklagt wurde und unter jenen starb, die von den Franzosen in der Zitadelle hingerichtet wurden. Man weiß nicht, wo er begraben ist.

AŠ-ŠUBRĀWĪ

Es starb auch der Scheich, Imam und Aufseher, der treffliche und fähige Rechtsgelehrte Scheich ʿAbdalwahhāb aš-Šubrāwī aš-Šāfiʿī al-Azharī. Er lernte die Rechtswissenschaft unter den Scheichs seiner Tage und besuchte die Vorlesungen des Scheichs ʿAbdallāh aš-Šubrāwī, des Ḥanafī, des Barāwī und des ʿAṭīja al-Aǧhūrī sowie anderer. Er trat als Lehrer, Vorleser und Dozent in der Ǧauharīja und in der Ḥusainī-Moschee auf, und eine große

Menschenmenge aus dem Volke wohnte dort seinen Vorlesungen bei und zog Gewinn daraus. Er rezitierte dabei aus den *ḥadīṯ*-Werken wie dem Buḫārī und anderen. Er war angenehm im Umgang, freundlich beim Dozieren, von gutem Gedächtnis und schönem Lebenswandel, auf seine eigene Sache bedacht. So lebte er fort, bis er angeklagt wurde, er habe die Unruhen anstiften helfen, und als Märtyrer von der Hand der Franzosen in der Zitadelle getötet wurde, am letzten Tag des Ǧumādā I des vergangenen Jahres. Man kennt sein Grab nicht.

AL-MUṢAILIḤĪ

Es starb auch der junge Mann von guten Sitten, der beredte Rufer und treffliche Religionsgelehrte Scheich Jūsuf al-Muṣailiḥī al-Azharī. Er lernte den Koran und die Überlieferungen auswendig und wohnte den Lektionen der Scheichs seiner Zeit bei, wie dem Scheich aṣ-Ṣaʿīdī, al-Barāwī, Scheich ʿAṭīja al-Aǧhūrī, Scheich Aḥmad al-ʿArūsī, und er ging viel zu Scheich Muḥammad al-Muṣailiḥī. Er erteilte Unterricht und diktierte Lektionen in der Kurdī-Moschee und in der Lālā-Markthalle. Er war von höflicher Natur, gütigem Wesen, angenehmer Ausdrucksweise, erfreulichen Angesichts, leichten Geistes, und so lebte er fort, bis auch er wegen der Sache mit den Franzosen angeklagt wurde, zusammen mit den anderen, die in der Zitadelle als Märtyrer starben.

AL-ǦAUSAQĪ

Es starb auch der berühmte Meister, Scheich Sulaimān al-Ǧausaqī, Scheich der Blinden in der Zāwija, die heute als die des Šanawānī bekannt ist. Er übernahm den Vorstand über diese Blinden nach dem Tod des Scheichs aš-Šubrāwī und gebot über sie mit Umsicht, Energie und Härte. Er sammelte zu ihren

Gunsten großen Reichtum und Grundbesitz. Er pflegte die Ernten von Leuten, die einen Rechtsanspruch auf sie hatten, sie aber nicht einziehen konnten, weil sie zu weit entfernt waren, für weniger als ihren vollen Wert zu kaufen; dann brachte er ihre Verträge und Wechsel zu den Verwaltern hinaus und forderte sie von ihnen im vollen Maße ein, ohne Rabatt. Wer sich ihm widersetzen wollte, zu dem sandte er ganze Heere von Blinden, bis jener keinen anderen Ausweg mehr fand, als zu zahlen. Wenn seine Ernte nicht abzusetzen war, schloß er über den Preis einen Vergleich ab. Er hatte Gehilfen, die er an die Verwalter nach Oberägypten sandte und die auf Booten zurückkamen, die mit Weizen oder mit Ersatzwaren wie Fett, Honig, Zucker, Öl und anderem dergleichen beladen waren. Diese verkaufte er in Mangeljahren den Stromufern entlang und auch auf dem Lande für überhöhte Preise. Er ließ einen Teil des Weizens in seinen eigenen Mühlen mahlen und verkaufte das feine Mehl in Ledersäcken im Judenquartier, während er aus dem groben Mehl Teig zubereitete für Brot, das die blinden Derwische zur Nahrung verwendeten, zusammen mit den Dingen, die sie durch Betteln zusammenbrachten, indem sie Tag und Nacht in den Märkten und in den Gassen Lobgedichte und Kindergeschichten absangen und in den Häusern und auf den Bänken der Straßen aus dem Koran rezitierten. Jene von ihnen, die starben, beerbte der hier beschriebene Scheich und behielt alles, was der Verstorbene zusammengebracht hatte, für sich selbst; einige von ihnen sammelten nämlich beträchtlichen Besitz. Es fand sich aber niemand, der ihn an alledem gehindert hätte. Es geschah allerdings, daß der Scheich al-Ḥanafī ihm etwas vorzuwerfen hatte und jemanden aussandte, der ihn vor ihn bringen sollte: gebunden, unbedeckten Hauptes, mit Stöcken auf sein Gesicht geschlagen. Der Abgesandte prügelte ihn von seinem Haus bis zu jenem des Scheichs im Muskī-Viertel, vor allen Leuten, die die Marktstraße füllten. Doch als jene Jahre und ihre Generation vergangen waren, wurde der hier Beschriebene zu einem der ersten Würdenträger, den man in den Sitzungen zu Rate zog, dessen energische Handlungsweise man fürchtete und auf dessen Wort man hörte. Man sagte: «Der Scheich hat dies gesagt!» und: «Der Scheich hat jenes befohlen!» Er ging in pelzbesetzten Gewändern einher und ritt auf Maultieren; seine Gefolgsleute ließen ihn dabei nie aus den Augen. Er heiratete viele schöne und reiche Frauen und kaufte sich weiße, äthiopische und schwarze Bettsklavinnen. Er pflegte den Großen und Mächtigen viel Geld zu leihen, damit sie ihm dafür Dank und Gunst zeigten. So fuhr er fort, bis ihn seine Großmannssucht in der Zeit der Franzosen dazu verleitete, eine Hauptrolle in den Unruhen zu spielen, die ihm und anderen zum Verhängnis wurden. Er wurde mit den anderen getötet, die man in der Zitadelle hinrichtete, und man weiß nicht, wo er begraben ist. Sein Sohn saß im Haus des Bakrī gefangen, und als er den Tod seines Vaters vernahm, war er so beunruhigt, daß er fast den Verstand verlor, aus Furcht, daß sein Reichtum als Erbe seines Vaters bekannt werden könnte. Doch am nächsten Tag kam er auf Fürbitte der Scheichs frei, denn er selbst war nicht gesucht worden, sondern nur zufällig zugegen, um seinen Vater zu besuchen, als die Häscher ihn aus übertriebener Vorsicht ebenfalls festnahmen.

AL-BARĀWĪ

Es starb auch der hervorragende, beredte Meister, Scheich Ismāʿīl al-Barāwī ibn Aḥmad al-Barāwī aš-Šāfiʿī al-Azharī. Er war der Neffe des Scheichs ʿĪsā al-Barāwī berühmten Gedenkens. Er trat nach dem Tod seines Vaters an dessen Stelle, hatte jedoch wenig anzubieten, außer daß er ihn übertraf in Berühmtheit, Beredsamkeit, Herrschsucht und Einmischungswillen. Dies war es, was ihn in die Stricke der Franzosen verwickelte. Er wurde hingerichtet mit den anderen, die als Märtyrer getötet wurden. Man kennt sein Grab nicht – möge Gott sich seiner und auch unser erbarmen!

Es verstarb auch der ehrwürdige, hervorragende, vorbildliche Sajjid Muḥammad Kurajjim, getötet von den Franzosen. Seine Geschichte war die folgende: Zu Beginn seines Lebens war er ein Waagemeister, der die Waren in einem Laden in Alexandria abwog. Er bewegte sich geschickt und war sehr gewinnend im Umgang. Stets näherte er sich den Leuten durch seine angenehme Gesellschaft und gewann die Zuneigung der Gefolgsleute des Staates und anderer: der muslimischen und der christlichen Händler sowie der Leute seines Geschlechtes, der Aliden, die Rang und Ansehen besaßen, bis er bei allen beliebt und überall bekannt war, im Hafen von Alexandria ebenso wie in dem von Rašīd (Rosette) oder Kairo. Er gewann Zutritt bei Ṣāliḥ Bek und wurde schließlich Verwalter der Dār as-Saʿāda, während er gleichzeitig ein entscheidendes Wort in Rašīd und auf den umliegenden Gütern und Ländereien zu sprechen hatte. Der Bek unterwarf sich ihre Bewohner und vertraute ihre Angelegenheit dem ʿUṯmān Ḫoǧā an, indem er ihm und seinem Diener, dem erwähnten Sajjid Muḥammad, die gleichen Aufsichtsrechte über sie zusprach.

Dieser trat, nach Ṣāliḥ Aghā, in Verbindung zu Murād Bek und näherte sich diesem an, bis er von ihm erlangte, was er begehrte: er erhob ihn über Seinesgleichen und vertraute ihm die Aufsicht über die Diwane und die Zölle der Häfen an. Sein Gebot und seine Befehle waren nun entscheidend, und er stand fast allen Geschäften vor. Er steigerte die Zölle, Abgaben und Gebühren der Händler, besonders jedoch der Franzosen. Zwischen ihm und Sajjid Šahba kam es zu jenem Zwischenfall, der jenen dazu zwang, sich in einer Zisterne zu verbergen und dort zu sterben.

Als die Franzosen kamen und in Alexandria landeten, nahmen sie den erwähnten Sajjid Muḥammad fest und forderten Geld von ihm. Sie bedrängten ihn und hielten ihn in einem Schiff gefangen. Als sie dann nach Kairo kamen und das Schloß des

Murād Bek besetzten, fanden sie dort Informationen von ihm mit Meldungen über sie und Aufrufen, gegen sie den Heiligen Krieg zu erklären, dazu auch Bemerkungen, daß er sie als geringfügig einschätzte und sie für unbedeutend nahm. Dies steigerte ihren Zorn auf ihn. Sie sandten Boten, ließen ihn nach Kairo bringen und kerkerten ihn hier ein.

Die Mitglieder des Diwans legten mehrmals Fürbitte für ihn ein, doch ohne Erfolg. Dann kam die Nacht vor dem Donnerstag, und Magallon *(Maǧallūn)* kam zu ihm und sagte: «Du mußt soundsoviel Geld bezahlen», wobei er ihm eine Summe angab, über die er nicht verfügte. Er gab ihm nur zwölf Stunden Zeit, um diese Summe beizubringen; andernfalls werde er nach ihrem Verstreichen hingerichtet. Als der Morgen kam, sandte er nach den Scheichs und nach Sajjid Aḥmad al-Maḥrūqī. Einige kamen zu ihm. Er flehte sie an und drang in sie, bat sie um Rettung und sagte ihnen immerfort: «Kauft mich frei, ihr Muslime!» Doch sie hatten nicht genug flüssig, um ihn loszukaufen. Auch war damals ein jeder mit sich selbst beschäftigt und voller Furcht darüber, was ihn treffen könne. Dies war der Beginn ihrer neuen Lage. Als der Mittag herankam, war die Frist verstrichen. Sie setzten ihn auf einen Esel, umgaben ihn mit Soldaten, die in ihren Händen blanke Schwerter trugen; eine Trommel zog voraus, die sie schlugen. Sie zogen mit ihm durch die Ṣalība-Straße, bis sie nach ar-Rumaila gelangten. Sie fesselten ihn, banden ihn an einen Pfahl und schossen auf ihn mit Gewehren, wie es ihre Gewohnheit ist, wenn sie jemanden hinrichten. Nachher schnitten sie seinen Kopf ab, steckten ihn auf einen Stock und zogen damit in ar-Rumaila herum, während der Ausrufer schrie: «Dies ist die Strafe für jene, die sich den Franzosen widersetzen.» Später nahmen seine Gefolgsleute den Kopf und begruben ihn mit seinem Körper. So endete sein Leben. Das war am Donnerstag, dem 15. Rabīʿ I.

Es starb auch der Emir Ibrāhīm Bek aṣ-Ṣaghīr, genannt der Wālī, einer der Mamluken des Muḥammad Bek Abū ḏ-Ḏahab. Er wurde zum Chef erhoben, nachdem sein Meister gestorben war; dann wurde er Emīr und Ṣanǧaq Bek am letzten Ǧumādā I des Jahres 1196 (13. Mai 1782). Er war der Bruder des Sulaimān Bek, genannt der Aghā. Als er nämlich Wālī war, war sein Bruder Janitscharenaghā, so daß die Regierung von Kairo und ihre Polizei in ihrer beider Händen lag.

Im Jahre 97 zürnten Murād Bek und Ibrāhīm Bek dem Helden unserer Biographie und sandten ihn in die Verbannung, ihn selbst, seinen Bruder Sulaimān Bek und Ajjūb Bek, den *defterdār*. Als sie ihm befahlen, fortzuziehen, saß er mit seinen Gefolgsleuten und Mamluken auf und setzte nach Gīze über. ʿAlī Bek Abāẓa und Lāǧīn Bek ritten hinter ihm her. Sie überraschten sein Gepäck bei al-Maʿādī, schnitten es ab und nahmen es ihm weg. Sie nahmen auch seine Kamele und sein Gut. Sie setzten hinter ihm über den Strom und überholten ihn bei den Pyramiden. Durch Listen brachten sie ihn nach Qaṣr al-ʿAinī zurück. Später sandten sie ihn nach as-Sirw und Raʾs al-Ḫalīǧ. Er blieb dort einige Tage. Sein Bruder Sulaimān Bek befand sich in al-Manūfija, und als sie ihm Boten sandten, um ihn nach al-Maḥalla zu verbannen, saß er mit seinen Gefolgsleuten auf und zog nach Masǧid al-Ḫuḍairī. Dort stieß sein Bruder, dessen Biographie wir hier schreiben, zu ihm, und sie ritten zusammen nach al-Buḥaira, dann zogen sie nach Ṭanṭā, dann in die Ostprovinz von Bilbais, und von dort wandten sie sich auf dem Wege jenseits der Berge nach Oberägypten.

Ajjūb Bek befand sich in al-Manṣūra; er stieß ebenfalls zu ihnen. In Oberägypten hielten sich ʿUṯmān Bek aš-Šarqāwī und Muṣṭafā Bek auf; beide schlossen sich ihnen an. Alle traten in Aufstand. Doch Murād Bek und Ibrāhīm Bek sandten Muḥammad, den Katḫodā des Abāẓa und Aḥmad Aghā Šuwaikār zu ʿUṯmān Bek und Muṣṭafā Bek, um sie aufzufordern, nach Kairo zu kommen. Sie weigerten sich und erklärten: «Wir werden nur nach Kairo zurückkehren mit unsern Brüdern zusammen; wenn das nicht sein soll, so bleiben wir bei ihnen, wo immer sie sind.» Die beiden kehrten mit diesem Bescheid zurück.

Man bereitete ein Expeditionskorps gegen sie vor; Ibrāhīm Bek al-Kabīr zog mit ihm. Er traf mit den Aufständischen zusammen und versöhnte sie; dann kam er in Begleitung aller nach Kairo zurück. Doch Murād Bek war verärgert, und am Ende zog er voller Wut von Kairo nach Gīze; dann ging er weiter nach Oberägypten, und zwischen den beiden Parteien geschah, was weiter oben geschildert wurde. Sie sandten Boten hin und her und versöhnten Murād Bek. Er kehrte zurück, während die Genannten ein zweites Mal Kairo verließen und nach al-Qaljūbīja fortzogen. Murād Bek aber verfolgte sie. Sie kehrten zurück bis zu den Pyramiden, und Murād Bek nahm sie gefangen und verbannte sie nach Norden; den Helden dieser Lebensbeschreibung sandte er nach Ṭanṭā. Später zogen sie nach Oberägypten, ohne Muṣṭafā und Ajjūb Bek. Noch später kehrten sie aus Oberägypten zurück, nachdem Murād Bek ihnen dorthin gefolgt war, und ihre Sache ging wie geschildert weiter, bis Ḥasan Bek auftauchte und sie alle gegen ihn auszogen. Es geschah, was ich schon oben erwähnt habe, und der hier Beschriebene erhielt die Würde eines Befehlshabers der Pilgerfahrt, doch reiste er nicht mit der Pilgerkarawane, und als sie nach Kairo zurückkehrten, nach der Pest und dem Tod Ismāʿīl Beks, Raǧab Beks, seines Schwagers, Ibrāhīm Bek al-Kabīr, und des Gemahls seiner Tochter, wie oben berichtet, hörte er nicht auf, seine Herrschaft auszuüben und sein Emirat innezuhaben, bis die Franzosen kamen und an das Ufer von Imbāba gelangten. Er starb an jenem Tag durch Ertrinken, ohne daß seine Leiche je zum Vorschein gekommen wäre. Das war am Samstag, dem 7. Ṣafar des vergangenen Jahres (21. Juli 1798).

Es starb auch der Emīr ʿAlī Bek der Defterdār, der als der Katḫodā der Ğāwiše bekannt war. Ursprünglich war er ein Mamluk des Sulaimān Efendī, der zu den Altersgenossen *(ḫušdāš)* des Katḫodā Ibrāhīm al-Qāzdoghlu gehörte. Sein erwähnter Herr strebte nicht danach, Emir zu werden, sondern war mit seinem Stand zufrieden und begnügte sich mit dem, was zum Leben genügte. Er liebte die Gesellschaft der Gelehrten und Rechtschaffenen und enthielt sich der Zusammenarbeit mit den Leuten seines Standes und des Eingreifens in die Staatsgeschäfte. Er pflegte jeden Tag in die Azhar-Moschee zu kommen, wo er den Vorträgen der Gelehrten beiwohnte und aus ihren Vorteilen Gewinn zu ziehen suchte. Er besuchte regelmäßig bis zu seinem Tod die Lektionen des Scheichs Aḥmad as-Sulaimānī über die Rechtslehre nach der ḥanafitischen Schule. Er bemühte sich auch, den Vorlesungen von dessen Schüler, dem Scheich ʿAbd-ar-Raḥmān al-ʿArīšī zu folgen, der damals noch in seiner Jugend stand und keinerlei Familienanhang besaß; mit dem pflegte er die Lektionen zu repetieren. Er schloß sich mit ihm zusammen, weil er sah, wie edel er war; er brachte ihn in sein Haus und kleidete und umhegte ihn. Er fuhr immer fort, mit ihm Jurisprudenz zu treiben und des Nachts die Lektionen mit ihm zu wiederholen. Er verheiratete ihn auch und stattete ihn aus; er selbst war nämlich die Ursache seiner Heirat. Er blieb bei dieser Lebensweise, bis im Jahr 1175 (1761/62) Sulaimān Efendī starb. Daraufhin heiratete der Held unserer Biographie die Gemahlin seines Herrn, und er verblieb zusammen mit seinem Altersgenossen *(ḫušdāš)* Amīr Aḥmad im Hause ihres einstigen Herrn.

Doch das Herz des ʿAlī Bek, dessen Biographie wir hier geben, strebte nach Rang und Befehlsgewalt; deshalb begann er in den Häusern der Emire zu verkehren, wie es die anderen Soldaten auch taten. ʿAlī Bek al-Kabīr verlieh ihm im Jahre 1186 das Amt eines Kāšif der Gegend östlich der Aulād Jaḥjā. Er verwaltete das Gebiet mit Geschick und tötete die Übeltäter; er verbreitete

Furcht in der Region und sammelte viel Geld ein. Er blieb ihr Vorgesetzter, bis Muḥammad Bek Abū Ḏahab seinem Herrn ʿAlī Bek nachfolgte und Kairo verließ, um nach Oberägypten zu ziehen. Als er in jene Region gelangte, war der Held unserer Biographie der erste, der ihn persönlich empfing und ihm sein Geld und seine Zelte zur Verfügung stellte. Muḥammad Bek freute sich seiner, zog ihn an sich heran und hielt ihn in seiner Nähe. Er blieb bei ihm und ritt mit ihm, bis geschah, was geschah, daß nämlich Muḥammad Bek ganz Ägypten in seine Gewalt bekam. Da erhob er ihn für einige wenige Tage zum *aghā* der *mutafarriqa;* dann erhob er ihn weiter, indem er ihn entweder der *ṣanǧaqīja* vorsetzen oder ihn zum Katḫodā der *ǧāwīšīja* ernennen wollte. Er schlug ihm dies vor, damit er eines der beiden Ämter wählte.

Da begab er sich zu dem jetzt verstorbenen Scheich, meinem Vater, und erzählte ihm dies. Dieser riet ihm, das Amt des Katḫodā der *ǧāwīšīja* anzunehmen, weil es ein hohes Amt mit großen Einkünften sei, ohne indes seinem Inhaber irgendwelche Mühseligkeiten zu bereiten; es koste keine großen Anstrengungen, keine Reisen mit Expeditionstruppen und nicht allzuviel Sommerkampagnen. So geschah es denn auch, und das war im Jahre 86 (1772). Er nahm Wohnung im Haus des Sulaimān Aghā, des Katḫodā der *ǧāwīšīja* in Darb al-Ǧamāmīz am Elefanteich. Seine Macht wuchs, und sein Reichtum nahm zu; er wurde berühmt, und man rechnete ihn unter die Emire.

So lebte er fort, bis Muḥammad Bek starb und Murād Bek und Ibrāhīm Bek in der Herrschaft über Ägypten unabhängig wurden; der hier Beschriebene war der Dritte im Bunde. Er war eng mit Ibrāhīm Bek verbunden; so sehr, daß Ibrāhīm Bek sich nicht eine Stunde lang von ihm trennen konnte. Er begleitete ihn wie ein Zwillingsbruder und vertrauter Freund; er war willkommen, hoch geehrt und einflußreich in allen Dingen. Er blieb in dieser Position, bis Ḥasan Pascha als Gouverneur nach Ägypten kam und Ibrāhīm Bek und Murād Bek mit den übrigen Emiren gegen ihn auszogen. Doch der hier Geschilderte blieb hinter ihnen zurück, denn er hatte im geheimen Briefe mit Ḥasan Pascha gewechselt.

Als dann Ḥasan Pascha fest eingesetzt war, zog er ihn an sich heran und übergab ihm die Leitung der Regierung. Er erhob ihn zum Chef der *ṣanǧaqīja,* fügte das Amt eines Defterdār hinzu und vertraute ihm alle Geschäfte an, im Großen wie im Kleinen. Er konzentrierte die Führung Ägyptens auf seine Person, und er wurde sein Leitstern, Befehlshaber, Wesir und Chef seiner Heere. Kein Geschäft wurde abgeschlossen, ohne daß man ihn nach seiner Meinung gefragt und seinen Rat eingeholt hätte. In seinem Haus versammelten sich die Diwane, und er verteilte die Positionen und Ämter nach seinem Gutdünken. Er berief und zog heran, entfernte und verbannte, wen er wollte, und sein Namen war berühmt in allen Provinzen Ägyptens, Syriens und Kleinasiens. Er riet, man solle Murād Kāšif die Führung der *ṣanǧaqīja* anvertrauen und ihn selbst zum Befehlshaber der Pilgerfahrt ernennen, und seither nannte man ihn Muḥammad Bek den Ausgewechselten, weil man den Namen Murād so sehr haßte; als *al-Mabdūl,* «der Ausgewechselte», wurde er berühmt. Es gelang ihm, die Vorbereitungen zur Pilgerfahrt und für die Börse in wenigen Tagen zu vollenden, und er reiste mit den Pilgern in der althergebrachten Ordnung. Er rüstete auch Expeditionen und Heereskolonnen aus, die den ausgestoßenen Emiren nachstellten. Er blieb souverän in seinen Entscheiden im Herrschaftsbereich Ägypten für den Rest jenes Jahres. Als der Ramaḍān kam, sandte er lastenweise Vorräte und Kleider an alle Emire und Würdenträger und an ihre Gemahlinnen und ihre Mamluken, auch an die Gelehrten und Scheichs und sogar an die unbekanntesten Rechtswissenschaftler, die sich in Not befanden. Er dachte, die Zeit würde ihm geneigt bleiben, und verharrte in der Tat in dieser Lage, bis Ismāʿīl Bek eingesetzt wurde und Ḥasan Pascha abreiste. Da kam es zu Mißhelligkeiten zwischen ihm und Ḥasan Bek al-Ǧiddāwī und seinen Mitdienern; der begann nämlich den Helden unserer Lebensbeschreibung zu schikanieren und ihm in allen Dingen entgegenzutreten. Er aber gab alles zu, worin er ihm widersprach, und suchte die Schwierigkeiten zwischen ihnen zu überbrücken, erstickte seinen Zorn und verbarg seinen Ärger. Doch er besaß immer noch großen Familienanhang.

Schwere Kopfschmerzen befielen ihn, und er litt an Migräne, deren Schmerzen immer zunahmen. Sie dauerten monatelang. Eines seiner Augen wurde angegriffen, und er verlor es; dann wurde er wieder besser. Dies alles dauerte, bis die Pest vom Jahre 1205 (1790/91) in Kairo ausbrach. Ein Sohn, der kaum erwachsen war, starb ihm, und sein Verlust bekümmerte ihn sehr. Auch seine Gemahlin starb sowie die meisten seiner Sklavinnen und Mamluken. Auch Ismāʿīl Bek, seine Emire und Mamluken starben; auch Riḍwān Bek al-ʿAlawī. Doch er und Ḥasan Bek al-Ǧiddāwī überlebten und stritten sich um die Oberherrschaft, ohne daß einer sich mit jener des anderen abfinden konnte.

Schließlich kamen sie überein, ʿUṯmān Bek Ṭabbāl, den Gefolgsmann des Ismāʿīl Bek, zum Emir zu erheben, weil beide glaubten, daß er sich dafür eigne und nicht zu den Feinden übergehen werde. Doch die Sache verlief ganz anders. Er wollte ebenfalls nicht das Amt des Emirs ausüben, weil Ḥasan Bek ihm stets Schwierigkeiten machte; er sandte heimlich Boten an die Emire, die sich in Oberägypten aufhielten, sie sollten kommen und einen Vorstoß auf Kairo unternehmen. Ḥasan Bek und ʿAlī Bek entschlossen sich, den Krieg gegen sie vorzubereiten, und sie zogen nach der Region von Ṭurā und bereiteten sich vor, gegen sie zu kämpfen. ʿUṯmān Bek wiegte sie in Sicherheit und spiegelte ihnen vor, daß er nur Listen und Ränke anwenden wolle. Sie wußten nicht, was er wirklich im Schilde führte; es kam weder ihnen noch sonst jemandem in den Sinn, daß er sie verraten könnte. Vielmehr dachte jeder der beiden an den anderen als an den möglichen Verräter, bis das eintrat, was wir weiter oben an seiner Stelle beschrieben haben, und der hier Behandelte wie auch Ḥasan Bek nach Oberägypten fliehen mußten. Er verweilte dort einige Zeit, dann trennte er sich von Ḥasan Bek und reiste von al-Quṣair auf dem Roten Meer nach al-Muwailiḥ. Er sandte Diener nach Kairo, und es gelang ihm, einige Dinge, deren er bedurfte, geheim an sich zu nehmen; dann ging er von dort nach Syrien.

Er traf mit Aḥmad Pascha al-Ǧazzār zusammen und stieg in Ḥaifa ab, wo er eine Zeitlang wohnte, während er dem Staat (der Osmanen) Botschaften über seine Sache zusandte. Man forderte ihn auf, selbst zu kommen, doch als er in der Nähe von Istanbul anlangte, sandte man ihm einen Boten, der ihn mitnahm und nach Bursa führte. Er verblieb dort, und man stellte ihm jeden Monat seinen Lebensunterhalt zu. Es wurden ihm dort Kinder geboren. Dann, als die Sache mit den Franzosen ausbrach, bestellte man ihn an den Hof und händigte ihm Schreiben aus, die an Ibrāhīm Pascha, den damaligen Oberbefehlshaber, gerichtet waren. Doch als er nach Beirut gelangte, sandte er Botschaft an Aḥmad Pascha (al-Ǧazzār) und wollte mit ihm zusammenkommen. Doch Aḥmad Pascha wußte, daß die Briefe, die er mit sich führte, an Ibrāhīm Pascha gerichtet waren; daher wollte er ihm übel und wandte sich von ihm ab. Er sandte ihm einen Boten mit dem Befehl, abzureisen. Dies geschah gerade zu der Zeit, als Ibrāhīm Pascha entlassen wurde. Er zog voller Gram nach Nāblus und starb dort an seinem Leid.

Seine Mamluken, die ihn überlebten, kamen nach Kairo und lebten in seinem Haus, wo sich sein Mamluk ʿUṯmān Kāšif befand sowie seine Tochter, die er jung in Kairo zurückgelassen hatte. Sie war aufgewachsen und heiratsfähig geworden. Sein Schatzmeister, der nach Kairo zurückgekehrt war, heiratete sie; er lebt bis heute mit ihr und mit seinen Kameraden in ihrem Haus, das im Darb al-Ḥaǧar liegt. Der hier Geschilderte war ein Emir ohne böse Eigenschaften, der eine Neigung zur Wohltätigkeit hatte, rechtgläubig war und die Gelehrten und ihre Vorzüge liebte, sie großzügig behandelte, ihnen Ehre erwies und ihre Fürbitten anzunehmen pflegte. Er hatte einen feinfühligen Charakter, eine Neigung zu Ausschweifungen und sichtbarem Luxus. Möge Gott sich seiner erbarmen und ihm Zugang gestatten!

Es starb auch Emir Ajjūb Bek, der Defterdār, einer der Mamluken des Muḥammad Bek, der den Emirsrang und die *ṣanǧaqīja* erreichte, nachdem sein Meister gestorben war. Ich habe ihn mehrmals oben erwähnt. Er war voller Schlauheit und Listen und zeigte sich stets daran interessiert, dem Recht zum Sieg zu verhelfen. Er liebte die Scherifen und Gelehrten und kaufte gerne Koranhandschriften und Bücher; er neigte zu Nachtunterhaltungen und (zur Lektüre von) Erinnerungen und Lebensberichten früherer Leute. Er ging regelmäßig in die Moschee zum Gebet und erfüllte die Begehren derjenigen, die ihn um etwas baten oder angingen, entschieden und rasch, doch allzu Hartnäckigen schnitt er das Wort ab, besonders wenn er recht hatte. Oft erkrankte er an Hämorrhoiden. Ich habe von ihm selbst gehört, daß er ein Traumgesicht sah – etwa zwei Monate, bevor die Franzosen ankamen – das ihn auf sie hinwies und auch darauf, daß er im Kampf gegen sie fallen werde.

Als dies eintrat und sie zum Ufer von Imbāba gelangten, setzte der hier geschilderte Mann zwei Tage vorher über den Strom und sagte beständig: «Ich habe mein Leben auf dem Weg Gottes dahingegeben.» Als die beiden Heere aufeinanderstießen, legte er seine Waffen an, nachdem er die Waschungen vollzogen und zwei *rakʿa* gebetet hatte, und saß an der Spitze seiner Mamluken auf. Er sprach: «Mein Gott, ich weihe mich dem Heiligen Krieg auf Deinem Pfade!», stürzte sich auf die französischen Reihen und warf sich ins Feuer. Er wurde an jenem Tage zum Märtyrer – ein Vorzug, den nur er erlangte, kein anderer seiner Gefährten; nein, keiner von allen Bewohnern Kairos. Wie über ihn Scheich Ḫalīl al-Munīr in einer Qaṣīda dichtete, in der er von ihnen berichtet und über den hier geschilderten Mann erklärt:

Keiner von ihnen außer Ajjūb entkam dem Schmerz
zu sehn, wie der Feind schnaubend vorwärts stieß.
Ihm erschien eine wunderschöne Huri, die sprach:

«Lenk deinen Fuß zur Freude und eile dich;
Laß dem Murād diese Welt und komm zu uns,
Denn wir sind das Leben! Laß den Lebensgeist für den Kampf;
Führ an den Gotteskrieg, schwertberühmt, voll Eifer
Für das Recht, das über die Zwietracht triumphiert!» –
«Gott ist am größten und dazu Gottes Einzigkeit»,
das war sein Ruf im finsteren Schlachtenstaub.
So fuhr er fort, gegen Reihen im Widerstand,
bis daß sein Herz stillstand und den Tod erlangt.
Er fuhr zu kämpfen fort, bis sich senkte sein Stern,
von ihm glänzendes Licht aufflog zum Horizont.
Er verging als einziger Märtyrer, rein, voller Glanz;
gewaschen im schäumenden Blut und nicht ertrunken.
Die echte Perle ist anders als Muschelglanz;
sie leuchtet im Schmuckstück glitzernden Scheins.
Sein war die Herrlichkeit; doch sie brachten nur
die Ewigkeit für eine Wenigkeit zum Verkauf ...

und so weiter. Sein Vers, «mit schäumendem Blut und nicht ertrunken» bezieht sich auf Ibrāhīm Bek, den Wālī, der, als er entfloh, um sich zu retten, im Strom ertrank.

DER EMIR ṢĀLIḤ BEK

Es starb auch der Emir Ṣāliḥ Bek, der in jenem Jahr Befehlshaber der Pilgerfahrt gewesen war, auch er einer der Mamluken des Muḥammad Bek Abū Ḏahab. Er übernahm die Führung Ägyptens nach Ibrāhīm Bek al-Wālī und sorgte in jenem Jahr für besseres Leben; nie zweifelte jemand an ihm, und nie hat er jemandem Böses getan. Er war auch Katḫodā der *ǧāwīšīja* gewesen, als Ibrāhīm Bek Kairo im Zorn auf Murād Bek verließ; er war dessen Vertrauter gewesen. Als sie sich wieder versöhnten und Ibrāhīm Bek mit ʿAlī Aghā, dem früheren Katḫodā der *ǧāwīšīja*, zurückkam, übernahm jener sein Amt wieder wie zuvor, und der hier Dargestellte verblieb ohne Amt. Doch war er reich an Familienbanden und zählte weiter zu den Würdenträgern.

Als man anläßlich des Zwischenfalles des Ḥasan Pascha aus Kairo auszog, sandten ihn seine Kameraden *(ḫušdāšīja)* nach Kleinasien. Das wäre beinahe geglückt, doch nahm ihn Ḥasan Pascha gefangen, als er sich gerade zur Reise rüstete. Und als sie dann nach dem Tod des Ismāʿīl Bek nach Kairo zurückkehrten, nahm er im Haus des Bārūdī Wohnung, nahm Umm Ajjūb, die ehemalige Konkubine des Murād Bek, zur Frau. Dann reiste er ein zweites Mal nach Kleinasien ab mit Briefen und Geschenken, erledigte seine Geschäfte und kehrte mit dem Amt eines Wakīl zurück. Er nahm das Haus in al-Ḥabbānīja von Muṣṭafā Aghā, setzte ihn als Wakīl der Dār as-Saʿāda ab und lebte in dem Haus.

Er war sehr eng mit Murād Bek verbunden; dieser baute für ihn ein Haus neben dem seinen in Gīze und wollte sich nie von ihm trennen. Er wurde das wichtigste Zugangstor zu ihm, wenn man etwas von ihm wollte. Er besaß eine beredte Zunge und einen beweglichen Charakter; er verstand auf einen bloßen Wink hin; wer ihn sah, hielt ihn für einen Araber, weil seine Zunge so hurtig war und sein Wort so behend. Von Natur neigte er zu Ausschweifungen und zum Anhören von Gesang und Saitenspiel; er kannte die verschiedenen Tonarten und vermochte sie auch wohl mit seinen eigenen Händen zu spielen. Dann erhielt er die *ṣanǧaqīja* und übernahm die Führung der Pilgerfahrt im Jahr 1212 (1798). Er vollendete ihre Angelegenheiten, Pflichten und Obligationen, wie es sich ziemte, und zog in jenem Jahr in gewaltigem Glanz mit der Pilgerfahrt aus, nach alter Sitte, in Sicherheit und Frieden, Reichtum und Großzügigkeit. Die Handelssaison war in jenem Jahre (zur Zeit der Pilgerfahrt) auf ihrem Höhepunkt angelangt. Während er auf der Pilgerfahrt war, gelangten die Franzosen nach Ägypten. Die Pilger erhielten die Nachricht davon in der Ebene von ʿAqaba. Die Franzosen sandten ihnen Briefe aus Kairo, die Friedenszusicherungen enthielten und den Befehl, die Pilger in kleinen

Gruppen nach Ägypten zu bringen. Ibrāhīm Bek wurde zu ihnen gesandt, um sie in Bilbais zu treffen. Der in dieser Biographie Geschilderte machte einen Umweg über Bilbais, und es geschah, was oben erwähnt worden ist. Er blieb bis zu seinem Tod in Syrien; nach einiger Zeit sandte seine Frau Boten, und seine Leiche wurde hergebracht und in Kairo in der Turba der Muǧāwirūn begraben.

SAJJID MUṢṬAFĀ AD-DAMANHŪRĪ

Es starb auch der Meister voller Vorzüge und vollkommene Redaktor, der Rechtsgelehrte voll Weisheit, Sajjid Muṣṭafā ad-Damanhūrī aš-Šāfiʿī. Er lernte die Rechtswissenschaften von den Scheichs seiner Zeit und vertiefte sich in die *Muʿallaqāt*. Er hing dem Scheich ʿAbdallāh aš-Šarqāwī an, ohne je von ihm abzulassen, und er wurde wegen seiner Verbindung mit ihm bekannt. Als aš-Šarqāwī zum Scheich der Azhar erhoben wurde, war ad-Damanhūrī stets bei ihm und wurde Meister über Lösen und Knüpfen aller Angelegenheiten, Aufgaben und Botschaften bei den Großen und Würdenträgern. Er war verständig und klug, beherrschte die Regeln der Rechtswissenschaft voll und ganz und vermochte sie sich sofort ins Gedächtnis zu rufen. Er pflegte die Rechtsentscheide für seinen erwähnten Meister zu schreiben; er wählte sie treffend aus, und seine Ausdrucksweise war wohlartikuliert. Er hatte eine große Vorliebe für Geschichtsbücher und Biographien früherer Menschen. Er suchte Bücher darüber zu erwerben, wie das «Buch des Weges» *(Kitāb as-Sulūk)* und die «Quartiere» *(Ḫiṭaṭ)* des Maqrīzī, Teile der Annalen des ʿAinī, des Saḫāwī und anderes dieser Art.

So lebte er, bis er eines Tages auf ein Maultier stieg und zu einem seiner Geschäfte fortritt. In der Muskī-Straße kam ihm ein Franzose zu Pferd entgegen; der trieb sein Pferd an, und das Maultier des Sajjid Muṣṭafā scheute; es warf ihn auf seinen Rücken zur Erde. Der Huf des Pferdes des Franzosen traf sein

Ohr und zerbrach seine Schläfe. Er gab keinen Laut von sich und bewegte sich nicht mehr. Man brachte ihn auf einer Bahre in sein Haus, und er starb in derselben Nacht – möge Gott sich seiner erbarmen!

ʿABDALLĀH, DER KĀŠIF DES ǦURF

Es starb auch ʿAbdallāh, der Kāšif des Ǧurf. Er war ein Sklave Ismāʿīls, des Kāšif des Ǧurf, eines Gefolgsmannes des ʿUṯmān Bek Ḏū l-Fiqār des Älteren. Er war berühmt für seinen Mut und sein Draufgängertum ebenso wie sein Herr. Er erreichte in Kairo den Emirsrang und Macht und Einfluß in allen Beratungen. Er kaufte viele Mamluken, hervorragende Pferde, Singsklavinnen und Sklaven; er hatte eine Anzahl von Soldaten und Truppen bei sich (in seinem Haus) und erbaute ein prächtiges Schloß im Darb al-Maḥrūq. Dort lebte er, bis er am Samstag, dem 9. Ṣafar, im Kampf gegen die Franzosen getötet wurde. Er war beleibt, dunkelhäutig, voller Tatkraft und Ritterlichkeit, berühmt und gewaltig.

RÜCKKEHR BONAPARTES AUS SYRIEN

Dann begann das Jahr 1214.

Der Monat Muḥarram begann mit einem Mittwoch (5. Juni 1799). An jenem Tag erschien eine Gruppe von Franzosen in al-ʿĀdilīja, und man feuerte bei ihrer Ankunft fünf Kanonenschüsse ab. Am Tag darauf beriefen sie den Diwan ein und legten ihm einen übersetzten Brief vor, der lautete: «Ein Antwortschreiben aus dem Feld vor ʿAkkā vom 27. Floréal *(Furijāl)*, der übereinstimmt mit dem 21. Ḏū l-Ḥiǧǧa, 1213. Von Bonaparte, dem Oberbefehlshaber der französischen Armeen, an den Allgemeinen Diwan von Kairo: Wir melden euch, daß wir aus Syrien nach Ägypten ziehen werden. Ich habe größte Eile, mich wieder bei euch zu befinden. Wir werden in drei Tagen von heute an abmarschieren und in 15 Tagen bei euch ankommen. Ich habe eine große Zahl von Gefangenen und Fahnen bei mir. Die Paläste des Ǧazzār und auch die Mauern von ʿAkkā habe ich durch die Geschosse niedergelegt; die Stadt habe ich verwüstet, so daß darin nicht ein Stein auf dem anderen blieb; alle seine Bewohner sind über See aus der Stadt geflohen. Ǧazzār ist verwundet; er hat sich mit seinen Anhängern in einen Turm am Meer eingeschlossen. Seine Wunden sind lebensgefährlich. Von den 30 Schiffen voller Soldaten, die kamen, um al-Ǧazzār zu helfen, sind drei vernichtet worden, weil unsere Schiffe sie so heftig beschossen; vier haben wir erobert; sie waren mit Kanonen bestückt; es war eine unserer Fregatten *(friqāṭa)*, die die vier eroberte. Der Rest von ihnen wurde zerstört oder beschädigt; die meisten gingen unter. Ich bin sehr begierig darauf, euch wiederzusehen, denn ich bin der Ansicht, daß ihr aus ganzem Herzen euer Bestes getan habt. Doch jene Gruppe von Unruhestiftern, die nach Zwiespalt ausschauen und Böses ausführen wollen, wird sich auflösen, wenn ich heimkehre, wie die Nebel sich verziehen, wenn die Sonne aufgeht. Venture *(Mantūra)* starb an einer Krankheit; der Verlust dieses Mannes wiegt sehr schwer für uns; *Salām*.» – Jener Venture war der Übersetzer des Oberbefehlshabers; er war taktvoll, ein tiefer Forscher, der das Türkische sowie die arabische, die griechische und die französische Sprache beherrschte.

ERKLÄRUNGEN FÜR DIE FRANZOSEN

Als die Franzosen ʿAkkā nicht einnehmen konnten, beschlossen sie, nach Ägypten zurückzukehren, und Bonaparte sandte ein Schreiben an die Franzosen, die in Kairo geblieben waren, in dem er sagte, dafür, daß die Belagerung von ʿAkkā aufgegeben werden müsse, gebe es 15 Gründe: 1) Sie seien zu dem Orte gekommen und hätten sich sechs Tage lang des Krieges enthalten, doch dann seien die Engländer angekommen und hätten ʿAkkā mit fränkischen Waffen befestigt. 2) Sechs Schiffe, die von Alexandria ausgesandt wurden und auf denen sich große Kanonen befanden, seien von den Engländern vor Jāfā erbeutet worden. 3) Die Pest, die das Heer befiel und an der täglich 50 bis 60 Soldaten starben. 4) Mangel an Vorräten, weil das Land in der Nähe von ʿAkkā verwüstet war. 5) Zusammenstoß Murād Beks mit den Franzosen in Oberägypten, bei dem 300 Franzosen umgekommen waren. 6) Wir vernahmen, daß die Bewohner des Ḥiǧāz sich mit Kīlānī nach Oberägypten wandten. 7) Der Marokkaner Muḥammad, der ein großes Heer gesammelt hatte und behauptete, er sei ein Sultan aus Nordafrika. 8) Die Ankunft der Engländer vor Alexandria und Damiette. 9) Die Ankunft der Flotte von Moskau vor Rhodos. 10) Die Nachricht, daß der Frieden zwischen Österreich und Frankreich gebrochen worden sei. 11) Die Ankunft einer Antwort auf einen Brief, den wir an Tippū, einen der Könige von Indien, geschrieben hatten. Wir hatten ihn an ihn gesandt, bevor wir vor ʿAkkā gezogen waren. [Jener Tippū ist der, der nach Istanbul Geschenke geschickt hatte, darunter zwei Vögel, die in der indischen Sprache redeten, ferner einen Thron und eine Estrade aus Aloeholz. Er forderte, daß ihm Hilfe gegen die Engländer geleistet werde, die ihn in seinem Land bekämpften. Sie versprachen und gewährten sie ihm und schrieben ihm Briefe und Befehle. Er war auch nach Ägypten gekommen, und zwar im Jahr 1202 (1787/88) in den Tagen des Sultans ʿAbd al-Ḥamīd; er ist oben unter den Ereignissen jenes Jahres erwähnt. Er war ein Mann, der auf einem schönen Thron von wundersamer Arbeit zu sitzen pflegte, den seine Gefolgsleute auf ihren Nacken trugen. Später war er nach Frankreich gezogen und war mit dessen König zusammengekommen, bevor die Franzosen nach Ägypten gekommen waren. Er hatte mit ihm geheime Abmachungen getroffen, die niemand kannte außer den beiden; dann war er auf dem Weg übers Rote Meer in sein Land zurückgekehrt. Als die Franzosen nach Ägypten gekommen waren, schrieb ihr Oberbefehlshaber über jenes Geheimnis an Tippū, denn er hatte davon erfahren, als das Volk sich erhoben hatte (*ʿinda qijām al-ǧumhūr)* und die Archive der Briefe des Königs in seine Hand fielen. Der erwähnte Tippū hatte fortgefahren, Krieg gegen die Engländer zu führen, bis sie ihn im gleichen Jahr besiegten und ihn sowie drei seiner Söhne töteten. Soweit – kurz zusammengefaßt – der Inhalt dieses Grundes]. 12) Der Tod Caffarellis, der die Schanzen nach seiner Methode errichtet hatte. Wenn nun ein anderer seine Aufgabe übernähme, müßte er sie einreißen, und die Sache würde zu lange dauern. [Caffarelli war jener, der als der «Vater des Holzbeins» bekannt war, der Ingenieur.] 13) Die Information, daß ein Mann namens Muṣṭafā Pascha von den Engländern in Istanbul eingeschifft worden sei, in der Absicht, ihn in Ägypten ans Land zu setzen. 14) Daß al-Ǧazzār seinen Troß bei den Engländern deponiert hatte und beabsichtigte, wenn seine Stadt erobert werde, auf ihre Schiffe zu steigen und mit ihnen zu fliehen. 15) Die Notwendigkeit, ʿAkkā drei oder vier Monate lang zu belagern, was noch weit schädlicher gewesen wäre als alle anderen erwähnten Gründe. Ende.

Am Dienstag, dem 7., kam ein weiterer Trupp Soldaten mit ihrem Gepäck und brachte einen Brief vom Befehlshaber der Franzosen, des Inhaltes, er sei nach aṣ-Ṣāliḥīja gelangt. Er sandte Nachrichten an den Stellvertreter Dugua und meldete den Leuten, sie sollten hinausziehen, um ihm entgegenzueilen; dies vermittels eines Briefes, der ihm überbracht wurde und ihm dies befahl.

EINZUG IN KAIRO

Als die Nacht auf Freitag, den 10., gekommen war, sandten sie nach den Scheichs und Oǧaqs und anderen und versammelten sich im Morgengrauen mit Fackeln in der Azbakīja. Die Trommeln wurden geschlagen, und die Kommandeure und die Polizeileute marschierten auf mit Trommeln, Pfeifen, türkischen Posaunen und syrischen Pauken, ferner die Vorsteher der *ǧāwīšīja* und andere; der Kommissar *(wakīl)* und der Stellvertreter *(qāʾimmaqām)* kamen auch mit den Offizieren ihrer Armee. Sie alle ritten in guter Ordnung von der Azbakīja nach al-ʿĀdilīja, wo sie den Oberbefehlshaber Bonaparte empfingen. Sie begrüßten ihn und zogen mit ihm nach Kairo durch das Tor des Sieges, in einem gewaltigen Zug, der etwa fünf Stunden dauerte, mit ihren Soldaten, Trommeln und Pfeifen, Pferden und Wagen, Frauen und Kindern. So erreichte er sein Haus in der Azbakīja, und die Leute entfernten sich. Als er in die Stadt einzog, feuerte man mehrere Kanonen ab. Die Farbe der ankommenden Soldaten hatte sich verändert: sie waren gelb geworden durch Hitze und Müdigkeit, denn sie hatten große Märsche durchgemacht; 64 Tage lang hatten sie ʿAkkā belagert und Tag und Nacht ununterbrochen gekämpft. Aḥmad Pascha (al-Ǧazzār) und sein Heer hatten sich gut geschlagen; dies bezeugte ihm sein Feind.

EIN PECHVOGEL

Am gleichen Tag verhafteten sie Ismāʿīl al-Qulluq al-Ḫarbuṭlī, der mit dem Amt des Katḫodā der *ʿazab* betraut war und im Ǧamālīja-Viertel wohnte. Sie nahmen ihm seine Waffen, brachten ihn in die Zitadelle hinauf und warfen ihn ins Gefängnis. Der Grund dafür war, daß er in jener Nacht Gelage abgehalten hatte, zu denen er seine Freunde und Geliebten einlud. Er hatte ihnen Instrumente für Spiel und Gesang kommen lassen und verbrachte die ganze Nacht, ohne zu schlafen. Doch gegen Ende der Nacht waren die Müdigkeit und der Rausch stärker als sie; sie schliefen ein, bis die Sonne des nächsten Tages schon hoch stand. So verpaßte er den Empfang. Als er erwachte, ritt er los und traf sie am Siegestor. Sie machten ihm einen Vorwurf daraus und taten mit ihm wie erwähnt.

Als der Oberbefehlshaber vor seinem Haus in der Azbakīja ankam, versammelten sich dort Musikanten und Akrobaten,

Spieler und Lärmer, Affenführer, Tanzmädchen und Possenreißer; man stellte Schaukeln auf wie an Fest- und Feiertagen. Dies währte drei Tage, und jeden Tag veranstalteten sie eine Schaustellung mit Feuerwerk, Kanonen und Raketen. Dann zerstreute sich die Menge, nachdem der Oberbefehlshaber Dirhems und Trinkgelder unter sie verteilt hatte (B 290).

SOLIDARITÄT MIT DEM QĀḌĪ

(B 294) Am 22. sandte der Oberbefehlshaber einen Trupp Soldaten aus, die verhafteten den Mullāzādeh, den Sohn des Heeresqāḍīs. Sie plünderten einen Teil seiner Kleider und Bücher und brachten ihn auf die Zitadelle hinauf. Er selbst, seine Familie, sein Harem und seine Mutter wurden schwer belästigt.

Am nächsten Tag versammelten sich die Mitglieder des Diwans im Diwan, und man brachte ihnen ein Papier vom Oberbefehlshaber der Franzosen, das ihnen vorgelesen wurde. Darin hieß es, daß der Oberbefehlshaber den Sohn des Qāḍī gefangengenommen und abgesetzt habe. «Er ordnet an, daß ihr unter den Gelehrten einen Scheich auswählt und ernennt, der ein Ägypter und in Kairo geboren ist; er soll das Qāḍī-Amt übernehmen und nach den Weisungen der *šarīʿa* Recht sprechen, so wie die Könige von Ägypten das Richteramt nach Befragen der Gelehrten einem Gelehrten anzuvertrauen pflegten.»

Als die Anwesenden dies hörten, antworteten sie: «Wir alle legen Fürbitte ein und flehen ihn an, er möge dem Sohn des Qāḍī vergeben, denn er ist eine besondere Person, die von hervorragenden Persönlichkeiten abstammt, und wenn auch sein Vater den Katḫodā des Pascha in seinem Tun unterstützt hat, so ist sein Sohn doch auf eure Friedenszusage hin hiergeblieben. Wir bitten um seine Freilassung und Wiedereinsetzung. Seine Mutter und seine Großmutter sowie seine ganze Familie sind voller Erregung und Trauer um ihn. Der Oberbefehlshaber aber ist ein barmherziger Mann.»

Der Scheich as-Sādāt sprach im gleichen Sinne und fügte noch hinzu: «Auch sagt ihr immer, die Franzosen seien die Freunde der Osmanen. Dieser Sohn des Qāḍīs nun ist osmanischer Abstammung, so daß diese Tat die Franzosen in schlechten Ruf bringen muß und ihr Wort Lügen straft, besonders beim einfachen Volk.»

Der Kommissar *(wakīl)* antwortete, nachdem der Dolmetscher es für ihn übersetzt hatte: «Fürbitte kann nichts schaden, doch erst nachdem die Befehle des Oberbefehlshabers ausgeführt sind, und diese lauten, ein Richter müsse für seine Nachfolge ausgewählt werden. Wenn ihr das nicht tut, handelt ihr ihm zuwider und werdet Schaden erleiden wegen Ungehorsams!» Sie wählten mit Zetteln, und die Mehrheit fiel auf Aḥmad al-ʿArīšī al-Ḥanafī. Dann schrieben sie ein Protokoll über den Verlauf der Sitzung und mit der Fürbitte, und die Anwesenden unterschrieben es.

Der Wakīl ging damit zum Oberbefehlshaber und teilte ihm mit, was geschehen war und was der Scheich as-Sādāt gesagt hatte. Er war verärgert über den Scheich und befahl, man solle ihn am Abend zu ihm bringen. Als er kam, tadelte er ihn und machte ihm Vorwürfe. Doch Muḥammad al-Mahdī und der französische Wakīl des Diwans legten sich ins Mittel und sprachen ihm zu, bis sein Zorn sich legte und er ihm befahl, er solle nach Hause gehen, nachdem er ihn einen Teil der Nacht lang festgehalten hatte.

Als es Morgen geworden war, versammelten sie sich alle im Haus des Qāʾimmaqām Dugua und ritten in seiner Begleitung zum Haus des Oberbefehlshabers; der Scheich Aḥmad al-ʿArīšī war unter ihnen. Er zog ihm ein wertvolles Pelzkleid über; dann ritten sie alle zum Obergericht nach Bain al-Qaṣrain. Er versprach ihnen, er werde den Sohn des Qāḍīs in 24 Stunden entlassen. Seine Angehörigen waren aus Angst in das Haus des Sajjid Aḥmad al-Maḥrūqī umgezogen und saßen bei ihm. Am übernächsten Tag ließen sie ihn frei, und er kehrte zu seiner Familie zurück. Die Mitglieder des Diwans und der Aghā begleiteten ihn und marschierten mit ihm mitten durch die Stadt, damit die Leute ihn sähen und die Gerüchte aufhörten.

MAMLUKENALARM

(B 297) Der Monat Ṣafar, der Gute, begann im Jahr 1214 mit einem Freitag (5. Juli 1799). Am 10. ritt der Oberbefehlshaber am Nachmittag aus und setzte über den Nil auf das Ufer von Gīze über, ohne daß man wußte, warum. Als sie in Gīze waren, durchstreiften sie al-Buṭrān und Dahšūr, weil Murād Bek dort angelangt sei. An jenem Tag wurde klar, daß Murād Bek ein zweites Mal nach Oberägypten zurückgekehrt war; auch verbreitete sich die Nachricht, daß ʿUṯmān Bek aš-Šarqāwī, Sulaimān Aghā al-Wālī und andere hinter den Bergen vorbei gezogen und nach Osten abgezogen waren.

Ein Trupp Soldaten zog gegen sie aus, darunter Barṭulmīn, Jannī, der orthodoxe Chef der griechischen Soldaten, sowie die Mamluken, die zu ihnen gestoßen waren, und einige Franzosen. Sie faßten sie in der Nähe von Bilbais und überraschten sie querfeldein; so überrumpelten sie sie, als sie unachtsam waren. ʿUṯmān Bek war gerade im Begriff sich zu waschen. Als sie sie vernahmen, wandten sie sich sofort zur Flucht und sprangen auf die Pferde; ʿUṯmān Bek ritt mit einem bloßen Hemd auf dem Leib und einem Käppchen auf dem Kopf davon. So flohen sie und ließen ihre Kleider, Geräte und Lasten zurück; die Kochtöpfe standen noch auf dem Feuer. Keiner von ihnen kam um, außer zwei Mamluken; zwei andere wurden gefangen. Auf dem Lager des ʿUṯmān Bek fand man einen Brief Ibrāhīm Beks, in dem dieser sie zu sich nach Syrien rief.

In der Nacht auf Montag, den 11., gelangten an verschiedene Personen Nachrichten und Briefe durch Läufer, die aus Alexandria und Abū Qīr kamen und berichteten, daß Schiffe mit osmanischen Truppen nach Abū Qīr gelangt waren. Da wurde klar, daß der Aufbruch der Franzosen und ihr Übergang auf das westliche Ufer aus diesem Grunde geschehen war. Sie hatten Ǧirǧis al-Ǧauharī mitgenommen, und am nächsten Tag waren auch viele Soldaten übergesetzt. Sie setzten Ḥannā Bīnū als Bevollmächtigten über den Hafen von Būlāq ein, um Schiffe zusammenzubringen und sie mit Vorräten und Munition zu beladen. Die Franzosen waren sehr besorgt über die Nachrichten. Als ihr Chef auf das Ufer von Gīze übersetzte, blieb er den Montag über bei den Pyramiden, bis die Soldaten sich gesammelt hatten, und sandte eine Vorhut aus. Er selbst brach am Dienstag, dem 12., auf. Er sandte einen Brief an die Mitglieder des Diwans mit einem Gruß für sie und dem Rat, das Land und die Untertanen in Ruhe und Ordnung zu halten, wie sie es während seiner früheren Abwesenheit getan hatten.

EINNAHME VON ABŪ QĪR

Am 16. Ṣafar traf die Nachricht ein, daß ʿUṯmān Ḫoǧā zusammen mit dem Sajjid Muṣṭafā Pascha in die Festung von Abū Qīr eingedrungen war. Sie beschossen die Festung und töteten die Franzosen, die darin waren, nahmen sie in Besitz und nahmen gefangen, wen sie noch vorfanden. Dieser ʿUṯmān Ḫoǧā ist der gleiche, der von Ṣāliḥ Bek den Befehl über Rašīd (Rosette) erhalten hatte. Er war mit ihm auf die Pilgerfahrt gezogen und mit ihm nach Damaskus zurückgekehrt; als Ṣāliḥ Bek dann starb, war er nach Kleinasien gereist, und nun war er in Begleitung des erwähnten Muṣṭafā Pascha zurückgekommen.

GERÜCHTE

Als diese Nachrichten sich bewahrheiteten, redeten die Leute viel darüber, zeigten offen ihre Freude und verfluchten die Christen. Es geschah, daß einige Muslime im Quartier der Berber nahe bei Kōm Šaiḫ Salāma mit einigen syrischen Christen in Streit gerieten, und die Muslime sagten zu den Christen: «So Gott der Erhabene will, werden wir in vier Tagen von euch geheilt sein», oder so ähnlich. Jener Christ ging mit einer Gruppe von seinesgleichen zu den Franzosen, und sie erzählten ihnen die Sache. Sie übertrieben und verfälschten die Tatsachen und erklärten, die Muslime wollten damit einen Aufruhr entfachen. Der Qā'immaqām sandte nach dem Scheich al-Mahdī, sprach mit ihm über die Sache und tadelte ihn. Am Morgen versammelten sie sich im Diwan, und al-Mahdī stand auf und hielt eine Ansprache. Er redete lange, stritt alle Verdachtgründe ab und bezeichnete die Reden der Feinde als Lügen. Er bestand darauf, daß die Muslime unschuldig an dem seien, was man ihnen in die Schuhe schieben wollte, und wies nachdrücklich auf die Absicht der christlichen Seite hin, sie zu verleumden und zu verdächtigen. Es war dies eine seiner segensreichsten Stellungnahmen. Nachher versammelten sie die Scheichs der Stadtviertel und Straßen und nahmen sie fest ...

FALSCHE NACHRICHTEN

Am 18. trafen Nachrichten und zahlreiche Briefe an viele Würdenträger und Händler ein, alle mit dem gleichen Wortlaut. Es waren mehr als hundert. Darin stand, daß die Muslime, die osmanischen Soldaten und wer mit ihnen war in der dritten Stunde des Nachmittags, am Samstag, dem 16. Ṣafar, Alexandria eingenommen hätten. Die Leute fingen an, untereinander zu reden. Einer sagte: «Ich habe den Brief gelesen, der zu dem Händler Soundso gekommen ist», und ein anderer sagte das

Gleiche. Doch es war alles grundlos und falsch. Man weiß nicht, wer es getan und jenen schlechten Witz erfunden hat. Vielleicht haben es einige Christen aus Ägypten getan, um Aufruhr unter den Leuten zu erregen, so daß ein Kampf und dadurch Schaden für die Stadtbewohner entstünde. Gelobt sei Gott, der das Verborgene kennt!

DER SIEG DER FRANZOSEN

In der Nacht auf den 20. wurde verbreitet, daß die Franzosen mit den Truppen, die nach Abū Qīr gekommen waren, gekämpft hatten. Sie hatten über sie triumphiert und viele von ihnen getötet, hatten sie ausgeplündert und die Zitadelle von Abū Qīr von ihnen zurückerobert. Muṣṭafā Pascha, ʿUṯmān Ḫoǧā und andere nahmen sie gefangen.

Die Franzosen meldeten, sie hätten Briefe mit diesen Einzelheiten von ihren Befehlshabern erhalten, und als der Tag begann, feuerten sie viele Kanonen in der Zitadelle und den übrigen befestigten Stellungen wie auch auf der Fläche der Azbakīja ab. Sie veranstalteten auch in jener Nacht – der Nacht auf den Mittwoch – in der Azbakīja ein Feuerwerk mit Petroleum, Schießpulver und Raketen, die in die Luft emporstiegen.

Am Donnerstag, dem 28., langte eine Anzahl Schiffe an, auf denen sich gefangene und verwundete Soldaten befanden, und am Freitag, dem 29., kam ein Schreiben mit einem Bericht über den Kampf, der sich abgespielt hatte. Ich will mich nicht damit aufhalten, seinen Wortlaut wiederzugeben. (...)

RÜCKKEHR BONAPARTES

Am Sonntag, dem 9. Rabīʿ I (11. August 1799), kam der Oberbefehlshaber der Franzosen, Bonaparte, des Nachts an und zog in sein Haus in der Azbakīja; mit ihm kamen zahlreiche gefangene Muslime. Die Nachricht von seiner Ankunft verbreitete sich, und viele Leute gingen zur Azbakīja, um die Nachrichten auf ihre Wahrheit hin zu überprüfen. Sie erblickten die Gefangenen, die mitten in dem ausgetrockneten Teich aufgestellt waren, damit die Leute sie sähen. Nachher, als ein Teil des Tages vergangen war, schaffte man sie fort. Man sandte einen Teil von ihnen in die Ẓāhir-Moschee außerhalb der Ḥusainīja; den Rest brachte man zur Zitadelle hinauf. Muṣṭafā Pascha jedoch, den Oberkommandanten, brachten sie nicht nach Kairo, sondern sandten ihn nach Gīze, um ihm Ehre anzutun; den ʿUṯmān Ḫoǧā ließen sie in Alexandria.

TADEL FÜR DIE SCHEICHS

Als der Oberbefehlshaber Bonaparte sich in seiner Wohnung eingerichtet hatte, kamen die Scheichs und Würdenträger, um ihm ihre Aufwartung zu machen, und sie entboten ihm ihren Gruß. Als ihre Versammlung zur Ruhe gekommen war, sagte er zu ihnen über den Dolmetscher: «Der Oberbefehlshaber spricht zu euch: Als er nach Syrien fortzog, war euer Verhalten in seiner Abwesenheit gut. Doch diesmal war es nicht so, weil ihr dachtet, daß die Franzosen nicht mehr zurückkommen, sondern bis auf den letzten Mann umkommen würden. Das machte euch fröhlich und guten Mutes! Ihr widersetztet euch dem *aghā* und seinen Entscheiden, und der al-Mahdī und aṣ-Ṣāwī sind nicht ‹bono›, das heißt nicht ‹gut›», und ähnliches mehr.

Der Grund für diese Worte war die Angelegenheit, über die wir oben berichtet haben und derentwegen die Scheichs der Stadtviertel eingekerkert worden waren. Der widerliche *aghā* wollte nämlich an jenem Tag Leute aus den geringfügigsten Gründen hinrichten lassen, doch al-Mahdī und aṣ-Ṣāwī hatten sich ihm widersetzt; sie hatten im Diwan gegen ihn gesprochen, hatten ihn vor bösen Folgen gewarnt und ihm Furcht eingejagt. Er aber hatte Boten an den Oberbefehlshaber gesandt, ihn über die Neuigkeiten informiert und sich über die beiden beklagt. Als der nun nach Kairo kam, machte er ihnen deswegen Vorwürfe, doch sie sprachen ihm gut zu, bis seine Laune sich besserte, und er begann, ihnen davon zu erzählen, was ihm von seiten der Leute, die Abū Qīr angegriffen hatten, begegnet war und wie er sie besiegt hatte und dergleichen mehr.

FESTLICHKEITEN

Am Dienstag, dem 11., wurde der Geburtstag des Propheten in der Azbakīja gefeiert. Der Scheich Ḫalīl al-Bakrī lud den Oberbefehlshaber mit einer Anzahl seiner Würdenträger ein, und sie nahmen das Abendessen bei ihm ein. In der Azbakīja feuerten sie Kanonen ab und brannten ein Feuerwerk und Raketen ab. Sie ließen ausrufen, man solle an jenem Tag dekorieren, die Sūqs und Läden des Nachts offen halten, Kerzen anzünden und Schaustellungen veranstalten.

TOD EINES REBELLEN

Am gleichen Tag traf auch die Nachricht ein, daß die Franzosen ʿUṯmān Ḫoǧā von Alexandria nach Rašīd (Rosette) übergeführt hätten und ihn in das Innere der Ortschaft gebracht hätten. Er sei unbedeckten Hauptes und barfuß gewesen. Sie zogen mit ihm in der Ortschaft umher, indem sie ihn mit Trommeln und Pfeifen begleiteten, bis sie zu seiner (früheren) Residenz gelangten. Vor dieser schlugen sie ihm den Kopf ab; dann nahmen sie sein Haupt und hängten es am Fenster seines Hauses auf, so daß es jedermann sah, der durch den Sūq ging.

FLUCHT BONAPARTES

Am Donnerstag, dem 13., ging das Gerücht um, daß der Chef der Franzosen nach dem Delta abgereist sei. Niemand wußte, wo genau er hinziehen wollte. Einer ihrer Würdenträger wurde darüber befragt, und er sagte, der Kommandant der Provinz Manūfija habe ihn nach Manūf eingeladen, als er nach Abū Qīr unterwegs gewesen sei; er habe ihm damals versprochen, er werde ihn besuchen, sobald er nach Kairo heimgekehrt sei. Dies wurde unter den Leuten verbreitet, und sie hielten es für wahr.

Am Montag, dem 17., brach der Chef der Franzosen gegen Ende der Nacht wirklich auf und reiste ab, doch dies blieb der Bevölkerung verborgen.

NILFEST

Am Montag, dem 24., der mit dem 9. des koptischen Masrī zusammenfiel, trat die gesegnete Nilflut ein, und man rief sie aus, wie das Sitte war. Die Christen der Stadt, Kopten, Syrer und Griechen, zogen hinaus und bereiteten sich auf allerlei Ausschweifungen, Wohlleben, Schaulust, Genuß und Musikverzückung vor. Sie zogen in jener Nacht nach Būlāq, Altkairo und Rauḍa, mieteten Schiffe und bestiegen sie mit Musikinstrumenten und Sängerinnen. In jener Nacht verloren sie alle Haltung, warfen alle Scham ab und folgten den Wegen der früheren Emire, indem sie mit ihren Frauen und Getränken Boote mit vielen Rudern bestiegen. Sie zeigten offen alle Schlechtigkeit: Lachen, Betrunkenheit, Taten von Unglauben, Spott gegen Muslime. Manche schmückten sich mit den Kleidern der Emire von Kairo, legten deren Waffen an und ahmten sie nach; sie sprachen in ihrer Ausdrucksweise, um sie zu verspotten und sich über sie lustig zu machen, und anderes mehr.

Die Franzosen mieteten Schiffe auf dem Strom, die man geschmückt hatte; Fahnen waren darauf und alle Arten von

Trommeln und Pfeifen. In jener Nacht geschahen auf dem Strom und an seinen Ufern Taten der Unzucht, des offenbaren Ungehorsams gegen Gottes Gebot und der Korruption, wie sie sich weder denken noch beschreiben lassen. Einige Leute aus dem gemeinen Pöbel und den niedrigsten Schichten und der Hefe der Menschheit beschritten die Wege der größten Gemeinheit, Ausschweifung und Haltlosigkeit, ohne daß irgendeiner der Regierenden oder der anderen Leute daran Anstoß nahm. Vielmehr tat jedermann, was sein Herz begehrte und was ihm in den Sinn kam, auch wenn er sich des Sprichwortes nicht erinnerte, das sagt: «Wenn der Hausherr das Tamburin schlägt, müssen alle Hausbewohner tanzen.»

In jener Nacht und am Morgen darauf feuerten die Franzosen viele Kanonen ab sowie Raketen von den Schiffen und von den Ufern aus. Die ganze Nacht schlugen sie alle Arten von Trommeln und spielten auf Pfeifen. Am Morgen ritt der Qā'immaqām Dugua aus, und die Chefs der Franzosen sowie jene der Bewohner von Kairo begleiteten ihn. Sie gelangten zum Kiosk am Damm und ließen sich dort nieder. Die Soldaten waren am Ufer der Rauḍa-Insel und auch an den Ufern von Altkairo mit Trommeln und Pfeifen angetreten. Einige waren auch auf den Schiffen und schossen immerfort Kanonen ab, bis der Damm durchbrochen wurde und das Wasser in den Ḫalīǧ floß; dann zogen sie ab …

LÖSEGELD

Am Freitag, dem 28., legten die Mitglieder des Diwans für die Leute aus Jāfā Fürbitte ein, die in der Zitadelle eingekerkert waren, und die Franzosen willigten ein, sie für hundert Beutel Geld freizulassen. Die Zunftoberhäupter und Händler traten zusammen, berieten sich und erwogen die Sache in einer besonderen Sitzung, die sie unter sich durchführten. Am Ende einigten sie sich darauf, die Summe zu unterteilen und ihre Zahlung hinauszuschieben: alle 20 Tage 25 Beutel. Die Händler zahlten die ersten 25 Beutel aus, und die Gefangenen wurden aus der Zitadelle entlassen. Der Rest wurde, wie gesagt, gestundet.

DIE FLUCHT BONAPARTES

Am gleichen Tag traf von Bonaparte, dem Oberbefehlshaber der Franzosen, ein Brief aus Alexandria ein, der an die Bürger und Bewohner von Kairo gerichtet war. Der *qā'immaqām* Dugua ließ die Oberhäupter der Ägypter kommen und las ihnen das Schreiben vor. Darin hieß es, er (Bonaparte) sei am 21. des erwähnten Monats nach Frankreich abgereist, um der Ruhe der Bewohner Ägyptens willen und um das Meer zu befreien. Seine Abwesenheit werde ungefähr drei Monate dauern, dann werde er mit seinen Soldaten zurückkehren. Er habe vernommen, daß ihre Flotte auslaufen werde, um den Besitz Ägyptens sicherzustellen und um den Plänen der Bösen einen Riegel vorzuschieben. Als Oberhaupt aller Ägypter und Befehlshaber der Franzosen habe er Kléber *(Klihbar)*, den Kommandanten von Damiette, eingesetzt.

Die Leute waren verwirrt und erstaunt darüber, wie er habe absegeln können, wo doch die Schiffe der Engländer die Häfen überwachten und der Franzosen habhaft zu werden suchten, im Winter wie im Sommer, seitdem diese nach Ägypten gekommen waren. Darüber, wie er ihnen entschlüpft ist und fortgelangte, gibt es Geschichten von Listen, von denen ich nicht habe feststellen können, ob sie der Wahrheit entsprechen.

KLÉBER, DER NEUE BEFEHLSHABER

Am Samstag, dem 29., kam der Oberbefehlshaber Kléber an, und zwar am Morgen jenes Tages. Sie feuerten die Kanonen von allen Festungen ab, um seine Ankunft zu feiern. Die Franzosen, hoch und niedrig, zogen ihm entgegen, und er begab sich zu dem Haus, in dem Bonaparte gewohnt hatte: es war das Haus des Alfī in der Azbakīja; dort nahm er an seiner statt Wohnung.

Am gleichen Tag kam auch ein Trupp Soldaten aus der Provinz Šarqīja an. Sie brachten viel geplündertes Gut aus den Ortschaften, die sich gegen sie erhoben hatten, denn sie hatten diese niedergeschlagen und ausgeplündert. Sie hatten auch etwa 70 Männer und Kinder bei sich und einige Frauen; die gingen mit Stricken gebunden, und man brachte sie auf die Zitadelle.

Am gleichen Tag kamen auch die Notabeln der Stadt, die Scheichs und Würdenträger, um dem neuen Oberbefehlshaber ihre Aufwartung zu machen und ihn zu begrüßen, doch konnten sie an jenem Tag nicht mit ihm zusammentreffen, und man vertröstete sie auf den nächsten. Sie gingen fort, kamen dann am nächsten Tag wieder und wurden empfangen. Doch fanden sie bei ihm nicht die Freundlichkeit und die Heiterkeit des Gesichtsausdruckes wie bei Bonaparte; der war nämlich freundlich gewesen und hatte seine Besucher einfach behandelt und mit ihnen gelacht. ...

EIN WEITERER «HEILIGER»

Am 20. (Rabīʿ II) wurde ausgerufen, man solle den Geburtstag des Sajjid ʿAlī al-Bakrī begehen, der in der Šarājibī-Moschee in Azbakīja, nahe bei ar-Ruwaiʿī, begraben liegt. Sie befahlen den Leuten in den Gassen jener Stadtteile, Kerzen anzuzünden, und erlaubten ihnen ohne Beschränkungen Tag und Nacht zu kommen und zu gehen.

Diesen Sajjid ʿAlī haben wir schon oben erwähnt. Er war ein verrückter Mann, der nackt durch die Sūqs zu ziehen pflegte; meist waren sein Kopf und seine Scham unbedeckt. Er hatte einen Bruder, der schlau und gewitzt war und ganz und gar nicht zu ihm paßte. So ging es etwa zwei Jahre. Da erkannte der Bruder, daß etwas aus der Sache zu holen sei, weil die Leute seinem Bruder zuneigten und ihm Glauben schenkten, wie es die Ägypter gewöhnlich mit solchen Geistesgestörten tun. Er hielt ihn fest und verbot ihm, das Haus zu verlassen; er zog ihm Kleider über und machte den Leuten weis, daß er ihm dies erlaubt habe und daß er hohen geistlichen Rang besitze usw. Die Männer und Frauen begannen zu ihm zu wallfahren, um seinen Segen zu suchen und auf seine wirren Reden zu lauschen und diese so auszulegen, wie es ihnen am Herzen lag. Sein Bruder aber feuerte sie dabei an und flüsterte ihnen ein, er sei begnadet und verstehe, die Bewegungen der Herzen zu lesen wie auch alles andere Verborgene. Die Leute beeinflußten einander und begannen ihm Geschenke zu bringen, Weihgaben, wertvolle Geschenke, besonders die Frauen der Emire und Großen. Das Ansehen seines Bruders stieg, und sein Reichtum mehrte sich; seine Ware fand Absatz, sein Netz fing Fische, und der Scheich wurde fett vom vielen Essen, den fetten Bissen, der Untätigkeit und Ruhe, bis er wie ein gewaltiger Ölgötze *(budd)* wurde. So ging es fort, bis er im Jahre 1207 (1792/93) starb, wie ich schon oben gesagt habe. Man begrub ihn mit Zustimmung seines Bruders in einem ummauerten Teil jener Moschee, ohne daß jemand sich daran kehrte oder es verhinderte. Man errichtete ein Gitter und einen Ruheplatz davor, Koranleser und Lobgedichtsprecher stellten sich fleißig bei ihm ein, auch Rezitatoren und Improvisatoren, die seine Ehre verewigten und ihn in ihren Qaṣīden, Lobgedichten und ähnlichem besangen. Sie strömten zusammen, schrien und rieben ihre Gesichter an seinem Gitter und auf seiner Schwelle, suchten mit ihren Händen die Luft zu erhaschen, die ihn umgab und sie in ihre Ärmel und Taschen zu stecken. Frauen und Männer strömten zu seinem Grab mit Weihgeschenken, Kerzen und aller Art Speisen, und die Moschee füllte sich mit Besuchern. Doch als die Franzosen nach Kairo kamen, wurden die Leute durch sie davon abgelenkt. Man vergaß ihn wie viele andere frühere Anliegen und unterließ seinen Kult mit den anderen Zeremonien, die man nun überging. Doch als dann das *maulid* und die Zusammenkünfte wieder erlaubt wurden und die Franzosen es den Leuten gestatteten, weil sie sahen, daß zur Übertretung der Religionsgesetze, zum Stelldichein mit Frauen und zur Hingabe an alle möglichen Gelüste, Vergnügungen und unzüchtigen Handlungen führte, da wurde dieser *maulid* mit den anderen wieder eingeführt. (...)

EINE TEUERUNG WIRD VERMIEDEN

Am 7. Ǧumādā I, nach dem Kreuzesfest, nahm das Nilwasser ab. Es war von Beginn der Nilflut an weniger gewesen als gewöhnlich, und die Flut enthielt wenig Schlamm; die Leute begannen sich zu beunruhigen; sie wollten alle Getreide kaufen und drängten sich an den Ufern und auf den Plätzen, worauf die Getreidehändler einen höheren Preis forderten. Doch die Franzosen versammelten alle, die irgend etwas mit dem Getreidehandel zu tun hatten, tadelten sie und jagten ihnen Furcht ein. Sie sagten zu ihnen: «Das zurzeit vorrätige Getreide kommt von der Saat des Vorjahres. Was dieses Jahr angeht, so wird seine Saat nicht vor dem kommenden Jahr reif.» Sie ließen es sich gesagt sein und verkauften zum geltenden Preis. Eine schwere Teuerung wäre ausgebrochen, wenn Gottes Güte dies nicht verhindert und Seine Gnade, die allgemeine und allumfassende, es nicht abgewandt hätte.

MURĀD BEK IM DIENST DER FRANZOSEN

Am gleichen Tag sandten sie französische Soldaten gegen Murād Bek in die Provinz Fajjūm aus. Sie unterstanden einem hohen Offizier, und zwischen ihnen geschahen Dinge, über deren Einzelheiten ich keine Information erhalten konnte. Zwischen dem Bek und dem Oberbefehlshaber gingen Botschaften hin und her; am Ende kam ein Waffenstillstand zwischen ihnen zustande und wurden Geschenke ausgetauscht.

Murād Bek versöhnte sich unter gewissen Bedingungen mit ihnen, unter anderem der, daß er die Herrschaft über Oberägypten unter ihrem Oberbefehl ausüben dürfe.

In jenem Monat gab es viele Gerüchte darüber, daß die osmanischen Truppen sich in Syrien sammelten. Die Franzosen gaben sich große Mühe, Artillerie und Kanonen sowie anderes Kriegsgerät, Vorräte und Soldaten bereitzustellen; sie befestigten aṣ-Ṣāliḥija, al-Qurain und Bilbais.

DIE OSMANEN IN SYRIEN

Am Freitag, dem 1. Rağab, nahmen die Berichte zu, und es wurde die Nachricht herumgeboten, daß der Großwesir Jūsuf Pascha in Syrien angelangt sei, begleitet von Naṣūḥ Pascha, von ʿUṯmān Aghā, dem Katḫodā des Osmanischen Reiches, sowie dem Quartiermeister Ḥasan Agha und Muṣṭafā Efendī, dem Defterdār, und den übrigen Großen des Osmanischen Reiches. Sie bedrückten die syrischen Provinzen, belasteten sie mit schweren Steuern, sammelten alles Geld ein und verübten schlimme Dinge, Gewalttat und Mord, um Gelder flüssig zu machen. – In der Mitte des Monats vernahm man, daß sie nach Ghazza und al-ʿArīš gelangt waren, daß sie die Zitadelle von al-ʿArīš belagert und gegen die Franzosen, die sich darin befanden, gekämpft hatten, bis sie sie eroberten ...

KATASTROPHE IN AL-ʿARĪŠ

Sie eroberten die Zitadelle und wollten alles an sich nehmen, was sich darin befand, Granaten, Artillerie und Kriegsgerät. Muṣṭafā Pascha, der sich selbst mit der Einnahme der Festung befaßte, stieg mit einem Trupp Soldaten hinauf; darunter waren auch einige ägyptische Soldaten. Die Kapelle spielte, und sie waren voll Freude. Doch da geschah es, daß Feuer auf das Artilleriedepot fiel und das Pulvermagazin in der Festung – es war viel davon da – sich entzündete. Die Festung flog in die Luft mit allen, die darin waren; sie verbrannten und starben, unter ihnen der Pascha selbst und sein Gefolge, der Albanier Muḥammad Aghā, al-Ǧalafī und andere Ägypter. Auch viele, die außerhalb in der Nähe standen, kamen in kürzester Zeit um, weil Feuer und fliegende Steine auf sie herabstürzten.

VERHANDLUNGEN

Als die Franzosen erfuhren, daß al-ʿArīš eingenommen war und die osmanischen Soldaten in Richtung auf aṣ-Ṣāliḥīja vorrückten, mobilisierte der Oberbefehlshaber die Franzosen und bereitete sich zum schleunigen Abmarsch vor. Dann zog er mit seinen Soldaten nach aṣ-Ṣāliḥīja. Die Franzosen hatten schon vor der Einnahme der Festung an Smith *(Snīt)*, den Befehlshaber der Engländer, Botschaft geschickt, damit er zwischen ihnen und den Osmanen vermittle. Später kam ein Fermān von Seiner Exzellenz dem Wesir, noch bevor er al-ʿArīš erreicht hatte, in dem er zwei von ihren Offizieren und klugen Männern anforderte, um zu beraten und mit ihnen in Dingen übereinzukommen, in denen ein Vorteil für beide Seiten liege, wenn sie darüber übereinstimmten. Sie sandten ihnen den Chefsekretär Poussielgue und Desaix, den Oberkommandanten in Oberägypten. Die reisten den Strom hinab nach Damiette und blieben lange Zeit fort. Kléber, der Oberbefehlshaber, sandte seinerseits Boten aus, um Aufklärung zu erhalten (...)

FRIEDENSSCHLUSS

Am 22. Šaʿbān kam die Nachricht, daß die beiden in aṣ-Ṣāliḥīja eingetroffen seien. Man sandte ihnen Pferde und alles, was sie benötigten. Sie kamen nach Kairo, und die Nachricht des

Friedensschlusses wurde bekannt. Von seiten der Osmanen kamen der Oberste Sekretär und der Defterdār, um den Friedensschluß zu bekräftigen: beide Seiten waren übereingekommen, daß der Krieg aufhören und das Blutvergießen enden sollten. Die Franzosen suchten Listen anzuwenden und zeigten sich demütig, bis der Waffenstillstand zum Abschluß gelangte, und zwar unter 21 Bedingungen, die aufgeschrieben und in einem großen Sendbrief verzeichnet wurden.

Die Nachricht davon verbreitete sich in Kairo, und die Leute freuten sich sehr darüber. Der Oberbefehlshaber der Franzosen sandte ein Schreiben mit einer Darstellung der Lage an Dugua, den Qā'immaqām; dieser versammelte den Diwan und las es seinen Mitgliedern vor. Als das Dokument, das den Friedensvertrag und die Bedingungen enthielt, eintraf, übersetzten sie es ins Arabische, druckten es in vielen Exemplaren und verteilten einen Teil davon an die Würdenträger, während sie andere in den Sūqs und Straßen anklebten ...

EIN ABGESANDTER DER HOHEN PFORTE

Am 2. Ramaḍān zog der Oberbefehlshaber der Franzosen, Kléber, in die Gegend von al-ʿĀdilīja, und ein Aghā, der zu den Untertanen des Osmanischen Reiches gehörte und Muḥammad Bek hieß, kam nach Kairo. Der Befehlshaber der Armee sandte an Ḥasan Aghā Buḫātī, den Muḥtasib, und befahl ihm, dem Muḥammad Aghā entgegenzugehen, ihn in seinem Haus zu beherbergen und ihm große Ehre zu erweisen.

Als der Nachmittag gekommen war, zog jener Aghā festlich in Kairo ein; die Bevölkerung war sehr erregt; sie drängte sich, um ihn zu sehen und sich seiner zu freuen; sie erhoben ihre Stimmen zu einem lauten Getöse, sie stiegen auf die Kontore und Dächer der Läden, und von den Obergeschossen aus erhoben die Frauen ihre Freudentriller. Ihre Meinungen über den Ankömmling gingen auseinander, denn sie wußten nicht, wer es war. Er zog durch das Siegestor ein und durchquerte Kairo, bis er zum Haus des Ḥasan Aghā gelangte, das in der Suwaiqat al-Lālā liegt; dort stieg er ab, und als er sich dort eingerichtet hatte, drängten sich die Leute und die Würdenträger mit Fackeln und Laternen herbei, um ihn zu begrüßen und ihn kennenzulernen.

EIN STEUEREINZIEHER

Am nächsten Morgen berief er den Diwan und versammelte die Gelehrten und die Oğaqs, die Würdenträger und die wichtigsten Christen, Kopten und Syrer. Als sie vollzählig waren, zeigte er ihnen einen Fermān des Wesirs; der wurde der Versammlung vorgelesen. Daraus ging hervor, daß er zum Aghā der Zölle und der Waagen von Kairo, Būlāq und Altkairo ernannt sei. Er erhielt auch ein Monopol für alle eintreffenden Lebensmittel: er könne sie zu dem Preis verkaufen, den er mit Zustimmung des Marktaufsehers *(muḥtasib)* ansetzen wolle, und er könne sie auch in Magazinen speichern. Dann wies er einen anderen Fermān vor, der ebenfalls in der Versammlung verlesen wurde und der besagte, daß der Wesir den Muṣṭafā Pascha, der in Abū Qīr gefangengenommen worden war, als seinen Stellvertreter und Statthalter in Kairo einsetze, bis er persönlich eintreffen werde, sowie daß Sajjid Aḥmad al-Maḥrūqī, der Vorsteher der Händler, beauftragt und verpflichtet sei, die 3000 Beutel Geld einzuziehen, die festgesetzt worden seien, um den Abzug der Franzosen zu gewährleisten. Die Versammlung wurde darauf entlassen.

ZWANGSSTEUERN

Sajjid Aḥmad al-Maḥrūqī begann diese Geldsumme von den Leuten einzuziehen. Die Händler und die Leute der Sūqs und der Zünfte erhielten Zwangsauflagen; auch Monopole für Lebensmittel wurden eingerichtet. Deren Preise schossen empor, und die Vorräte der Bevölkerung wurden knapp. So wurden die Bürger schon zu Beginn ihrer Herrschaft von jenen beiden Kalamitäten befallen: der erste, der zu ihnen kam, war Chef der Waagemeister und Monopolinhaber für Lebensmittel; und die erste Forderung bestand in Konfiskationen gegenüber den Stadtbewohnern und Zwangsbeschlagnahme ihres Geldes. Sajjid Aḥmad al-Maḥrūqī bemühte sich, die Pflichtbeträge gleichmäßig zu verteilen und das Geld in wenigen Tagen zusammenzubringen.

HOFFNUNG AUF BEFREIUNG

Jeder, dem ein solcher Teilbetrag auferlegt wurde, war seinerseits bestrebt, ihn einzubringen, und holte ihn guten Willens und großzügig hervor, um ihn ohne Verspätung und eilends auszuzahlen, weil er wußte, daß das Geld dazu diente, die Franzosen zum Abzug zu veranlassen. Man sagte: «Ein gesegnetes Jahr und ein glücklicher Tag, wenn die ungläubigen Hunde fortziehen!» – All dies, während die Franzosen noch anwesend waren und es anhören mußten und die Leute deswegen heimlich haßten.

OSMANISCHE BEAMTE

Muṣṭafā Pascha kam aus Gīze und nahm Wohnung im Haus des ʿAbdarraḥmān Katḫodā im ʿĀbidīn-Viertel. Der Wesir sandte Fermane in das Land und stellte Amtsinhaber und Beauftragte ein, die Geld, Getreide und Auflagen aus den Provinzen einziehen sollten. Er sandte auch in die Hafenstädte und ernannte für jede einen Befehlshaber und einen Stellvertreter, um das Getreide und die verlangten Vorräte einzuziehen und sie in Vorratsräumen zu sammeln. Es kann nicht verborgen bleiben, welche Folgen dies hatte; einige davon werden weiter unten deutlich gemacht werden.

Die Untertanen und das niedrige Volk gelangten unter den Einfluß der Nachlässigkeit und schauten mit den Augen der Verachtung auf die Franzosen; man holte sie von der hohen Stufe der Achtung herunter und zog den Schleier der Scham gänzlich von ihnen fort. Das Volk verbrachte seine Zeit damit, sie zu beschimpfen, zu verfluchen und auszulachen; man dachte nicht an die Folgen und ließ keinen Ausweg offen für einen Frieden mit ihnen. Die Schulmeister pflegten sogar die Kinder um sich zu sammeln, mit ihnen in Gruppen und Scharen herumzumarschieren und sich dabei lustig zu machen und mit möglichst lauter Stimme beleidigende Worte auszurufen. Sie verfluchten die Christen und ihre Helfer sowie ihre verschiedenen Offiziere und riefen sogar: «Gott gebe den Sieg dem Sultan und verderbe den Granatapfelkern *(farṭ ar-rummān)*» (wie das Volk Barṭulmīn nannte) und ähnliche Dinge. Sie dachten, die Sache sei zu Ende, und wußten sich nicht in Geduld zu fassen, bis die vorbestimmten Tage verstrichen waren, obgleich all dies keine anderen Früchte tragen konnte als Haß und Feindschaft, die sich in den Herzen der Franzosen festsetzten. Was später erfolgen sollte, war die notwendige Folge davon: qualvolle und schreckliche Vorkommnisse. Es war wie der Dichter sagt:

> Dinge, über die die Kurzsichtigen lachen;
> die aber die Verständigen weinen machen.

Und auch:

> Wieviel in Ägypten sind Dinge zum Lachen,
> die aber das Lachen dem Schluchzen ähnlich machen.

Auch heißt es: Kämpfe im Ernst; wenn aber nicht, laß es sein! Aš-Šaʿbī hat einmal in einer Rede gesagt: Wir fielen in Bürgerzwist, in dem wir weder gesittete Fromme waren noch starke Frevler.

Die Franzosen bereiteten sich zum Abzug vor. Sie schrieben ihre Geräte sowie die überflüssigen Waffen und Zugtiere zum Verkauf aus. Sie übergaben die meisten Häfen und Festungen, wie aṣ-Ṣāliḥīja, Bilbais, Damiette und Suez. Die Osmanen ihrerseits zogen nach und nach in Kairo ein. Jeden Tag kam ein Trupp nach dem anderen in die Stadt, und sie begannen sich den Bewohnern als Teilhaber in ihren Gewerben und Arbeiten aufzudrängen, etwa den Kaffeehausbesitzern, den Bademeistern, Schneidern, Barbieren und anderen. Die Zunftleute und ihre Vorsteher versammelten sich bei Muṣṭafā Pascha, dem Qā'immaqām, und beklagten sich bei ihm, doch er kümmerte sich nicht um ihre Klagen, denn dies gehört zu den Gewohnheiten ihrer Soldaten und ihrem üblen Verhalten.

Die Nachricht traf ein, daß Seine Exzellenz der Wesir in Bilbais eingetroffen sei, begleitet von den ägyptischen Emiren. Sie sandten Befehl an Murād Bek und an seine Gefolgsleute, er solle sich in ihrem Lager einstellen. Er wollte sich damit entschuldigen, daß er sich in Oberägypten befinde, doch sie nahmen seine Ausflüchte nicht an; sie bestanden darauf, daß er kommen müsse. Er bat heimlich die Franzosen um Erlaubnis, und sie gestatteten ihm, ein Treffen durchzuführen. Sein Gesandter in dieser Sache war ʿUṯmān Bek al-Bardīsī. Dann stellte er sich ein und wurde in Gegenwart Ibrāhīm Beks vom Wesir empfangen. Der verlieh beiden ein Ehrengewand, und Murād Bek kehrte zurück und schlug ein Zeltlager in al-ʿĀdilīja auf, während der Quartiermeister Ḥasan Aghā in Kairo einzog.

Die Franzosen räumten die Zitadelle und andere Befestigungen, die sie neu errichtet hatten, und kamen herabgezogen, doch keiner der Osmanen begab sich hinauf; sie kümmerten sich nicht darum, sie zu befestigen oder sie mit Soldaten und Artillerie zu besetzen. Sie ließen alle Vorsicht außer acht; Eitelkeit ritt sie, damit das Geschick sich erfülle.

Es trafen auch die meisten Ägypter ein, die aus Kairo geflohen waren, als die Franzosen anlangten: Aghās, Oǧaqs, Efendīs und Schreiber, wie etwa Ibrāhīm Efendī, der Rūznāmaǧī und zweite Qalfa, und andere mehr mit ihren Frauen und Kindern. Sie glaubten, die Sache sei zu Ende. Doch gerade das, was sie gefürchtet hatten, sollte ihnen nun zustoßen, wie man gleich sehen wird!

Ibrāhīm Bek sandte zu Sajjid Aḥmad al-Maḥrūqī und verlangte von ihm Mäntel und Kleider, Tarbusche und Hosen für die Mamluken und besonders für sich selbst. Der schickte ihnen, was sie forderten, und ihre Zelte, ihr Schmuck und ihre Ausrüstung wurden ihnen ebenfalls vor Kairo hinausgebracht. Die Frauen der Emire und ihre Soldaten bereiteten für sie zu, was sie benötigten und verwenden wollten, und sie suchten einander, wie es ihre Gewohnheit war, zu übertrumpfen. Die Diener und Vorleger brachten die Mahlzeiten und Erfrischungen in die Zelte ihrer Herren. Sie ritten sicher schreitende Maultiere und ausgezeichnete Esel; auf ihren Stuten lagen Satteltaschen mit Paketen von Kleidern, die mit Gold und Silber gewirkt waren. Auch gab es Diener, die große Platten und Tablette für Speisen trugen, über die seidene Tücher und bunte Decken gebreitet waren; dabei sangen sie, so laut sie konnten, und wechselten Worte, in denen sie spotteten und die Christen der Stadt und die Franzosen verfluchten, während diese selbst zusahen und zuhörten. Es geschahen auch ähnliche Dinge dieser Art, die sich den Gedächtnissen einprägen und die Herzen erregen ...

FRANZOSEN UND OSMANEN STOSSEN ZUSAMMEN

Am Dienstag, dem 7. (Šawwāl; 3. März 1800), kam es zu einem Zusammenstoß zwischen den französischen und den osmanischen Soldaten; es war dies der erste, der sich zwischen ihnen ereignete. Einige osmanische Soldaten gerieten in Streit mit einer Gruppe von Franzosen, und einer der Franzosen wurde getötet. Die Leute wurden von Ärger und Zorn befallen und schlossen ihre Läden; die Osmanen errichteten Barrikaden und verschanzten sich dahinter. Dies geschah in der Nähe der Ǧamālīja und rund herum. Dort stießen sie zusammen, und es kam zu einem Gefecht zwischen ihnen, in dem mehrere Personen auf beiden Seiten getötet wurden. Beinahe wäre es zu einem allgemeinen Aufruhr gekommen. Sie verbrachten die ganze Nacht voller Kampfbegierde, doch die Offiziere der Soldaten vermittelten zwischen ihnen, um sie zu besänftigen. Die Barrikaden wurden fortgeräumt, und beide Seiten ließen davon ab. Muṣṭafā Pascha ließ nachforschen, wer die Unruhe verursacht hatte. Es waren sechs Personen; die ließ er hinrichten und sandte ihre Leichen zum Oberbefehlshaber der Franzosen.

KONTROLLEN

Doch dieser freute sich nicht darüber und sagte: «Es ist unbedingt nötig, daß ihre Soldaten die Stadt verlassen und in ihr Lager zurückkehren, bis die vereinbarten Tage verflossen sind. Sie sollen nicht mehr in die Stadt kommen, außer auf einem bestimmten Wege und ohne Waffen.» Daraufhin befahl Muṣṭafā Pascha, daß alle, die sich in Kairo befanden, wieder hinauszögen, und nicht einer blieb in der Stadt. Ein Trupp Franzosen bezog außerhalb des Siegestores Posten, und wenn einer der Soldaten oder der Würdenträger der Osmanen in die Stadt wollte, stieg er ab, sobald er bei ihnen anlangte, legte seine Waffen ab, die er bei sich trug, und trat in Begleitung von einer oder zwei Personen ein. Sie waren für ihn verantwortlich und schritten vor ihm her, bis er seine Geschäfte erledigt hatte. Dann kehrte er um, und wenn er zu den Franzosen kam, die außerhalb der Stadt postiert waren, gaben die ihm seine Waffen zurück, er legte sie an und ging zu den Seinen; so hielten sie es.

SCHWIERIGKEITEN ZWISCHEN ENGLÄNDERN UND FRANZOSEN

Am Mittwoch, dem 15. (Šawwāl), zog eine Gruppe von Würdenträgern der Franzosen mit Geräten und Gepäck nach Alexandria; unter ihnen waren der Qā'immaqām Dugua, Desaix, der Oberbefehlshaber in Oberägypten, Poussielgue, der Erste Sekretär und Direktor der Grenzen. Sie kamen ans Meer und wollten in ihr Land heimreisen, doch die Engländer widersetzten sich ihnen und wollten sie zurücksenden. Da sandten sie Botschaft an den Oberbefehlshaber des Heeres in Kairo und meldeten ihm die Lage. Dieser meldete es weiter an den Wesir, und der Osmane antwortete ihm in einer Weise, die ihn wenig zufriedenstellte; er rückte auch am nächsten Morgen bis oberhalb al-Ḫānkah vor. Dies war am letzten Tag der Frist, die vereinbart worden war und nach deren Ablauf der Wesir in Kairo einziehen und die Franzosen die Stadt verlassen sollten. Als sie sahen, wie die Lage war, verlangten sie eine Verlängerung der Frist um acht Tage, und die wurde ihnen gewährt.

Die ägyptischen Emire und das Lager des Naṣūḥ Pascha sowie ein Trupp osmanischer Soldaten rückten vor bis in die Nähe von al-Maṭarīja. Dort schlugen sie ihre Zelte auf und errichteten ihre Kochherde.

KRIEGSVORBEREITUNGEN

Die Franzosen aber nützten die erwähnten acht Tage dazu aus, ihre Soldaten und Truppen aus den Landesteilen Ober- und Unterägyptens zusammenzuziehen. Sie schlugen ihr Heerlager am Nilufer auf, von den äußersten Vororten Kairos bei Altkairo bis nach Šubrā. Sie zogen mehrmals zu den verschiedenen Festungen, in denen sich niemand befand, und sie beschlossen und befaßten sich dann Tag und Nacht eifrig damit, die Artillerie und die Granaten, das Kriegsgerät, das Pulver, die Mundvorräte und Bomben auf Wagen in diese zurückzubringen. Die Leute wunderten sich darüber.

Der Statthalter Muṣṭafā Pascha und seine Gefolgsleute sahen zu, ohne etwas zu sagen. Einige behaupteten, der Wesir habe ihnen Botschaft gesandt und ihnen befohlen, die Festungen wieder herzurichten, wie sie gewesen seien, und ähnliche Geschichten, die bei Verständigen keinen Kredit finden konnten.

Es wurde auch gesagt, daß die Franzosen von einigen ihrer Freunde unter den Engländern Mitteilungen erhalten hätten, aus denen sie erfuhren, daß der Wesir mit den Engländern übereingekommen sei, die Franzosen zu umzingeln, wenn sie in die Nähe des Meeres gelangt seien. Als sie das erfahren hätten, wollten sie es verifizieren und hätten Botschaften darüber an Jūsuf Pascha gesandt, doch dieser habe ihnen in unklarer Art und Weise geantwortet und sich eilig in Marsch gesetzt, um in die Nähe von Kairo zu ziehen. Die Franzosen aber hätten sich die Lager der Osmanen und ihren Zustand genau angesehen, als sie die Boten dorthin gesandt und sie öfters besucht hatten. Sie hätten ihre Lage erforscht und erkannt, daß sie zu schwach seien, um ihnen Widerstand zu leisten. Als dann eintrat, was ich berichtet habe, bereiteten sie sich vor, ihnen entgegenzutreten und Krieg zu führen, und brachten ihr Gerät in die Festungen zurück. Als sie dies vollendet und die Umgebung Kairos befestigt hatten, nachdem sie alle jene, die sie bei sich zu behalten wünschten, um sich versammelt und ihnen Soldaten als Führer vorgesetzt hatten und nachdem sie all dieser Vorbereitungen gewiß waren, zogen sie alle zusammen in Richtung der Siegeskuppel *(Qubbat an-Naṣr)* vor die Stadt hinaus und nahmen in jener Gegend Aufstellung. Keiner von ihnen blieb in der Stadt außer der Besatzung der Zitadelle und einigen Personen im Haus des Alfī in der Azbakīja sowie in einigen anderen Häusern in jener Gegend. Die meisten Leute glaubten, daß sie sich zum Aufbruch aufgemacht hätten ...

KRIEGSAUSBRUCH

Am Donnerstag, dem 23. (Šawwāl), ritt der Oberbefehlshaber Kléber, bevor der Morgen aufging, mit seinen Soldaten in Begleitung der Kanonen und Kriegsgeräte davon. Er teilte seine Soldaten in verschiedene Kolonnen. Einige davon richteten sich gegen das Lager des Wesirs, andere zogen in Richtung al-Maṭarīja und beschossen es. Ihren Gegnern blieb nichts übrig, als das Lager zu räumen und zu fliehen; ihre Zelte und Herdstellen ließen sie zurück. Naṣūḥ Pascha und seine Begleiter saßen auf und strebten Kairo zu. Die Franzosen hinderten sie nicht daran. Sie trafen sich mit ihren Brüdern, die in der Richtung des Lagers von Ḫānkah gezogen waren, nachdem sie geplündert hatten, was sie im Lager des Naṣūḥ Pascha an Geräten und Vieh vorfanden. Sie vernagelten die Mündungen der Kanonen, ließen sie dort zurück und zogen fort in der Richtung auf das andere Lager. Als sie in dessen Nähe anlangten, sandten sie Boten zum Wesir und forderten ihn auf, innerhalb von vier Stunden fortzuziehen. Er hatte keine andere Wahl, als Folge zu leisten, und die Franzosen blieben ihm auf den Fersen. Die meisten seiner Soldaten hatten sich in allen Dörfern, Städten und Provinzen verstreut, um Geld zusammenzubringen, Zwangssteuern zu erheben und die Armen zu bedrücken.

VOLKSERHEBUNG

Die Bewohner von Kairo redeten viel über dies und jenes, als sie den Lärm der Kanonen vernahmen, und wußten nicht, was wirklich geschehen war. Sie gerieten in Erregung und stürmten in die äußeren Stadtteile. Dort töteten sie einige Franzosen, denen sie begegneten, als diese die Stadt verlassen wollten, um zu ihren Brüdern zu stoßen. Eine Bande aus dem niederen Volk ging und plünderte das Holz und einiges Kupfer und anderes, was sie vorfanden, wo das Lager der Franzosen gewesen war. Der Sajjid ʿOmar Efendī, das Oberhaupt der Scherifen, verließ ebenfalls die Stadt, und einige Türken aus dem Ḫān al-Ḫalīlī und die Maghribiner, die in Kairo waren, schlossen sich ihm an; auch Ḥusain Aghā Šanan, der Bruder Ajjūb Beks des Jüngeren, und viele Leute aus dem einfachen Volke der Stadt zogen mit ihnen. Auch viele Gruppen vom gemeinen Volke, vom Pöbel und den Heuschreckenmassen rotteten sich zusammen und begannen in den Gassen und allen Teilen der Stadt herumzulaufen, zu schreien und zu lärmen. Sie riefen einander Worte zu, die sie aus ihrer Phantasie und Einbildungskraft bezogen hatten; so gingen sie umher, und viele von ihnen zogen in der gleichen Art vor die Stadt hinaus.

Als der Tag voll heraufgezogen war, stellten sich einige ägyptische Soldaten ein, drangen in die Stadt ein und brachten einige Verwundete mit. Die Leute wollten sie ausfragen, doch sie konnten ihnen nichts berichten, weil sie selbst nicht wußten, was wirklich geschehen war. Die Lage blieb so, bis am Nachmittag eine große Menge des einfachen Volkes eintraf. Sie gehörten zu jenen, die außerhalb der Stadt gewesen waren; sie schrien und lärmten durcheinander. Ibrāhīm Bek befehligte sie.

Nachher kam ein weiterer Haufen, den Salīm Aghā kommandierte, dann noch einer gleicher Art, der dem ʿUṯmān Aghā unterstand. Dann kam Naṣūḥ Pascha und mit ihm ein größerer Trupp seiner Soldaten, begleitet von Sajjid ʿUmar an-Naqīb und Sajjid Aḥmad al-Maḥrūqī, Ḥasan Bek al-Ǧiddāwī, ʿUṯmān Bek al-Murādī, ʿUṯmān Bek al-Ašqar, ʿUṯmān Bek aš-Šarqāwī, ʿUṯmān Aghā dem Ḫāzindār und Ibrāhīm, dem *katḫodā* des Murād Bek, genannt as-Sinnārī; sie wurden begleitet von ihren Mamluken und Gefolgsleuten. Sie zogen zum Bāb an-Naṣr und zum Bāb al-Futūḥ ein und durchzogen Ǧamālīja, bis sie die Wakāla des Ḏū l-Fiqār erreichten.

CHRISTENGEMETZEL

Dort sagte Naṣūḥ Pascha zu dem Pöbel: «Tötet die Christen und kämpft im Glaubenskrieg gegen sie!» Als sie diese Worte von ihm vernahmen, schrien sie, kochten sie auf und erhoben ihre Stimmen. Sie liefen eilig davon und töteten alle Christen, denen sie begegneten, Kopten, Syrer und andere. Eine Schar zog zum Viertel der Christen und zu deren Häusern, die in der Nähe von Bain aṣ-Ṣūrain, beim Šarqīja-Tor und in Richtung al-Muskī lagen; sie machten sich daran, die Häuser aufzubrechen, und töteten, wen sie vorfanden, Männer, Frauen und Kinder. Sie plünderten und fuhren so lange fort, bis es sogar die Muslime traf, die in ihrer Nachbarschaft wohnten.

Die Christen rotteten sich zusammen und suchten sich zur Wehr zu setzen. Ein jeder von ihnen sammelte um sich herum so viele französische und griechisch-orthodoxe Soldaten, wie er nur konnte. Schon bevor dies geschah, hatten sie sich gerüstet und Waffen, Pulver und Kämpfer bereitgestellt, weil sie erwartet hatten, daß etwas Derartiges eintreten könnte. Ein Krieg zwischen den beiden Gruppen brach aus, und die Christen begannen zu kämpfen. Sie schossen mit Flinten und Karabinern aus den Obergeschossen auf das in den Gassen zusammengeströmte niedere Volk und auf die Soldaten; so suchten sie sich zu verteidigen. Die anderen schossen von unten, suchten die Häuser aufzubrechen und einzudringen. Naṣūḥ Pascha verbrachte die Nacht in al-Ǧamālīja in der Wakāla des Ḏū l-Fiqār, desgleichen auch der Katḫodā des Osmanischen Reiches und Ibrāhīm Bek sowie einige der Ṣanǧaqs und Kāšifs von Ägypten mit ihren Gefolgsleuten und einem Trupp Soldaten.

KANONEN AUF WOHNHÄUSER

Als es Tag wurde, sandten sie Boten nach al-Maṭarīja und ließen von dort drei Kanonen kommen, doch fanden sie sie vernagelt und unbrauchbar. Sie reparierten sie, öffneten sie wieder, und Naṣūḥ Pascha erhob sich, krempelte seine Ärmel auf, gürtete seinen Leib und marschierte zu Fuß mit den ägyptischen Emiren. Die drei Kanonen schleppten sie vor sich her und zogen sie bis zur Azbakīja. Sie schossen damit auf das Haus des Alfi. Darin hielten Leute Wache, die zu den französischen Soldaten gehörten; die schossen aus Gewehren und Kanonen zurück. Der Kampf zwischen beiden Teilen dauerte bis zum Ende des Tages, dann legte er sich, und sie verbrachten die Nacht, indem sie ausrufen ließen, jedermann solle wachen.

BARRIKADEN UND FESTUNGSARBEITEN

Am gleichen Tag errichteten die Bewohner Kairos und die Soldaten Barrikaden in allen Außenbezirken der Stadt und vor der Azbakīja. Sie beschlossen auch, einige Teile der Mauern wiederaufzubauen, und bemühten sich, die Stadt möglichst zu befestigen.

Die Stadtbewohner verbrachten jene Nacht hinter den Barrikaden. Als sie hereingebrochen war, beschossen die Franzosen die Stadt von der Zitadelle aus mit Kanonen und Bombarden. Sie konzentrierten die Beschießung besonders auf das Ǧamālīja-Viertel, weil dort die meisten Leute versammelt waren. Als alle dies mit ihren eigenen Augen sahen, kamen die Oberhäupter und Chefs überein, daß es am besten sei, die Stadt noch in derselben Nacht zu verlassen, weil es ihnen unmöglich sei, Widerstand zu leisten und weil sie weder Kriegsgeräte noch überlegene Kräfte besäßen. Die Zitadelle befinde sich in der Hand der Franzosen, und Kairo könne nicht eingeschlossen werden, weil die Stadt so ausgedehnt sei und so viele Einwohner besitze.

Wenn sich jedoch der gegenwärtige Zustand lange hinziehe, könnten ihnen die Lebensmittel ausgehen, denn die meiste Nahrung für die Stadtbewohner wird täglich aus der Umgebung herbeigebracht, und es bestand die Möglichkeit, daß diese Zufuhren unterbunden würden, wenn der Zwist in der Stadt anwachsen sollte.

Man einigte sich deshalb darauf, die Stadt in der Nacht zu räumen. Doch die Bevölkerung hörte davon, und die meisten Bewohner bereiteten sich darauf vor, ebenfalls hinauszuziehen. Das Ǧamālīja-Viertel und die darum liegenden Straßen erstickten im Gedränge der Leute, die die Stadt verlassen wollten. Einer ritt auf dem anderen, und die ganze Gegend war voll von Eseln, Maultieren, Pferden, Kamelhengsten und Kamelen, die mit Lasten beladen waren. So verbrachten sie die Nacht, und was die Leute damals an Bedrängnis, Leiden, Qual und Furcht erlitten, läßt sich nicht beschreiben.

Die Bewohner des Ḫān al-Ḫalīlī, die zum niedrigen Volke gehörten, und einige Maghribiner aus al-Faḥḥāmīn und al-Ghūrīja hörten davon und kamen nach al-Ǧamālīja. Sie beschimpften alle, die hinausziehen wollten, und ein Trupp von Janitscharen half ihnen dabei. Sie ergriffen die Pferde der Emire und sperrten sie in das Haus des Qāḍīs und in die Wakālas ein. Sie schlossen auch das Siegestor. Diese Nacht verbrachte die Mehrheit der Einwohner auf den Bänken vor den Läden; nur einige Würdenträger fanden Aufnahme in den Häusern ihrer Freunde in der Ǧamālīja; andere schliefen in den Gassen der umliegenden Viertel. Alle waren darauf bedacht, die Stadt zu verlassen.

STRASSENKÄMPFE

Am Samstag, dem 25., morgens bereiteten die Offiziere, die Soldaten und die meisten Bewohner der Stadt sich auf den Kampf vor, ausgenommen allein die Schwachen, die keine Kraft dazu hatten. Die meisten zogen gegen die Azbakīja und besetzten viele der Häuser, die leer standen, andere wachten hinter den Barrikaden. Sie trieben eine Anzahl Kanonen auf, über die drei hinaus, die bereits dort waren; man fand sie vergraben in einigen Häusern der Emire. Sie nahmen aus den Läden der Parfümverkäufer die Gewichte aus Eisen oder Stein, mit denen man die Waren abwiegt, und gebrauchten sie als Kanonenkugeln. Damit beschossen sie das Haus des Oberbefehlshabers in der Azbakīja.

KOPFGELDER

ʿUṯmān Aghā verblieb in der Wakāla des Ḏū l-Fiqār in der Ǧamālīja. Jedermann, der einen Christen, einen Juden oder einen Franzosen einfing, nahm ihn und brachte ihn in die Ǧamālīja, wo sich ʿUṯmān Katḫodā befand, und erhielt dafür ein Baqšīš. Einige wurden eingesperrt, bis ihr Fall geklärt sei; andere ließ er gegen alles Recht hinrichten. Es kam auch vor, daß das gemeine Volk irgend jemanden tötete und seinen Kopf brachte, um das Baqšīš zu erhalten. Ebenso ging ein jeder, der einem Franzosen den Kopf abschnitt, damit zu Naṣūḥ Pascha nach der Azbakīja oder zu ʿUṯmān Katḫodā in die al-Ǧamālīja, und er erhielt dafür Geld. Später schlossen sie das Qarāfa- und das Barqīja-Tor sowie die übrigen Tore in den äußeren Stadtbezirken. Die Leute richteten immer mehr Barrikaden auf und wurden immer wachsamer ...

STADTVERTEIDIGUNG

Im allgemeinen stießen alle jene, die sich in einem Viertel der äußeren Stadtteile befanden, zu den Soldaten, die dort aufgestellt waren, so daß alle Bewohner von Kairo und alle Soldaten in den Außenquartieren, bei den Stadttoren, den Barrikaden und Mauern standen. Einige der osmanischen Soldaten und die bewaffneten Stadtbewohner, die zu ihnen gestoßen waren, hielten sich in der Ǧamālīja auf, und wenn ein Alarmruf von einer der verschiedenen Seiten eintraf, sandten sie einen Trupp davon als Verstärkung aus. Alle Bewohner Kairos hielten sich entweder Tag und Nacht auf den Gassen auf – das waren jene, die nicht zu kämpfen vermochten – oder in den Außenquartieren hinter den Barrikaden – nämlich jene, die bereit waren und die Kraft besaßen, zu kämpfen. Keiner schlief in seinem Haus, außer den Schwachen, den Feigen und den Angsthasen ...

ʿUṯmān Katḫodā richtete eine Werkstatt für Pulver im Haus des Qāʾid Aghā im Ḫaranfuš-Viertel ein. Dorthin brachte er die Waffenschmiede, Wagner, Schmiede und Metallgießer, um Kanonen und Bombarden herzustellen, um die Kanonen zu reparieren, die man in einigen Häusern gefunden hatte, um Räder und Lafetten für sie anzufertigen sowie Kugeln und auch anderes, was man benötigte. Man brachte ihnen, was sie brauchten: Holz aller Art, Steine und Eisen; alle Schmiede, Zimmerleute und Metallgießer und andere Handwerker, die solche Dinge verstanden, wurden dorthin gesandt. All dies geschah im Haus des Qāḍīs, im Ḫān, der daneben steht, und auf dem Platz, der sich vom Haus des Qāḍīs bis zur Ḥusainī-Moschee erstreckt. Er legte großen Wert darauf und gab sehr viel Geld dafür aus. Sie brachten auch die anderen Kanonen herbei, die sich in al-Maṭarīja befanden. Jedesmal, wenn eine Kanone in die Stadt gebracht wurde, zog eine gewaltige Menge mit, die aus den untersten Volksschichten, dem Pöbel und Kindern bestand; sie schrien und heulten und skandierten Sprüche wie: «Gott schenke den Sieg dem Sultan und verderbe den Granatapfelkern» oder ähnliches.

ALFĪ KOMMT ZU HILFE

Am zweiten Tag kam Muḥammad Bek al-Alfī nach Kairo und verschanzte sich in der Gegend der Suwaiqa in der Nähe der ʿAbd-al-Ḥaqq-Straße und der ʿAṭfat al-Baidaq. Seine Mamluken und Truppen kamen mit ihm, ferner einige osmanische

Würdenträger. Er machte gewaltige Anstrengungen, und sein Mut wie auch der seiner Mamluken war bemerkenswert, desgleichen der seiner Kāšifs, besonders des Ismāʿīl Kāšif, genannt Abū Qaṭja. Er rückte unablässig vor, bis er die Gegend der Holzquais unter seine Kontrolle gebracht hatte, ferner das Haus des Murād Bek, das ehemalige Haus des Ḥasan Bek al-Azbakāwī sowie das Haus des Aḥmad Aghā Šuwaikār, und darin verschanzte er sich ...

EIN PLÜNDERER

Es erschien auch ein Mann aus dem Maghrib, angeblich derselbe, der früher im Delta gegen die Franzosen gekämpft hatte; zu dem stieß eine Schar von Maghribinern aus Kairo sowie auch eine Gruppe von Leuten aus dem Ḥiǧāz, die früher mit al-Kīlānī nach Ägypten gekommen waren. Dieser Mann aus dem Maghrib beging Taten, die zu verabscheuen sind, denn die meisten Plünderungen und Morde an Leuten, die zu töten nicht zulässig ist, gingen auf ihn zurück. Er spähte die Häuser aus, in denen sich Franzosen und Christen befanden, und drang mit einer Menge von Soldaten und Pöbel in sie ein; sie töteten alle, die sie darin fanden, und plünderten das Haus. Die Frauen schleppten sie fort und zogen ihnen Schmuck und Kleider aus, und es gab unter ihnen welche, die einem kleinen Mädchen den Kopf abschnitten aus Gier nach dem Gold, das es in seinen Haaren und im Gesicht trug. Die Leute taten einander ohne Unterlaß Schandtaten an – alles, wozu die Gier ihrer Herzen, ihre Verachtung und ihre Haßgefühle sie trieben.

EIN ANGEBLICHER VERRÄTER

Der Scheich Ḫalīl al-Bakrī wurde angeklagt, daß er mit den Franzosen im Bunde sei und ihnen Lebensmittel zusende. Ein

Trupp Soldaten zusammen mit einigem Pöbel der untersten Klassen überfielen ihn; sie plünderten sein Haus und schleppten ihn mit seinen Kindern und seinem Harem davon. Man brachte ihn in die Ǧamālīja. Er ging mit bloßen Füßen und bloßen Hauptes, wurde schmählich beleidigt und mußte vom Pöbel schmerzliche und schimpfliche Worte vernehmen. Als sie ihn vor ʿUṯmān Katḫodā brachten, erschrak dieser und war über den Vorfall sehr betroffen. Er versprach ihm gute Behandlung und tröstete ihn; dann übergab er ihn mit seinen Frauen und Kindern dem Händler Aḥmad ibn Maḥmūd Muḥarram, damit der ihn in sein Haus aufnehme. Dieser erwies ihm Ehre und gab ihm Kleider; sie blieben bei ihm, bis die Unruhen zu Ende gegangen waren.

GEGENSEITIGE HILFE

Sajjid Aḥmad al-Maḥrūqī und die anderen Kaufleute und Wohlhabenden waren eifrig darauf bedacht, die Ausgaben sowie Essen und Trinken zu bestreiten. So handelten auch alle anderen Bewohner Kairos. Jedermann stellte sich selbst und allen anderen alles zur Verfügung, was er besaß. Die einen unterstützten die anderen, und sie taten, was sie vermochten und was in ihren Kräften lag, um zu helfen.

DIE STADT TEILWEISE OFFEN

Doch die Franzosen hatten sich in den Forts verschanzt, welche die Stadt umgeben, ferner im Haus des Alfi und in den benachbarten Wohnhäusern, die sie sich reserviert hatten, sowie auch in den Häusern der Kopten, die in der Umgebung lagen. Für einige Zeit nach der Ankunft des Paschas und der Emire mit ihren Soldaten in Kairo konnten die Bewohner durch das Futūḥ- und das ʿAdawī-Tor ein- und ausgehen, allerdings nur wenige Tage. Die Landbewohner und Dörfler brachten Getreide und was an

Fett, Käse, Yoghurt *(laban)* und Schafen gebraucht wurde; sie verkauften es den Stadtbewohnern und kehrten in ihre Dörfer zurück.

WO SIND DIE FRANZOSEN?

Während all dies vor sich ging, wußte niemand, was wirklich mit den Franzosen geschehen war, die mit ihrem Kommandanten fortgezogen waren, um Krieg zu führen. Es gab die verschiedensten Gerüchte und Berichte. Als der Wesir mit seinem Heerlager aufgebrochen war, war ein Teil seiner Soldaten hinter ihm in Bilbais zurückgeblieben. ʿUṯmān Bek Ḥasan und Salīm Bek Abū Dijāb mit ihren Begleitern kämpften gegen die Franzosen und kehrten dann nach Bilbais zurück. Doch die Franzosen belagerten jene, die sich in der Stadt Bilbais befanden.

ʿUṯmān Bek, Salīm Bek, ʿAlī Pascha Ṭarābulsī und ein Teil der Oğaqs verließen die Stadt und zogen in Richtung des Heerlagers des Wesirs. Die Franzosen bekämpften Bilbais und die dortige Besatzung; diese vermochte nicht standzuhalten und bat um Frieden; die Franzosen gewährten ihn ihnen, nahmen ihre Waffen und ließen sie abziehen, wohin sie wollten. Sie zogen verstreut über Land, bettelten die Leute an und suchten Zuflucht in den Moscheen und Ruinen. Die meisten starben vor Entblößung und Hunger.

DER OSMANISCHE WESIR WILL NICHT KÄMPFEN

Als dann ʿUṯmān Bek und seine Begleiter das Heerlager in der Gegend von aṣ-Ṣāliḥija erreichten, sprachen sie mit dem Wesir und klagten ihn mit harten Worten an. Er entschuldigte sich bei ihnen mit Ausreden, unter anderem damit, daß er nicht für den Krieg vorbereitet gewesen sei und seine Artillerie und schweren Kanonen in al-ʿArīš zurückgelassen habe, weil er mit dem

Frieden gerechnet habe, der zwischen den beiden Parteien geschlossen worden war, und gedacht habe, die Franzosen würden nicht merken, was man im Zusammenspiel mit den Engländern gegen sie geplant hatte. ʿUṯmān Bek sagte zu ihm: «Schicke die Soldaten aus und warte hier auf uns!» Er sprach zu den Soldaten und tat, was er konnte, doch nur einige Gehorsame und Freiwillige zeigten sich bereit; es waren etwa tausend. Sie kehrten wieder um und sammelten die Verstreuten und in den Dörfern Verteilten; dann machten sie kehrt in der Absicht, gegen die Franzosen zu kämpfen. Sie lagerten in einer Niederung nahe bei al-Qurain, weil sie den feindlichen Kommandanten mit wenigen Soldaten gesehen hatten und wußten, daß er in der Nähe war, wie man ihnen auch mitgeteilt hatte. Er war von der Landbevölkerung mit Stöcken und Steinen angegriffen worden; der Sattel des Oberbefehlshabers war von einem Stockschlag zerbrochen worden, und sein Dragoman war vom Pferde gefallen. Dies hörten die Muslime, und sie ritten, um den Angreifern zu helfen. Doch auch die Franzosen hatten ihre Soldaten zu Hilfe gerufen. So stießen sie aufeinander, und ein Gefecht entbrannte zwischen den beiden Parteien, bis die Nacht einbrach, sie voneinander abließen und jede Seite sich in ihre Richtung zurückzog.

Als es Nacht geworden war und große Dunkelheit herrschte, umzingelten die französischen Soldaten die muslimischen, und am Morgen sahen die Muslime, daß sie von allen Seiten von den Franzosen eingekreist waren. Sie stiegen auf ihre Pferde, und, gefolgt von den Fußtruppen, durchbrachen sie jenen Ring. Wer sich retten konnte, kam davon, aber wer umkam, verlor sein Leben! Daraufhin kehrten sie nach aṣ-Ṣāliḥīja zurück, und daraufhin setzte sich der Wesir in Marsch und kehrte nach Syrien zurück.

Doch Murād Bek hatte kaum gesehen, daß die Franzosen den Pascha und die Emire in al-Maṭarīja angriffen – er befand sich in der Nähe der Berge –, als er und die Seinen sofort aufsaßen und am Fuß der Berge entlang in die Gegend von Dair aṭ-Ṭīn zogen, um abzuwarten, wie die Sache ausgehe. Er verblieb ruhig alleine, isolierte sich von den beiden Parteien und hielt seinen Waffenstillstand mit den Franzosen weiter ein. Soweit die Beschreibung der Ereignisse im Osten (des Nils).

TÄUSCHUNG DER BEVÖLKERUNG

Als der Pascha und die Emire, die in Kairo waren, sich über die Lage Rechenschaft gaben, hielten sie sie unter sich verborgen und verbreiteten das Gegenteil unter den Leuten, damit deren Kampfesfreudigkeit nicht leide und ihre Herzen nicht schwach würden. Der Pascha zeigte immerfort Briefe vor, die abgeschickt worden seien, und sandte auch Läufer aus, um Rettung und Hilfe zu suchen; er dürfte auch gelegentlich die Antworten gefälscht haben. So erteilten sie der Bevölkerung falsche Auskunft und zeigten sich plötzlich voller Mut.

Man sagte den Leuten unablässig: Seine Exzellenz, der hohe Wesir, ist voller Eifer dabei, den Glaubenskrieg gegen die Franzosen zu führen; morgen oder übermorgen wird er mit den Soldaten und Söldnern auftauchen, nachdem er die Reihen des Feindes durchbrochen hat; wenn er hierher kommt, wird ein großer Sieg errungen werden. Die Soldaten werden die Festungen zerstören und sie über den französischen Besatzungen zum Einsturz bringen. Nachher wird das Land geordnet werden, und die Diener Gottes werden ausruhen können. Sie erließen viele Aufrufe an die Bevölkerung und die Soldaten, auf arabisch und türkisch, um sie anzufeuern, zum Heiligen Krieg anzustacheln und sie zum Durchhalten, zum Kampf und zum Widerstand gegen den Feind zu veranlassen.

Eine Schar von französischen Soldaten kam an; sie waren aus ihrem Lager nach Kairo zurückgekehrt, um ihre Freunde in Kairo zu retten. Die Herzen derer, die sich in Kairo befanden, erstarkten durch ihre Gegenwart. Ein Teil von ihnen nahm vor dem Naṣr-Tor Aufstellung, ein anderer vor dem Ḥusainīja-Tor. Sie plünderten die Zāwija des Demirdāš und ihre Umgebung sowie das Mausoleum des Ghūrī und al-Manjal.

Dann stellten sich auch etwa 500 albanische Soldaten ein; sie waren vom Wesir in die Dörfer entsandt worden, um den Lebensunterhalt (für die Truppen) und die Zwangssteuern einzutreiben. Als sie in der Nähe von Kairo anlangten, traten ihnen die französischen Soldaten entgegen, die auf den Hügeln außerhalb der Stadt standen. Sie leisteten Widerstand und verteidigten ihr Leben; sie kämpften sich frei und schlugen sich nach Kairo durch. Die Leute freuten sich über ihr Kommen, und das gemeine Volk lärmte über ihre Ankunft. Ihre Kräfte wurden verstärkt, und sie erfanden allerlei Ausschmückungen, indem sie den Leuten auf Befragen erzählten, sie seien als Vorhut gekommen, und hinter ihnen folgten 20000 Mann unter ihrem Kommandanten usw.

ERHEBUNG VON BŪLĀQ

Būlāq erhob sich darauf auf einen Schlag. Der Ḥāǧǧ Muṣṭafā al-Baštīlī stellte sich mit seinesgleichen ein und peitschte das Volk auf. Sie bereiteten ihre Stöcke und Waffen vor, schlugen sie zusammen und klatschten Beifall. Sie begannen damit, daß sie zum Lager der Franzosen strömten, das diese am Ufer des Stroms zurückgelassen hatten und wo auch Wächter zurückgeblieben waren. Sie töteten alle, die sie ergreifen konnten, und plünderten alles, was sich darin befand: Zelte, Geräte usw. Dann kehrten sie in die Ortschaft zurück und öffneten die Getreidemagazine und Depots, die die Franzosen dort angelegt hatten. Sie gruben Gräben rund um den Ort, errichteten Barrikaden und bereiteten sich zum Krieg und Glaubenskampf vor. Der Fanatismus wuchs in ihren Köpfen, und sie überfielen die Christen, die Kopten und Syrer, die in Būlāq wohnten. Es kam zu einigen Plünderungen, und möglicherweise wurden auch einige Menschen getötet.

RÜCKKEHR DER FRANZOSEN

So ging es bei jenen zu; doch der Oberbefehlshaber der Franzosen und seine Leute ließen nicht ab, den Wesir zu verfolgen, nachdem sie sich über seine Niederlage klar geworden waren und auch erkannt hatten, daß er zu entrinnen suche und nicht mehr zurückkehren werde. Sie folgten ihm bis über aṣ-Ṣāliḥīja hinaus; dann ließen sie dort einige Franzosen als Garnison zurück, ebenso in al-Qurain und in Bilbais, und der Kommandant kehrte nach Kairo um.

Er hatte Nachricht von den Geschehnissen erhalten, vom Einzug des Naṣūḥ Pascha und der Emire wie auch vom Aufstand der Untertanen. Er marschierte ohne Unterbrechung, bis er sein Haus in der Azbakīja erreichte. Die französischen Soldaten schlossen die Stadt Būlāq von außen ein und hinderten einen jeden, der hinein oder hinaus wollte. Dies war acht Tage nach Beginn des Aufstands. Sie schnitten die Zufuhr von beiden Ortschaften ab und umzingelten sie, wie die Stadtmauern eine befestigte Stadt umfassen. Die ihnen zuneigenden Personen, die innerhalb der Stadt belagert waren – einige Kopten, syrische Christen und andere –, flohen nach und nach zu ihnen hinaus, indem sie mit ihren Frauen und Kindern von den Hauswänden und Mauern hinabkletterten.

Darauf nahm der Krieg an Heftigkeit zu, und die Übel wuchsen gewaltig. Sie schossen immer mehr und ohne Unterlaß mit Naphthaschleudern und Kanonen, und die Treffer von Bomben und Geschossen wurden immer häufiger und sicherer; sie kamen von den Hügeln und Festungen, immerfort und beständig, die ganze Nacht und den ganzen Tag hindurch, zu Mittag, zum Frühmahl und zur Morgenröte.

Die Nahrungsmittel begannen knapp zu werden, und die Preise stiegen, während die Eßwaren selten wurden und das Getreide unauffindbar. Die Brotbestände verschwanden von den Märkten, und die Straßenhändler verkauften nicht mehr. Die Soldaten, die sich unter den Leuten der Stadt befanden, begannen ihnen Speise und Trank aus den Händen zu reißen, wo sie es fanden. Auch der Preis des Wassers stieg, und man mußte es aus Zisternen und Sodbrunnen nehmen; am Ende stieg der Preis für einen Schlauch auf einen Halbrial und sechzig Para. Was den Nil anging, so konnte ihn kaum jemand erreichen.

Die Händler, reichen Leute und Würdenträger nahmen es auf sich, die Soldaten auf den Barrikaden in ihrer Nähe zu versorgen. Sie zwangen den Scheich as-Sādāt, jene zu verproviantieren, die sich bei Qanāṭir aṣ-Ṣibā befanden, nämlich Muṣṭafā Bek und seine Soldaten.

KAPITULIERENDE UND KÄMPFENDE CHRISTEN

Doch die Oberhäupter der Kopten wie Ǧirǧis al-Ǧauharī und Filtijūs al-Malaṭī baten über muslimische Unterhändler um Frieden. Sie befanden sich belagert in ihren Häusern und fürchteten, diese würden geplündert werden, wenn sie daraus entwichen. Man gewährte ihnen Frieden, und sie kamen, dem Pascha, dem Katḫodā und den Emiren ihre Aufwartung machen und halfen ihnen mit Geld und Gütern.

Ja'qūb jedoch hatte sich in seinem Haus in der Weiten Straße bei ar-Ruwai'ī verschanzt und umfassende Vorbereitungen mit Waffen und kriegstüchtigen Soldaten getroffen. Er saß in seiner Festung, die er seit den ersten Unruhen hatte aufrichten lassen. Die Hauptkampfaktionen gegen ihn führte Ḥasan Bek al-Ǧiddāwī. Dies war die Lage, während zu jeder Zeit Ausrufer in türkischer und in arabischer Sprache die Leute aufforderten, im Glaubenskrieg zu kämpfen und die Barrikaden zu halten.

VERBORGENE FRANZOSEN

Muṣṭafā, der Aghā der *mustaḫfiẓān,* wurde angeklagt, den Franzosen zuzuneigen und einige von ihnen in seinem Haus zu beherbergen. Die Soldaten griffen sein Haus im Darb al-Ḥaǧar an und fanden dort ein paar Franzosen. Sie wollten sie töten, doch jene verteidigten sich; und einige von ihnen kamen ums Leben, doch andere entflohen, indem sie sich wehrten, bis sie die Nāṣirīja erreichten. Der Aghā wurde gefangengenommen und vor 'Uṯmān Katḫodā gebracht; der übergab ihn den Janitscharen, und die erwürgten ihn in der Nacht in der Wakāla beim Bāb an-Naṣr und warfen seinen Kadaver auf einen Kehrichthaufen vor der Stadt.

BELAGERUNGSELEND

Šāhīn Kāšif, der in al-Ḫaranfuš wohnte, trat an seine Stelle. Er war sehr eifrig und streng mit der Bevölkerung, ließ viele Aufrufe ergehen und verbot den Leuten, sich in ihre Häuser zurückzuziehen. Jedermann, den er in seinem Haus vorfand, gab er der Verachtung preis und ließ ihn schlagen. So pflegten die Leute die Nacht in den Gassen und auf den Märkten zu verbringen, sogar die Emire und Würdenträger!

Die Tragtiere starben vor Hunger, weil Futter wie Stroh,

Bohnen, Roggen und Spreu fehlte, so daß Esel oder Maultiere, Stücke, die 30 Rial oder mehr wert waren, für 100 Paras oder für einen Rial oder weniger ausgerufen wurden, doch niemand wollte sie kaufen. Jeden Tag wurde die Lage ungewisser, und der Schrecken nahm zu.

EINE MINE

Die Muslime drangen in Richtung der Holzquais vor, und beide Seiten beschossen sich mit Kanonen und Feuer, bis alle Häuser, die sich zwischen ihnen befanden, abgebrannt waren. Ismāʿīl Kāšif al-Alfī hatte sich im Haus des Aḥmad Aghā Šuwaikāt verschanzt. Jener war selbst in seinem Hause. Die Franzosen hatten eine Mine mit Pulver unter der Erde vorgetrieben, und jene Mine explodierte. Sie hob alle Gebäude und Menschen, die sich über ihr befanden, in die Luft; sie flogen auf und verbrannten bis auf den letzten. Unter ihnen war der erwähnte Ismāʿīl Kāšif. So wurde alles zerstört, was es dort gab – Häuser und reiche Gebäude, Schlösser, die über dem Teich standen, und alle Häuser zwischen der Wegkreuzung bei der Moschee des ʿUṯmān Katḫodā, dem Holzquai und der Sākit-Straße bis zum Platz gegenüber dem Haus des Alfī, das der Oberbefehlshaber der Franzosen bewohnte, brannten ab, desgleichen die ganze Fawāla-Straße und die ar-Ruwaiʿī-Straße mit ihren herrlichen Galerien, ferner alle Häuser, die sich innerhalb dieser Linien befanden bis in die Nähe des Viertels der Christen. All dies verwandelte sich in Trümmer und Ruinen, als wäre es nicht bisher voller Liebesflüstern gewesen und hätte nicht Freundlichkeit und Scherz beheimatet.

ZERSTÖRTE SCHÖNHEIT

Unser Freund, der Verständige, Weise und Ausdrucksgewandte, der Scheich Ḥasan al-ʿAṭṭār – möge Gott ihn bei sich bewahren! –, hat darüber gesagt: «Der Azbakīja-Teich ist die Wohnung der Emire, der Aufenthalt der Großen; Gärten ausgedehnter Schatten umgeben ihn, dergleichen es sonst nirgends gibt. Du siehst das Grün zwischen den weißen Schlössern wie Schleier aus Grünseide über einem Silberkleid. Es leuchten dort viele Kerzen und Lampen, und Freundlichkeit ist unter ihnen nicht untersagt, noch kommt sie zu kurz. Ihre Schönheit dringt voll Freude ins Herz ein und beschwingt den Geist, bis er wird wie vom Wein benommen. Wie viele Tage und Nächte habe ich dort in Freude verbracht!» ...

KEINE HILFE VON MURĀD BEK

Die Belagerten sandten Botschaft an Murād Bek und baten ihn, selbst zu kommen oder die Emire und Soldaten zu senden, die er bei sich hatte. Er sandte Antwort, entschuldigte sein Fernbleiben und behauptete, er habe über die Region zu wachen, in der er sich befinde. Sie sandten erneut Botschaft und baten ihn, ihnen zu enthüllen, was mit dem Wesir geschehen sei. Er antwortete, er habe vor etwa zehn Tagen Reitkamele nach Osten ausgesandt, doch bisher seien sie nicht zurückgekehrt. «Wenn die Franzosen», so sagte er, «auch die Osmanen besiegt haben, so haben sie sie doch weder getötet noch vernichtet; mit euch werden sie es gleich halten! Nehmt meinen Rat an, bittet sie um Frieden, dann könnt ihr heil davonkommen!»

KAPITULIEREN?

Als sie diese Botschaft erhielten, wurden Ḥasan Bek al-Ǧiddāwī und ʿUṯmān Bek al-Ašqar zornig, und auch die anderen verachteten seinen Rat. Sie sagten: «Wie kann er richtig sein? Wir sind in dieses Land eingedrungen und haben es in Besitz genommen; wie sollen wir nun gehorsam daraus fortziehen?» oder so ähnlich. «Dies wird nie geschehen!» Ibrāhīm Bek befahl, al-Bardīsī solle zurückkehren und ʿUṯmān Bek al-Ašqar ihn begleiten, damit al-Ašqar dem Murād Bek sagen könne, was beschlossen worden war. Doch nachdem jener mit ihm zusammengetroffen und zurückgekehrt war, dachte er anders als vorher; sein Mut hatte sich abgekühlt, und er hatte sich der Meinung Murād Beks angeschlossen.

FORTDAUER DER BELAGERUNG

So ging alles weiter wie vorher: Feuersbrünste und Kämpfe; schweres Unglück und Unheil; Bomben, die von der Zitadelle auf Häuser und Wohnungen fielen; Zerstörung und Brand; Schreie der Frauen und Kinder aus den Häusern vor Angst, Schrecken und Entsetzen; dazu Durst, Mangel an Nahrung und Getränk, verschlossene Läden, weder Straßenverkäufer noch Bäcker, Stillstand allen Verkehrs, von Kauf und Verkauf; Bankrott der Geschäftsleute, und keine Mittel, die man hätte ausgeben können, wenn man etwas Kaufenswertes auftreiben konnte.

So ging es weiter. Der Aghā und der Wālī wiederholten ihre Aufrufe. Auch die Scheichs und Rechtsgelehrten sowie Sajjid al-Maḥrūqī und Sajjid ʿUmar an-Naqīb zogen zu jener Zeit durch die Straßen, riefen die Stadtbewohner zum Kampf auf und stachelten sie zum Glaubenskrieg an; so auch einige Osmanen, die mit Gefolgsleuten aus der Polizei die Runden machten und auf türkisch zum gleichen aufriefen.

Die Leute erlitten, was in keinem Buch Raum findet und von niemand errechnet werden kann; man kann sich nicht über allem zusammen aufhalten, geschweige denn über den Einzelheiten: Schlafmangel tags und nachts; Mangel an Ruhe; Teuerung der Nahrung und gänzliches Fehlen vieler Eßwaren, besonders der Fette; Erwartung des Endes in jedem Augenblick; Aufträge, Dinge zu tun, die nicht vollbracht werden konnten;

Überwiegen der Törichten über die Verständigen; Überragen der Häupter durch die Niedrigen; allgemeine Kopflosigkeit; Gerede des Pöbels und vieles mehr, was man unmöglich alles behalten kann.

VERHANDLUNGEN WÄHREND DER KÄMPFE

Zehn Tage lang ging es immer so fort. Während dieser Zeit gingen Boten der Franzosen hin und her, einmal ʿUṯmān Bek al-Bardīsī, ein andermal Muṣṭafā Kāšif und Rustem, die beiden Gefolgsleute des Murād Bek. Sie verhandelten über einen Waffenstillstand und Abzug der osmanischen Soldaten aus Kairo und drohten, die Stadt zu verbrennen und zu zerstören, wenn dieses Ziel nicht erreicht werde. Von diesen Drohungen ließen sie nicht ab.

ANGEBOT DER FRANZOSEN

Dann errichteten die Franzosen mitten in dem ausgetrockneten Teich ein leichtes Zelt und zogen eine Fahne davor auf. In der Nacht davor hatten sie das Feuer eingestellt. Sie sandten Boten direkt von sich aus an den Pascha, an den Katḫodā und die Emire und verlangten, mit den Scheichs über die Angelegenheit des Friedens zu sprechen. Aš-Šarqāwī, al-Mahdī, as-Sirsī, al-Faǧǧūmī und andere wurden also ausgesandt. Als sie vor den Oberbefehlshaber gelangten und sich gesetzt hatten, sagte er zu ihnen über den Dolmetscher, kurz zusammengefaßt, das folgende: Der Oberbefehlshaber sei bereit, den Kairinern einen vollen Pardon zu gewähren. Der Pascha und der Katḫodā sollten mit ihren osmanischen Soldaten Kairo verlassen und sich in ihr Lager begeben; die Franzosen seien bereit, ihnen die Vorräte und Nahrung zu liefern, deren sie bedürften, bis sie ihr Lager erreicht hätten. Die ägyptischen Soldaten, die mit ihnen eingedrungen waren und die in Kairo bleiben wollten, Mamluken wie Ghuzz, könnten bleiben und würden geehrt werden; wer von ihnen aber fortziehen wolle, könne das tun. Die Verwundeten der Osmanen sollten entwaffnet werden; wenn der Katḫodā sie mitnehmen wolle, solle er es tun; wenn nicht, würden die Franzosen es übernehmen, sie gesundzupflegen. Diejenigen, die nach ihrer Genesung bleiben wollten, sollten Hilfe erhalten, und jene, die nach ihrer Heilung abziehen wollten, könnten es tun. Die Bewohner von Kairo jedoch sollten Sicherheit genießen, denn sie seien ihre Untertanen. Die Scheichs stimmten zu und zeigten sich einverstanden.

VERSPRECHEN DER MILDE

Als der nächste Tag heraufzog und die Stunde des Abschiedes (der Boten) eintrat, weil der Waffenstillstand nun festgelegt war, sagten sie zu ihnen: «Warum habt ihr diese Kriegshandlungen begangen, wo doch der Wesir, der euch als Verwalter geschickt worden war, unterlegen ist und flüchtete? Er kann gegenwärtig zum wenigsten für sechs Monate nicht mehr zurückkehren.» Sie führten als Entschuldigungsgrund an, Naṣūḥ Pascha, der Katḫodā des Osmanischen Reiches, Ibrāhīm Bek und ihre Begleiter hätten dies veranlaßt; sie seien es gewesen, welche die Unruhen erregt und die Untertanen aufgehetzt hätten; sie hätten den Leuten falsche Hoffnungen gemacht; die einfachen Leute hätten ja keinen Verstand!

Nach einer langen Rede trugen sie ihnen auf: «Sagt den Türken, sie sollten den Kampf aufgeben, abziehen und sich ihrem Wesir anschließen. Sie vermögen nicht, uns im Kampf standzuhalten, und sie werden die Ursache für die Vernichtung beider Städte werden, Būlāqs und Kairos».

Die Scheichs sagten zum Oberbefehlshaber: «Wir fürchten, daß, wenn sie sich aufmachen und sich dazu entschließen, Abschied zu nehmen und abzuziehen zu ihrem Oberbefehlshaber – daß ihr dann an uns und an den Untertanen Rache üben könntet.» Sie antworteten: «Das werden wir nicht tun! Wenn sie es zufrieden sind und den Kampf aufgeben, wollen wir mit euch und mit ihnen zusammenkommen und einen Frieden vereinbaren, ohne etwas von euch zu verlangen. Wer von uns getötet wurde, wiegt auf, wer von euch umkam. Wir werden sie auch verproviantieren und ihnen die Pferde und Kamele geben, die sie brauchen, und ihnen Begleiter mitgeben, bis sie vor unseren Soldaten in Sicherheit sind. Wir werden keinem von ihnen nach dem Friedensschluß Schaden antun.»

VOLKSZORN

Als die Scheichs mit dieser Botschaft zurückkehrten und die Janitscharen und die Leute sie hörten, machten sie ihnen Vorwürfe, beschimpften und tadelten sie. Aš-Šarqāwī und as-Sirsī wurden sogar geschlagen; man warf ihre Turbane auf die Erde und ließ sie schimpfliche Reden vernehmen. Man sagte: «Diese Scheichs sind vom Islam abgefallen und Franzosen geworden. Ihre Absicht ist, sich von den Muslimen loszusagen. Sie haben Geld von den Franzosen erhalten!» Solche und ähnliche Freundlichkeiten bekamen sie von dem Pöbel und von der Hefe des Volkes zu vernehmen. Der Mann aus dem Maghrib, um den sich die niedrigste Masse drängte, tat sich besonders hervor und ließ ausrufen: «Frieden ist unmöglich; ihr müßt den Glaubenskrieg führen; wer davor zurückweicht, wird geköpft!» As-Sādāt befand sich im Hause des aṣ-Ṣāwī; er fürchtete sich, doch fand er eine List, indem er einen Mann hinaussandte, der vor den Maghribiner trat und rief: «Schnell zu den Barrikaden!», um auf diese Art den Pöbel loszuwerden.

Das gemeine Volk nahm dies alles hin, weil es nicht verstand, was die Folgen der Ereignisse sein würden. Sie scharten sich um den Maghribiner, und ein jeder stützte sich auf den anderen. Seine Absicht aber war, daß die Unruhen andauern sollten, denn dann konnte er mit dem fortfahren, woran ihm lag, nämlich zu plündern und zu rauben und sich die Figur eines Emirs zu geben, weil die Schwachen sich um ihm sammelten.

Auch versorgten die Leute ihn selbst und seine Anhänger mit Essen und Trinken, während der Bevölkerung das Geringste fehlte, was sie hätte essen können. Er ging so weit, daß er, wenn er in einem Teil der Stadt abstieg, um so zu tun, als ob er den Besatzungen Hilfe bringen wollte, und man ihm Nahrung brachte, zu sagen pflegte: «Ich esse nur Hühnchen» und auch so tat, als ob er tagsüber faste. Er zwang dann die Leute jenes Quartiers zu allen möglichen Leistungen, indem er in dieser Mangellage auf die ausgefallensten Speisen drängte und auf andere Dinge, die nicht erhältlich waren.

Zu alledem war er auch noch zu nichts nütze. Wenn die Feinde gegen jenen Stadtteil andrängten, in dem er sich befand, verließ er ihn und begab sich in einen anderen. Es war vielmehr, wie man sagt: «Ich habe keine Kamelin hier und kein Kamel.» Wenn dann geschehen sollte, was geschehen mußte, konnte er mit seinen Anhängern irgendwohin Zuflucht nehmen und sich auf dem Lande oder sonst irgendwo herumtreiben. Dann wurde er wieder wie irgendein anderer Mann und kehrte zu seinem früheren Stand zurück ...

ANMASSUNG EINES EINGEBILDETEN

Kurz gefaßt: jener Mann war die eigentliche Ursache dafür, daß die meisten Häuser in der Azbakīja zerstört wurden sowie für die meisten Übel, die Kairo befielen. Er gehörte zu jenen, auf deren

Befehl, als die Sache des Friedens bekannt geworden war und die Scheichs darüber verhandelt hatten, ausgerufen wurde: «Frieden ist unmöglich, ihr müßt den Glaubenskrieg führen, wer davon zurückweicht, wird geköpft!» Dies war eine Anmaßung von ihm und Einmischung in Dinge, die ihn nichts angingen. Schließlich befanden sich in der Stadt Leute wie der Pascha und der Kat̮hodā und die Emire von Kairo. Was war ein solcher Unruhestifter berechtigt, den Frieden abzulehnen oder anzunehmen? Und wer war er, daß er Ausrufer ausgehen ließ und sich ein Amt anmaßte, zu dem ihn niemand ernannt hatte? Doch die Wirren sind so; die kleinen Raubvögel werden darin zu Adlern; besonders wenn das gemeine Volk aufgestachelt und die Hefe des Volkes aufgewirbelt wird und dies ihren Absichten zugute kommt ...

NEUE BOTSCHAFTEN DER FRANZOSEN

Die Franzosen erhielten keine Antwort; sie schossen weiter aus Kanonen und Gewehren. Sie sandten auch Boten, die nach der Antwort auf das fragten, was durch die Scheichs übermittelt worden war. Der Pascha und der Kat̮hodā sandten ihnen die Antwort: «Die Soldaten sind nicht damit einverstanden und sagen, sie würden den Krieg nicht aufgeben, bis sie gesiegt hätten oder umkämen bis auf den letzten Mann. Es stehe nicht in ihrer Macht, sie zu einem Waffenstillstand zu zwingen. – Die Franzosen antworteten ihnen mit einem Schreiben, in dem es hieß: «Wir staunen über eure Aussage, daß die Soldaten keinen Waffenstillstand wollen. Wie kann ein Kommandant sein Heer befehligen, wenn es seinen Geboten nicht gehorcht?» und ähnliches mehr.

Sie sandten auch Boten an die Bewohner von Būlāq, forderten einen Waffenstillstand und die Beendigung des Kampfes und warnten sie vor den Folgen eines Krieges. Doch jene stimmten nicht zu und beharrten in ihrer Verstocktheit. Sie sandten mehrmals Botschaften an sie, doch die Leute von Būlāq wurden nur um so widerspenstiger und gehässiger. Zum fünften Mal sandten sie einen Franzosen, der rief: «Frieden – sofort, sofort!» während er in der Hand ein Papier des Oberbefehlshabers schwenkte. Sie rissen ihn von seinem Pferd und töteten ihn.

Alle Leute von Kairo bildeten sich ein, sie forderten einen Waffenstillstand nur aus Schwäche und Unterlegenheit; deshalb verstärkten sie das Feuer und den Kampf und trieben den Krieg ohne Unterlaß weiter. Die Franzosen hielten sich auch nicht zurück und fuhren fort, mit den Kanonen zu schießen, Granaten zu werfen und Salven aus zahlreichen Gewehren abzufeuern.

Al-Alfī ging zu ʿUṯmān Katḫodā mit einem Einfall, von dem er glaubte, daß er nützlich sein könnte; er bestand darin, auf den Halbmonden der Minarette am Tag Fahnen anzubringen und des Nachts Lampen zu entzünden, damit die heranrückenden Soldaten es sähen, dadurch geleitet würden und wüßten, daß sich die Stadt noch in der Hand der Muslime befinde und daß sie siegreich seien. Die Leute von Būlāq taten das gleiche, weil die Leute alle annahmen, es gebe ein Heer, das heranrücke, um sie zu entsetzen.

Die Bewohner von Būlāq glaubten, die Veranlassung dazu sei ihr Sieg gewesen. So wurden sie in ihrem Kampf noch entschlossener ...

EIN UNWETTER

Am Donnerstag, dem 22. Ḏū l-Qaʿda, der dem 10. Barmūda der Kopten und dem 6. April der Orthodoxen entspricht (17. April 1800), überzog sich der Himmel mit dichten Wolken, und es donnerte schreckerregend und heftig, worauf reichlicher Regen fiel und große Fluten zu strömen begannen. Die Wasser flossen überall hin; alle Gassen und Straßen verschlammten. Die Leute waren damit beschäftigt, Nässe und Schlamm zu trocknen, und die Pluderhosen und Reittiere der Emire wurden vom Schlamm beschmutzt.

Doch die Franzosen griffen Kairo und Būlāq von allen Seiten an, ohne sich um den Regen zu kümmern, und zwar weil sie sich außerhalb der Stadt im Freien befanden, wo sich der Regen weniger auswirkte als innerhalb der bebauten Fläche. Sie waren auch darauf vorbereitet und davor geschützt sowie leichter gekleidet und trugen leichtere Kopfbedeckungen. Auch sind ihre Waffen, Geräte und Techniken andere als jene der Muslime.

GRIECHISCHES FEUER

Als der Regen fiel, ergriffen sie die Gelegenheit und griffen die beiden Ortschaften von allen Seiten an. Sie fertigten Dochte an, die sie in Öl und Tran tränkten, ähnlich großen Sesamkringeln *(kaʿk)*; die trugen sie um ihren Nacken geschlungen. Sie waren aus Erdöl und einer künstlichen, destillierten Flüssigkeit hergestellt, die aufflammte und deren Flackern zunahm, wenn sie mit Wasser in Kontakt kam.

Ihren wichtigsten Durchbruch erzielten sie beim Bāb al-Ḥadīd, bei Kōm Abū r-Rīš, beim Raṭl-Teich und der Ḥāǧib-Brücke, bei der Ḥusain-Moschee und ar-Rumaila. Sie schossen unablässig mit Kanonen und Bomben aus den Forts bei der Ẓāhir-Moschee und der Laimūn-Brücke. Sie griffen auch an, indem sie hinter Kanonen vorrückten, denen ein Trupp folgte, den man *sulṭāṭ* (soldats) nannte und der beständig aus Gewehren schoß. Vor ihnen her gingen andere mit den brennenden Dochten in der Form von Kaʿks; damit zündeten sie alle Decken und Schwellen der Läden sowie die Fensterläden der Häuser an. Auf diese Weise drangen sie Schritt für Schritt vor.

Die Muslime taten ebenfalls, was sie vermochten, und kämpften entschlossen, mit Energie und Entschiedenheit. Der *aghā* und die meisten Verteidiger zogen nach jener Seite. In jener Nacht kam es zu heftigen Erschütterungen; das einfache Volk kochte vor Erregung; Frauen und Kinder schrien und sprangen von den Mauern aus den brennenden Häusern; sie gerieten von beiden Seiten zwischen die feindlichen Parteien. Dabei nahm der Regen noch zu, besonders während des Tages und auch während der Nacht vor dem Freitag, ebenso Donner und Blitz. ʿUṯmān Bek al-Ašqar al-Ibrāhīmī und ʿUṯmān Bek al-Bardīsī al-Murādī sowie Muṣṭafā Kāšif Rustem gingen hin und her, von den Franzosen zu den Muslimen und von denen wieder zu den Franzosen, um einen Friedensschluß zwischen beiden zustande zu bringen.

ZERSTÖRUNG VON BŪLĀQ

Dann griffen die Franzosen Būlāq vom Nil und vom Abū l-ʿAlāʾ-Tor aus an, einige in der beschriebenen Art und Weise. Die Bewohner von Būlāq kämpften aus allen Kräften und stürzten sich in die Flammen, bis die Franzosen sie überwältigten und sie von allen Seiten umfaßten. Sie töteten sie durch Feuer und Waffen und verfolgten sie mit Plündern und Raub. Sie nahmen Būlāq ein und taten den Bewohnern Dinge an, die vor Schreck das Haupthaar weiß werden lassen. Tote lagen in allen Gassen und Wegen. Die Wohnungen, Häuser und Palais waren abgebrannt, besonders die Häuser und Viertel, die am Nil standen, und die der Außenquartiere. Viele Leute flohen, als sie erkannten, daß sie besiegt waren, und suchten sich in südlicher Richtung zu retten. Doch dann umstellten die Franzosen die Ortschaft und verhinderten, daß man sie verlassen konnte. Sie bemächtigten sich der Ḫāns und Wakālas mit ihren Speichergütern, Depots und Waren, und nahmen die Häuser mit allem, was darin war, in Besitz: Gerät, Schätze, Frauen, Knaben und

Mädchen, Kornmagazine, Zucker, Leinen und Baumwolle, Gewürze, Reis, Fette und alle Arten Parfüm; so viel, wie diese Zeilen nicht fassen können und auch keine Schrift oder Buch. Diejenigen, die sie in ihren Häusern oder in ihren Etagenwohnungen kauernd vorfanden, die nicht gekämpft hatten und bei denen sie keine Waffen vorfanden, deren Hausrat plünderten sie und zogen ihnen die Kleider aus; dann gingen sie fort und ließen sie am Leben. Jene, die überlebten, die kleinen Leute von Būlāq, Einwohner und Würdenträger, die nicht gekämpft hatten, wurden alle so arm, daß sie nichts besaßen, um ihre Nacktheit zu bedecken ...

VORDRINGEN DER FRANZOSEN

Am 26. des Monats erstickten die Leute fast vor der immerwährenden Plage der Feuersbrunst, Schlaflosigkeit, mangelnder Ruhe – auch nicht für einen Augenblick, weder am Tag noch in der Nacht –, wozu noch der Mangel an Nahrung kam. Manche Leute kamen um, besonders die Armen, dazu die Reittiere. Die Soldaten der Osmanen tasteten die Untertanen ab und nahmen ihnen weg, was sie bei ihnen fanden, bis es so weit kam, daß sie wünschten, alles möge ein Ende nehmen und die Franzosen zurückkehren, so wie es vorher gewesen war. Die Lage wurde immer schlimmer, die Sache der Muslime immer unhaltbarer, weil es an Proviant und an Hilfe fehlte.

Den Franzosen aber ging es umgekehrt. Jeden Tag rückten sie weiter vor, und die Muslime wichen zurück. Sie drangen in der Gegend des Bāb al-Ḥadīd, bei Kōm Abū r-Rīš und der Ḥāǧib-Brücke in die Stadt ein; in jener Gegend verbrannten sie alles mit den Dochten und entfachten Feuersbrünste. Sie erstürmten die Barrikaden, bis sie zur Ḫarūbī-Brücke und in die Nähe des Bāb al-Ḥadīd und des Bāb aš-Šaʿrīja gelangten.

Šāhīn Aghā war dort auf den Barrikaden. Er wurde verwundet, verließ seinen Posten und zog sich langsam zurück. Als er so zurückwich, trat der Zusammenbruch ein; die Leute wichen und traten einander mit den Füßen. Die Franzosen besetzten Kōm Abū r-Rīš und begannen von dort aus zu kämpfen; sie standen auf der Anhöhe, und die Muslime niedriger als sie.

Al-Maḥrūqī hatte einen Brief des Wesirs gefälscht. Ein Mann brachte ihn und sagte, er sei ein Bote des Wesirs; er habe sich unterwegs zu verstecken gewußt und sei von der Mauer hinabgesprungen. Der Wesir werde in zwei oder drei Tagen eintreffen; er habe ihn in aṣ-Ṣāliḥīja verlassen. All dies waren Lügen, an denen nichts Wahres war. Er behauptete auch, sein Brief sei ein Antwortschreiben auf das Schriftstück, das man im Namen der Scheichs und Kaufleute verfaßt und dem Wesir während der Kriegshandlungen zugesandt hatte.

WAFFENSTILLSTAND

Währenddessen gingen Bardīsī und Muṣṭafā Kāšif sowie al-Ašqar im Interesse des Friedens hin und her, bis sie erreichten, daß die Kampfhandlungen abgebrochen wurden. Die Franzosen gaben den Osmanen und den Emiren drei Tage, um ihre Vorbereitungen zu treffen und abzuziehen, wohin sie wollten. Sie legten den Ḫalīǧ als Grenze zwischen den Parteien fest: keine der beiden sollte das Bett des Ḫalīǧ überschreiten. Der Kampf wurde beendet, die Brände gelöscht und der Kampf aufgegeben. Die Osmanen, die Emire und die Soldaten begannen, ihren Abmarsch vorzubereiten und ihre Angelegenheiten zu ordnen. Die Franzosen verproviantierten sie und gaben ihnen Geld, Kamele und anderes. Sie schrieben ein Dokument als Friedensvertrag, in dem es hieß, die Franzosen würden den ʿUṯmān Bek al-Bardīsī und den ʿUṯmān Bek al-Ašqar bei sich zurückhalten, und sie würden drei ihrer eigenen Würdenträger entsenden, damit sie bei ʿUṯmān Katḫodā blieben, bis er aṣ-Ṣāliḥīja erreicht habe; ferner solle ihnen General Damas mit 300 Soldaten beigegeben werden, damit sie nichts von den Beduinen zu fürchten hätten. Ein jeder solle dorthin zurückkehren, wo er hergekommen sei; diejenigen Bewohner von Kairo, welche die Stadt verlassen wollten, könnten es tun, außer ʿUṯmān Bek al-Ašqar; er werde, nachdem die Franzosen zurückgekehrt seien, mit al-Bardīsī und Murād Bek nach Oberägypten ziehen. – Sie sandten die drei erwähnten Geiseln zur Wakāla des Ḏū l-Fiqār in al-Ǧamālīja und wiesen ihnen zusammen mit Naṣūḥ Pascha die Ǧamālī-Moschee als Aufenthalt an.

DAS VOLK WILL WEITERKÄMPFEN

Das gemeine Volk war aufgeregt und wollte sie töten. Sie dachten auch daran, ʿUṯmān Katḫodā zu töten. Man schloß das Tor des Ḫāns hinter ihnen, und Naṣūḥ Pascha verbot dem Pöbel, die Moschee anzugreifen. Der Maghribiner saß auf und ritt zur Ḥusainī-Moschee; dort forderte er, man solle den Krieg gegen die Franzosen fortsetzen. Die Leute der Ḥusainīja gingen zu ʿUṯmān Katḫodā und baten ihn, entweder jenem Maghribiner seine Zustimmung zu gewähren oder ihm sein Auftreten zu verbieten. Er gab Befehl, es ihm zu verbieten und sie vom Kampf abzuhalten. Al-Maḥrūqī ritt darauf hinaus und zog durch den Holzmarkt, während ihm Ausrufer vorausgingen, die meldeten: «Kein Frieden! Bleibt auf den Barrikaden!» Doch der Quartiermeister verbot ihm, dies zu tun. Dann wurde das Tor der Wakāla geöffnet, und Soldaten mit Stöcken kamen hervor und griffen den Pöbel an. Sie liefen davon, und so beruhigte sich die Lage ...

RÜCKKEHR DER FRANZOSEN

Am 1. Ḏū l-Ḥiǧǧa (26. April) zogen die Osmanen und ihre Soldaten aus Kairo ab, desgleichen Ibrāhīm Bek und seine Emire und Mamluken sowie al-Alfī und seine Soldaten. Sie wurden von Sajjid Aḥmad al-Maḥrūqī aš-Šāhbandar und auch von vielen Bewohnern Kairos zu Pferd und zu Fuß bis nach aṣ-Ṣāliḥīja begleitet ...

Die Franzosen drangen eilends in die Stadt ein; sie betrachteten die Bevölkerung mit den Augen des Hasses. Sie bemächtigten sich aller Kanonen, welche die Osmanen hatten herstellen oder wieder instandsetzen lassen, der Granaten und des Pulvers und des anderen Kriegsgeräts. Es wurde behauptet, sie hätten ihnen eine Rechnung für all ihre Kosten und Ausgaben gestellt, und die Franzosen hätten dafür bezahlt.

Die Scheichs und die Würdenträger ritten am Nachmittag jenes Tages zum Oberbefehlshaber der Franzosen, und als sie zu seinem Haus gelangten, traten sie ein und saßen dort eine Zeitlang. Er ließ ihnen ein beschriebenes Blatt hinausbringen, auf dem stand: «Der Sieg gehört Gott. Er will, daß der Siegreiche die Leute mit Langmut und Erbarmen behandle! Aufgrund dieser Tatsache will der Oberbefehlshaber den Bewohnern von Kairo einen allgemeinen und besonderen Pardon gewähren, obgleich sie sich mit den Osmanen in den Krieg eingemischt haben. Sie sollen sich um ihren Lebensunterhalt und ihr Handwerk kümmern.» Dazu ließ er ihnen melden, sie sollten sich am folgenden Tag in der Siegeskuppel am Teich einstellen. Sie verließen darauf sein Haus und zogen durch die Sūqs, während Ausrufer vor ihnen herzogen, die den Untertanen versicherten, daß Ruhe und Sicherheit zurückgekehrt seien ...

SÜHNEGELD

Am 8. (Ḏū l-Ḥiǧǧa; 3. Mai 1800) standen sie früh morgens auf, um in das Haus des Oberbefehlshabers zu gehen. Sie legten ihre prächtigsten Kleider und ihren besten Staat an; alle waren voller Begierde, denn sie dachten, der Oberbefehlshaber wolle sie an jenem Tage zu einem Amt erheben, oder es würden vielleicht Änderungen und Umstellungen im Diwan erfolgen und sie könnten in den Besonderen Diwan berufen werden.

Als sie im äußeren Diwan Platz genommen hatten, warteten sie eine lange Zeit, ohne Einlaß zu erhalten und ohne daß jemand zu ihnen sprach. Dann wurde das Tor des inneren Versammlungssaales geöffnet, und man bat sie, einzutreten. Sie gingen hinein und saßen eine gute Weile da wie vorher. Dann kam der Oberbefehlshaber in Begleitung eines Dolmetschers und einer Anzahl Offiziere zu ihnen hinaus. Man brachte ihm einen Stuhl in die Mitte des Saales. Er setzte sich darauf, während der Dolmetscher und die Begleiter um ihn herumstanden und die Ṣanǧaqs mit den hohen Beamten sich auf einer Seite aufreihten, die christlichen Würdenträger und die Kaufleute auf der anderen. ʿUṯmān Bek al-Ašqar und al-Bardīsī waren auch zugegen. Der Oberbefehlshaber hielt dem Dolmetscher eine lange Rede in ihrer Sprache, die schließlich zu Ende ging. Dann wandte sich der Übersetzer den Versammelten zu und begann, ihnen die Rede des Oberbefehlshabers zu erklären und ins Arabische zu übersetzen. Die Versammelten hörten zu. Der Inhalt jener Rede war: «Der Oberbefehlshaber sagt euch: Es werden 10 Millionen von euch gefordert!» und noch vieles andere mehr, was da vorgebracht wurde.

ANKLAGEN DER FRANZOSEN

Was die übrigen Reden betraf, so sagte er sie dem al-Mahdī alleine: «Als wir in dieses euer Land kamen, waren wir der Ansicht, daß die Gelehrten die Verständigsten unter der Bevölkerung seien und daß die Leute sich durch ihre Gebote leiten ließen und sie befolgten. Ihr zeigtet uns auch Zuneigung und Sympathie, und wir schenkten dem Schein eures Auftretens Glauben, hoben euch empor und zeichneten euch vor den anderen aus. Wir wählten euch, um die Dinge zu ordnen und für die Menge zu sorgen. Wir haben euch einen Diwan eingerichtet und euch mit Wohltaten überhäuft; wir haben euch das Gehorchen leicht gemacht, eure Worte angehört und eure Fürbitte angenommen. Ihr habt uns weisgemacht, daß die Untertanen euch gehorchen, durch euer Gebot geführt werden und auf eure Autorität hören. Doch als die Osmanen kamen, freutet ihr euch über ihre Ankunft und wolltet ihnen zum Siege verhelfen. Da wurde deutlich, daß ihr uns betrogen habt.»

Doch sie entgegneten ihm: «Wir haben uns doch nur auf euren Befehl auf die Seite der Osmanen gestellt! Ihr habt uns doch zu wissen getan, daß wir vom 2. Ramaḍān an unter der Herrschaft der Osmanen stünden und daß das Land mit seinen Reichtümern ihnen gehören solle. Auch ist der Sultan seit alters unser Herr und der aller Muslime. Wir wußten von nichts, bis es plötzlich und unerwartet zu diesen Zwischenfällen zwischen euch und ihnen kam und wir uns in der Mitte befanden; da konnten wir dann nicht mehr von ihnen ablassen.»

Der Übersetzer gab diese ihre Antwort wider; dann fragte er sie in seinem Auftrag: «Und warum habt ihr den Untertanen nicht verboten zu tun, was sie getan haben, nämlich sich gegen uns zu erheben und Krieg zu führen?» Sie sagten: «Das konnten wir nicht; vor allem deshalb nicht, weil sie von anderen gegen uns aufgehetzt wurden. Ihr habt doch vernommen, was sie mit uns getan haben, als sie uns schlugen und mißhandelten, als wir ihnen vom Friedensschluß redeten und davon, daß sie den Kampf aufgeben sollten.»

Er antwortete: «Wenn die Sache so war, wie ihr sagt, und ihr unfähig wart, die Unruhen zu stillen und nichts anderes dergleichen tun konntet, was ist dann der Zweck eurer Regierung? Wozu seid ihr überhaupt von Nutzen? In jenem Fall bringt ihr nur Schaden, denn als unsere Feinde kamen, hieltet ihr zu ihnen, und nachdem sie fortgegangen sind, kommt ihr wieder zu uns zurück, voller Ausflüchte! Ihr verdientet, daß wir mit euch umspringen, wie wir es mit den Bewohnern von Būlāq getan haben, daß wir euch bis auf den letzten Mann töten, eure Stadt verbrennen und eure Frauen und Kinder gefangennehmen. Doch weil wir euch Sicherheit gewährt haben und unseren Frieden nicht brechen wollen, werden wir euch nicht umbringen, sondern nur Geld von euch nehmen. Ihr habt 10 Millionen Franken zu bezahlen. Auf jeden Franken fallen 28 Silberstücke ... Der Scheich as-Sādāt alleine hat davon 535 000 zu bezahlen; Scheich Muḥammad ibn al-Ǧauharī 50 000; sein Bruder, Scheich Muṣṭafā aṣ-Ṣāwī 50 000; Scheich ʿInānī 50 000. Wir ziehen davon ab, was der Plünderung der Häuser jener entspricht, die mit den Osmanen geflohen sind, wie al-Maḥrūqī, Sajjid ʿUmar Makram und Ḥusain Aghā Šanan. Das übrige könnt ihr nach eurem Gutdünken unter den Stadtbewohnern aufteilen. Ihr habt 15 Personen bei uns zu lassen. Seht zu, wer von euch als Geisel bei uns bleibt, bis wir jene Summe einkassiert haben!»

Dann stand er sofort auf und ging mit seinen Begleitern hinein; die Türe zwischen ihm und ihnen wurde abgeschlossen. Wächter wurden vor das andere Tor gestellt, um die Versammelten daran zu hindern, fortzugehen. Die Versammelten waren überrascht, ihre Gesichter waren bleich geworden, und sie schauten einander mit verwirrten Gedanken an. Nur al-Bakrī und al-Mahdī kamen dabei davon, weil al-Bakrī in ihrem Dienst erlitten hatte, was man ihm angetan hatte, und weil dem al-Mahdī sein Haus vor ihren Augen verbrannt worden war. Doch er hatte vorher alles, was in seinem Haus gewesen war, nach seinem anderen Haus in al-Ḫaranfuš transportiert. Er hatte seine Schlauheit dazu benutzt, beiden Seiten zu entschlüpfen, wie das seine Art war.

Die Versammlung verharrte in ihrer Verblüffung wie benommen, und ein jeder wünschte, daß er bedeutungslos wäre. Sie verblieben so, bis der Nachmittag herannahte, und die meisten von ihnen urinierten in ihre Kleider, während andere sich durch die Fenster entleerten. Sie gingen zu den koptischen Christen und unterbreiteten ihnen ihre Hilfsgesuche. Jeder, für den sie einschritten, sofern er nicht unter die Oberhäupter gerechnet wurde, wurde unter dem einen oder anderen Vorwand hinausgelassen. Manche ließen ihre Stiefel zurück, gingen barfuß hinaus und konnten an ihre Rettung kaum glauben.

Währenddem berieten sich die Christen und al-Mahdī über die Aufteilung jener Summe, ihre Organisation und die Aufstellung von Listen, bis sie alles auf die verschiedenen Steuerpflichtigen und die Handwerker aufgeteilt hatten, sogar auf die Schlangenbeschwörer, Affenführer und Gaukler, auch die Händler aus der Ghūrija, dem Ḫān al-Ḫalīlī, die Gold- und Kupferschmiede, Vermittler, Abwäger, Richter der Gerichte und andere; jede Gruppe erhielt eine bestimmte Summe, 30000 oder 40000 französische Franken, aufgebürdet. Ebenso erging es den Verkäufern von Tombak und Rauchwaren, denen von Seife und Nähwaren, den Coiffeuren und allen anderen Handwerken und Berufen. Sie legten auch auf die Miete von Häusern, Immobilien und Grundbesitz eine Steuer in der Höhe der Miete eines vollen Jahres.

Dann wurde den Scheichs bedeutet: «Wer ohne Verpflichtung ist, kann gehen, wohin er will, doch die im Netz Gefaßten werden von einem Trupp Soldaten begleitet, bis sie bezahlt haben, was von ihnen gefordert wird.» Aṣ-Ṣāwī und Futūḥ ibn al-Ǧauharī wurden im Haus des Qā'immaqām eingekerkert. Al-ʿInānī floh und war nicht aufzufinden: sein Haus war abgebrannt. Sie fügten daher die ihm auferlegte Summe zu jener hinzu, die dem Scheich as-Sādāt abgefordert wurde, so daß diese nun 250000 Franken betrug. Dann löste sich die Versammlung auf.

GEWALTSAME EINTREIBUNG

Der Oberbefehlshaber saß am gleichen Tag auf und ritt nach Gīze. Er bevollmächtigte Jaʿqūb den Kopten, mit den Muslimen zu tun, was er wollte, und den Stellvertreter und Schatzmeister damit, auf Anfragen Antwort zu erteilen und einzukassieren, was eingehe, sowie Gegenstände und Pfänder entgegenzunehmen.

Der Scheich as-Sādāt zog hinaus und ritt zu seinem Haus; zehn Soldaten zogen mit ihm und postierten sich vor sein Tor. Als ein Teil der Nacht vergangen war, kamen weitere zehn Soldaten zu ihm, luden ihn auf und schleppten ihn in die Zitadelle hinauf, wo er eingesperrt wurde. Er sandte Botschaften an ʿUṯmān Bek al-Bardīsī, und dieser setzte sich für ihn ein und übte Fürbitte für ihn. Man entgegnete ihm: «Was seine Hinrichtung angeht, so werden wir ihn nicht töten, weil du für ihn eintrittst; doch das Geld muß er unbedingt zahlen! Er muß auch im Gefängnis bleiben und Strafe erleiden, bis er bezahlt hat.» Auch seine Diener und seinen Hausverwalter ergriffen sie und kerkerten sie ebenfalls ein. Später verbrachten sie ihn in das Haus des Qāʾimmaqām, wo er zwei Tage verblieb; dann sandten sie ihn wieder auf die Zitadelle hinauf und brachten ihn in einem Magazin unter, wo er auf der Erde schlafen und seinen Kopf auf einen Stein betten mußte. In jener Nacht schlugen sie ihn auch. Dort blieb er ebenfalls zwei Tage; dann verlangte er Ḏū l-Fiqār den Katḫodā zu sehen. Der kam mit Barṭulmīn zusammen zu ihm hinauf, und er sagte zu ihm: «Laßt mich in mein Haus hinuntergehen, damit ich meinen Hausbesitz rascher verkaufen und meine Sache in die Wege lenken kann!» Sie bewilligten das und ließen ihn in sein Haus hinabbringen. Er brachte hervor, was er an Geld auftreiben konnte; es waren 9000 Rial, die wurden in 6000 Franken umgewechselt. Dann nahmen sie allen Schmuck und Silbergeschirr sowie die Pelzgewänder und Kleider und ähnliches für einen sehr geringen Preis; das ergab 15000 französische Rial, so daß sich seine Bezahlung in Naturalien auf 21000 Franken belief. Die Soldaten, die ihm als Wächter beigegeben waren, ließen es nicht zu, daß er in sein Frauengemach hinaufstieg und auch zu niemandem sonst. Er hatte seine Gemahlin und seine Söhne an einen anderen Ort fortgesandt.

Nachdem sie mit den vorhandenen Dingen fertig geworden waren, stöberten sie durch das ganze Haus, forschten und gruben die Erde auf, um verborgene Dinge zu finden. Sie öffneten sogar die Latrinen und stiegen in sie hinab, doch fanden sie nichts.

Dann brachten sie ihn zu Fuß ins Haus des Qā'immaqām, und von da an pflegten sie ihm fünfzehn Stockschläge am Morgen und gleichviele in der Nacht zu versetzen. Sie suchten seine Frau und seinen Sohn, konnten sie aber nicht finden. Daraufhin holten sie Muḥammad as-Sandūbī, seinen Gefolgsmann, und zwangen ihn mit Todesdrohungen zum Geständnis. Da gestand er ihnen, wo die beiden sich befanden, und man brachte sie herbei. Sie lieferten seinen Sohn dem Aghā der Janitscharen aus und kerkerten seine Frau mit ihm ein. Sie pflegten ihn in ihrer Gegenwart zu schlagen, während sie weinte und schrie, was eine zusätzliche Qual bedeutete. Doch die Scheichs, al-Fajjūmī und al-Mahdī sowie Scheich Muḥammad al-Amīr und Ḏū l-Fiqār der Katḫodā, legten Fürbitte für ihn ein, daß sie von ihm fortgebracht werde. Man brachte sie in das Haus des Fajjūmī, der Scheich aber blieb in seiner bisherigen Lage. Sie griffen auch seinen Aufseher und Kammerdiener auf und sperrten sie beide ein. Die meisten seiner Gefolgsleute verließen die Stadt und verbargen sich.

UMSCHULDUNG ZU LASTEN DER ALLGEMEINHEIT

Am Ende kam es zu einer Revision und zu Interventionen über die Zwangsauflage der Scheichs Futūḥ al-Ǧauharī und aṣ-Ṣāwī. Sie wurden herabgesetzt, und jeder erhielt nur noch 15000 französische Franken aufgebürdet, während der Rest der allgemeinen Abgabe zugeschlagen wurde. Doch Scheich Muḥammad ibn al-Ǧauharī versteckte sich, und man konnte ihn nicht finden. Sie plünderten sein Haus und das Haus seines Verwandten namens aš-Šujūḫ. Schließlich wandte sich as-Sādāt an Sitt Nafīsa, die Gattin des Murād Bek; die sandte Botschaften an Murād Bek, der sich in der Nähe von al-Fašn befand, und dieser sandte einen Kāšif aus seinem Lager, der für ihn Fürbitte einlegte. Die Franzosen nahmen die Fürbitte an, nahmen die Schuldenlast von seinen Schultern und schlugen sie ebenfalls zur allgemeinen Zahlungsverpflichtung hinzu. Sie übertrugen Jaʿqūb dem Kopten diese allgemeine Zwangszahlung und die gesamten Finanzen. Er garantierte die ganze Summe und richtete ein eigenes Büro dafür im Haus des Bārūdī ein. Die Mitglieder des Diwans beauftragten den Aghā mit der Eintreibung bei einer Anzahl von Gruppen, die sie mit den Namen ihrer Angehörigen auf eine Liste schrieben. Sie gaben ihm Soldaten mit und befahlen ihm, das Geld von den verschiedenen Leuten einzukassieren. Das gleiche geschah mit ʿAlī Aghā al-Wālī aš-Šaʿrāwī und mit Ḥasan Aghā, dem Muḥtasib, ebenso mit ʿAlī, dem Katḫodā des Sulaimān Bek. Sie meldeten dies den Betroffenen und sandten ihre Gehilfen aus, um die Leute anzuspornen und zu schlagen. Die Leute erlitten ein solches Unglück, wie sie es noch nie, nicht einmal annähernd, erlebt hatten.

STEUERELEND

Das Opferfest (10. D̲ū l-Ḥiǧǧa) ging vorbei, ohne daß sie es überhaupt merkten; soviel Übel und Erniedrigungen kamen über sie, daß man es nicht beschreiben kann. Jeder Mann, ob reich oder arm, mußte notwendigerweise irgendeinem Handwerk oder Gewerbe zugehören. Dies bedeutete, daß er zu zahlen hatte, was für ihn angesetzt war, in seiner Zunft oder seinen beiden Zünften; dazu kam dann noch der Wert seiner Hausmiete für ein ganzes Jahr, so daß auf eine Person zwei oder drei Zwangszahlungen fielen. Das Geld ging den Leuten aus, und alle mußten ihre Zuflucht bei Anleihen nehmen; doch wer eine Anleihe suchte, fand niemanden, der sie ihm gewähren wollte, weil jedermann mit seinen eigenen Sorgen und seinem Unglück beschäftigt war. Sie waren gezwungen, ihren Hausrat zu verkaufen, doch fanden sie niemanden, der ihn kaufen wollte; wenn sie jedoch mit dem Hausrat zu dem Steuereinzieher gingen, nahm man ihn nicht an. Die Leute waren dem Ersticken nahe; sie wünschten den Tod, doch fanden sie ihn nicht.

Dann wurden Bittgesuche eingereicht, man möge auch Schmuck und Silbergefäße annehmen. Die Leute brachten, was sie davon hatten, und man nahm sie ihnen für geringen Preis ab. Doch die Möbel in den Häusern, wie Betten, Kupfergeräte und Kleider, wollte niemand ihnen abkaufen.

Sie befahlen, alle Maultiere zusammenzubringen, und verboten den Muslimen, darauf zu reiten. Nur fünf Muslime waren von dem Verbot ausgenommen: aš-Šarqāwī, al-Mahdī, al-Fajjūmī, der Emir und Ibn Muḥarram. Den Christen aber, die als Dolmetscher dienten, und ihren Gefolgsleuten war es erlaubt.

Von jener Zeit an nahm die Bedrängnis ständig zu. Die Soldaten und ihre Helfer durchforschten die Häuser, um Leute aufzugreifen; die Häuser wurden mit Gewalt aufgebrochen, die Leute durch Wassereingurgeln gefoltert, sogar die Frauen, alte und junge; sie wurden beleidigt, eingesperrt und geschlagen. Wenn sie einen nicht fanden, weil er geflohen war und sich ihnen entzogen hatte, nahmen sie seinen Verwandten oder seine Frau fest oder plünderten sein Haus, und wenn sie nichts fanden, legten sie seine Zwangssteuer seinen Verwandten oder Zunftbrüdern auf. Die Christen, Kopten wie Syrer, beschimpften beständig die Muslime, schlugen sie, nahmen ihnen ihre Sachen weg und zeigten offen ihren Haß. Kein Ort war mehr friedlich. Sie schrien: «Möge das Volk *(millet)* der Muslime vergehen und das Zeitalter der Einheitsbekenner ein Ende finden!» Die Schreiber, Ingenieure und Baumeister zogen durch die Straßen und notierten die Mieten der Wohnungen und Grundstücke, der Wakālas und Bäder, und schrieben die Namen der Besitzer auf ihre Listen. Die Leute verließen die Stadt und verzogen sich aus ihr, indem sie in die Dörfer und aufs offene Land hinaus flohen. Doch dann kehrten die meisten Flüchtlinge wieder nach Kairo zurück, weil die Dörfer ihnen eng wurden und sie kaum Lebensunterhalt darin fanden, auch weil das Land Tag und Nacht von Wegelagerern, Beduinen und Spähtrupps geplagt wurde und weil einige von ihnen getötet worden waren, da die Stärkeren die Schwächeren wie Feinde behandelten ...

Das Jahr ging zu Ende und mit ihm die großen Ereignisse, die in den ägyptischen, syrischen, griechischen und arabischen Ländern stattfanden. Dazu gehörte – und dies war das Wichtigste –, daß die Häfen stillgelegt und den Reisenden zu Land und zu See der Durchgang verwehrt wurde. Die Engländer standen vor den Häfen von Alexandria und Damiette und hinderten die Aus- und Einfuhr; sie fuhren auch mit ihren Schiffen ins Rote Meer ein. Außerdem wurde die Pilgerfahrt in diesem Jahr eingestellt. Der Maḥmal kam nicht einmal nach Ägypten zurück; er wurde in Jerusalem aufbewahrt. Als die muslimischen Soldaten in Ägypten einrückten, brachten sie ihn mit nach Bilbais; es hieß, daß Sajjid Badrā dann damit in die Berge von Hebron umkehrte.

BEDUINENUNRUHEN

Weiter geschah es, daß die Beduinen überall einfielen und die Wege abschnitten. Dies geschah in allen Teilen Ägyptens, in Nord und Süd, Ost und West, in den Provinzen al-Gharbīja und aš-Šarqīja, in al-Manūfīja, al-Qaljūbīja und ad-Daqahlīja sowie in den anderen Regionen. Sie verhinderten allen Verkehr, sogar den eskortierten, überfielen die Reisenden und plünderten die vorbeiziehenden Händler und Wanderer aus. Sie bemächtigten sich der Dörfer und der Bauern, der Dorfbewohner und der Handwerker, zogen ihnen die Kleider aus und nahmen ihnen die Werkzeuge weg; auch ihr Vieh, Kühe und Schafe, Lastkamele und Esel, und zerstörten ihre Felder und Bewässerungskanäle, bis es den Dorfbewohnern unmöglich wurde, das Vieh hinauszutreiben, um es zu weiden oder zu tränken, weil die Beduinen auf sie lauerten.

Die Dorfbewohner suchten einander mit Hilfe der Beduinen zu beherrschen. Sie holten sie in ihre Dörfer, und jene hielten sich lange Zeit bei ihnen auf, zwangen sie zum Steuerzahlen und begingen alle möglichen Schandtaten. Sie riefen sie gegeneinander zur Hilfe, und die Stärkeren knechteten die Schwächeren. Die Beduinen wurden gegenüber den Dorfbewohnern begehrlich und begannen, von ihnen Blutgelder und alte erlogene Einkünfte einzufordern. Später kam dann die Zeit der Vergeltung, und sie wurden gezwungen, sich zu ergeben, weil sie nur wenige waren.

Als dann die Franzosenkriege zu Ende gingen, stiegen die Franzosen aufs Land hinab. Die Bauern benötigten sie, um den Beduinen entgegenzutreten, doch diese schlugen sie und plünderten sie aus und forderten von ihnen Zwangsabgaben und schwere Unterhaltsgelder. Dann, wenn sie fortgingen und sie verließen, kehrten die Beduinen auf ihren Fersen zurück, und so ging es fort. «Denn wenn Gott die Dörfer durch Tyrannei verderben will, bedient er sich dazu der Bewaffneten!»

DIE ERMORDUNG KLÉBERS

Das Jahr 1215.

Am Samstag, dem 21. Muḥarram (14. Juni 1800) kam es zu einem schweren Zwischenfall. Der Oberbefehlshaber Kléber ging mit dem Obersten Ingenieur in dem Garten spazieren, der sein Haus in der Azbakīja umgab. Da trat ein Mann aus Aleppo ein und wandte sich ihm zu, doch er gab ihm einen Wink, daß er zurückweichen solle, und sagte zu ihm: *«Mā fiš»* (Ich habe nichts für dich) und wiederholte den Ausdruck mehrmals, ohne daß der andere von ihm abließ. Er deutete an, daß er ein Anliegen habe und gezwungen sei, es ihm direkt vorzulegen. Als er nahe an ihn herangekommen war, streckte er seine linke Hand aus, als wollte er seine Hand küssen. Kléber hielt sie ihm hin; da packte er ihn und stieß mit einem Dolch zu, den er in der rechten Hand bereit hielt. Er stach viermal hintereinander zu und schlitzte ihm seinen Bauch auf. Kléber fiel schreiend zu Boden. Sein Begleiter, der Ingenieur, schrie ebenfalls auf. Der Mörder ging auf ihn zu und versetzte auch ihm einen Dolchstoß, dann floh er. Die Soldaten, die sich außerhalb des Tores befanden, hörten die Schreie des Ingenieurs. Sie rannten hinein und fanden Kléber auf der Erde, in den letzten Zügen; den Mörder aber konnten sie nicht finden. Sie waren darüber erbost und machten sich an seine Verfolgung, indem sie eilig hinausliefen. Ihre Offiziere versammelten sich und konzentrierten die Soldaten in den Forts und Festungen. Sie dachten, die Kairiner hätten die Tat getan, und umzingelten die Stadt, brachten ihre Kanonen in Stellung und bereiteten die Bomben vor. Sie sagten: «Wir werden unweigerlich alle Bewohner Kairos bis auf den letzten töten!»

DER MÖRDER

Ein gewaltiger Wirbel brach unter den Leuten aus, heftige Unruhe und Verstörung machten sich breit. Die meisten wußten nicht, was geschehen war. Die Franzosen fuhren fort, nach dem Mörder zu suchen, und fanden ihn schließlich versteckt in dem Garten neben dem Haus des Oberbefehlshabers, der Ghaiṭ Miṣbāḥ heißt, bei einer zerfallenen Mauer. Sie nahmen ihn fest und fanden heraus, daß er ein Syrer war. Sie führten ihn vor und fragten ihn nach seinem Namen, Alter und Geburtsland. Sie fanden heraus, daß er aus Aleppo kam und Sulaimān hieß. Sie fragten ihn, wo seine Herberge sei, und er erklärte ihnen, daß er in der Azhar-Moschee Unterkunft gefunden und die Nächte dort zugebracht habe. Sie fragten ihn nach seinen Bekannten und Gefährten, ob er jemandem sein Vorhaben mitgeteilt habe, ob irgend jemand mit ihm gemeinsame Pläne geschmiedet oder ihn in seiner Tat bestärkt habe oder ihm habe abraten wollen, wie viele Tage oder Monate er in Kairo zugebracht habe; ferner fragten sie ihn nach seinem Handwerk und seiner Religionsgemeinschaft. Sie folterten ihn, damit er ihnen die Wahrheit sage. So erfuhren sie, daß die Ägypter nichts dafür konnten und unschuldig waren, und ließen ab von ihrer früheren Absicht, gegen die Bewohner von Kairo zu kämpfen. Sie hatten auch ihre Vertrauten ausgesandt und sie sich in alle Richtungen und Regionen verstreuen lassen, um die Leute auszuforschen, doch hatten sie unter den Einwohnern keinerlei Anzeichen gefunden, das darauf hindeutete, daß sie darüber Bescheid wußten. Sie sahen im Gegenteil, wie die Leute die Franzosen nach Informationen fragten, und fanden so bestätigt, daß die Einwohner unschuldig waren.

KOMPLIZEN

Dann befahlen sie, den Scheich ʿAbdallāh aš-Šarqāwī sowie den Scheich Aḥmad al-ʿArīšī, den Qāḍī, vorzuführen, informierten sie über das Vorgefallene und hielten sie bis nach Mitternacht fest. Sie zwangen sie, diejenigen Leute herbeizuholen, die der Mörder erwähnt hatte und von denen er ausgesagt hatte, er habe ihnen von seinem Vorhaben erzählt. Sie ritten in Begleitung des Aghā aus und gingen in die Azhar-Moschee, suchten nach den Leuten und fanden drei davon, doch den vierten konnten sie nicht auftreiben. Der Aghā nahm sie fest und sperrte sie im Haus des Qāʾimmaqām in der Azbakīja ein.

Dann richteten sie jene Art Gerichtshof ein, die bei ihnen in Strafangelegenheiten üblich ist, und verurteilten die erwähnten Personen und den Mörder zum Tode. Den Muṣṭafā Efendī al-Burṣalī jedoch ließen sie frei, weil er zu dem nicht von seinem Entschluß und seiner Absicht gesprochen hatte. Die drei anderen Erwähnten wurden hingerichtet, weil er ihnen gesagt hatte, daß er entschlossen sei, seine Absicht am nächsten Morgen auszuführen, sie aber den Franzosen nichts gemeldet hatten. Damit ging das Gericht zu Ende.

Sie verfaßten Papiere über all dies, in denen sie Art und Ablauf des Vorfalles beschrieben, und druckten viele Exemplare davon in den drei Sprachen; französisch, türkisch und arabisch. Ich wollte zuerst darauf verzichten, es vollständig zu zitieren, weil es zu weitschweifig und so schwach formuliert ist und so viele Sprachfehler enthält. Doch dann schien mir, daß viele Leute gerne darüber informiert wären, weil es den Hergang des Ereignisses und auch die Art des Gerichtsverfahrens beschreibt und weil es Lehren enthält, die eine genaue Beurteilung dieses Volkes erlauben, das sich durch die Vernunft regiert und nicht von der Religion leiten läßt.

DIE ERSTAUNLICHE HANDLUNGSWEISE DER FRANZOSEN

Wie ist das möglich: ein rasender Vagabund überfällt heimtükkisch ihren Chef und Fürsten; sie ergreifen und überführen ihn, doch sie beeilen sich nicht, ihn und jene anderen zu töten, von denen er spricht, nachdem sie ihn überführt und aufgegriffen hatten mit dem Instrument seines Vergehens in der Hand, befleckt mit dem Blut ihres Oberbefehlshabers und Emirs. Vielmehr setzen sie ein Gericht und eine Gerichtsversammlung ein und bringen den Mörder vor sie; dann wiederholen sie seine Befragung und Vernehmung, manchmal in Worten und manchmal mit Foltern; dann führen sie jene vor, von denen er gesprochen hat, und verhören sie zuerst einzeln und dann gemeinsam; schließlich vollziehen sie den Rechtsspruch an ihnen, so wie es das Urteil festgelegt hatte. Den Muṣṭafā al-Burṣalī al-Ḫaṭṭāṭ aber ließen sie frei, da das Urteil ihn nicht belastete; er erlitt keine Strafe, wie dies ein jeder aus dem Inhalt des Niedergeschriebenen ersehen kann. Es steht dies im Gegensatz zu all dem, was wir später erleben mußten: Taten der niedrigsten Soldateska, die sich Muslime nannten und behaupteten, sie stünden in einem Heiligen Krieg; welche Leute töteten und sich hinreißen ließen, ihre Menschenbilder zu zerstören, nur durch ihre tierische Lust dazu angetrieben. Wir werden davon einiges später berichten. (Folgen die Prozeßdokumente S. 375.)

AUFLAGEN

Am Dienstag, dem 1. Ṣafar (24. Juni 1800), beschlossen sie eine weitere Zwangssteuer in Höhe von 4 Millionen aufzuerlegen, eine Million zu 186000 französischen Franken. Die Leute konnten kaum glauben, daß das Ende der ersten Zwangsabgabe erreicht worden war, nachdem sie mehr Leiden erfahren hatten, als man es beschreiben kann, und viele von ihnen in den Gefängnissen und auf der Folter gestorben waren. Viele flohen und zogen aufs Geratewohl aufs Land hinaus, doch auch sie wurden von jenem Unglück ereilt.

Sie legten den Grundstücken und Häusern 200000 Franken auf, den Steuerpächtern 160000, den Händlern 200000 und den Mitgliedern der Zünfte 60000; als Gegenwert der Plünderungen wurden 100000 abgezogen. Die Stadt wurde in acht Quartiere aufgeteilt; ein jedes mußte 25000 Rial zahlen. Die Scheichs der Quartiere und die Emire, die darin wohnten, wurden beauftragt, es einzutreiben ... Sie beschlossen, diese Summe auf die bewohnten und unbewohnten Häuser zu verteilen, und klassifizierten sie in gute, mittlere und schlechte. Die guten mußten 60 Rial entrichten, die mittleren 40, die unterste Klasse 20. Die Mieter hatten soviel zu bezahlen wie die Besitzer. Wenn sie ein Haus verschlossen und seinen Besitzer abwesend fanden, nahmen sie, was er schuldete, von seinen Nachbarn.

SĀDĀT BEFREIT

Am Samstag, dem 26. Ṣafar, ließen sie den Scheich as-Sādāt frei; er ging hinunter nach Hause, nachdem sein Schuldkonto getilgt worden war. Sie hatten sich seines privaten Landbesitzes und seiner Lehen bemächtigt und seine Gehälter sistiert, wie auch die Einkünfte seiner Gemahlin und auch das Einkommen, das zum *waqf* der Zāwija seiner Vorfahren gehörte. Sie machten es ihm zur Auflage, daß er ohne ihre Erlaubnis nicht mehr mit den Leuten zusammenkommen und nirgends hinreiten solle, auch daß er sich in seiner Lebenshaltung und in seinen Umständen einschränke und nur wenig Gefolge unterhalte.

DRUCK AUF DIE BEVÖLKERUNG

Im Rabīʿ I ließen sie für die Leute, die Kairo aus Furcht vor der Zwangsabgabe oder aus anderen Gründen verlassen hatten, ausrufen, daß ein jeder, der nicht binnen 32 Tagen nach dem Termin der Ankündigung zurückkehre, gewärtigen müsse, daß sein Haus geplündert werde und seine Habe verfalle; er würde auch als Schuldiger angesehen. Die Lage der Leute wurde immer schlimmer, und sie fanden keinen Ausweg mehr. Beim geringsten Vorwand gingen sie zur Plünderung der Häuser über. Es gab keinen Fürsprecher mehr, dessen Fürbitte angenommen worden wäre. Der Oberbefehlshaber hielt sich von den Leuten fern und weigerte sich, die Muslime zu empfangen, desgleichen die großen Generäle. Ihre Gefolgsleute aber wandten sich mehr von den Muslimen ab als früher und wollten nichts von ihnen wissen.

Die Bevölkerung wurde mißachtet und gering geschätzt, während die Franzosen und ihre Parteigänger, die Christen der Stadt – Kopten, Syrer und Griechen –, sie verächtlich behandelten; sie befahlen ihnen sogar, vor ihnen aufzustehen, wenn sie vorbeigingen. Sie wurden später immer strenger damit, und es konnte geschehen, daß einer ihrer Offiziere durch die Straße ging und, wenn sich einer der Leute nicht vor ihm erhob, daß dann seine Helfer zurückkamen, ihn ergriffen, ins Gefängnis auf die Zitadelle hinaufbrachten und schlugen. Er mußte dann einige Tage lang in Haft bleiben und kam schließlich auf Fürsprache eines der Würdenträger wieder los ...

EIN KOPTISCHER STEUERPÄCHTER

Rabīʿ II (22. August bis 19. September 1800). In diesem Monat nahmen die Geldforderungen noch zu, und ein koptischer Christ namens Šukrallāh wurde damit betraut. Er pflegte in das Haus einer jeden Person einzudringen, um Geld zu fordern; dabei ließ er sich von Soldaten und Agenten begleiten, die Hacken in den Händen trugen. Er befahl ihnen, das Haus zu zerstören, wenn er nicht die angesetzte Summe zur Stunde und ohne Verzögerung ausbezahlt erhalte. Besonders grausam zeigte er sich in Būlāq. Dort pflegte er Frauen und Männer gemeinsam einzusperren und mit brennender Baumwolle auszuräuchern; er erfand auch andere Qualen. Später kam er nach Kairo zurück und tat dort das gleiche.

In diesem Monat schlossen sie auch am gleichen Tag überraschend alle Wakālas und Ḫāne und versiegelten sie. Dann machten sie sich daran, einen nach dem anderen zu öffnen und alles, was darin war, zu plündern, Parfüm und Weihrauch, Stoffe und Waren. Wenn sie ein Warenlager öffneten, nahmen sie daraus, was sie wollten, verkauften es zu geringen Preisen und nahmen das Geld als Zwangssteuer. Wenn ihnen dann noch eine Schuld übrigblieb, nahmen sie es aus dem Warenlager des Nachbarn, und wenn er mehr schuldig war, übertrugen sie seine Verpflichtungen auf den nächsten Nachbarn und so weiter. Sie brachten die Waren auf Kamelen, Eseln und Maultieren fort; ihre Besitzer sahen zu, und ihre Herzen standen fast still vor Kummer um ihren Besitz.

Wenn jemand einen Laden eröffnete, traten ihre Bevollmächtigten und Vertreter ein und nahmen alle transportierbaren Waren, die sie finden konnten, mitsamt dem Geld an sich. Der Besitzer des Lokals konnte nichts sagen; manchmal floh er sogar oder hatte sich schon vorher versteckt.

STEUERREGISTER

In diesem Monat legten sie auch Steuerregister an; alle wertvollen und seltenen Dinge wurden in die Register aufgenommen, und ihre Eintreibung wurde Bürovorstehern anvertraut, die bereit waren, den Ertrag im voraus zu bezahlen. Die Azbak-Moschee in der Azbakīja wurde zum Lokal dieser Auktionen gemacht, die in einer Art durchgeführt wurden, die zu erklären zu langwierig wäre. Viele Tage lang taten sie dies und versammelten sich dazu jeden Tag. Einer oder zwei übernahmen gemeinsam ein solches Büro oder auch mehrere. In jenem Monat wurden viele Häuser zerstört, besonders jene der Emire und Stadtbewohner, die geflohen waren.

Sie gaben sich große Mühe, Festungen und Forts zu errichten und sie zu befestigen. Festungen wurden an mehreren Stellen gebaut. Sie legten darin Magazine an, errichteten Wohnanlagen und Zisternen für Wasser sowie Depots für Pulver und Geschosse. Sogar in Oberägypten taten sie das.

GEWERBESTEUERN

Im Rağab, der mit einem Dienstag begann (18. November 1800), nahmen die Forderungen und Zerstörungen von Häusern immer mehr zu. Sie veröffentlichten auch Befehle, nach denen den Handwerkern und Zunftmitgliedern eine Million auferlegt wurde, die sie jedes Jahr zu bezahlen hätten; dies machte 186000 Franken aus. Diese Steuern mußten in drei Raten bezahlt werden, alle vier Monate ein Drittel, was 62000 Franken ausmachte. Die Leute waren betroffen und wie von Sinnen, ihre Gehirne wie erschüttert, und ihre Ausweglosigkeit nahm immer zu.

Es hieß, Jaʿqūb der Kopte sei damit betraut, dies Geld von den Muslimen einzuziehen, während Šukrallāh und Teufel seinesgleichen es unter den koptischen Christen übernehmen würden. Es gab viele Gerüchte. Man sagte: «Er beabsichtigt, Steuern auf die Grundstücke und Häuser zu legen», und es hieß auch: «Nein, er hat vor, es auf die Personen zu verteilen, und es wird nur ein Zehntel sein, denn die Kopfsteuer betrug 10 Millionen. Jeder, der zehn bezahlt hat, wird nun einen bezahlen müssen, aber auf immer und jedes Jahr.» Am Ende beauftragten sie aber mit dieser Steuer einen Franzosen, der Daniel hieß und den sie «Zunftvorsteher» nannten. Er versammelte die Zünfte und zwang sie, auf je zehn vier zu bezahlen: wer bei der Zwangsabgabe zehn bezahlt hatte, mußte nun vier entrichten. Sie entgegneten ihm, daß dies nicht der Ankündigung entspreche, doch er antwortete: «Das ist so angesichts jener, die die Stadt verlassen haben, und weil diese Steuer nicht alle betrifft, nämlich nicht die Scheichs und nicht die Flüchtigen. Was sie zu entrichten hätten, habe ich für die Verbleibenden hinzugefügt!»

MURĀD BEK

Es starb im Jahr 1215 (1800/01) der Emir Murād Bek Muḥammad. Er verschied in Sohāg, als er nach Kairo reisen wollte, wohin ihn die Franzosen gerufen hatten, und wurde dort bei Scheich al-ʿĀrif begraben. Sein Tod trat wie schon gesagt, am 4. Ḏū l-Ḥiǧǧa ein. Er gehörte zu den Mamluken des Muḥammad Bek Abū Ḏahab; dieser Muḥammad Bek war ein Mamluk des ʿAlī Bek, ʿAlī Bek seinerseits war ein Mamluk des Ibrāhīm Katḫodā al-Qāzdoghlu. Der erwähnte Muḥammad Bek kaufte den Murād Bek im Jahr 1182 (1768/69), und zwar am selben Tag, an dem Ṣāliḥ Bek al-Kabīr getötet wurde. Er verblieb nur wenige Tage im Sklavenstand, dann ließ sein Herr ihn frei und erhob ihn zum Emir; er verlieh ihm wertvolle Lehen und zog ihn vor seinen Gefährten vor. Er verheiratete ihn mit Sitt Fāṭima, der Witwe des Emirs Ṣāliḥ Bek, und er bewohnte das reiche Haus des Verstorbenen im Ḥabaš-Viertel. Als ʿAlī Bek starb, heiratete er auch dessen Witwe, Sitt Nafīsa, die berühmt ist für ihre Wohltätigkeit, und als dann Muḥammad Bek die Herrschaft über Ägypten alleine ausübte, waren er und Ibrāhīm Bek die wichtigsten Emire, und sie allein berieten ihn.

Als Muḥammad Bek dann nach Syrien zog, um gegen aẓ-Ẓāhir ʿOmar zu kämpfen, vertrat Ibrāhīm Bek ihn als Herrscher über Ägypten, und er nahm Murād Bek und seine übrigen Emire zu Gefährten. Dann starb Muḥammad Bek in ʿAkkā, und seine Emire einigten sich auf den Vorschlag seiner Mamluken hin darauf, daß Murād Bek die Führung übernehmen solle. Er machte sich auf und trat an ihre Spitze; sie nahmen den Leichnam ihres Herren mit sich und zogen alle zusammen nach Kairo. Alle waren sich einig darüber, daß die Oberherrschaft von demjenigen übernommen werden solle, der die Nachfolge ihres Herren bereits angetreten hatte, nämlich von Ibrāhīm Bek, und alle waren damit zufrieden, daß er Führung und Leitung übernahm, weil er besonders verständig war und seine Leidenschaften sehr wohl beherrschte. So wurde er fest eingesetzt als Scheich des Landes, Oberhaupt und Bevollmächtigter seiner Bevollmächtigten und Wesire.

Murād Bek war meist mit seinen Freuden und Vergnügungen beschäftigt und verbrachte die meiste Zeit außerhalb der Stadt in dem Schloß, das er auf der Insel Rauḍa hatte errichten lassen; dann weilte er auf der Goldinsel und dann wieder im Schloß des Qaimāz, das in Richtung al-ʿĀdilīja liegt. Gleichzeitig teilte er sich mit Ibrāhīm Bek in die Herrschaft, löste und band, begehrte und ordnete an, verteilte Reichtümer und Posten und betraute seine Mamluken und Gefolgsleute mit Provinzregierungen und mit Ämtern.

Er begann Geld auszuwerfen und es für seine Emire und

Gefolgsleute auszugeben. Einige Emire des ʿAlī Bek und anderer stießen zu ihm. Er ehrte sie und erlaubte seinen Mamluken alle Ausschweifungen und ließ ihnen ihre Fehler durchgehen. Jeder freche Mißbrauch fand bei ihm Zustimmung wie auch jedes tadelnswerteste Vergehen von Übeltätern. Ihre Natur wurde pervertiert und ihre Eigenschaften verdorben, ihre Herzen voller Gier und ihre Köpfe ganz krank. Sie wetteiferten im Stolz und beneideten ihren Herrn, rümpften ihre Nasen über ihn und begehrten sogar, was er vor sich stehen hatte. Er aber machte sich eine Ehre aus Großzügigkeit und Schenkfreudigkeit. Alle Begehrlichen wandten sich ihm zu, die Dichter und Schmeichler lobten ihn. Er nahm Dinge, die ihm nicht gehörten, und gab sie an Leute, die sie nicht verdienten, wie der Dichter sagt:

Er gibt und hält zurück, nicht aus Geiz oder Edelmut
Es sind nur Launen der Einflüsterung.

Als aber dann der Weg eng für ihn wurde und er einsah, daß die Zufriedenheit der Welt ein Ziel ist, das niemand erreichen kann, begann er sich von den Menschen zurückzuziehen, und seine Sonderlichkeiten und Launen nahmen noch zu. In seinem Charakter überwogen Furchtsamkeit und Feigheit zusammen mit Schreckbarkeit und Unüberlegtheit. Beim Vorrücken war er verwirrt und zeigte keinerlei Kühnheit. Es ist nicht bekannt, daß er je in einem der Kämpfe gesiegt hätte, die er auslöste, obgleich er voller Ansprüche war, voller Verführungslisten, Großtuerei und Täuschung, Eitelkeit, Tyrannei und Ungerechtigkeit; wie ein Dichter sagt:

Ein Löwe mir gegenüber, doch im Kriege ein Vogel Strauß,
Der sich eilends davonmacht voller Schreck, wenn nur jemand pfeift.

Als Ḥasan Pascha nach Kairo kam, zog der nun Verstorbene mit seinen Altersgenossen und mit seinem Anhang fluchtartig nach

Oberägypten davon, bis die Tage Ḥasan Paschas, Ismāʿīl Beks und jener, die zu ihnen hielten, um waren. Nach vier Jahren und einigen Monaten kamen sie wieder zurück, ohne daß ein Vertrag oder ein Friedensschluß oder auch nur ein Kampf stattgefunden hätte. Er pries sich gewaltig und nahm die Wohnung des Ismāʿīl Bek für sich in Besitz. Seine Residenz richtete er in dem Schloß von Gīze ein. Er baute es aus und schmückte es; unterhalb errichtete er einen festen Landequai, in seinem Inneren pflanzte er einen herrlichen Garten an, in den er alle Arten von Palmen, Bäumen und Weinreben bringen ließ. Er suchte den meisten anderen Landbesitz der Region von Gīze für sich durch Kauf, Tausch oder Zwang in Besitz zu nehmen.

Er erbaute auch das Schloß auf der Goldinsel und pflanzte auch dort einen Garten an; ebenso das Schloß Tarsā und den «Garten des Verrückten». Er pflegte sich in diesen Schlössern und Gärten aufzuhalten und verbrachte all seine Zeit damit, zur Jagd auszureiten. Er erwarb auch Vieh wie Kühe, Büffel, Milchkühe und Schafe von verschiedenen Arten.

Er ließ sich ferner ein gewaltiges Arsenal bauen und forschte nach Herstellern von Kriegsgeräten wie Kanonen, Geschossen und Bomben, Kugeln und Chemikalien. Er erstellte Pulverfabriken, die anders waren als jene, die es im Lande gab. Er verpflichtete alle Schmiede, Eisengießer und Zimmerleute zur Arbeit und suchte alles importierte Eisen zusammenzubringen, auch Blei, Kohle, Brennholz, bis am Ende all diese Waren knapp wurden, weil er alles nahm, was man davon finden konnte. So auch Schnittholz, Lupinen und Ḍurra, die zum Brennen von pulverisiertem Kalk für Gips und zum Bauen gebraucht werden.

Seine Agenten waren überall, um die Schiffe zu beschlagnahmen, die Holz aus dem übrigen Lande brachten; sie nahmen es und konfiszierten es alles. Dann verkauften sie in ihrem eigenen Interesse, soviel sie wollten, und nahmen als Bestechungsgeschenke, soviel sie erhalten konnten; dann überließen sie den Rest den Besitzern nach Vermittlung und Fürbitten.

Er brachte Kriegsmatrosen und griechische Christen sowie

Schiffsbauer ins Land. Sie erbauten ihm eine Anzahl von Kriegsschiffen und Galeonen und brachten Kanonen und Kriegsgerät darin unter, so wie es die Griechen auf ihren Schiffen haben. Dafür gab er gewaltige Geldsummen aus. Er stellte auch Matrosen und Soldaten dafür ein und schüttete hohe Löhne und Unterhaltssummen für sie aus. Er gab ihnen ein Oberhaupt, einen Christen, der sich Nicola nannte und für den er ein mächtiges Haus in Kairo und ein weiteres in Gīze baute. Er hatte ein Ehrengeleit und Gefolge aus griechischen Christen, die Gehälter erhielten wie Soldaten.

Dieser Nicola pflegte auf Pferden zu reiten und reiche Gewänder zu tragen und so durch die Straßen von Kairo zu ziehen, vor und hinter ihm Kawassen, die ihm den Weg öffneten, wo er durchgehen wollte, so wie Emire reiten. All dies waren seine eigenen Einfälle und Eingebungen. Niemand weiß, warum er ihm solche Wertschätzung einräumte und aus welchem Grund er soviel Geld für Holz und Eisen ausgab und es mit den griechischen Christen hielt. Die Meinungen der Leute darüber gingen auseinander; manche sagten, es sei, weil er seine Altersgenossen (unter den Mamluken) fürchte; andere aus Angst vor den Osmanen, wie es schon vorher in der Sache des Ḥasan Pascha geschehen war, und noch andere dachten an noch andere Gründe. Jedenfalls aber diente es zu nichts außer zu solchen Vermutungen, leeren Hirngespinsten und Furcht. All das Kriegsgerät und das Pulver blieben in ihren Magazinen, auch die Kugeln und Bomben, bis die Franzosen es alles einnahmen. Man erzählte, daß in den Magazinen des Arsenals an Kugeln alleine 11000 sich fanden. Dies wurde als eine Aussage des Meisters des Arsenals wiederholt. All dies nahmen sich die Franzosen an dem Tag, an dem sie sich Gīzes und des Schlosses bemächtigten.

Einst geschah es, daß zwischen einigen Leuten von der Kriegsmarine, die griechische Christen waren, und einigen Sūq-Leuten aus Altkairo ein Streit ausbrach. Die Christen rotteten sich gegen die Leute der Stadt zusammen und kämpften gegen sie; sie töteten einige zwanzig Leute. Die Klagen wurden dem Emir überbracht. Er rief ihren Chef zu sich, doch dieser gehorchte ihm nicht und weigerte sich vor ihm zu erscheinen; er brachte die Kanonen auf den Schiffen in Stellung und drehte sie auf das Schloß hin. Es geschah ihm nichts, außer daß er ignoriert wurde und alles ohne weitere Störung vorüberging.

Er nahm sich einen Berber zum Wesir, der Ibrāhīm Katḫodā as-Sinnārī hieß; den machte er zu seinem Katḫodā und Berater. Er erreichte eine solche Prominenz, und sein Wort war so einflußreich in Ägypten, wie es der größte Emir nicht erlangte. Er baute sich ein Haus in an-Nāṣirīja und schaffte sich Mamluken, Hengste, Konkubinen, weiße wie Äthiopierinnen, sowie Diener an. Er lernte auch die türkische Sprache und alle Teufelssitten. Dieser Sinnārī wählte sich einen Kerl gemeinen Ursprungs aus und machte ihn zu seinem Katḫodā, der sich nach seinen Befehlen richtete und über den er Verbindung mit den höchsten Persönlichkeiten aufnahm, um ihre Geschäfte zu erledigen.

Murād Bek gefiel es, in Gīze zu verweilen und dort seinen Wohnsitz zu nehmen. Sein Teufel flüsterte ihm ein, sich von seinen Mamluken und Gleichaltrigen zu isolieren und dem Ibrāhīm Bek die Regierungsgeschäfte, die Angelegenheiten der Diwane und der Entscheidungen der Vertreter des osmanischen Sultans zu überlassen, obgleich es so war, daß jener nie etwas ausführte, ohne ihn konsultiert und über seine Ansicht befragt zu haben. So zog er sich aus allen Zusammenkünften mit den Leuten gänzlich zurück, sogar von den großen Emiren, die seinesgleichen waren. Als Botschafter zwischen diesen und ihm diente der erwähnte Ibrāhīm Katḫodā, der als sein Sprachrohr amtete, und es kam vor, daß er eine Angelegenheit, die von Ibrāhīm Bek oder einem anderen bestätigt worden war, nach eigenem Ermessen oder durch die Zunge seines Dieners annullierte.

Der Held dieser Lebensbeschreibung verblieb ungefähr sechs Jahre lang ununterbrochen in seiner Isolierung auf dem westlichen Nilufer, ohne je auf das östliche überzusetzen, ohne zum

Diwan zu gehen oder seine Kollegen zu besuchen. Wenn der Pascha, dem die Herrschaft über Ägypten anvertraut war, am Ufer von Imbāba anlangte, ritt er hin und begrüßte ihn zusammen mit seinen Emiren, dann kehrte er in sein Schloß zurück; später bekam er ihn nie wieder zu Gesicht.

Er hielt sich selbst für weit überlegen und sah sich als viel bedeutender an denn seine Kollegen und die Söhne seiner Rasse. Die Bittsteller drängten sich um seine Barriere, und die Hunde stritten sich um seinen Kadaver. Er suchte ihren Scharen zu entkommen und ihren Klauen zu entrinnen. Wenn er erfuhr, daß jemand kam, vor dem er sich schämte, oder jemand eintraf, der ihn um etwas anflehen wollte, und er sich scheute, ihm eine abschlägige Antwort zu erteilen, oder wenn er die Folgen der Abweisung fürchtete, saß er sofort auf und zog in die Berge hinauf. Doch manchmal erreichte ihn ein Bittsteller unversehens, nur um zu finden, daß er sich heimlich davon gemacht hatte. Doch wenn er ihn antraf und mit ihm zusammenkam, so gab er ihm, was er gerade zur Hand hatte, versprach oder schenkte ihm ein Gut, das einem anderen gehörte. Kaum empfand es der Beglückte, hatten die Adler ihm auch schon seinen Bissen geraubt.

Er pflegte auch Botschaften an die Büros für den Zehnten wie auch an die der Abgaben und der Gewürze zu richten. Er stellte Wechsel auf sie aus und beauftragte seine Mamluken, sie einzuziehen. Er und Ibrāhīm Bek suchten einander in dieser Hinsicht den Rang abzulaufen. Ihre Papiere widersprachen einander, und sie fürchteten sich voreinander, bis sie übereinkamen, daß Murād Bek die Nilzölle erhalten solle, sein Rivale aber all das, was die Waren aus dem Ḥiǧāz einbrachten und was in die Gewürzregister einlief und aufgrund der Bücher der Kaufleute errechnet wurde, so daß sich jeder von ihnen seinen eigenen Geschäften zuwandte.

Der Held dieser Lebensbeschreibung richtete einen neuen Diwan im Hafen von Damiette ein und beging dort alle Art Exaltationen, wie sie ihm nur einfallen mochten. Er ließ ein

Sonderbüro für Waren einrichten, die in die Länder der Franken exportiert werden, und nannte es das Büro der Neuerung! Dieses bewilligte den Verkauf an jene, die sie in die Länder der Franken oder andere exportieren wollten. Auf jeden Scheffel *(irdabb)* erhob er einen Dinar über die Exportsteuer hinaus. Er betraute damit einen Sattler, der zu seinen Gehilfen gehört hatte und wegen seiner Gewaltakte bekannt war. Dieser wohnte im Damiette, hatte sich dort eine angesehene Position und eine einflußreiche Stimme zugelegt und brachte es so zu großem Einfluß und Reichtum. Doch jene schlechte «Neuerung» war eine der wichtigsten Ursachen dafür, daß die Franzosen mächtig wurden und Begierde nach dem Reichtum Ägyptens verspürten, wozu freilich auch noch kam, daß man den Leuten ihren Besitz nahm und ihre Handelswaren plünderte, ohne dafür zu bezahlen. Seine Emire folgten seinem Vorbild und suchten es sogar noch zu übertreffen. Ein jeder tat, was seine Lust ihm eingab und sein Gehirn ihm einflüsterte. Zu den Dingen, die dem Helden dieser Biographie in den Sinn kamen, gehörte auch, daß er – auf Anregung einiger Rechtsgelehrter – das Gebäude der Moschee des ʿAmr ibn al-ʿĀṣ wiederaufrichtete. Das ist die alte Freitagsmoschee (von Kairo) ...

Sein Äußeres war folgendermaßen: er war blond, von vierschrötigem Wuchs, mit dichtem Bart, schwer an Körper und Stimme; in seinem Gesicht trug er Narben von Schwerthieben. Er war ein Übeltäter, eigenmächtig und gewalttätig, überheblich, eingebildet und großtuerisch; allerdings mochte er die Gelehrten, behandelte sie wohl und richtete sich nach ihren Worten; sein Temperament war dem Islam und den Muslimen zugeneigt. Er liebte die Gesellschaft von beredten Zechgenossen, von Leuten mit Geschmack und Sprachfertigkeit, und behandelte sie freundlich; ihrer Gesellschaft und Anteilnahme wurde er nicht müde. Er war ein Liebhaber des Schachspiels und suchte stets nach Kennern des Spieles. Er liebte es auch, Musikanten und Gesang zuzuhören; seiner Gaben sowie seiner Geschenke waren die Fülle; seine Pläne gingen über alle Pläne hinaus. Er hinterließ weder Sohn noch Tochter. Seine Ṣanǧaqs, die vor ihm starben, waren: der Emir Muḥammad Bek, genannt al-Alfi; ʿUṯmān Bek al-Čūḫadār, genannt aṭ-Ṭanburǧī; ʿUṯmān Bek, den man als al-Bardīsī kannte; Muḥammad Bek al-Manfūḫ; Salīm Bek Abū Dijāb, der ursprünglich ein Mamluk des Muṣṭafā Bek al-Iskanderānī war. Als er starb, wurde er in Sohāg begraben, beim Scheich al-ʿĀrif, wie schon gesagt. Möge Gott sich seiner erbarmen!

ABZUG DER FRANZOSEN

(B 446) Am Mittwoch, dem 26. Ṣafar 1216 (8. Juli 1801), zogen jene, die mit den Franzosen abziehen wollten, mit ihren Gefolgsleuten und Familienangehörigen nach ar-Rauḍa und Gīze. Es war eine große Menge Kopten und fränkischer Händler, auch Dolmetscher und einige Muslime, die sich mit ihnen eingelassen hatten und die Folgen davon für sich fürchteten, auch viele der griechischen und der syrischen Christen, wie Jannī, Barṭulmīn und Jūsuf al-Ḥamawī. Auch ʿAbd al-ʿĀl, der Aghā, schied sich von seiner Frau, verkaufte seine Hauseinrichtung und seine Möbel sowie alles, was ihm zu schwer war, um es mitzutragen, wie Harnische, Waffen usw. Er pflegte, wenn er seine Sachen verkaufte, dem Käufer nachzusenden und ihn mit Gewalt zu zwingen, den Kaufpreis sofort zu entrichten. Er nahm nur Dinge mit, die leicht zu tragen waren und einen hohen Wert hatten.

An jenem Tag kam auch der Kommissar des Diwans in den Diwan und brachte einige Händler mit, denen er die Sofas der Sitzungshalle zu einem Preis von 36000 Silberstücken verkaufte ...

Am gleichen Tag öffneten sie auch die Tore der Azhar-Moschee und ordneten an, sie solle ausgefegt und gereinigt werden. An jenem Tag und am folgenden kamen die Engländer in die Stadt und gingen in den Sūqs herum, um sie sich anzuschauen. Ein oder zwei Franzosen pflegten sie zu begleiten und ihnen den Weg zu zeigen. An jenem Tag verbreitete sich auch das Gerücht, daß die Franzosen abziehen würden; daß sie von der Zitadelle herabsteigen und die Befestigungen am nächsten Tag als letztes übergeben würden. Doch das trat nicht ein.

Es gab verschiedene Gerüchte; manche Leute sagten: «Sie werden am Freitag abziehen», doch andere wollten wissen: «Nein, sie haben einen Aufschub bis zum Dienstag erhalten.» Während der Nacht hörten die Leute die Stimmen der osmanischen Soldaten, ihre Rede sowie den Hufschlag ihrer Tiere. Sie schauten hinaus und stellten fest, daß die Franzosen während der Nacht abgezogen waren. Sie hatten die große Zitadelle leer zurückgelassen, auch die kleineren Festungen, Forts und Barrikaden, und waren nach Gīze, ar-Rauḍa und Qaṣr al-ʿAinī abgezogen. Nicht einmal ein Gespenst blieb von ihnen zurück, das in der Stadt, in Būlāq, in Altkairo oder in der Azbakīja erschienen wäre.

DIE ERSTEN TÜRKEN

Die Leute zeigten nach ihrer Gewohnheit den Neuankömmlingen Freude; sie dachten das Beste von ihnen und gingen ihnen entgegen, um sie zu begrüßen und ihr Kommen zu segnen. Die Frauen trillerten mit ihren Zungen von den Bögen herab und in den Sūqs, und alle Leute lärmten und schrien. Die kleinen Bürger und Kinder strömten zusammen, wie das immer geschieht, erhoben ihre Stimmen und riefen: «Gott hat dem Sultan den Sieg verliehen» und ähnliches. Jene, die in die Stadt eingedrungen waren, waren durch eine verborgene Bresche nach Kairo gelangt, welche die Mauern durchbrach, und sie waren auch aus der Gegend von al-ʿUṭūf und vom Friedhof (al-Qarāfa) hineingeschlüpft. Das Siegestor und jenes zum Nil hin waren beide verschlossen geblieben wie zuvor. Man erlaubte nicht, es zu öffnen, aus Furcht, daß alle Soldaten sich aufstauen und auf einmal in die Stadt eindringen können. Das hätte ihnen Schaden und Verluste an Menschenleben gebracht. Das Futūḥ-Tor war durch Baulichkeiten verstopft.

OFFIZIELLER EINZUG DER OSMANEN

Als der Tag heraufzog, stellte der Qapı Qulu sich ein, und die beiden Tore, das des Sieges und das des Nilübergangs, wurden aufgetan. Eine Gruppe von Janitscharen setzte sich darunter. Viele Soldaten zogen in die Stadt ein, zu Fuß und beritten, von den verschiedensten Arten. Kompanien *(palūkāt)* von Janitscharen zogen herein und patrouillierten durch die Sūqs. Sie brachten ihre Kennzeichen und Farben an den Cafés, den Läden und Bädern an, worüber die Markthändler sich keineswegs freuten. Brot, Fleisch, Fett und Sesamöl gelangten reichlich auf den Markt, so daß das Angebot der Waren zunahm und die Preise sanken. Es gab auch viel Obst wie Trauben, Pflaumen und Melonen, doch die Türken und Albanier kauften die meisten davon. Sie pflegten jenen entgegenzutreten, die sie herbeibrachten, auf dem Strom oder über Land, und sie von ihnen billig zu kaufen; dann verkauften sie sie den Leuten in der Stadt und in Būlāq für einen sehr teuren Preis.

Es kamen Schiffe aus dem Delta an, auf denen sich Waren aus Kleinasien befanden wie Haselnüsse, Mandeln, Walnüsse, Rosinen, Feigen und griechisches Öl.

Zur Zeit vor dem Freitagsgebet erschienen die Ǧāwiše, Soldaten und Aghās, denen seine Exzellenz Jūsuf Pascha folgte. Er durchquerte die ganze Stadt und wandte sich zur Ḥusain-Moschee. Dort verrichtete er das Freitagsgebet und besuchte die Moschee. Seine Exzellenz der Scheich as-Sādāt lud ihn in sein Haus ein, das neben der Moschee lag. Er sagte zu, trat bei ihm ein und saß dort eine kurze Weile; dann ging er zur Azhar-Moschee hinüber und beschaute sich die. Er ging durch ihre abgegitterten Teile und durch ihre Studentenwohnungen, und er blieb eine Weile dort sitzen. Er erwies den Ausfegern und Dienern Wohltaten, indem er Geld an sie verteilte, ebenso an die Diener der Ḥusain-Moschee. Dann saß er auf und kehrte in sein Heerlager zurück, das im Bezirk al-Ḥillī am Nilufer lag.

Während dieser Zeit veranstalteten sie ein Feuerwerk und schossen viele Kanonen auf dem Paradeplatz und der Zitadelle ab. Die Polizeitruppen der Janitscharen zogen ein und setzten sich am Eingang der Gassen und Viertel nieder, jede Abteilung mit ihrem Banner. Sie riefen aus, der Frieden sei hergestellt, und die Leute sollten verkaufen und kaufen. Diese Polizeitruppen verlangten von den Bewohnern der Quartiere zu essen, zu trinken und Kaffee und zwangen sie, ihnen das zu liefern.

Die Franzosen hatten sich in Richtung Qaṣr al-ʿAinī, ar-Rauḍa und Gīze zurückgezogen bis zur Festung Nāṣirīja und an die Mündung des Ḫalīǧ. Darüber wehten ihre Fahnen. Ihre Wächter standen an den Grenzposten und wiesen die Osmanen zurück, die in ihrer Richtung gehen wollten, so daß die Osmanen nur in Richtung Būlāq freien Durchgang hatten. Wer aber zu den Landeskindern gehörte, konnte sich frei bewegen, wie er wollte.

Während der Zeit, während welcher der erwähnte Wesir seinen Sitz in al-Ḥillī am Ufer von Būlāq aufgeschlagen hatte, zerstörten seine Soldaten alles, was an Gebäuden, Märkten und Verschanzungen in ihrer Nähe lag. Diese hatten die Franzosen errichtet, und sie reichten vom Bāb al-Ḥadīd bis zum Nil. Sie nahmen alle zerstörten Teile davon sowie die solide gezimmerten Holzbestandteile, die über den Barrikaden, darunter und in den Laufgräben befestigt waren. Sie zerstörten all dies in jener kurzen Zeit, und zwar um Brennholz für Feuer und zum Kochen zu erhalten.

EINMARSCH

Am Samstag, dem letzten Tag des Ṣafar (11. Juli 1801), zog der Qapı Qulu, den die Ägypter den Katḫodā der Janitscharen nennen, in die Stadt ein, durchquerte sie und befahl die Kennzeichen der Janitscharen von den Läden zu entfernen; sie blieben nur an den Cafés.

Am Sonntag, dem 1. Rabīʿ I (12. Juli), ritt der osmanische Großaghā der Janitscharen mitten durch die Stadt; Salīm Aghā al-Miṣrī folgte ihm. Viele Soldaten und ägyptische Truppen zogen in die Stadt ein mit ihren Gefolgsleuten, ihrem Troß und ihrem Gepäck. Sie verlangten Häuser und bezogen sie. Auch Muḥammad Pascha zog ein, der als Abū Maraq al-Ghazzī bekannt ist; er galt als Kandidat für das Gouvernorat von Ägypten. Er nahm Wohnung im Haus al-Hajātim, nah beim Grabmal des Meisters al-Ḥanafī, und sandte Botschaft an die Scheichs und Würdenträger der Stadtteile, um von ihnen zu fordern, daß sie bekanntmachten, welche Häuser in den verschiedenen Quartieren leer stünden ...

EIN BLUTIGER STREIT

Am 3. Rabīʿ I (14. Juli 1801) geschah ein Unglück: ein Soldat trank im Ğamālī-Quartier bei einem Limonadenhändler eine Limonade und wollte den Preis nicht bezahlen. Der Limonadenhändler klagte beim Polizeiposten der Janitscharen; dieser ließ den Soldaten kommen und befahl ihm, den Preis der Limonade zu entrichten; er schalt ihn und wollte ihn schlagen. Da zog der Soldat eine Pistole, schoß auf den Aufseher *(ḥākim)* und tötete ihn. Dann floh er in das Ğawānīja-Quartier, drang in ein Haus ein und verschanzte sich darin. Er schoß auf alle, die ihn gefangennehmen wollten, und tötete so fünf Personen. Zufällig gingen zwei Albanier durch die Straße, und die Janitscharen töteten sie, weil der Verbrecher ein Albanier war wie sie. Als ihnen die Sache mit ihm zu lästig wurde, zündeten sie das Haus an, in dem er sich befand. Er floh vor dem Feuer und kam heraus; sie nahmen ihn gefangen und töteten ihn. So starben neun Menschen wegen einer Limonade.

Am gleichen Tag geschah auch das Folgende: zwei Marinesoldaten drangen in das Haus eines Christen ein und nahmen zwei Bündel Kleider daraus. Sie gingen hinaus und fanden zwei Fellachen vor, die gerade vorbeigingen. Sie zwangen sie, die beiden Bündel für sie zu tragen. Der Christ verließ sein Haus und beklagte sich beim Polizeiposten. Dieser befahl, die beiden Soldaten gefangenzunehmen, doch sie entkamen durch Flucht, nachdem einer von ihnen verwundet worden war. Da nahmen sie die beiden Personen fest, die zum Frondienst gezwungen worden waren, und schlugen ihnen die Köpfe ab, aus bloßer Tyrannei und aus Feindseligkeit; das war eine der ersten Schandtaten, die sie begingen.

Am Mittwoch, dem 4. Rabīʿ I (15. Juli 1801), setzten sich die Franzosen in Marsch. Sie räumten Qaṣr al-ʿAinī, ar-Rauḍa und Gīze und zogen ab nach Baḥr al-Warārīq. Mit ihnen marschierte der Qabuṭān Pascha, die meisten Engländer und etwa 5000 albanische Soldaten sowie auch die ägyptischen Emire: ʿUṯmān Bek al-Ašqar, Murād Bek aṣ-Ṣaghīr, Aḥmad Bek al-Kalārǧī und Aḥmad Bek Ḥasan. Die Periode, während deren die Franzosen Kairo beherrscht hatten, betrug drei Jahre und 21 Tage [richtiger: 11 Tage]: sie eroberten Imbāba und Gīze und besiegten die Mamluken am Samstag, dem 9. Ṣafar 1213; sie verließen die Zitadelle, um fortzuziehen, räumten die Stadt und beendeten damit ihre Oberherrschaft und Macht in der Nacht auf den Freitag, den 21. Ṣafar des Jahres 1216 – gelobt sei Er, dessen Herrlichkeit nicht endet und dessen Regierung nie umgestürzt wird! An jenem Tag kam Sajjid ʿUmar Efendī, der Vorsteher der Scherifen, nach Kairo zurück; mit ihm kam Sajjid Aḥmad al-Maḥrūqī, der Zunftmeister der Händler von Kairo. Beide trugen Ehrengewänder aus Marderpelz, und sie zogen in ihre Häuser ein. An jenem Tag wurde auch der Festeinzug seiner Exzellenz des Wesirs Jūsuf Pascha auf den nächsten Morgen angekündigt.

Am Donnerstag, dem 5. (16. Juli 1801), versammelten sich die Leute aller Gruppen und Rassen; die Bewohner beeilten sich voller Freude, sogar die Mädchen verließen ihre Frauengemächer, und die Häuser, die an der Straße lagen, wurden zu hohen Preisen vermietet. Die Leute saßen in Reihen auf den Dächern und in den Läden. Der Umzug dauerte von früh morgens bis gegen Mittag; er kam zum Siegestor hinein und durchquerte die Stadt in der Mitte: vorne marschierten verschiedene Soldaten, Albanier und Janitscharenregimenter, die Soldaten aus Syrien, Emire aus Ägypten, Maghribiner und Marinesoldaten, ferner Ṭāhir Pascha, der Pascha der Albanier, und Ibrāhīm Pascha, der Gouverneur von Aleppo, sowie Muḥammad Pascha, der Gouverneur von Ägypten, die Schreiber mit ihrem Oberhaupt, der Katḫodā des (Osmanischen) Reiches und die großen Aghās mit Trommeln und Kesselpauken; der Heeresqāḍi und seine Stellvertreter, die Gottesgelehrten von Kairo und die Scheichs der Tekkes mit ihren Derwischen zogen vor dem erwähnten (Pascha), und rund um ihn herum gingen Ǧāwīše, Läufer und Kämmerer. Er trug einen Übermantel aus grauer Wolle, der bestickt war, und auf seinem Haupt einen Kopfputz *(ṯalanǧ)* mit Diamantbesatz. Hinter ihm her gingen zwei Personen, zur Rechten und zur Linken, die Dirhems aus weißem Silber – in Istanbul geprägt – unter die Zuschauer, Frauen und Männer, warfen.

Hinter ihm her kam auch eine reichliche Zahl von Großen aus seinem Gefolge und nach ihnen viele, viele albanische Soldaten, dann der Zug des Schatzmeisters, hinter dem eine türkische Kapelle einherzog, die ihm gehörte; dann Kanonen und Wagen und Munition. Während des Umzugs machten sie ein Feuerwerk und feuerten dabei viele Kanonen ab.

Das war ein ruhmreicher, festlicher Tag voller Glück und Freude! Alle Muslime waren glücklich, während sich Jammer der Ungläubigen bemächtigte; gute Botschaft ertönte an frohe Sicht Gewöhnte. Man befahl, sieben Nächte lang zu illuminieren – Gott sei gepriesen und gelobt für diesen Genuß; wir bitten, daß durch Seine Gunst die Verdorbenheit die Herzen verlasse und Er ihnen die Wege und den Pfad der Rechtschaffenheit erleuchte! Möge Er sie auf der geraden Straße führen, der Straße jener, deren Du dich freust, auf denen kein Zorn lastet und die nicht verloren sind … Amen.

Die Großen seines Staates, die mit dem Pascha einritten, waren Ibrāhīm Pascha, der Wālī von Aleppo; Ibrāhīm Pascha Šaiḫoghlu; Muḥammad Pascha, genannt Abū Maraq; Ḫalīl Efendī Raǧā'ī der Defterdār; Maḥmūd Efendī der Oberschreiber; Scherif Aghā der Quartiermeister; Muḥammad Aghā Ǧubǧī Pascha, genannt Ṭūsūn. Die Wahl fiel darauf, daß der Erwähnte im Haus des Rašwān Bek im ʿĀbidīn-Quartier Wohnung nahm, wo das Haus des ʿAbdarraḥmān, des Katḫodā des Qāzdoghlu, steht.

CHRISTEN UND JUDEN

Am Freitag, dem 6., wurde ausgerufen, daß die Polizeibüttel keine Gebühren mehr einziehen dürften und daß die Soldaten aufhören sollten, sich mit den Handwerksleuten zu assoziieren – es sei denn mit solchen, die sich freiwillig mit ihnen zusammentäten und dies von sich aus wünschten. Doch sie fügten sich diesen Vorschriften nicht, denn die meisten fuhren fort, von den Bewohnern Geld zu verlangen.

Am Sonntag, dem 8. wurde ausgerufen, daß niemand den Christen Böses antun solle und auch nicht den Juden, gleich ob es sich um Kopten, Griechisch-Orthodoxe oder Syrer handle, denn auch sie seien Untertanen des Sultans, und die Vergangenheit werde nicht zurückkehren. Doch es war seltsam anzuschauen, wie einige orthodoxe Christen, die Soldaten der Franzosen gewesen waren, sich mit den Kleidern der Osmanen herausschmückten, sich mit Krummschwertern bewaffneten und sich unter sie mischten, ihre Nasen stolz erhoben und den

Muslimen auf der Straße mit Schlägen zusetzten, wie sie auf türkisch fluchten und in ihren Schimpfreden sagten: «Ihr Franzosen! ihr Ungläubigen!» Nur ein kluger und feiner Mann konnte sie von den echten Türken unterscheiden oder einer, der sie schon früher gekannt hatte ...

PROBLEME MIT DEN TÜRKEN

(B 461) Jener Monat (Ǧumādā I) mit seinen Ereignissen ging zu Ende; dazu gehörte, daß die Soldaten dem einfachen Volk und den Handwerkern viel Schaden antaten. Einer von ihnen kam und setzte sich vor einen der Läden; dann stand er auf und behauptete, er habe seinen Geldbeutel verloren oder es sei etwas aus ihm herausgefallen, und wenn es ihm möglich war, etwas zu stehlen, tat er es auch. Oder sie wollten mit Gewalt falsche Dirhems, die ganz offensichtlich von geringem Wert waren, gegen Silberdirhems einwechseln; oder sie bändelten mit den Frauen in den öffentlichen Sūqs an, ohne jede Zucht und Scham.

Sie breiteten sich über alle Dörfer auf dem Lande aus und begingen aller Art Schandtaten. Einige zum Beispiel kamen in ein Dorf und brachten ein Papier mit, das in türkischer Sprache geschrieben war. Sie machten den Bewohnern weis, sie seien mit Befehlen gekommen, die dazu dienten, irgendeinen Mißbrauch bei ihnen abzustellen, oder redeten ihnen andere unwahre Sachen vor. Dann verlangten sie als Weggebühr eine gewaltige Summe und nahmen die Scheichs des Dorfes fest, um sie zu einer großen Zahlung zu zwingen.

Sie stahlen die Schafe und verunglimpften die Frauen sowie anderes mehr, was man nicht alles wissen kann. Die Bauern begannen zu fliehen, und die meisten von ihnen kamen in die Stadt, bis die Straßen und Gassen voll von ihnen waren. Oder: ein Soldat ritt unter Gewaltanwendung auf einem Mietesel aus, zog mit ihm in die Wüste hinaus, tötete den Eseltreiber und kehrte mit dem Esel zurück, um ihn auf dem Eselsplatz zu verkaufen. Wenn sie eine Person alleine oder auch zwei außerhalb der Stadt antrafen, nahmen sie ihnen das Geld weg oder zogen ihnen die Kleider aus oder töteten sie dann auch noch. Sie taten den Leuten Gewalt an, indem sie sie beschimpften und beleidigten und sie als Franzosen und Ungläubige behandelten sowie mit anderen Titeln bedachten. Die meisten Leute – besonders die Bauern – trauerten dem Regiment der Franzosen nach.

Eine ihrer Methoden war es auch, daß die meisten von ihnen sich in den Verkauf aller Art Lebensmittel und Gemüse einmischten und diese für Preise verkauften, die sie festlegten, ohne sich den Vorschriften des Marktaufsehers oder irgend jemanden sonst zu unterziehen. Manche von ihnen übernahmen den Vorsitz einer Zunft, etwa jener der Baumeister oder einer anderen. Sie zogen dann von den Zunftmitgliedern die Gebühren für vier Jahre ein, verließen sie und kümmerten sich nicht weiter um sie; die Handwerker ließen sie tun, was sie wollten. Ihnen lag einzig daran, wieviel Geld sie aus den Klagen ziehen konnten (die ihnen vorgelegt wurden). Aus diesem Grund wurden der Gips und das Pflaster teuer, ebenso die Löhne der Arbeiter, besonders der Maurer, denn die Leute mußten wiederaufbauen, was die Franzosen zerstört hatten und was in Kairo und in Būlāq und auch außerhalb der Siedlungen durch die Kämpfe ruiniert worden war. Am Ende kostete der Scheffel *(irdabb)* Gips 120 Halbsilberstücke, das Pflaster 50, der Tagelohn eines Bauhandwerkers 40, der eines Arbeiters 20. Der Weizen war billig und auch das übrige Getreide, weil es viel davon gab, doch der Brotlaib von 3 Oka kostete ein Halbsilberstück, weil die Regierenden sich nicht um die Preistarife kümmerten, wie ich schon sagte.

DRITTER TEIL

MUḤAMMAD ʿALĪ ERGREIFT DIE MACHT

DER AUFSTIEG MUḤAMMAD ʿALĪS

Das Jahr 1218, der heilige Monat Muḥarram (1803, 23. April–22. Mai); er begann mit einem Samstag. An jenem Tag befielen Unruhen und eine große Panik die Bevölkerung von Kairo und Būlāq. Die Leute verließen ihre Läden und nahmen all ihre Habe mit, die sie leicht tragen konnten. Manche verließen ihre Läden fluchtartig, andere ließen ihre Handwerksinstrumente aus den Händen fallen, ohne daß sie es merkten – von solchem Schrecken und derartiger Furcht waren sie befallen. Der Grund blieb unbekannt, doch hieß es, die Ursache sei gewesen, daß einige der Offiziere zum Pascha gegangen seien und ihren fälligen Sold verlangt hätten; der aber habe sie fortgewiesen und ihnen gesagt: «Geht zum Defterdār!» Sie gingen zu diesem, doch er sagte: «Euer Sold befindet sich bei Muḥammad ʿAlī!» Da gingen sie zu Muḥammad ʿAlī, denn man hatte ihnen den Sold auf jenen Tag versprochen. Doch als sie zu ihm kamen, sagte er zu ihnen: «Ich habe nichts einkassiert!» Da begannen sie sich mit ihm zu zanken. Einige Flintenschüsse wurden ausgetauscht, und die Soldaten lärmten vor Muḥammad ʿAlīs Haus. Dadurch kam es zu jener Panik in Kairo und Būlāq. Doch die Unruhen legten sich wieder, nachdem man ihnen versprochen hatte, den Sold binnen sechs Tagen auszuzahlen ...

Am Freitag, dem 7. (29. April 1803), rebellierten die Soldaten und zogen vor das Haus des Defterdār. Sie versammelten sich im Hof und verschlossen das Eingangstor, nachdem sie seine Wächter entfernt hatten. Einige von ihnen stiegen hinauf und hielten sich im Vorraum des Lokales auf, in dem der Defterdār zu empfangen pflegte. Vier von ihnen traten zu ihm ein und legten ihm die Notwendigkeit dar, das Soldversprechen zu erfüllen. Er erwiderte ihnen: «Ich habe hier 60 000 Quruš; wenn ihr wollt, nehmt die und habt einige Tage Geduld, bis ich alles, was ihr begehrt, beisammen habe.» Sie entgegneten: «Es muß etwas geschehen; die Soldaten sind unruhig, weil sie so lange haben warten müssen.» Da schrieb er einen Brief an den Pascha, er möge ihm eine Anzahl von Dinaren schicken, um die Summe zu vervollständigen, die er im Schatzhaus hatte. Doch der Bote kam mit dem Bescheid zurück: «Ich werde nicht bezahlen und keine Erlaubnis geben, irgend etwas auszuzahlen! Entweder sie verlassen mein Land und gehen fort, oder es bleibt nichts anderes übrig, als sie alle bis auf den letzten Mann umzubringen.» Als er mit diesem Bescheid zurückkam, sagte der Defterdār zu dem Boten: «Geh zu ihm zurück und melde ihm, daß das Haus voller Soldaten ist, unten wie oben, und ich von ihnen belagert werde.» Sobald jener Bote eingetroffen war und bevor er noch zu ihm zurückkehrte, befahl der Pascha, die Kanonen auf das Haus des Defterdār zu richten und es mit den Soldaten darin zu beschießen. Kaum vernahm der Defterdār dies, wurde er vom Schrekken befallen, verließ seinen Sitzungssaal und suchte einen anderen Raum auf. Die Beschießung dauerte an, Feuer brach aus in dem Haus und in dem Kiosk, den sein Großvater in der Nähe des Hauses errichtet hatte. Dieser Kiosk, aus Holz und Balken – ohne Weißelung, weil er nie fertig geworden war –, ging in Flammen auf. Der Defterdār stieg in den unteren Teil des Hauses hinab; die Albanier hielten es umzingelt, und er brachte die Nacht unter der Treppe zu, bis es Morgen wurde. Die Soldaten plünderten das Schatzhaus und den Hausrat, so daß nur der Defterdār selbst ihnen entkam. Die Papiere steckten sie in Kisten und trugen sie davon.

Die Beschießung begann zur Zeit, in der man das Freitagsgebet spricht. Die Stadtbewohner hatten schon vorher Unruhe verspürt und eine Erhebung oder Überfälle von seiten der Soldaten gefürchtet. Als die Leute sahen, daß sie zum Haus des Defterdār zusammenströmten, verbreitete sich die Nachricht durch die Stadt, und der Wālī zog durch die Straßen und warnte die Leute: «Nehmt euer Hab und Gut und rettet euch! Alle Personen sollen Vorkehrungen treffen und sich bewaffnen!»

Da verschlossen sie ihre Läden und verriegelten die Gassen in einem Gewoge großer Erregung. Als sie dann die Kanonenschüsse vernahmen, steigerte sich ihre Unruhe weiter; sie dachten, die Soldaten würden sie angreifen, die Stadt plündern und in die Häuser eindringen, ohne daß jemand sie davon abhalten oder ein Herrscher sie daran hindern könne.

Der Ausrufer ließ vernehmen: «Ihr Leute und Bewohner der Stadt, jedermann, der Waffen besitzt, soll sie anlegen. Versammelt euch beim obersten Quartiervorsteher, damit er euch zum Hause des Paschas geleite!» Man brachte auch Briefe des Paschas an die Bewohner des Ghūrīja-Viertels, an die Viertel der Maghribiner, der Köhler und der Händler des Ḫān al-Ḫalīlī sowie an die Leute des Ṭūlūn-Quartiers mit der Aufforderung, mit ihren Waffen sich bei ihm einzustellen, und mit der Warnung, dem Befehl nicht zuwiderzuhandeln. Einige Leute bezogen Aufstellung beim Frauenhaus des Paschas und beim Haus des Ibn al-Maḥrūqī, das in der Nähe lag; das war das frühere Haus des al-Bakrī. Dort verbrachten sie die Nacht.

Ḥasan Aghā, der Wālī des Bauwesens, stellte sich am Abend jenes Tages ein und zog unter den Leuten herum, um sie dazu zu ermutigen, sich zu erheben und dem Pascha zu helfen. Einige Leute aus den untersten Schichten rotteten sich mit Stöcken und Peitschen zusammen und bildeten Gruppen; sie errichteten Barrikaden bei Rās al-Warrāqīn, bei al-ʿAqqādīn und bei der Ḥusain-Moschee. Als die Nacht eintrat, hörte die Beschießung bis zum Morgen auf. Dann begannen die beiden Seiten mit Kanonen und Granaten zu schießen, und die Soldaten verschanzten sich in der Azbak-Moschee, im Haus des Defterdār, im Haus des Muḥammad ʿAlī und auf dem Hügel des Scheichs Salāma. Die Bewohner waren durch diese Ereignisse sehr verängstigt. Doch was die große Zitadelle anging, so war der Pascha ihrer sicher. Er hatte dort den Ḫāzindār als Chef eingesetzt und ihm eine Anzahl Albanier und anderer Soldaten unterstellt; die Tore waren geschlossen worden.

KRIEGSRAT BEIM PASCHA

Am Freitag nämlich, dem Tag, bevor die Ereignisse ausgebrochen waren, als die Janitscharen und Oğaqs sich nach ihrer Gewohnheit eingestellt hatten, um ihn zu grüßen und sie so vor den Katḫodā Bek getreten waren, sagte dieser zu ihnen: «Warnt die Stadtbewohner, sie sollten ihre Läden und die Sūqs schließen und sich bereit halten, weil die Soldaten frech zu werden drohen.» Als sie dann zum Pascha hinaufgestiegen waren und ihm die Worte des Katḫodā Beks gemeldet hatten, sagte dieser: «Ja, gewiß!» Der Aghā der Janitscharen sagten: «Man muß unbedingt dafür sorgen, daß vor allem anderen die Zitadelle sicher bleibt!» Er antwortete: «Der Ḫāzindār ist dort und hat Befehl, sie zu halten und die Tore zu schließen.» Der Aghā sagte zu ihm: «Aber man muß auch bei jedem Tor außerhalb Soldaten postieren!» Er entgegnete: «Was sollen die nützen? Was wollt ihr mit solchem Gerede? Wollt ihr meine Truppen verzetteln? Geht und tut, was euch befohlen ist!» Das geschah, damit das Geschick erfüllt werde.

Auch Ṭāhir Pascha war zu jenem Empfang gekommen, als ob er ein loyaler Anhänger wäre, und verbarg seine Feindschaft. Doch der Pascha hatte ihn nicht empfangen und ihm befohlen, nach Hause zu gehen und dort alleine zu bleiben.

Am Samstag, dem 8. (30. April 1803), ordnete der Pascha seine Soldaten nach der Art der Franzosen; man nennt das die «neue Ordnung» *(an-niẓām al-ǧadīd)*. Sie zogen mit ihren Waffen, Gewehren und Pferden aus, indem sie zwei Kolonnen bildeten und um die Birka (Teich) herummarschierten. Sie teilten sich in zwei Abteilungen; die eine zog über den Holzquai und die andere in Richtung Bāb al-Hawā', um die Albanier zwischen sich zu nehmen und sie von beiden Seiten aus zu belagern. Als der Trupp anlangte, der vom Holzquai herkam, griffen sie die Albanier an. Jene setzten darauf den Defterdār auf ein Pferd und verbrachten ihn in das Haus des Ṭāhir Pascha; auch seine Gefolgsleute waren bei ihm.

Die Albanier wurden auf jener Seite zurückgeschlagen, während sie auf der Seite der Azbak-Moschee belagert wurden. Sie waren damit beschäftigt, sich auf der Gegenseite zu verteidigen, und sahen die Niederlage und Flucht schon gewiß vor sich. Doch als die Soldaten des Paschas zum Haus des Defterdār und des Maḥrūqī sowie zum Frauenhaus des Paschas gelangten, begannen sie sich mit Plündern abzugeben und holten die Frauen heraus. Sie ließen vom Kampf ab und verstreuten sich mit dem geplünderten Gut. Der Eifer des anderen Trupps ließ auch nach, und die meisten machten sich auch davon, um etwas zu ergattern und wie die anderen Beute zu machen. Sie sagten sich: «Wir kämpfen und sterben für nichts, während unsere Kameraden plündern und Beute einheimsen!» So hielten sie sich selbst vom Sieg ab, während die Albanier zurückkehrten und ihre Entschlossenheit wieder zunahm. Einige griffen die Soldaten des Paschas von neuem an und schlugen die wenigen, die zurückgeblieben waren, in die Flucht. So nahmen sie jene Gebäude, aus denen sie vertrieben worden waren, wieder in Besitz.

Während dies geschah, erschien Ṭāhir Pascha, ritt gegen ar-Rumaila und rückte gegen das ʿAzab-Tor (der Zitadelle) vor. Er fand es verschlossen, doch er benützte die kleinen Öffnungen, die sich nahe dem Erdboden in der Mauer des Torgebäudes befinden und die dazu dienen, Kanonen von unten her abzufeuern. Er brach einige davon auf, und ein paar Soldaten drangen durch sie ein. Sie stießen auf die Albanier, die innerhalb des Tores wachten, und beide Gruppen schlossen sich zusammen.

Dann wollten sie zum Ḫāzindār hinauf. Er hatte den Schwestersohn des Ṭāhir Pascha bei sich in der Zitadelle, wo er einige Tage vorher krank gelegen war, und seine Gefolgsleute waren auch dort zugegen. Sie schlossen sich zusammen und bildeten so einen größeren Haufen. Sie forderten vom Ḫāzindār die Schlüssel der Zitadelle, doch er wollte sie nicht aushändigen. Als er aber sah, daß sie gefährlich werden könnten, überließ er sie ihnen doch. Sie stiegen hinab und öffneten dem Ṭāhir Pascha die Tore der Zitadelle. Der Katḫodā wurde eingesperrt, und sie transportierten Kanonen, Mörser und Munition nach der Azbakīja zu ihren Kameraden hinab. Die Zitadelle besetzten sie ebenfalls mit Artillerie und Soldaten.

All dies geschah, ohne daß Muḥammad Pascha etwas davon wußte. Das erste, was er davon merkte, war, daß er von der Zitadelle aus beschossen wurde. Er fragte: «Was ist das?» Man antwortete ihm: «Sie haben die Zitadelle eingenommen, sie ist in ihre Hände gefallen!» Dann zog Ṭāhir Pascha von der Zitadelle hinab, durchquerte die Stadt und ließ in seiner Gegenwart ausrufen: «Frieden und Sicherheit! Öffnet die Läden! Kauft und verkauft! Nichts Böses soll euch geschehen!» Er zog herum, besuchte die Grabstätten, die Scheichs und die Irrenhäuser und bat überall, für seine Sache zu beten. Die Leute räumten die Verschanzungen von den Straßen und hielten sich von den Soldaten fern. In der Tat geschah keinem der Untertanen ein Schaden von seiten der Soldaten. Der Befehl ging aus, die

Bäckereien und die Lebensmittelläden zu öffnen, und sie begannen ohne Schaden und ohne Verluste ihre Waren zu verkaufen. Als die Verkäufer dies hörten, kamen sie mit Weizen, Sesamkringeln, Käse, Süßigkeiten, Fett und Ähnlichem, gingen in die Läden und verkauften es ihnen, während sie kauften, was sie benötigten.

DIE ALBANIER ZEIGEN SICH FREUNDLICH

Einige der Stadtbewohner gingen aus, um sich umzuschauen; sie mischten sich unter die Albanier und gingen mitten unter ihnen umher. Die sagten: «Dies ist ein Streit unter uns; ihr seid Untertanen und habt nichts damit zu tun!» Bei einigen fanden sie Waffen, mit denen sie ausgezogen waren, als der Pascha nach ihnen gesandt und Ausrufer unter die Leute geschickt hatte; diese schickten sie in freundlicher Weise zurück. So etwas war früher nie vorgekommen. Ṭāhir Pascha tat nichts anderes als in der Stadt, in den Sūqs und auch außerhalb der Stadt umherzuziehen. Er sagte den Bauern, die vom Lande Brennholz, Getreide, Fett und Käse hereinbrachten: «Macht nur so weiter, bringt eure Waren her! Kauft und verkauft! Ihr sollt keinen Schaden leiden!» Er ließ auch den Wālī kommen und befahl ihm, herumzuziehen und unter den Leuten den Frieden auszurufen.

Der Krieg zwischen den beiden Parteien dauerte den Samstag über an; Samstagnacht flammte er während der ganzen Nacht heftiger auf. Doch kaum war der Morgen angebrochen, besetzten die albanischen Soldaten die Moschee des ʿUṯmān Katḫodā und das Christenviertel auf der anderen Seite. Sie stiegen auf die Hügel, die in der Nähe von Būlāq liegen, und bemächtigten sich des Vorortes. Sie griffen Manāḫ al-Ǧamāl an, das in der Nähe von aš-Šaiḫ Farağ liegt, und töteten die schwarzen Soldaten, die sich dort befanden; wer von ihnen übrigblieb, floh nackt. Sie nahmen auch Mataš, den Kapitän, gefangen und brachten die Galeone auf das Ufer von Imbāba hinüber, dann plünderten sie alles, was darin war. Das Geld des Kapitäns und seine Schätze waren darin, die er in großer Menge angehäuft hatte, indem er die Schiffe und Reisenden erpreßte, die nach Kairo kamen. Auch ging eine Truppe von ihnen nach Qaṣr al-ʿAinī und ergriff die Sklavinnen des Paschas, die sich dort befanden. Sie zogen ihnen die Kleider aus und nahmen sie als Gefangene ...

NACHRUF AUF DEN PASCHA

(B 519) Der Bruderzwist legte sich. Der Wālī ʿAlī Aghā aš-Šaʿrāwī und der Muḥtasib Ḏū l-Fiqār sowie der Aghā der Janitscharen durchzogen die Stadt und ließen den Frieden ausrufen und verkünden, daß man kaufen und verkaufen solle. Die Herrschaft dieses Paschas über Ägypten hatte ein Jahr, drei Monate und 21 Tage gedauert. Er war ein schlechter Organisator, der nicht gut zu regieren vermochte. Er liebte es, Blut zu vergießen, ohne je lange darüber nachzudenken, und ließ nichts an seinem Platze. Er ehrte jene, die es nicht verdienten, und geizte gegenüber jenen, die es verdient hätten ...

DER TOD DES SIEGERS

(B 523) In jener Zeit kam ein Trupp Janitscharen zu Ṭāhir Pascha. Es waren dieselben, die am Anfang des Muḥarram mit der Artillerie nach dem Ḥiǧāz gesandt worden waren. Man brachte sie in der Ẓāhir-Moschee außerhalb des Ḥusainīja-Quartiers unter. Muḥammad Pascha stürzte, doch sie blieben, wo sie waren. Als aber Muḥammad Pascha die Stadt verließ und die Albanier über ihn den Sieg davontrugen, begannen sie sich vor den Janitscharen zu rühmen und auf sie mit Geringschätzung hinabzublicken, obgleich die Janitscharen sich für sehr wichtig halten, sich als die Säule der Herrschaft ansehen und meinen, die Albanier seien ihre Diener und Gefolgsleute.

Als Ṭāhir Pascha dann den Bewohnern Zwangssteuern auferlegte und sie enteignete, begann er den Albaniern ihre rückständigen Gehälter zu bezahlen oder stellte ihnen Gutschriften auf den Besitz der Enteigneten aus. Doch jedesmal, wenn die Janitscharen einen Teil ihres Lohnes verlangten, sagte er zu ihnen: «Ich schulde euch nichts. Ich bezahle euch erst von dem Zeitpunkt an, da ich Wālī wurde. Wenn ihr etwas von früher zugute habt, geht zu Muḥammad Pascha und kassiert es von ihm!» Sie wären vor Wut fast erstickt, und ihre Brust wurde ihnen eng. Über Nacht besprachen sie sich mit Aḥmad Pascha, dem Gouverneur von al-Madīna, und an jenem Tag (dem 4. Ṣafar; 26. Mai 1803) saßen sie auf und verließen die Ẓāhir-Moschee, etwa 250 Mann stark, mit ihrem Gerät und Waffen, in normaler Marschordnung. Ihre Kommandanten folgten ihnen nach; es waren Ismāʿīl Aghā und mit ihm ein anderer, der Mūsā Aghā hieß, sowie noch ein dritter Aghā.

Sie zogen zu Ṭāhir Pascha und forderten ihren Sold von ihm. Er sagte zu ihnen: «Ich schulde euch nichts, außer von Beginn meiner Gouverneursperiode an. Wenn euch Rückstände zustehen, so müßt ihr sie von eurem Pascha, Muḥammad Pascha, verlangen!» Sie insistierten ihm gegenüber, und er wollte sich ihnen entziehen; sie eilten mit den Säbeln herbei; einer von ihnen schlug zu, und Ṭāhirs Kopf flog zur Erde. Man warf ihn zum Fenster hinaus in den Hof. Sie kamen alle mit den Waffen angerannt und griffen seine Gefolgsleute an; einige von ihnen wurden getötet. Funken stoben von den Waffen auf das Pulver, das die Gefolgsleute aufgespeichert hatten. Ein Brand brach aus, und das Haus wurde geplündert. Die Stadtbewohner verfielen der Panik. Die Janitscharen verließen das Haus, mit blanken Säbeln in den Händen und beladen mit ihrem Plündergut. Die Leute wurden unruhig; sie schlossen die Märkte und Läden und flohen in ihre Häuser. Sie verschlossen die Tore, ohne daß sie genau wußten, was geschehen war.

Nach einiger Zeit sprach die Sache sich herum. Der Wālī und der Aghā zogen durch die Stadt und riefen Frieden und Sicherheit aus, entsprechend dem Befehl Aḥmad Paschas. Die Ankündigungen wurden mehrmals wiederholt.

Später rief man aus, die Janitscharen der Stadt und ihre Gefolgsleute sollten sich bei Aḥmad Pascha sammeln, um gegen die Albanier vorzugehen, sie zu töten und aus der Stadt zu vertreiben. So teilten sie sich in zwei Parteien und marschierten in Gruppen zusammen. Die Albanier sammelten sich bei der Azbakīja in den Häusern, die sie dort bewohnten. Die Janitscharen begannen, wenn sie eines Albaniers habhaft wurden, ihm seine Waffen abzunehmen, und manchmal töteten sie ihn. Die Albanier taten mit ihnen das gleiche.

Währenddessen dauerten die Feuersbrunst und das Plündern im Hause des Ṭāhir Pascha an, und Gott ließ die dort wegen Zwangssteuern und Enteignung Festgehaltenen und Eingekerkerten freikommen. Die Leiche des Ṭāhir Pascha blieb, wo sie war, ohne daß sich jemand um sie kümmerte. Keiner seiner Gefolgsleute wagte es, in sein Haus einzudringen, sie herauszuholen und zu bestatten. Seine Herrschaft war zu Ende, und seine Macht hörte in einem Augenblick auf.

NACHRUF AUF DEN ALBANIERCHEF ṬĀHIR PASCHA

Seine Herrschaft hatte 26 Tage gedauert. Hätte sein Leben länger gedauert, hätte er noch mehr Unheil über alle zivilisierten Leute gebracht! Er sah folgendermaßen aus: braune Hautfarbe, schlanker Körper, schwarzer Bart; er konnte nur wenig türkisch sprechen, geschweige denn arabisch; nur die Sprache der Albanier war ihm vertraut. Er hatte eine Neigung für die Fakire, die Besessenen und Derwische. Er hatte sich eine Rückzugsstätte in der Šaiḫīja eingerichtet, wo er oft die Nacht verbrachte. Des

Nachts stieg er mit dem Scheich ʿAbdallāh al-Kurdī auf das Flachdach und verrichtete den *ḏikr* mit ihm. Am Ende wohnte er dort mit seiner Familie. Er hatte eine der Frauen der Mamluken-Emire geheiratet. Alle möglichen Leute verschiedenster Art versammelten sich bei ihm; er beging den *ḏikr* mit ihnen, saß mit ihnen zusammen und ließ erkennen, daß er ihnen Glauben schenkte.

Als man diese Neigung erkannte, zogen viele vom niedersten Volke aus, putzten sich mit dem heraus, was ihnen ihr Herz oder auch ihr Teufel eingab, zogen lange Kapuzen, Lumpengewänder und Derwischkleider an, hängten sich Kamelglocken und Flitter um, trugen bunte Stäbe mit Klappern und Quasten und Tamburine, auf die sie schlugen, schrien und zeterten, sprachen in unklaren Worten und Ausdrücken, die weismachen wollten, daß sie Visionen erlebten, und ähnliche Dinge mehr.

Als er umgebracht worden war, blieb er bis zum nächsten Tag liegen, ohne begraben zu werden. Dann begrub man ihn ohne seinen Kopf in einem Kuppelbau am Elefantenteich. Einige Janitscharen hatten seinen Kopf an sich genommen und waren damit weggegangen, um ihn dem Muḥammad Pascha zu bringen und von ihm ein *baḫšīš* zu erhalten, doch ein Trupp von Albaniern begegnete ihnen, tötete sie, nahm ihnen den Kopf ab, brachte ihn zurück und begrub ihn mit dem Rest der Leiche.

RÜCKKEHR DES PASCHAS?

Aḥmad Pascha schrieb an Muḥammad Pascha, unterrichtete ihn darüber, was geschehen war, und forderte ihn auf, rasch nach Kairo zurückzukommen. Auch al-Maḥrūqī und Saʿīd Aghā sandten beide Briefe des gleichen Inhaltes und glaubten, sie hätten ein gutes Ende erreicht! Als das Haus des Ṭāhir geplündert wurde, wurden auch alle Wohnungen in der Nähe ausgeraubt, von al-Ḥabbānīja bis zum Fischplatz in Darb al-Ǧamāmīz. Darauf ließ Aḥmad Pascha die Scheichs kommen, gab ihnen einen Bericht über das, was geschehen war, und befahl ihnen, zu Muḥammad ʿAlī zu gehen, mit ihm zu reden und ihn zu überzeugen, daß er seine Rebellion aufgeben solle.

Doch als die zu ihm kamen und ihm dies mitteilten, antwortete er, Aḥmad Pascha sei nicht Gouverneur von Ägypten, sondern vielmehr Gouverneur von Madīna, der erleuchteten Stadt, über deren Bewohner der beste Segen und Frieden ausgebreitet sei – mit Ägypten aber habe er nichts zu tun. «Ich bin es gewesen, der den Ṭāhir Pascha zum Gouverneur von Ägypten gemacht hat, weil er Stellvertreter für die ägyptischen Provinzen von seiten des osmanischen Staates gewesen war», behauptete er, «er hatte deshalb ein gewisses Verhältnis zu Ägypten. Doch Aḥmad Pascha hat keinerlei Bezug, nicht einmal teilweise. Er soll die Stadt verlassen und die Janitscharen mitnehmen. Wir sind bereit, ihn auszurüsten, so daß er in seine Provinz ziehen kann.»

Sie verließen ihn mit diesem Bescheid. Die Janitscharen fuhren fort mit ihren Plünderungen und Verfolgungen der Albanier; sie rotteten sich zusammen und bewaffneten sich, und bis zum Abend errichteten sie Barrikaden rund um ihr Viertel und ihr Herrschaftsgebiet. Man rief aus, die Bewohner sollten wachen und sich in acht nehmen, ihre Läden offen halten und ihre Lampen angezündet lassen. Die Leute verbrachten die Nacht voller Unruhe.

AḤMAD PASCHA VON MADĪNA ÜBERNIMMT DIE MACHT

Am 5. Ṣafar (27. Mai 1803) zogen der Wālī und der Aghā durch die Stadt und riefen den Frieden aus unter der Herrschaft des Aḥmad Pascha. Später sandte Aḥmad Pascha Briefe an die Scheichs mit dem Befehl, zu ihm zu kommen. Sie stellten sich ein, und er sagte: «Ich will von euch, daß ihr die Bürger und die Untertanen versammelt und ihnen befehlt, gegen die Albanier auszuziehen und sie zu töten.» Sie antworteten: «Hören ist gehorchen!» und wollten aufstehen und fortgehen. Doch er sagte: «Geht nicht weg! Bleibt bei mir und sendet Botschaften an die Leute, wie ich es euch befohlen habe!» Sie entgegneten: «Es ist unsere Gewohnheit, daß wir unsere Sitzungen über solch wichtige Angelegenheiten in der Azhar-Moschee durchführen. Wir pflegen uns dort zu versammeln und von dort aus Botschaften an die Untertanen zu senden. Wenn dies so geschieht, handeln sie uns nicht zuwider.» Muṣṭafā Aghā al-Wakīl war zugegen; er wiederholte mehrmals seinen Wunsch, denn er sah, daß sie sich abspalten wollten; doch sie bestanden auf ihrer Absicht, bis sie schließlich gingen.

Aḥmad Pascha hatte auch an den Defterdār und an Jūsuf Katḫodā Botschaft gesandt, sie sollten sich einstellen; ferner an ʿAbdallāh Efendī und den Rūznāmaǧī Rāmiz sowie an die meisten osmanischen Würdenträger. Muṣṭafā Aghā al-Wakīl befand sich als Pfand bei Scheich as-Sādāt – wie oben berichtet –, und als er vom Tod des Ṭāhir Pascha erfuhr, saß er mit seiner Gefolgschaft auf, nahm auch eine Anzahl Janitscharen mit und ging zu Aḥmad Pascha. Er verweilte bei ihm, half ihm und suchte ihn zu stärken.

MUḤAMMAD ʿALĪ LEISTET WIDERSTAND

Doch Muḥammad ʿAlī und die Albanier hatten die große Zitadelle in Besitz genommen; sie sammelten sich dort und richteten Botschaften an die Mamluken-Emire. Am Morgen jenes Tages waren viele der Mamluken und Kāšifs auf das Ufer von Kairo übergesetzt und zogen durch die Sūqs. Auch Muḥammad ʿAlī überquerte den Nil und empfing die Mamluken auf dem Ufer von Gīze; dann kehrte er wieder zurück. Viele von ihnen setzten in Richtung Imbāba über den Strom; sie brachten zahlreiche Wagen mit. Dann zogen sie vor das Naṣr- und das Futūḥ-Tor und verblieben dort. Ibrāhīm Bek sandte einen Brief an Aḥmad Pascha, in dem es hieß: «Wir haben vom Tod des verstorbenen Ṭāhir Pascha vernommen – möge Gott sich seiner erbarmen und mit ihm zufrieden sein! Du aber bleibe auf seiten deiner Gefolgsleute, der Albanier, in Einigkeit, und mische dich nicht in die Angelegenheiten der Janitscharen ein!»

Als der Nachmittag begann, zog eine Gruppe von Janitscharen nach ar-Rumaila. Sie wurden von der Zitadelle aus mit Kanonen beschossen, worauf sie flohen und fortzogen. Kurz darauf beschossen auch einige Kanonen nacheinander das Haus des Aḥmad Pascha – er hatte im Haus des ʿAlī Bek al-Kabīr im Dāwūdīja-Viertel Wohnung genommen. Von diesem Zeitpunkt an verschlechterte sich seine Lage immer mehr, und die meisten Janitscharen der Stadt verließen ihn.

Es geschah auch, daß die Scheichs, als sie sein Haus verließen und aufsaßen, bis vor die Ghūrīja-Moschee ritten. Sie stiegen ab und führten eine Sitzung durch. Sie waren voller Verlegenheit und dachten darüber nach, was sie tun sollten. Doch als sie den Donner der Kanonen vernahmen, erhoben sie sich, gingen auseinander und zogen sich in ihre Häuser zurück.

ULTIMATUM AN AḤMAD PASCHA

Ibrāhīm Bek sandte darauf, kurz vor dem Nachmittagsgebet, ein Papier an Aḥmad Pascha und befahl ihm, er solle jene ausliefern, die den Ṭāhir Pascha ermordet hätten; dann solle er die Stadt verlassen. Er habe dazu eine Frist bis zur elften Stunde des gleichen Tages. Er solle nicht bis zur Nacht in Kairo verweilen; wenn er dem nicht gehorche, habe er es nur sich selbst zuzuschreiben!

Als der Pascha sah, daß seine Lage verzweifelt war, fand er keinen Ausweg als nachzugeben; indes hatte er keine Kamele, auf die er sein Gepäck hätte aufladen können. Er sagte zu dem Boten: «Grüße ihn und sage ihm: Sende mir Kamele, dann will ich abziehen. Doch die Mörder auszuliefern, das ist unmöglich!» Er erhielt die Antwort: «Kamele herbeizuschaffen ist zu dieser

Stunde nicht leicht, bei der großen Entfernung!» Und er fragte: «Wie soll es dann vor sich gehen?» – «Ihr könnt aufsitzen und abziehen; wenn dann die Kamele während der Nacht oder morgen kommen, können sie das Gepäck aufladen und außerhalb der Stadt zu euch stoßen.» Daraufhin machte er sich auf und ritt noch vor Sonnenuntergang davon.

Die osmanischen Würdenträger, die bei ihm gewesen waren, wie der Defterdār, der Katḫodā Bek und der Rūznāmağī, trennten sich von ihm, gingen zu Muḥammad ʿAlī und suchten bei ihm Zuflucht. Er nahm sie wohl auf und hieß sie willkommen. Aḥmad Pascha verließ die Stadt in einem kläglichen Zustand; seine Gefolgsleute zogen zu Fuß vor ihm her. Sie eilten auf ihrem Marsch und trugen auf ihren Schultern Kissen und allerhand leichtes Gerät.

Als er das Haus verlassen hatte, drangen die Albanier ein und plünderten alles, was darin war. Er aber zog ab und verließ die Stadt durch das Futūḥ-Tor. Er fand, daß Soldaten und Wagen sowie einige Unterführer der ägyptischen Mamluken die Wege umstellt hatten. Deshalb drang er mit den Janitscharen in die Ẓāhir-Festung ein und verschloß sie vor jenen. In seinem Gefolge verließen zahlreiche Albanier und ägyptische Kāšifs sowie Araber und Ghuzz die Stadt; sie umstellten die Festung, und so verbrachten sie die Nacht. Doch nach dem Abendessen zog der Wālī durch die Stadt, und vor ihm her gingen Ausrufer, die den Frieden ankündigten, entsprechend dem Befehl des Ibrāhīm Bek, des Verwalters des Gouvernorats, und unseres Efendī, des Muḥammad ʿAlī. Die Herrschaft des Aḥmad Pascha hatte so einen Tag und eine Nacht gedauert, nicht mehr! Am gleichen Tag wurde auch das Haus des Jūsuf Katḫodā Bek geplündert; viel wurde aus ihm herausgeholt, und alles nahmen die Albanier für sich! (B 526).

24. Ḏū l-Qaʿda (6. März 1804).

Schreiber für Zwangssteuern und Vermesser zogen umher; bei jedem Trupp befand sich auch ein Soldat. Sie zogen durch die Gassen, schrieben die Hausbesitzer in ihre Listen und registrierten die Mieten. Die Leute wurden so unruhig, wie man es kaum beschreiben kann, weil sie schon vorher der Teuerung und dem Stillstand der Geschäfte ausgesetzt waren. Die neuen Abgaben kamen außerdem kurz nach den Steuern, die in den Dörfern und auf dem Lande erhoben worden waren. Am Nachmittag jenes Tages verbreitete sich unter den Leuten allmählich das Gerücht, die Zwangssteuer sei aufgehoben; damit gingen sie zu Bett und wußten nicht, ob sie es für Wahrheit oder für Lüge halten sollten.

Am 25. wurde in der Tat bekanntgegeben, daß die Zwangssteuer aufgehoben worden sei, doch die Schreiber und die Vermesser fuhren fort zu registrieren und niederzuschreiben. Sie befanden sich in der Umgebung des Šaʿrīja-Tors und drangen in die Muṣṭafā-Gasse ein. Die Armen, das einfache Volk und die Frauen begannen Lärm zu schlagen; sie zogen in Scharen aus und schrien; in ihren Händen trugen sie Tamburine, die sie schlugen. Die Frauen trommelten darauf, stießen Totenklagen und Sprüche gegen die Emire aus, wie etwa: «Was hast du von meinem Bankrott – Bardīsī, du Krott!»

Ihre Hände färbten sie zum Zeichen der Trauer blau. All ihre Gefolgsleute machten es ihnen nach und zogen auch mit Trommeln und Fahnen auf die Straße. Man schloß die Läden. Eine gewaltige Menge zog vor die Azhar-Moschee, um die Scheichs aufzusuchen. Diese ritten mit dem Volk zu den Emiren, dann kamen sie zurück und ließen ausrufen, daß die Steuer annulliert sei. Die Leute freuten sich, und ihr Tumult legte sich (B 634).

Zu dem Zeitpunkt, da das Volk sich erhob, befanden sich viele Albaniersoldaten verstreut in den Sūqs. Sie wurden von Furcht befallen, gingen umher und sagten den Leuten: «Wir gehören zu euch, gleich zu gleich. Ihr seid Untertanen, wir bloß Soldaten. Wir wollen die Zwangssteuer auch nicht. Unser Unterhalt sollte von der Staatskasse bestritten werden, nicht von euch. Ihr seid arme Leute!» und wirklich, niemand tat ihnen etwas zuleide.

Der Katḫodā des Muḥammad ʿAlī brachte ein Schreiben von seinem Herrn in die Azhar-Moschee; es besagte das gleiche, und man ließ seinen Inhalt in den Sūqs ausrufen. Die Leute freuten sich, und ihre Sympathie wandte sich von den Mamlukenemiren ab und den Albaniersoldaten zu.

IM HINTERGRUND WIRKT MUḤAMMAD ʿALĪ

Dies war die Wirkung einer seiner teuflischen Listen. Muḥammad ʿAlī hatte nämlich die Soldaten gegen Muḥammad Pascha aufgehetzt und seine Herrschaft beendet. Er hatte mit Hilfe des Ṭāhir Pascha und der Albanier dafür gesorgt, daß ihm zustieß, was oben erzählt wurde; dann hetzte er die Türken auf jenen, bis er auch ihn zu Fall brachte. Dann kam die Sache mit Aḥmad Pascha, und es wurde klar, daß nichts für den Muḥammad ʿAlī übrigbleiben würde, wenn dessen Lage und die der Türken prosperierte. Daher wandte er sich gegen ihn und brachte ihn mit Hilfe der ägyptischen Emire zu Fall. Er blieb an ihrer Seite, bis er mit ihrer Hilfe den Tod des Defterdār und des Katḫodā in die Wege geleitet hatte, dann den Feldzug gegen Muḥammad Pascha in Damiette, der zu dessen Gefangennahme führte; dann die Ränke gegen ʿAlī Pascha aṭ-Ṭarābulsī, bis sie den in ihrem Netz fingen, ihn ermordeten und ausplünderten.

Während all dieser Zeit zeigte Muḥammad ʿAlī Zuneigung und Freundlichkeit gegenüber den Ägyptern und besonders al-Bardīsī. Er hatte sich sogar mit diesem verbrüdert: jeder von beiden hatte sich eine Wunde beigebracht und das Blut des anderen aufgeleckt. Al-Bardīsī ließ sich von ihm in die Irre führen und stellte sich ihm offen zur Verfügung. Er behandelte ihn als Freund, half ihm, zog ihn all seinen Altersgenossen vor, ließ sich von seinen Soldaten bewachen und verwandte sie um sich herum als Besatzung für seine Türme. Mit ihrer Hilfe tat er dem Alfī und seinem Gefolge an, was sie gegen ihn unternahmen. Er zerstreute sie und beschnitt sich so seine Flügel mit eigener Hand. Auch löste er die noch verbleibenden Gruppen auf und verteilte sie über Land, um Steuern einzutreiben. Als dies geschah, verloren sie die Hochachtung in den Augen der Albanier. Ihr Ansehen zerfiel in ihrem Herzen; sie erkannten ihre Verräternatur. Ihre Würde ging verloren; ihre Seite wurde schwach, man beschimpfte sie, und ihre Gegner öffneten darauf das Tor des Übels noch weiter, indem sie voller Grobheit Soldforderungen stellten, weil sie vermuteten, daß die Landeskinder auf seiten der Emire stünden, denn sie wußten, daß sie heimlich diesen zuneigten. Sie zwangen so die Emire, jene Zwangssteuer aufzuerlegen, und sorgten dafür, daß man dies dem Bardīsī zuschrieb. Die Bevölkerung rebellierte dagegen.

So geschah, was geschehen mußte. Muḥammad ʿAlī und seine Albaniersoldaten blieben vom Tadel frei und halfen den Leuten sogar, sich von der Steuer zu befreien; daher neigten nun deren Herzen ihnen zu. Man vergaß ihre früheren Untaten, und man flehte Gott an, Er möge den Emiren ein Ende bereiten. Man haßte sie und betete öffentlich für ihr Verderben, wie es dann die (albanischen) Soldaten bewerkstelligen sollten.

DIE MAMLUKEN RÜSTEN ZUM KRIEG

Die Emire wandten sich heimlich von den Untertanen ab, doch al-Bardīsī ließ seinen Zorn und seine Abneigung gegen die Stadtbewohner offen sehen. Er verließ wütend sein Haus und zog nach Altkairo; er verfluchte die Bewohner und sagte: «Ich werde ihnen eine Dreijahressteuer aufbrummen; ich werde dies gegen sie tun und noch anderes, weil sie sich meinen Befehlen nicht fügen wollten!» Dann begannen sie ihre Soldaten zusammenzubringen und sandten Botschaft an ihre Kollegen, die im

Süden und im Norden des Landes verstreut waren, um sie aufzufordern, herbeizukommen. Sie sandten auch Botschaft an Ḥusain Bek den Wālī, an Rustum Bek in der Ostprovinz, an Ismāʿīl Bek, den Schwager des Ibrāhīm Bek, sowie an Muḥammad Bek al-Manfūḫ, daß sie aus Šarq Aṭfīḥ herbeikämen. Die beiden Parteien waren auf der Suche nach al-Alfī ausgezogen und hatten ihn erwartet. Auch Sulaimān Bek, der Gouverneur von Oberägypten, wurde aufgefordert, mit seinem Gefolge von Unterführern und Emiren aus Asjūṭ zu kommen; so auch Jaḥjā Bek, der Gouverneur von Rosette, und Aḥmad Bek, der von Damiette. Den gefangenen Aḥmad Pascha brachten sie auf die Zitadelle hinauf.

GEGENMASSNAHMEN DER ALBANIER

Der 28. (10. März 1804). Die Albanier brachten diese Schritte ihrer Gegner in Erfahrung und kamen ihnen zuvor, indem sie sich in der Azbakīja versammelten. Die Stadtbewohner erschraken und schlossen ihre Läden und Gassen. Eine Patrouille von Soldaten zog zu Ibrāhīm Bek und umzingelte unter allerhand Vorkehrungen sein Haus im Dāwūdīja-Quartier, ebenso das Haus des Bardīsī in an-Nāṣirīja. Sie verteilten sich auf die Häuser der anderen Emire, Unterführer und Soldaten. Dies geschah frühmorgens.

Al-Bardīsī hatte eine große Zahl seiner eigenen Soldaten bei sich, für die er aufkam und deren Sold, Lebensunterhalt und Gehälter er bestritt, darunter Kanoniere und andere. Er hatte die Festung der Franzosen wiederaufgebaut, die sich auf den Hügeln in der Nähe von an-Nāṣirīja befand, und hatte sie neu ausgerüstet, nachdem sie zerstört worden war. Er hatte sie erweitert und darin Unterkünfte gebaut, hatte Kriegsgerät, Granaten und Munition hineinbringen lassen und Kanoniere und albanische Soldaten als Garnison hineingelegt, nicht gerechnet die Besatzungen, welche die Tore und Türme bewachten, die er vor seiner Residenz in an-Nāṣirīja errichtet hatte, sowohl in Richtung Qanāṭir as-Sibāʿ wie auch auf der gegenüberliegenden Seite, wie wir schon früher erwähnt haben.

Als er erfuhr, daß die Soldaten seine Residenz umzingelt hatten – er befand sich gerade in Gesellschaft des ʿUṯmān Bek Jūsuf in seinem Empfangssaal –, da erhob er sich und sagte zu ihm: «Hüte du hier das Haus, während ich hinausgehe, nach dem Rechten sehe und zu dir zurückkehre.» Damit verließ er ihn und ritt hinaus. Er wurde mit Kugeln beschossen, doch zog er geradeaus fort mit seinen Leibtruppen, seinen Sklavinnen und seinem leichten Gerät, und ritt nach Altkairo. Das geschah gegen Sonnenuntergang.

SIEG ÜBER DIE MAMLUKEN

Die Soldaten hatten von den Gärten aus, die sich hinter dem Haus befanden, Breschen geschlagen und drangen durch sie in das Haus ein. Sie nahmen es in Besitz und fanden, daß er es mit seinen Mamluken und Soldaten verlassen hatte. Sie töteten, wen sie vorfanden, und begannen das Haus zu plündern. Ihre Landsleute, die als Garnison in dem Haus weilten, stießen zu ihnen. Sie nahmen den ʿUṯmān Bek Jūsuf und seine Mamluken gefangen und zogen ihnen die Kleider aus; sie schleppten sie ohne Kleider und bloßen Hauptes fort, übergaben sie dergestalt einem ihrer Trupps und verbrachten sie nach aṣ-Ṣalība, wo sie sie in eines der dortigen Häuser einsperrten.

Zur siebten Stunde der Nacht sandte Muḥammad ʿAlī einen Trupp Soldaten mit einem Firmān aus, den er von Aḥmad Pascha Ḫoršīd, dem Gouverneur von Alexandria, erhalten hatte und der seine Ernennung zum Wālī von Ägypten enthielt; sie gingen damit zum Qāḍī und informierten ihn darüber. Sie gaben ihm den Befehl, am Morgen die Scheichs zu versammeln und ihn ihnen vorzulesen, damit die Stadtbewohner alle davon erführen. Als der Morgen kam, sandte der Qāḍī den Scheichs die Botschaft; doch sie erwiderten: «Es empfiehlt sich nicht, heute eine Versammlung durchzuführen, wo Bürgerkrieg herrscht.» Da sandte er Boten an sie, die sie über die Angelegenheit unterrichteten, und so wurde die Neuigkeit unter den Stadtbewohnern bekannt.

Ibrāhīm Bek jedoch harrte noch immer in seinem Haus in der Dāwūdīja aus. Er hatte seinen Mamluken und Gefolgsleuten befohlen, am Eingang der Gassen, die zu seinem Haus führten, Wache zu halten. Einige von ihnen, unter der Führung seines Gefolgsmannes ʿUmar Bek, bezogen Stellung beim Dahīša-Brunnen gegenüber dem Bāb Zuwaila, ferner bei Taḥt ar-Rubʿ, al-Qarbīja und gegen Suwaiqat Lāǧīn und ad-Dāwūdīja hin. Die Soldaten begannen, auf sie zu schießen, und jene erwiderten das Feuer. Die Nacht brach darüber hinein, und sie fuhren so fort bis zum Morgen. Ihre Position wurde jedoch immer schwächer; viele ihrer Mamluken und Soldaten wurden getötet. Dann erreichte sie die Nachricht vom Abmarsch des al-Bardīsī. Von diesem Augenblick an suchten sie zu fliehen und ihr Leben zu retten.

Auch Ibrāhīm Bek erfuhr vom Auszug des Bardīsī und wußte, er würde verlieren, wenn er alleine ausharren wollte. Er saß mit seinen Anhängern zur zweiten Stunde des Tages auf, und sie alle ritten aufs Geratewohl hinaus. Von allen Seiten fielen Kugeln auf sie, doch er ritt immer fort, bis er die Stadt bei ar-Rumaila verließ. Auf seinem Weg durchbrach er vier Barrikaden; einige der Mamluken, Pferde und Diener wurden getroffen. Riḍwān, sein Katḫodā, wurde verletzt und gab in ar-Rumaila seinen Geist auf. Man brachte ihn bis zum Bāb al-ʿAzab hinab und nahm ihm ab, was er in seinen Taschen getragen hatte; dann trug man ihn in sein Haus und beerdigte ihn.

ʿUmar Bek, der Gefolgsmann des Ašqar al-Ibrāhīmī, wurde beim Dahīša-Brunnen gefangengenommen, zusammen mit seinen Mamluken.

Die Emire aber, die sich in der Zitadelle befanden, begannen mit Kanonen und Mörsern auf die Häuser der Albanier zu schießen, von der Azbakīja bis hin zur Ḍaḥwa al-Kubrā. Als sie jedoch feststellten, daß Ibrāhīm Bek und al-Bardīsī die Stadt verlassen hatten und daß alle, die es vermocht hatten, geflohen waren, dauerte es nicht lange, bis auch sie die Beschießung aufgaben und sich zur Flucht vorbereiteten. Sie stiegen durch das Bergtor hinab und schlossen sich Ibrāhīm Bek an. Sie wollten (die Gefangenen) Muḥammad Pascha, ʿAlī Pascha den Qabuṭān und Ibrāhīm Pascha mit hinausnehmen, doch die Soldaten aus dem Maghrib erhoben sich gegen sie und hinderten sie daran, die Gefangenen mitzunehmen.

Die Maghribiner plünderten die Münze mit all ihrem Gold und Silber in Barren; sogar die Werkzeuge und Münzhämmer nahmen sie mit. Die (albanischen) Soldaten übernahmen die Zitadelle, ohne auf Gegenwehr zu stoßen. Die ägyptischen Truppen hatten nicht einmal einen halben Tag darin standgehalten. Alle Anstrengungen zu ihrem Ausbau, die ein ganzes Jahr hindurch gedauert hatten, waren vergebens gewesen: Neubauten und Vorbereitungen, Granaten und Munition, die man hinaufgeschleppt hatte, alles Kriegsgerät; sogar ihre unterirdischen Zisternen hatten sie mit Süßwasser gefüllt. Aḥmad Bek al-Kalārǧī und ʿAbdarraḥmān Bek al-Ibrāhīmī sowie Salīm, der Aghā der Janitscharen, waren seit der Zeit, in der sie nach Kairo gekommen waren, beständig, Tag und Nacht, mit den Besatzungen auf der Zitadelle geblieben; sie waren nur in der Nacht auf den Freitag abwechselnd in ihre Häuser in der Stadt hinabgestiegen. Wenn einer sich entfernte, blieben die anderen oben.

Muḥammad ʿAlī zog zur Zitadelle hinauf und kam dann mit dem Muḥammad Pascha Ḫosrau und seinen Gefährten an seiner Seite wieder herunter. Der Ausrufer zog vor ihnen her und rief Sicherheit aus unter der Befehlsgewalt des Muḥammad Pascha und des Muḥammad ʿAlī. Unter den Stadtbewohnern verbreitete sich die Nachricht von der Rückkehr des Muḥammad Pascha zur Oberherrschaft über Ägypten. Al-Maḥrūqī eilte zu den Scheichs. Sie ritten zum Haus des Muḥammad ʿAlī und gratulierten dem Pascha zu seiner Rettung und zur neuen Herrschaft. Al-Maḥrūqī brachte ihm Geschenke dar. Dies beschäftigte sie für den Rest des Montags und den folgenden Dienstag. Er war volle acht Monate gefangengeblieben. Man hatte ihn am Ende des Rabīʿ I nach seiner Niederlage in Damiette nach Kairo gebracht, am letzten Tag dieses Monats, während er am letzten Tag des D̲ū l-Qaʿda befreit wurde.

DER PREIS DES SIEGES

Die Emire verließen die Stadt in einem erbarmungswürdigen Zustand; sie konnten nichts von alledem mitnehmen, was sie zusammengerafft und aufgehäuft hatten, weder Geld noch sonst etwas, nur das, was sie in den Taschen trugen, ausgenommen jene, die sich außerhalb der Stadt befanden, wie zum Beispiel Salīm, der Unterführer von Abū Dijāb, der in Qaṣr al-ʿAinī wohnte, oder derjenigen, die nach Ober- und Unterägypten fortgezogen waren. Die aber, die sich innerhalb der Stadt befanden, retteten nichts außer dem, was sie in ihren Taschen trugen. Die Soldaten plünderten ihre Reichtümer und Häuser, ihre Schatzhäuser, ihr Hausgerät und Bettzeug und schändeten ihre Frauen, Haussklavinnen und Singmädchen; sie rissen sie einander an den Haaren weg. Sie bemächtigten sich auch einiger Häuser von Würdenträgern aus der Stadt, die sich in der Nähe befanden, auch solcher von Leuten, die mit ihnen eng oder lose verbunden waren, und sogar einiger der Untertanen. Ungeschoren davon kam nur, wen Gott in seiner Barmherzigkeit schützte, wer zu einem von ihnen seine Zuflucht nahm oder wer sein Haus rettete, indem er einem von ihnen Geld bezahlte, damit er ihn schütze.

In jener Nacht und in den zwei Tagen danach kamen Dinge vor, die man nicht beschreiben kann. Sie zerstörten die meisten Häuser und nahmen ihre Holzbalken weg, und sie plünderten auch alles Getreide, Butter und Fett, das sie vorfinden konnten; dies waren große Mengen. Sie verkauften sie den Leuten, die sie ihnen abkaufen wollten.

Wenn sie nicht mit der Plünderung beschäftigt gewesen wären, wäre keiner der ägyptischen Emire davongekommen, die sich in der Stadt befanden, doch wenn sich die Emire gegen sie gewandt hätten, als sie mit Plündern beschäftigt waren, hätten sie sie wahrscheinlich übermannt. Doch die Furcht hatte sie überwältigt, die Begierde zu leben und die Feigheit; ihre Prahlerei verpuffte ins Leere, und Gott belohnte sie so für ihre Untaten und Tyrannei, besonders für den Betrug, den sie dem ʿAlī Pascha angetan hatten, bis er in ihre Hände gefallen war, sie ihn erniedrigt und gedemütigt hatten, seine Soldaten plünderten und ihn am Ende ausstießen und töteten. Wenn er auch verachtenswert war, so hatte er ihnen doch nichts angetan, was eine solche Behandlung verdient hätte.

Noch schlimmer aber war, was sie ihrem Bruder, dem al-Alfī al-Kabīr, antaten, nachdem er Reisen um ihrer Interessen und ihres Wohlbefindens willen unternommen hatte. Er hatte eine Versöhnung unter ihnen zustande gebracht und die Dinge zum Vorteil des Staates eingerichtet wie auch in ihrem Interesse gedient durch Vermittlung gegenüber den Engländern. Er war ein Jahr lang auf dem Ozean herumgesegelt und hatte den Schrecken der Reisen und den Unglücksfällen der Meere getrotzt. Sie aber belohnten ihn mit Vertreibung, Beschimpfung und Plünderung, mit der Ermordung seiner Gefolgsleute, ihrer Einkerkerung und Enteignung. Sie behandelten ihn als Feind und Widersacher, ohne jeden Grund und ohne daß vorher Feindschaft zwischen ihnen bestanden hätte – nur aus Neid und Eifersucht und aus Furcht, daß er ihr Oberherr werden könnte. Dies alles war auch der Grund dafür, daß sich die Herzen der (albanischen) Soldaten von ihnen abkehrten, weil sie sie als Verräter ansahen und sie in ihren Augen wenig galten.

Al-Alfī und seine Leute machten an Zahl nur die Hälfte der Mamluken aus, und die Hälfte der verbleibenden Hälfte hatten sie dann über das Land verstreut, weil sie in Nachlässigkeit gesunken waren. Sie waren damit beschäftigt, den Bauern Gewalt anzutun, um Steuern zu fordern und einzuziehen. Als sie ihnen Botschaft sandten, sie sollten kommen, fiel es ihnen nicht leicht, jene Beschäftigung einzustellen, und sie beeilten sich nicht mit der Abreise, bis sie ihre Forderungen aus den Dörfern eingezogen hatten und bis dann geschah, was geschehen mußte, und sie erlitten, was sie überkam.

Den Mamluken jedoch ist seit ihren Anfängen nie etwas Schimpflicheres zugestoßen als diese Ereignisse, besonders weil es durch die Hand jener geschah, von denen sie glaubten, daß einer der Ihren mit seinen Füßen eine ganze Schar zertrampeln könne – der albanischen Soldaten, von denen sie außerdem meinten, sie seien ihre Freunde, und von denen sie sich einbildeten, daß sie ihre Soldaten und Gefolgsleute geworden seien. Diese aber erwiesen sich als fähig, sie aus dem Land zu vertreiben, besonders nachdem sie all ihre Soldaten aus der Stadt abgezogen hatten, um dem ʿAlī Pascha entgegenzutreten, und sie in Unterägypten konzentriert hatten. Sie besetzten damals die Stadttore mit Soldaten, denen sie trauten, und gaben ihnen genaue Befehle, an die sie sich halten sollten. Wenn sie ihnen zu jener Zeit, nach dem Sturz des ʿAlī Pascha, ihren geringsten Gefolgsmann gesandt hätten, um ihnen zu befehlen, fortzuziehen, so hätten sich die Albanier nicht zu widersetzen gewagt. Viele, die nur geringe Einsicht besaßen, hatten sogar gedacht, daß dies geschehen werde. Doch das Gegenteil sollte sich ereignen. Die Emire kehrten in Begleitung der albanischen Soldaten in die Stadt zurück, lachten über die Gleichgültigkeit des Volkes und beglückwünschten sich zu ihrer Rückkehr und Heimkehr in die Stadt. Damals schon wurde es den Einsichtigen klar, wie schlecht sie beraten waren und wie wenig bedacht sie handelten. Doch das Faß ihrer Fehler wurde dann noch weiter gefüllt durch all das, was sie dem Alfī antaten. Die albanischen Soldaten hatten bis dahin Respekt vor ihm empfunden und seine Gefolgsleute gefürchtet und gescheut; besonders als sie hörten, daß er mit einem Trupp angelangt war, der ihnen unbekannt war, wirkte dies Tag und Nacht auf ihre Geister – bis al-Bardīsī und seine Freunde dem Respekt der Albanier durch ihren üblen Rat und ihr korruptes Vorgehen ein Ende bereiteten. Dann zerstreuten sie auch noch ihre Truppen über die Provinzen, aus Begierde, den Alfī und seine Gefolgsleute umzubringen, und damit endete die Ehrfurcht in den Herzen der albanischen Soldaten, und sie taten dann, was nachher geschah. Die bösen Ränke fallen am Ende doch auf keinen anderen als auf ihren Urheber zurück! (B 639).

DER EMIR AL-ALFĪ

(B III 147–173). Es starb (im Jahr 1221 = 1806/07) der Emir, der berühmte Löwe, Muḥammad Bek al-Alfī al-Murādī. Ein Händler brachte ihn im Jahr 1189 (1775/76) nach Kairo, und Aḥmad Ǧāwīš mit dem Beinamen *al-Maǧnūn* (der Verrückte) kaufte ihn. Er verblieb nur wenige Tage in seinem Haus. Seine Lage dort mißfiel ihm, denn sein Herr war ein spottlustiger, ausgelassener Scherzvogel. Er bat ihn, er möge ihn weiterverkaufen, und so wurde er an Salīm Aghā al-Ǧazzāwī, auch Tamirlenk genannt, weiter verkauft. Bei diesem blieb er einige Monate lang, dann schenkte der ihn dem Murād Bek und erhielt als Gegengabe für ihn 1000 Doppelzentner *(irdabb)* Getreide; aus diesem Grund nannte man ihn *al-Alfī* (den Tausender).

Er war von schöner Gestalt; Murād Bek mochte ihn gerne und machte ihn zu seinem Čūḫadār. Später ließ er ihn frei und erhob ihn zum Kāšif der Provinz Šarqīja. Er baute sich ein Haus in dem Viertel, das nach dem Scheich Ḏallām heißt, und errichtete dort auch ein Bad, das seinen Namen trägt.

Er war schwierig zu leiten und verstockt. In seiner Nachbarschaft lebte ʿAlī Aghā, at-Tawakkulī genannt; der besuchte ihn und bat ihn um eine Gunst. Al-Alfī nahm sein Ersuchen an, doch dann brach er sein Versprechen und trat davon wieder zurück. Der andere wurde zornig und drang in sein Haus ein, um ihn des Verrats zu beschuldigen und ihm Vorwürfe zu machen. Al-Alfī antwortete ihm gröblich und befahl seinen Dienern ihn zu schlagen. Sie streckten ihn auf dem Boden aus und schlugen ihn mit den Stöcken, die man *nabūt* nennt. Er wurde dadurch verletzt und starb zwei Tage später.

Man führte bei seinem Herrn, Murād Bek, Klage über al-Alfī, und der verbannte ihn nach Unterägypten. Dort bedrückte er die Leute von Fūwa, Muṭūbis, Birinbāl und die Bewohner der Stadt Rosette. Er nahm Reis und Geld von ihnen, und sie klagten bei seinem Herrn über ihn; doch jenem gefiel das.

Währenddessen kam es in Kairo unter den Emiren zu Meinungsverschiedenheiten, und sie verbannten Sulaimān Bek al-Aghā, seinen Bruder Ibrāhīm Bek und Muṣṭafā Bek, wie das vorher an entsprechender Stelle erwähnt worden ist. Da sandte Murād Bek dem Alfī Botschaft und befahl ihm, sich des Muṣṭafā Bek anzunehmen und ihn in seine Verbannung nach Alexandria zu geleiten; dann solle er nach Kairo zurückkehren. Er tat das, und so gelangte der Held dieser Biographie nach Kairo zurück, wo man ihm das Amt eines Ṣanǧaq gewährte. Dies war im Jahr 1192 (1778/79).

Er war berühmt für seinen Stolz, und die Leute fürchteten ihn und suchten seiner Strenge auszuweichen. Er nahm Wohnung in einem Haus im Qauṣūn-Quartier, als sein Haushalt größer geworden war, und ließ sein altes Haus abreißen und neu aufrichten. Er kaufte zahlreiche Mamluken und erhob einige davon zu Emiren und Kāšifs. Sie wuchsen nach dem Vorbild ihres Herrn auf: feindselig, tyrannisch und lasterhaft. Sie jagten jenen Angst ein, über die sie ihre Tyrannenherrschaft ausübten. Er hatte als Lehensbesitz *(iqṭāʿ)* Faršūṭ und andere Orte in Oberägypten erhalten, in Unterägypten al-Maḥalla, Dimna, Maliǧ, Zanbar und andere. Man hatte ihm auch das Amt eines Kāšif für die Ostprovinz von Bilbais anvertraut. Er zog dorthin und änderte alle Lehen, die es in jenem Gebiet gab; auch jagte er allen Beduinen jener Gegend und allen Stämmen des Bezirkes Furcht ein und hielt sie davon ab, den Bauern der Gegend Feindschaft zu erweisen und ihnen Gewalt anzutun.

Viele der Beduinen und Stämme begannen ihn zu fürchten und sich vor ihm in acht zu nehmen. Mit ihrer eigenen Beihilfe machte er auf sie Jagd, nahm viele ihrer Oberhäupter gefangen und schleppte sie in Ketten mit. Er beschlagnahmte ihr Geld, ihre Herden und Kamele und legte ihnen Zwangssteuern auf. So fuhr er in seiner alten Art mit seinen Übergriffen fort, bis Ḥasan Pascha al-Ǧazāʾirlī nach Kairo kam und unser Held mit seiner Gruppe von Emiren die Stadt verlassen und nach Oberägypten fliehen mußte. Später, gegen Ende des Jahres 1205 (1790/91), kehrte er mit ihnen zurück. Das war nach der Pest, an der Ismāʿīl Bek starb, und nachdem sie mehr als vier Jahre in Oberägypten zugebracht hatten.

In jener Periode festigte sich sein Verstand, seine Begierden legten sich, und sein Herz wandte sich dem Lesen von Büchern zu sowie der Einsicht in die verschiedenen Wissenschaften wie Sternkunde, Geometrie, Sandorakel, Horoskope, astrologische Entscheide, Kalender, Mondphasen und die daraus entstehenden Unwetter. Er befragte alle darüber, die in diesen Dingen erfahrener waren als er, und suchte von ihnen zu lernen. Er schaffte sich Bücher über alle möglichen Wissenschaften an, auch über Geschichte, und befaßte sich damit in seinem alten Haus. Er wollte allein sein und die große Position aufgeben, in der er sich früher befunden hatte, und begnügte sich mit den Mamluken und Lehensgütern, die er bereits besaß. So blieb er geraume Zeit.

Doch dieses Verhalten mißfiel den Leuten seines Haushaltes, und er begann in den Augen seiner Altersgenossen an Ansehen einzubüßen. Seine Partei wurde schwächer, man begann ihn zu tadeln, sich gegen ihn zu erkühnen und nach seinem Besitz zu streben; wer unter ihm stand, wollte sich über ihn erheben. Dies mißfiel ihm sehr, und er beschloß, den Mittelweg zu wählen: er nahm Wohnung im Haus des Aḥmad Ǧāwīš al-Maǧnūn in der Saʿāda-Gasse und ließ sich ein großes Palais in Altkairo am Nilufer bauen, in der Nähe des Nilometers. Ein weiteres errichtete er zwischen Bāb an-Naṣr und ad-Dimurdāš; dort pflegte er meistens zu wohnen.

Er kaufte zahlreiche Mamluken und pflegte den Sklavenhändlern viel Geld für sie zu bezahlen; er gab ihnen sogar Geld im voraus, damit sie ihm welche einkauften, desgleichen Sklavenmädchen. Am Ende hatte er gegen tausend Mamlukensklaven zusammengebracht, nicht gerechnet die bei den Kāšifs. Es waren etwa 40 Kāšifs, und ein jeder von ihnen hatte einen Haushalt, so groß wie der eines Ṣanǧaq unter den früheren Emiren.

In kurzen Zeitabständen verheiratete er ausgewählte Mamluken und Sklavenmädchen, die er für sie als geeignet erachtete, rüstete sie mit einer prachtvollen Ausstattung aus, wies ihnen weiträumige Häuser als Wohnung an und gewährte ihnen Gehälter und Ämter.

Er vertraute die Kāšif-Würde der Provinz aš-Šarqīja einem seiner Mamluken an und legte sie selbst ab, doch pflegte er auch selbst dahin zu ziehen, wenn er sich ausruhen wollte, und erbaute sich ein Schloß außerhalb von Bilbais und ein weiteres in ad-Damāmīn. Er dämpfte die Kampfeslust der östlichen Beduinen und sammelte von ihnen Geld und Kamele als Steuern ein. Er schränkte auch ihren Brauch ein, sich des Körpers und Lebens der Bauern zu bemächtigen; er schwächte ihre Kampfkraft und verwandelte ihren Mut in Furcht. Er pflegte drei oder vier Monate in den östlichen Landesteilen zu verbringen und dann nach Kairo zurückzukehren.

Er hatte sich ein Schloß aus Holz bauen lassen, das aus Stücken zusammengesetzt war, die durch Haken und Ösen solide miteinander verbunden werden konnten und von mehreren Kamelen getragen wurden. Wenn er an einem Halteplatz absteigen wollte, zogen die Diener voraus und stellten es außerhalb des großen Zeltes auf. Es wurde ein schöner Sitzungssaal daraus, zu dem man über drei Stufen hinaufstieg: es war mit Seidenteppichen und Kissen ausgestattet, bot Raum für acht Personen und hatte ein Dach und Fenster auf allen vier Seiten, die man nach Belieben öffnen und schließen konnte; rund herum auf allen Seiten befanden sich die Hausdiener. All dies hatte im Vorraum des Hauptzeltes Platz.

Er besaß auch zwei Häuser an der Azbakīja; das eine hatte dem Riḍwān Bek Bulghīja gehört, das andere dem Sajjid Aḥmad ibn ʿAbdassalām. Dann beschloß er im Jahre 1218 (1803/04) [das Datum kann nicht stimmen, vielleicht 1211 = 1796/97], ein gewaltiges Palais an Stelle jener beiden zu errichten. Er kaufte das Schloß des Ibn as-Sajjid Suʿūdī, das an der Sakīn-Straße lag, zwischen ihr und Qanṭarat ad-Dikka, von seinem Besitzer, Aḥmad Aghā Šuwaikār, und ließ es niederreißen. Mit dem Bau beauftragte er den Katḫodā Ḏū l-Fiqār, indem er ihm Botschaft sandte, bevor er selbst aus der Provinz Šarqīja heimkam, und ihm ein Abbild auf ein großes Papier zeichnete. Jener errichtete die Wände und Mauern; dann kam al-Alfī selbst, während dies noch im Gange war, und fand, daß der Beauftragte die Zeichnung falsch ausgelegt hatte. Er wurde zornig und ließ das meiste wieder einreißen. Er entwarf den Plan nach eigenem freiem Ermessen und strengte sich an, den Bau rasch zu vollenden. Vier seiner großen Emire ernannte er zu Aufsehern über die Bauarbeiten, einen jeden auf einer der vier Seiten. Sie trieben die Handwerker an; jener hatte die Mehrzahl seiner Gefolgsleute und Mamluken bei sich. Sie erstellten eine Anzahl von Brennöfen, um die Kalksteine zu brennen und Kalk herzustellen; auch Mühlen wurden angefertigt, um Gips zu mahlen; all dies direkt neben dem Bau. Sie schnitten die großen Steine zu und brachten sie auf Schiffen aus Ṭurā bis an die Baustelle an der Azbakīja heran; dann zersägten sie sie mit Sägen zu großen Platten, um damit den Boden zu überdecken und die Treppen und Hallen zu bauen. Sie brachten dafür auch Hölzer verschiedener Art aus Būlāq, Alexandria, Rosette und Damiette. Er kaufte auch das Haus des Ḥasan Katḫodā aš-Šaʿrāwī am Raṭlī-Teich von seinen Freigelassenen, riß es ab und ließ seine Balken und Bruchteile an die Baustelle transportieren. Auch eine Anzahl von Marmorstücken und Säulen brachten sie dorthin. Sie hörten nicht auf, voller Eifer zu bauen, bis sie es so, wie er es haben wollte, vollendet hatten. Er wollte keine Vorsprünge und Erker, die aus dem Hauptgebäude hervorragten, und auch keine Lichtluken, sondern ließ es ganz einfach bauen, in der Absicht, es solider und dauerhafter zu machen. Dann brachten sie an den Öffnungen, die auf den Teich, auf den Garten und auf den Palmenhain hinausgingen, gedrechselte Fenstergitter an, in die sie Glasplatten einfügten. Das Innere statteten sie mit Leuchtern und anderen Dingen aus, auch mit wertvollen Meisterwerken, die ihm die Europäer schenkten. Sie richteten eine Sitzungshalle im Untergeschoß ein und einen schön gearbeiteten Wasserlauf mit einem Springbrunnen aus einem Stück Marmor sowie auch einen großen Springbrunnen, um den herum kleine Springbrunnen aus Messing angebracht waren, aus deren Mündungen Wasser sprudelte. Er legte zwei Bäder in dem Palast an, ein oberes und ein unteres. Rund um den Hof herum baute man eine große Zahl von Kammern als Wohnungen für die Mamluken; alles war einstöckig gebaut. Nachdem die Bauarbeiten, das Weißeln und Malen vollendet waren, möblierte er es mit allen möglichen Teppichen, Kissen, Kopfkissen, Vorhängen und Brokatstoffen.

Dahinter legte er einen herrlichen Garten an, in dem er einen langgestreckten, weiten Kiosk errichtete; er hatte Sitzbänke und Säulen, schaute nach Norden und begann beim Wasser; sein Ende reichte bis zu den Häusern bei Qanṭarat ad-Dikka. Die Europäer schenkten ihm ein Marmorbecken, das besonders prächtig war; darauf waren die Abbilder von Fischen, aus deren Mäulern das Wasser strömte; er stellte es im Garten auf. Als die Bauarbeiten vollendet waren, bezog er den Palast mit seinem Harem am letzten Tag des Monats Šaʿbān im Jahr 1212 (1797/98) …

Im Ramaḍān zündete man die Fackeln und die Leuchter an, die voller Kerzen waren, rund um den weiten Hof herum und auf dem Platz davor. Auch in dem Empfangssaal gab es Leuchter, Lichter und Glaslaternen. Die Pferde der Emire drängten sich vor seinem Tor, und so ging es fort bis zur Mitte des Ramaḍān, als er wieder nach der Šarqīja abreiste. Da löschte man die Fackeln und blies die Lampen und Kerzen aus, was sich als ein Omen erweisen sollte.

Die Zeit, die er darin wohnte, betrug genau sechzehn Tage und Nächte. Wir haben so ausführlich davon gesprochen, damit es den Verständigen eine Mahnung sei: wer weise ist, soll keine Anstrengungen machen, etwas Vergängliches zu erbauen. Im Verlauf seiner Abwesenheit in der Provinz Šarqīja landeten die Franzosen in Alexandria und kamen darauf nach Kairo; es geschah, was geschehen mußte, wie wir es schon oben berichtet haben.

Er zog mit seinen Mamlukengefährten nach Süden, und als die Franzosen am westlichen Ufer entlang nach Imbāba gelangten und mit den Ägyptern kämpften, beteiligten sich al-Alfī und seine Soldaten mutig an jener Schlacht. Viele seiner Kāšifs und Mamluken wurden getötet. In der Zeit, während der die Franzosen in Kairo verblieben, pendelte er unablässig zwischen Oberägypten, dem Delta, den Ost- und den Westprovinzen hin und her und wandte Kriegslisten gegen sie an wie ein Jäger, der Fallen stellt.

Als seine Exzellenz der Wesir (der Osmanen) nach Syrien kam, zog al-Alfī zu ihm; dieser empfing ihn und erwies ihm Wohltaten. Er brachte ihm mehrere Köpfe von Franzosen mit, eine Anzahl von Gefangenen sowie einen kräfitigen Löwen, den er auf seinen Beutezügen gefangen hatte. Der Wesir dankte ihm und verehrte ihm das übliche Ehrengewand. Er blieb einige Tage bei seiner Exzellenz, dann kehrte er nach Ägypten zurück, zog nach Oberägypten und begab sich wieder nach Syrien. Die Franzosen hatten Information über ihn und stellten ihm auf seinen Reisewegen nach, doch er wich ihnen aus, umzingelte sie unbemerkt und erwischte einige von ihnen.

Als dann der Wesir nach Kairo kam und es geschah, daß der Frieden gebrochen wurde und die Ägypter und die Osmanen sich innerhalb der Stadt belagert fanden, hatte er scharfe Zusammenstöße mit den Franzosen. Er und Ḥasan Bek al-Ǧiddāwī pflegten zu fliehen und anzugreifen, Listen gegen sie anzuwenden und ihnen Überraschungen zu bereiten. Bei jenen Kriegstaten wurden zahlreiche Männer getötet, die zu seinen Kāšifs gehörten, darunter Ismāʿīl Kāšif, genannt Abū Qaṭja; er verbrannte mit seinen Soldaten im Haus des Aḥmad Aghā Šuwaikār, das er am Holzquai errichtet hatte. Die Franzosen hatten nämlich darunter eine Pulvermine gelegt, die unter seine Mauern reichte, ohne daß jemand davon wußte, und als Ismāʿīl Bek und seine Begleiter sich darin verbarrikadierten, sandten sie jemanden aus, der Feuer daran legte. Sie explodierte mit allen, die in dem Haus waren; sie verbrannten ohne Ausnahme und flogen in die Luft.

Als dann Murād Bek mit den Franzosen einen Waffenstillstand abschloß, war al-Alfī nicht damit einverstanden und brach den Verkehr mit Murād Bek ab. Als darauf die Annäherung zwischen den beiden Parteien stärker zunahm und das Gericht der Osmanen und ihrer Freunde allmählich gar wurde, begann er zwischen den beiden Seiten hin- und herzugehen, um einen Waffenstillstand zu erreichen. Er begleitete die Boten der Franzosen, wenn sie bei den Soldaten eintraten oder sie verließen, um zu verhindern, daß einer der niedrigen Soldaten sich gegen sie vergehe, und aus Furcht, daß dadurch noch mehr Unheil entstehen könnte – bis der Waffenstillstand zustande kam.

Dann zog al-Alfī mit den Osmanen nach Syrien ab, und nachher kehrte er wieder in die Šarqīja zurück. Er kämpfte mit allen Franzosen, denen er begegnete, und tötete manchen von ihnen, doch wenn sie ihr Heer zusammenzogen und heranrückten, um gegen ihn zu Feld zu ziehen, konnten sie ihn nicht finden. Er zog hinter den Bergen hindurch und bei al-Ḥāğir vorbei nach Oberägypten, ohne daß jemand wußte, wohin er verschwunden war; dann erschien er wieder auf dem westlichen Nilufer; dann zog er nach Osten und kehrte nach Syrien zurück. Damit fuhr er während des ganzen Jahres, das zwischen den beiden Waffenstillständen lag, beharrlich fort, bis die Osmanen ihre Angelegenheiten neu geordnet hatten und der Wesir über Land nach Kairo zurückkehrte, während der Qabuṭān Pascha mit den Engländern zur See anlangte.

Al-Alfī und die anderen Emire kamen alle nach Kairo und setzten sich in der Stadt fest, die Engländer aber auf dem Ufer von Gīze, und die Franzosen zogen ab und räumten Ägypten. Als dies geschah, wurde al-Alfī besorgt, Zweifel bedrängten ihn, und er dachte nach, denn er besaß einen klaren Blick für die Folgen der Dinge. Die Lage schien ihm höchst ungewiß. Er ging nicht in seinen Harem und brachte die Nächte nicht in seinem Hause zu, außer zweien, und auch die nur auf einem Teppich und mit einem Kopfkissen in seinem unteren Empfangssaal, wo sich keine Frauen befanden.

Der arme Berichterstatter (Ǧabartī) erzählt: Während jener zweier Tage ging ich einmal zu ihm und fand ihn, wie er auf seinem Teppich saß. Ich setzte mich auf eine Stunde zu ihm. Einer seiner Emire trat bei ihm ein und bat ihn um Erlaubnis, eine der Gattinnen heiraten zu dürfen, deren Gemahl zu seinen Altersgenossen *(ḫušdāšīja)* gehört hatte und umgekommen war. Er wurde zornig über ihn, beschimpfte ihn und warf ihn hinaus; dann sagte er zu mir: «Sieh dir den Verstand dieser leichtsinnigen Kerle an! Sie bilden sich ein, sie könnten in Kairo bleiben, sich verheiraten und Familien gründen! Obgleich all das, was mit den Franzosen geschehen ist, leichter wiegt als die Klemme, in der wir uns nun befinden!»

Als darauf der Wesir dem Ibrāhīm Bek al-Kabīr die Oberherrschaft übergab und ihm ein Ehrengewand verlieh, um ihn zum Herrn über Ägypten zu erheben, wie das alte Sitte war, jedoch unter der Bedingung, daß die Urkunden der Herrschaft über die Lehenszuweisungen, Ländereien und anderen Güter unter dem Siegel des Wesirs und mit seiner Billigung erteilt würden, ließen Ibrāhīm Bek und die übrigen Emire sich dadurch täuschen. Die Diwane im Hause des Ibrāhīm Bek al-Murādī, des ʿUṯmān Bek Ḥasan und des Bardīsī waren gedrängt voll, und man gab sich der Unterhaltung hin. Sie sprachen von der Leutseligkeit des Wesirs, von seiner Liebe zu ihnen und seinem Willen, die alten Bräuche zu bewahren; doch al-Alfī sagte: «Laßt euch dadurch nicht verführen; dies sind nur Listen und Tricks, mit denen er sich unter euch Glauben verschaffen möchte. Schaut für eure Interessen aus und achtet darauf, was möglicherweise geschehen könnte; an das Schlimmste zu denken, ist ein Zeichen von Entschlußkraft!»

Sie fragten ihn: «Und was wird geschehen?» Er antwortete: «Diese Osmanen begehren seit vielen Jahren und langer Zeit danach, ihre Herrschaft über dieses Land auszuüben und ihre Oberherrschaft wirksam zu machen. Doch die Zeiten flossen vorbei, und die Emire Ägyptens erwiesen sich als stärker als sie und behielten die Oberhand. Die Osmanen mußten sich ihnen gegenüber mit dem bloßen Schein des Gehorsams zufrieden geben; besonders unter unserem letzten Regime, als wir sie mit Verachtung behandelten und ihnen die Gelder vorenthielten und uns nicht um ihre Befehle kümmerten. All dies liegt nun versteckt in ihrem Herzen, ganz zu schweigen von all der Begierde, dem Verrat und der Schlechtigkeit, die sie ohnehin mitbringen. Nun aber sind sie in das Land eingedrungen und haben es so unter ihrer Gewalt und uns unter ihren Befehl gebracht; unter diesen Umständen wird es nicht leicht sein, daß sie uns das Land überlassen, so wie es sich früher in unseren Händen befunden hatte, nachdem sie einmal seine Süße gekostet haben. Seht euch vor und wacht aus eurer Unachtsamkeit auf!»

Als sie ihn so reden hörten, gaben ihm einige recht, doch andere sagten: «Das sind nur deine Launen!» und noch ein anderer: «So wird es nicht geschehen, nachdem wir drei Jahre und mehrere Monate lang an ihrer Seite gekämpft haben und Leib und Gut für sie einsetzten. Auch kennen sie die Art dieses Landes nicht und wissen nicht, wie es gelenkt werden muß, so daß sie uns nicht entbehren können!»

Darauf fragten sie ihn: «Was ist dein Ratschlag, der dir am besten scheint?» Er sprach: «Mein Rat wäre, wenn ihr ihn annehmt, daß wir alle zusammen auf das Ufer von Gīze übersetzen, dort unsere Zelte aufschlagen und die Engländer als Vermittler zwischen uns und dem Wesir und dem Qabuṭān Pascha anrufen, und daß wir uns weigern, auf das östliche Ufer zurückzukehren und wieder in die Stadt zu ziehen, bis sie Kairo verlassen und wieder in ihr Land zurückkehren. Von ihnen mag bleiben, wer davon übrig ist, wie etwa jene, denen sie die Ämter des Wālī und des Defterdār oder ähnliches verliehen haben.»

Dies war sein Rat, und einige stimmten ihm zu, andere nicht. Sie sagten: «Wie sollen wir sie im Stich lassen, obwohl sie keinerlei verräterische Haltung gegenüber uns gezeigt haben, und zu den Engländern übergehen, die Feinde der Religion sind? Damit die Gelehrten uns dann für unseren Abfall und Verrat am islamischen Staate verurteilen? – Wir können ja, wenn sie wirklich etwas gegen uns im Schilde führen, alle zusammen gegen sie aufstehen, denn wir sind, Gott sei Dank, stark genug dazu! Wenn es dazu kommt, können die Engländer immer noch zwischen uns und ihnen vermitteln, während wir so Aktionsfreiheit haben und Entschuldigungsgründe zugleich!»

Al-Alfī entgegnete: «Was die Einwände gegen Zuflucht bei den Engländern angeht, so werden die Leute dies nicht beanstanden. Nehmt nur ihre Hilfe in Anspruch! Denn wenn sie ihnen nicht ihre Unterstützung geliehen hätten, wären die Osmanen nie so weit gekommen. Sie vermochten es ja nicht, die Franzosen aus dem Land zu vertreiben. Ihr habt doch miterlebt, was im vergangenen Jahr geschehen ist, als sie ohne die Engländer nach Kairo gekommen waren. Das läßt sich vergleichen – nur mit einem Unterschied: die Hilfe, die den Osmanen zuteil wurde, galt Kriegshandlungen, während die unsere nur für eine Vermittlung zu einem Waffenstillstand wäre. Was aber das Zuwarten mit einer Lostrennung angeht, so ist es möglich, daß sich später die Gelegenheit dazu nicht mehr ergreifen läßt. Ihr habt zu beschließen!»

Sie schwiegen und trennten sich mit dem Versprechen, geheimzuhalten, was unter ihnen verhandelt worden war. Doch als sie sich nicht entschließen konnten, dem Alfī und seinen Ratschlägen zuzustimmen, begann er dafür zu sorgen, sich selbst zu retten. Er näherte sich dem Maḥmūd Efendī, dem Obersten Sekretär, weil der dem Wesir nahestand und zu ihm Zugang besaß, und flüsterte ihm ein, dem Wesir zu raten, daß er große Mengen Geld aus Oberägypten erhalten könne, wenn er den Alfi zum Emir von Oberägypten erhebe, denn der sei in der Lage, ihm zahlreiche Reichtümer aus den Hinterlassenschaften der Reichen zu verschaffen, die im vergangenen Jahre an der Pest gestorben waren und keine Erben hatten; dazu auch das Geld und Getreide der Staatsdomänen *(mīrī)*. Als der Oberste Sekretär dies dem Wesir meldete, war dieser sofort einverstanden, und zwar aus zwei Gründen: erstens aus Gier nach dem Geld und zweitens, weil er so die Masse der Emire zerstreute. Denn sie sahen den Alfi wegen der Größe seines Heeres und wegen seiner scharfen Vorsichtsmaßnahmen für gewichtiger an als den Rest der Emire. Er pflegte nämlich, wenn er zum Wesir gehen mußte, nur hinzugehen, wenn er alle seine Soldaten und Mamluken um sich herum hatte.

Als der Wesir seiner Abreise zustimmte, verfaßte er für ihn einen Befehl, der ihn zum Emir der südlichen Landesteile ernannte, und ermächtigte ihn, ohne Widerstand alles zu tun, was seine Unternehmungen fördern könnte. So erreichte der Obersekretär sein Ziel. Sofort stellte al-Alfi sich ein, nahm das Schriftstück an sich, zog sich selbst das Ehrenkleid über, verabschiedete sich von dem Wesir und dem Obersekretär und ritt zur selben Stunde fort. Er brach auf und machte den Obersekretär zu seinem Sachwalter und zum Botschafter zwischen sich selbst und dem Wesir; er hatte ihm auch eine Wohnung in seinem Hause zur Verfügung gestellt. Niemand hatte von alldem etwas vernommen, und al-Alfi sollte hernach den Wesir nie mehr von Angesicht zu Angesicht sehen.

Als die Sache bekannt wurde, kamen Besucher zum Wesir, die ihn für seine Unvorsichtigkeit tadelten und ihm anrieten, seinen Beschluß wieder rückgängig zu machen. Er sandte in der Tat Boten aus, die al-Alfi zurückrufen sollten, wegen einer Sache, die er ihm noch mitteilen wolle, in der wirklichen Absicht aber, ihn zurückzuhalten. Doch die Boten konnten ihn erst erreichen, nachdem er schon eine große Wegstrecke zurückgelegt hatte, und kehrten unverrichteter Dinge zurück. Er aber zog weiter nach Asjūṭ, begann Geld zusammenzuraffen und sandte dem Wesir die erste Lieferung von Geld, Vieh, Eunuchen, Sklaven und Getreide.

Darauf vergingen nur etwa drei Monate, bis eine Truppe der Engländer nach Alexandria abzog und mit ihnen auch Ḥusain Pascha, der Qabuṭān. Sie stellten den ägyptischen Emiren eine Falle. Der Qabuṭān sandte Botschaft, ein Teil von ihnen solle zu ihm kommen, und ihnen stieß zu, was ihnen begegnen sollte, während der Wesir die Emire, die in Kairo geblieben waren, gefangennahm und einkerkerte. So geschah, was ich an anderer Stelle dargelegt habe. Gegen den Helden dieser Biographie sandten sie Ṭāhir Pascha mit einem Heere aus. Es kam zu schweren Zwischenfällen; viele wurden getötet, und die Verbleibenden flohen zu den Engländern. Die Wunden, die er verursachte, pflegten nicht mehr zu vernarben. Sie zogen darauf alle nach Oberägypten fort, und die Herrscher in Kairo sandten Expeditionen gegen sie aus.

Der Held dieser Biographie trat ihren Kriegszügen entgegen; dann zog er nach dem Delta, indem er in Sichtweite von Gīze vorbeimarschierte, und gelangte nach Kriegstaten und Zwischenfällen in die Provinz al-Buḥaira. Muḥammad Pascha Ḫosrau strengte sich an, ein großes Expeditionskorps gegen ihn auszusenden; sein Katḫodā war der Oberkommandant, nämlich Jūsuf Katḫodā Bek. Es war dies die Expedition, die man im Volke die Eselsexpedition nannte, weil man für sie die Esel der Eseltreiber, der Handwerker, Lasten- und Wasserträger einzog. Sie zwangen die Bewohner von Būlāq und von Kairo und Altkairo zur Abgabe von tausend Eseln, und sie suchten auch der Esel der Bürger habhaft zu werden, drangen in die Häuser ein und nahmen, was sie dort fanden. Manche der frechen Soldaten kamen nah an die Häuser heran; einer berührte das Tor mit seinem Mund und machte «Zrrrr ...», was den Esel darin zum I-A-Schreien brachte – worauf sie ihn mitnahmen.

Als sie ihr Ziel erreicht und so viele Esel zusammengebracht hatten, wie sie brauchten, marschierten sie nach al-Buḥaira ab. Eine große Schlacht zwischen ihnen fand statt, während die Engländer zuschauten. Alfī Bek besiegte die Soldaten und nahm eine Anzahl von ihnen gefangen, den Rest schlug er in die Flucht; sie kehrten in einem jämmerlichen Zustand nach Kairo zurück. Diese Niederlage wurde zur Ursache der Feindschaft zwischen dem Pascha und den (albanischen) Soldaten, denn er zürnte ihnen und befahl ihnen, Kairo zu verlassen. Sie forderten ihren Sold, doch er antwortete: «Womit habt ihr euren Sold verdient, wo ihr doch nichts zustande gebracht habt?» Daraufhin weigerten sie sich, die Stadt zu verlassen.

Der bereits erwähnte Muḥammad ʿAlī war dabei ihr eigentlicher Rädelsführer. Der Pascha wollte sich seiner bemächtigen, doch vermochte er es nicht, weil er so wohlbewacht war. Deshalb mußte er ihn offen bekämpfen und erlitt die Niederlage, die an ihrem Orte erwähnt worden ist. Der Pascha verließ die Stadt fluchtartig und begab sich nach Damiette.

Von jenem Zeitpunkt an wurde der Namen Muḥammad ʿAlīs bekannt, und von da an wuchs sein Ansehen unaufhörlich.

Was den Helden unserer Biographie angeht, so zog er, nachdem er die Soldaten besiegt hatte, nach Damanhūr; seine Kāšifs und Emire begaben sich in die Provinzen al-Manūfīja, al-Gharbīja und al-Daqahlīja und suchten dort Steuern und Tribute einzuziehen; dann kehrten sie nach al-Buḥaira zurück. Später, nach jenen Ereignissen, reiste Alfī Bek mit den Engländern in ihr Land. Er wählte unter seinen Mamluken fünfzehn aus, die er als Begleitung mitnahm. Zu seinem Stellvertreter erhob er einen seiner Mamluken, der Baštak Bek hieß und der «kleine Alfī» genannt wurde; ihn erhob er zum Befehlshaber über seine Mamluken und Emire und befahl ihnen, ihm zu gehorchen; er ernannte ihn auch zu seinem Testamentsvollstrecker. Er segelte ab und blieb ein Jahr, einen Monat und einige Tage lang fort. Er reiste nämlich Mitte des Monats Šawwāl im Jahr 1217 (8. Februar 1803) ab und kehrte zu Beginn des Ḏū l-Qaʿda im Jahr 1218 (12. Februar 1804) zurück. Während dieser

Periode seiner Abwesenheit geschahen die Ereignisse, die schon vorher aufgeführt worden sind und hier nicht mehr erwähnt werden müssen: der Auszug des Muḥammad Pascha Ḫosrau aus Kairo; die Oberherrschaft des Ṭāhir Pascha und seine darauf folgende Ermordung; der Einzug der ägyptischen Emire nach Kairo und ihre Besitzergreifung im Jahr 18; die Erhebung einiger Ṣanǧaqs des Alfī Bek zu Emiren und was sonst noch in jenem Jahr an Ereignissen vorfiel, mit der Ermächtigung Gottes, des Hochgestellten, Erhabenen, Hervorragenden.

All dies geschah nach dem Willen des Muḥammad ʿAlī, durch seine Verstellungsgabe und seine Listen. Er schritt nämlich zuerst zur Zerstörung der Herrschaft seines Herrn, des Muḥammad Pascha Ḫosrau, in Übereinkunft mit Ṭāhir Pascha und seinem Schatzmeister Muḥammad Pascha, dem Gouverneur der Zitadelle; dann zur Aufhetzung gegen Ṭāhir Pascha, bis der ermordet wurde. Dann kam seine Zusammenarbeit mit den ägyptischen Emiren, ihr Einzug nach Kairo, seine Demonstration vollkommener Kooperation mit ihnen, seine Freundschafts- und Diensterweisungen ihnen gegenüber und seine Hilfsbereitschaft, bis er sie völlig eingeschläfert hatte, besonders den ʿUṯmān Bek al-Bardīsī, der einfältig und unerfahren war und es liebte, zu kommandieren. Ihm gegenüber zeigte er Freundschaft, Brüderlichkeit und Uneigennützigkeit, bis er erlangte, was er beabsichtigte: die Ermordung des Defterdār, des Katḫodā und des ʿAlī Pascha aṭ-Ṭarābulsī, den Kriegszug gegen Muḥammad Pascha Ḫosrau und seine Gefangennahme in Damiette wie auch die seines Bruders, des Qabuṭān in Rosette, und schließlich die Abwälzung der Verantwortlichkeit für all diese Handlungen und Schandtaten auf sie.

Als all dies geschehen war, blieben al-Alfī und seine Anhänger übrig – und al-Bardīsī, der einer seiner Jugendgefährten *(ḫušdāšīja)* war. Er beneidete ihn und war eifersüchtig auf ihn; denn er wußte, wenn al-Alfī nach Kairo komme, werde er ihn ausstechen und sein Licht ausblasen. Daher flüsterten die beiden miteinander und trafen geheime Abmachungen in bezug auf al-

Alfi. Sie erinnerten sich des hochnäsigen Auftretens seiner Stellvertreter und Altersgenossen und wie sie zerstört hatten, was er beabsichtigt hatte, während ihr Herr abwesend war, und sie fragten, was ihnen wohl nun geschehen würde, wenn al-Alfi nach Kairo gelangte. Deshalb heuchelten sie ihm Freundschaft vor und versprachen ihm Unterstützung. Muḥammad ʿAlī tat so, als ob er ihm zu Diensten sein wolle mit seinen Soldaten und Söldnern, bis er nach Kairo kam und ihm zustieß, was weiter oben erzählt worden ist. Es gelang ihm jedoch, sein Leben zu retten und sich bei ʿAšība, dem Beduinen, in einem Wüstenwadi zu verstecken.

Nachdem so die Luft von al-Alfi und von seinen Parteigängern rein geworden war, geschah zwischen Muḥammad ʿAlī und al-Bardīsī mit seinem Gefolge, was geschehen mußte. Nachher tauchte al-Alfi Bek aus seinem Versteck wieder auf und zog mit seinem Mamluken und mit Ṣāliḥ Bek nach Oberägypten. Seine Emire und Soldaten sammelten sich wieder um ihn, und seine Lage besserte sich. Er versöhnte sich mit al-Bardīsī und seinen Parteigängern, trotz allen Ressentiments, die beide bewahrten, und ohne sich ganz mit ihm zusammenzutun. Es geschah, was sich dann ereignete: sie kehrten nach Kairo zurück, führten Krieg mit den Soldaten zur Zeit des Ḫoršīd Aḥmad Pascha und ließen dann von ihm wieder ab, ohne Gewinn davonzutragen, weil sie einander tadelten und nicht übereinstimmen konnten und weil sie ihre Angelegenheiten nicht gemeinsam zu ordnen vermochten. Sie kehrten noch einmal nach Oberägypten zurück, dann zogen sie wieder in das Delta hinab nach Kämpfen und Zusammenstößen mit Ḥasan Pascha und Muḥammad ʿAlī und seinen Soldaten. Dann kam es zu Auseinandersetzungen zwischen den beiden und Ḫoršīd Aḥmad Pascha und zum Sieg Muḥammad ʿAlīs mit Hilfe des ʿUmar Makram, des Naqīb (Vorsteher der Sajjids), der Scheichs und der Qāḍīs, der Stadtbewohner von Kairo und der Untertanen.

Als dann der Krieg zwischen den Stadtbewohnern und dem Pascha ausbrach, wie es oben berichtet wurde, befanden sich die ägyptischen Emire im Bezirk von at-Tabbīn und Alfi Bek abgesondert von ihnen in aṭ-Ṭarrāna. Sajjid ʿUmar pflegte ihm Botschaften und Versprechungen zu senden. Er meldete ihm, jene Erhebung sei seinetwillen geschehen und um jenen Niedriggeborenen (= Muḥammad ʿAlī) aus der Stadt zu entfernen, «damit die Befehlsgewalt zu euch zurückkehrt, wie es früher gewesen war. Denn du bist ihrer würdig, weil wir uns des Guten erinnern, das du getan hast, der Ordnung und Gerechtigkeit.»

Alfi Bek hielt diese Reden für aufrichtig und half ihm, indem er ihm Geld schickte, das er für Kämpfer und Kriegsgefährten ausgeben sollte.

Doch Muḥammad ʿAlī hatte den Sajjid ʿUmar Makram heimlich eingeseift; er schmeichelte ihm, kam zu ihm, sandte ihm Briefe; er ging ihn gegen Ende der Nacht oder um Mitternacht besuchen, indem er immer wieder seine meiste Zeit bei ihm verbrachte, bis er sein Ziel erreicht hatte, und dies, nachdem er ihm versprochen, vertraglich zugesagt und mit falschen Eiden bekräftigt hatte, daß er in aller Gerechtigkeit vorgehen werde, sein Regiment auf die *šarīʿa* stützen, die Übeltäter ausrotten und nichts unternehmen werde, ohne ihn konsultiert und auch die Gelehrten um Rat befragt zu haben. Er könne ihn überdies auch leicht entlassen und entfernen, wenn er diesen Bedingungen zuwiderhandle, denn die Bewohner Kairos würden dessen mächtig bleiben, wie sie es ja auch gegenwärtig tun könnten. So wickelte er seinen Gesprächspartner mit derartigen Reden ein, und der glaubte, sie seien ehrlich gemeint und alle Dinge seien Zuckerbrot. All dies geschah im geheimen, ohne daß seine Gegner davon hörten.

Am Ende berief Sajjid ʿUmar eine Sitzung bei Muḥammad ʿAlī ein und ließ die Scheichs und Würdenträger kommen. Er legte ihnen dar, daß diese Lage und alle die Kämpfe nicht immer so fortdauern könnten; sie würden keinen Gewinn bringen, sondern immer mehr Verlust, weshalb es unumgänglich sei, jemanden, der zum Volke gehöre, zu ernennen, damit er die Regierungsmacht übernehme. «Seht zu, wen ihr findet und für diese Sache auswählen wollt, damit er als Statthalter diene, bis der osmanische Staat jemanden einsetzt, den er auswählen will.» – Alle entgegneten sie: «Unsere Ansicht ist, was dir richtig scheint!» Er deutete auf Muḥammad ʿAlī, doch dieser tat, als ob er ablehnen wollte; er sagte: «Ich tauge nicht dazu; ich bin doch kein Wesir oder Emir und gehöre nicht zu den Großen des Staates.» Sie entgegneten alle: «Wir haben dich einstimmig für dieses Amt erwählt, und das genügt; die Probe wird bei der Zufriedenheit der Landeskinder liegen!» Sofort brachte man einen Pelz herbei und bekleidete ihn damit; man beglückwünschte ihn und gratulierte ihm. Auch erklärten sie öffentlich, Aḥmad Ḫoršīd Pascha sei als Gouverneur abgesetzt und der Erwähnte als Stellvertreter eingesetzt, bis ein Nachfolger komme oder er eine Bestätigung als Gouverneur erhalte. In der Stadt wurden die Absetzung des Paschas und die Erhebung Muḥammad ʿAlīs zum Stellvertreter ausgerufen, so daß all jenes, was bisher verborgen geblieben war, offenbar wurde.

Als der Held unserer Biographie dies vernahm – er befand sich auf dem Ufer von Gīze und unterhielt eine Korrespondenz mit Saǧǧid ʿUmar Makram und den Scheichs – wurde er zornig und kehrte rasch nach al-Buḥaira zurück. Er wollte Damanhūr einnehmen, doch die Einwohner wehrten sich gegen ihn; er kämpfte gegen sie und sie gegen ihn, ohne daß er sein Ziel zu erreichen vermochte. Saǧǧid ʿUmar suchte sie zu verstärken, indem er sie unterstützte und ihnen Pulver und andere Dinge, deren sie bedurften, zusandte. Alfi Bek erkannte, daß Saǧǧid ʿUmar Makram mit ihm zu spielen suchte und daß er ihn gegen sich selbst verstärkt hatte. Daher nahm er den Abgesandten des Saǧǧids gefangen, der sich unter den Seinen befand, ließ ihn einsperren und schlagen und wollte ihn hinrichten lassen, doch dann ließ er ihn frei. Später kehrte er nach al-Buḥaira zurück, und die Bürgerkämpfe legten sich.

Muḥammad ʿAlī Pascha aber vermochte seine Macht zu festigen. Der Qabuṭān Pascha kam an die Küste von Abū Qīr und sandte seinen Silāḥdār nach Kairo. Muḥammad ʿAlī verbot allen Verkehr mit den ägyptischen Emiren und stationierte Leute auf dem Strom und zu Land, die alle jene beobachteten, die von ihnen kamen oder zu ihnen gingen und Geräte, Kleidungsstücke oder Waffen oder etwas Derartiges bei sich führten. Wenn man sie mit etwas dieser Art erwischte, nahm man sie gefangen und nahm ihnen und ihren Gefolgsleuten und Vorgesetzten alles ab, was sie hatten; man lud es auf Schiffe und nahm auch die Ertappten mit und bestrafte sie. Schließlich gaben die Händler und Lieferanten es ganz auf, ihnen Dinge zuzuführen.

Dies drohte ʿAlī Bek zu ersticken; deshalb erfand er die List, daß er den Muḥammad Kat̮ḫodā aussandte, damit er den Pascha um Frieden bitte. Der freute sich darüber und triumphierte; er glaubte, daß es sich um echte Friedensverhandlungen handle. Er behandelte den Kat̮ḫodā mit Auszeichnung und verlieh ihm schöne Gaben für seinen Herrn: Kleider, Pelzmäntel, Waffen, Zelte, Geld und anderes. Als der Kat̮ḫodā seine Aufgabe durchgeführt hatte, wie sein Herr sie ihm gestellt hatte, indem er erlangte, was er und seine Gefolgsleute und Emire benötigten, lud er alles auf Schiffe und segelte damit fort, ohne es zu verbergen und ohne daß ihm irgend jemand entgegentrat. Mit ihm reisten der Silāḥdār und Mūsā al-Bārūdī.

Später kam der Kat̮ḫodā wieder zurück, zusammen mit dem Silāḥdār und Mūsa al-Bārūdī, und sie richteten aus, al-Alfī fordere die Kāšif-Stellen der Provinzen al-Fajjūm, Banī Suwēf, Gīze, al-Buḥaira sowie 200 Dörfer der al-Gharbīja, al-Manūfīja und ad-Daqahlīja, um ihren Ertrag auszubeuten. Er wolle seine Residenz in Gīze aufschlagen und sei dann bereit, sich dem Pascha unterzuordnen. Doch der Pascha wollte dies nicht zugestehen, sondern sagte: «Wir haben uns mit den anderen Emiren ausgesöhnt und haben ihnen Land in der Gegend von Ǧirǧā gegeben, unter bestimmten Bedingungen, die wir ihnen auferlegten. Er muß sich in diesen Rahmen fügen.» Worauf Muḥammad Kat̮ḫodā mit der Antwort zurückreiste, nachdem er alle seine Aufträge erledigt und seine Bedürfnisse gestillt hatte, die diesmal Geräte, Zelte, Sättel und ähnliches betrafen. So vollendete er seine List, erreichte seine Absicht und zog nach dem Fajjūm davon.

Seine Soldaten bekämpften jene des Jāsīn Bek, und Jāsīn Bek fand sich dort abgeschnitten. Später kehrte Šāhīn Bek, der Gefolgsmann des Alfī Bek, mit einem großen Heer an das Ufer von Gīze zurück. Muḥammad ʿAlī Pascha verließ Kairo, um in Person gegen ihn zu Feld zu ziehen, doch jener sollte den Sieg erlangen. Bei diesem Zusammenstoß wurde ʿAlī Kāšif getötet, der die Gemahlin des Ḥasan Bek al-Ǧiddāwī, die Tochter des Ḥusain Bek Šanan, geheiratet hatte. Seine Feinde sahen ihn in vollem Schmuck und dachten, er sei der Pascha; deshalb umringten sie ihn und nahmen ihn gefangen, und später töteten sie ihn.

Der Pascha kehrte aufs Ufer von Kairo zurück und befaßte sich damit, ein neues Expeditionscorps aufzustellen, was alles zusammen einige Zeit beanspruchte. Währenddem starb Baštāk Bek, genannt der «Kleine Alfī», weit fort im Inneren Oberägyptens. Später verließ al-Alfī das Fajjūm wieder, und zwar zu Beginn des Monats Muḥarram des erwähnten Jahres. Ḥasan Pascha Ṭāhir stand mit einer größeren Zahl von Soldaten in der Gegend von Ǧazīrat al-Hawā'. Eine große Schlacht fand zwischen ihnen statt; Ḥasan Pascha verlor sie und mußte nach Ruqaq zurückweichen; dort nahm ihn sein Bruder ʿĀbidīn Bek auf, und er verblieb bei ihm in Ruqaq, wie oben erwähnt.

Al-Alfī jedoch zog abermals an das Ufer von Gīze und Imbāba. Die Soldaten zogen gegen ihn aus; eine Schlacht wurde in Sūq al-Ghanam geschlagen, und er triumphierte einmal mehr über sie. Dann zog er stromabwärts weiter; ein Teil seiner Söldner und Soldaten setzten nach as-Sabakīja über und plünderten dort, was sie konnten; dann kehrten sie nach aṭ-Ṭarrāna zu ihrem Herrn zurück. Er marschierte dann zu Fuß weiter nach al-Buḥaira und kämpfte gegen die Stadt Damanhūr und seine Befestigungen. Sie war sehr stark ausgebaut worden, und er vermochte nicht, sie einzunehmen. Dann kehrte er in den Bezirk Wardān zurück und zog dann noch weiter fort nach Ḫūš ibn ʿĪsā, denn er hatte vernommen, daß Schiffe angelangt waren, bei denen sich sein Gefolgsmann Amīn Bek, eine Anzahl Soldaten des *niẓām al-ǧadīd* und einige englische Persönlichkeiten befanden. Er stand nämlich, trotz all seiner Märsche und Kriege, in Briefverkehr mit der Pforte und mit den Engländern. Er hatte den Amīn Bek eigens zu den Engländern entsandt, damit sie bei den Osmanen einschritten, um ihm Hilfe zu verschaffen, und sie brachten ihm alles, was er begehrte. Er bereitete ihnen einen festlichen Empfang in Ḫūš ibn ʿĪsā und sandte sie mit Amīn Bek zu den Emiren nach Oberägypten.

Als Muḥammad ʿAlī dies erfuhr, sandte er Briefe an die Emire in Oberägypten und umschmeichelte sie. Er schickte ihnen auch Geschenke und stimmte sie zu seinen Gunsten um mit Hilfe des Rachedurstes, den ihre Herzen gegenüber al-Alfī hegten. Im Verlauf dieser Entwicklungen langte der Qabuṭān Pascha in Alexandria an, und Läufer brachten die Botschaft von seiner Landung nach Kairo. Sie meldeten auch, daß mit ihm Mūsā Pascha als Gouverneur für Ägypten mit einem Pardon für alle Ägypter angelangt sei. Diese Angelegenheit und diese Reise des Qabuṭān waren auf die Briefe des Alfī an die Engländer zurückzuführen, auf die hin die Engländer mit der Pforte und mit deren Wesir gesprochen hatten, dem sogenannten Muḥammad Pascha Silāḥdār, der ursprünglich ein Mamluk des Sultans Muṣṭafā gewesen war und seine Vorliebe für seine Artgenossen nicht verbarg.

Es geschah, daß der Wesir mit Sulaimān Aghā, dem Gefolgsmann des Ṣāliḥ Bek al-Wakīl, unter vier Augen zusammentraf. Jūsuf Pascha, der Wesir, hatte jenen zum Ṣilāḥdār erhoben und ihn nach Istanbul gesandt. Der Wesir fragte ihn nach den ägyptischen Emiren, ob noch andere von ihnen übrig geblieben seien außer al-Alfī. Er antwortete: «Alle ihre Oberhäupter sind noch vorhanden!», und er zählte sie ihm auf. Sie und ihre Mamluken waren zweitausend und mehr. Der Wesir sagte: «Ich bin der Ansicht, daß sie ihre Herrschaft zurückerhalten und zurückkehren sollen, unter bestimmten Vorbedingungen, die Wir für sie festlegen. Dies wäre besser als wenn die Feindschaft zwischen ihnen und jenem, der plötzlich aus den Soldaten emporgetaucht ist, sich allzu lange hinzöge. Er ist ein ungebildeter, aber ein schlauer Mann, während sie schwerlich ohne Mühe dazu gebracht werden können, ihre Heimat, ihre Kinder und ihre Herrschaft aufzugeben, die sie von ihren Vorgängern geerbt haben. Das würde dazu führen, daß die Sache sich lange Zeit mit Kämpfen zwischen ihm und ihnen hinzöge. Beide Seiten werden sich genötigt sehen, Soldaten anzuwerben und viele Ausgaben an Sold und Spesen zu machen. Sie werden das Geld von überallher, wo sie es immer finden, zusammenkratzen, und das wird zum Verderben des Landes führen. Besser wäre es, jenen Übermächtigen zu liquidieren und zu entfernen, und seinen Gegnern das Regiment anzuvertrauen. Oder was meinst du dazu?»

Sulaimān entgegnete: «Ich habe darüber keine Meinung!», denn er fürchtete, in der Rede des Wesirs sei etwas verborgen, was dem äußeren Anschein seiner Worte zuwiderlaufe. Der Wesir verstand seine Bedenken und schwor ihm, seine Worte seien tatsächlich so gemeint, wie sie erschienen – nur daß es unvermeidlich sei, daß dabei auch die Interessen des Fiskus bedacht würden. Daraufhin sagte Sulaimān Aghā zu ihm: «Wenn es so ist, so sendet dem Alfī Befehl, er solle den Kat̮hodā Muḥammad Aghā hierherschicken; er ist ein Mann, mit dem man über diese Dinge reden kann.» Der Wesir tat es, und der Erwähnte traf in kürzester Frist ein. Sie schlossen die Angelegenheit für die Summe von 1500 Geldbeuteln ab, welche Muḥammad dem erwähnten Kat̮hodā an den Qabuṭān Pascha auszuzahlen gebot, wenn er eintreffe, und dies zu Händen des erwähnten Sulaimān Aghā. Die Garantie dafür übernahm ebenfalls Muḥammad Kat̮hodā. Dies nach der Erfüllung anderer Bedingungen, für die Sorge zu tragen ihm sein Herr, al-Alfī, aufgetragen hatte. Dazu gehörte, daß der Verkauf und Kauf von Mamluken wieder freigestellt werde und die Sklavenhändler sie nach Ägypten bringen könnten, wie das ihre Gewohnheit gewesen war – denn dies war ihnen seit etwa drei Jahren verboten worden –, sowie andere ähnliche Bedingungen.

So reisten beide ab, Sulaimān Aghā als Wakīl (Beauftragter) und Muḥammad Katḫodā in Begleitung des Qabuṭān Pascha. Sie gelangten nach Alexandria; beide stiegen zu Pferd in Begleitung des Silāḥdārs des Qabuṭān; sie trafen mit al-Alfī in al-Buḥaira zusammen und teilten ihm mit, was geschehen war. Er war voll Freude und Zufriedenheit und sagte zu Sulaimān Aghā: «Geh zu unseren Brüdern nach Oberägypten und lege ihnen die Sache vor! Es ist kein Geheimnis, daß wir zurzeit aus drei Abteilungen bestehen: unser großer Chef Ibrāhīm Bek und seine Gruppe, dann die *Murādīja,* deren Oberhaupt dort ʿUṯmān Bek al-Bardīsī ist, und ich selbst und meine Gefolgsleute. Auf jede der drei Gruppen würden 500 Beutel fallen. Wenn du von ihnen die 1000 Beutel erhalten kannst und du dann zu mir zurückkommst, werde ich dir auch 500 Beutel aushändigen.»

Der Erwähnte stieg zu Pferd und ritt zu ihnen fort. Er traf mit ihnen zusammen, berichtete ihnen, wie die Sache stand, und forderte jene Summe von ihnen. Al-Bardīsī sagte: «So hat also al-Alfī eine solche Macht erreicht, daß er mit den Staaten und ihren Lenkern verhandelt, ihnen Briefe schreibt und seine Ziele bei ihnen durchsetzt. Er ernennt die Wesire und entläßt sie nach seinem Willen! Der Qabuṭān Pascha hilft ihm zu seinen Begehren! In diesem Fall kann er auch die Summe vollständig bezahlen; denn er ist selbst der Chef geworden, wir alle sind bloß seine Gefolgsleute und Hintermänner, sogar unser Vater und Herr Ibrāhīm Bek sowie auch ʿUṯmān Bek Ḥasan und seine Gefährten.»

Sulaimān Aghā entgegnete: «Er ist aber doch einer von euch und euer Gefährte!» Dann besprach er sich mit Ibrāhīm Bek allein, und jener sagte: «Was mich angeht, so wär ich's zufrieden, in irgendein Haus zu ziehen und den Rest meines Lebens mit meiner Familie und meinen Kindern unter dem Befehl eines jeden Beliebigen aus unserem Stamm zu verbringen – mehr jedenfalls, als weiter so zersplittert zu sein, wie wir es heute sind!

Aber was soll ich mit jenem widerspenstigen Gefährten anfangen? Er ist es gewesen, der uns all dies gebracht hat durch seine schlechte Ordnung und durch sein Unglück. Ich und Murād Bek haben beide lange Zeit miteinander gelebt, seit dem Tode unseres einstigen Herrn, und ich habe seine Taten und die seiner Gefolgsleute übersehen; ich habe auch an ihren Fehltritten teilgenommen, immer aus Sorge und Furcht, daß es zu bösem Blutvergießen und zu Feindschaft kommen könnte. Dann starb er, und es folgte ihm jene Gruppe von Verrückten nach, die al-Bardīsī regierte, nachdem sein Bruder al-Alfī uns verlassen hatte. Hochmut und Stolz übermannten die Söhne seines Geschlechtes, doch er hielt sie für aufrichtig und ließ sie machen. Er gab alle Loyalität auf und tat dem Alfī, der sein Bruder und Altersgefährte war, all das an, was er an ihm verbrochen hat. Er wollte auf keinerlei Ratschläge hören, weder vorher noch hinterher.»

Sulaimān Aghā fuhr tagelang fort, mit ihnen zu verhandeln, bis er schließlich mit Ibrāhīm Bek übereinkam, daß er die halbe Summe zahlen solle und al-Alfī die andere Hälfte. Er sagte: «Gib mir den Betrag; ich will hingehen und ihm melden, was geschehen ist.» Doch sie entgegneten: «Geh lieber zu ihm zurück, melde es ihm und erlange seine Zustimmung dafür, damit er es nicht einkassiert und uns nachher noch mehr abfordert!»

Als er dann zu al-Alfī zurückgekehrt war und ihm berichtet hatte, was sich unter ihnen abgespielt hatte, sagte der: «Was ihre Behauptung angeht, daß ich ihr Emir sein wolle, so ist das undenkbar, und es wäre auch unrecht, wenn ich begehrte, eine höhere Stelle einzunehmen als Ibrāhīm Bek und ʿUṯmān Bek Ḥasan, die wie meine Väter sind. Und ich will auch nicht mehr sein als jene, die sich in meiner Altersklasse befinden und meine Zeitgenossen sind, so daß sie sich nicht beschämt fühlen müssen und ihr Wert nicht dadurch geschwächt wird, daß jener, der über ihnen stünde, einer von ihnen wäre und aus ihrer Altersklasse. Dies ist etwas, was mir nicht einmal in den Sinn käme! Ich will noch weiter gehen: ich nehme es auf mich, zu versprechen, daß ich mir das Folgende selbst zur Bedingung machen will: Wenn wir in unsere Heimat zurückkehren, will ich mich in keine ihrer Angelegenheiten einmischen und in keiner Beziehung auf sie eingehen. Unser Oberhaupt soll unser Vater, Ibrāhīm Bek, werden, wie er es früher gewesen ist. Ich will nur die Erlaubnis haben, in Gīze zu wohnen, und werde mich ihnen in keiner Hinsicht widersetzen. Ich begnüge mich damit, daß ich die Güter wiedererhalte, die sich früher in meinen Händen befanden; das wird mir genügen! Wenn sie aber glauben, daß ich sie in Zukunft verraten könnte wegen dem, was sie mir angetan haben, als sie meinen Gefolgsmann Ḥusain Bek töteten und sich zusammenrotteten, um mich zu töten und mich und meine Gefolgsleute zu befehden, so hat mich die Lage, in der wir uns heute befinden, jene alten Zwiste vergessen lassen. Auch war der erwähnte Ḥusain Bek nur mein Mamluk, nicht mein Vater oder Sohn meiner Lenden; er war vielmehr ein Waffensklave, den ich für Geld gekauft hatte. Ich kann auch einen anderen kaufen. Außerdem ist mein Mamluk stets auch der ihrige, und eine ganze Anzahl von Mamluken und Emiren sind mir in den Kriegen getötet worden; ich will ihn zur Masse jener hinzurechnen. Mir und auch ihnen wird stets das widerfahren, was Gott uns bestimmt hat! Was sie aber mir hatten antun wollen, so hatte ich mir zuvor kein Vergehen gegen ihr Recht zuschulden kommen lassen, waren wir doch alle wie Brüder gewesen. Erinnere sie auch daran, wie ich ihnen zuvor geraten hatte, bei den Engländern Zuflucht zu suchen, und wie sie nach dem Unglück, das sie befiel, bereuten, mir zuwidergehandelt zu haben. Wie sie dann zu mir zurückkamen und wir gemeinsam beschlossen, daß ich zu den Engländern reisen solle; wie ich das dann ausführte, ihr Begehren auf mich nahm, mir selbst Mut machte und in das Land Inglaterra reiste. Ich erlitt die Härten der See für ein Jahr und einen Monat – all dies im Interesse meines und ihres Wohlergehens.

Es geschah, was geschehen ist, während ich abwesend war. Sie zogen nach Kairo, ohne klaren Plan, und bauten ihre Schlösser wieder auf, ohne Fundamente. Sie schenkten ihrem Feinde Vertrauen und unterstützten ihn dabei, ihren Freund zu verderben. Als jener dann seine Absicht mit ihrer Hilfe durchgeführt hatte, verriet er sie, umstellte sie, vertrieb sie aus ihrem Lande, verachtete sie und verstreute sie ins Exil. Dann überlistete er sie zum zweiten Male, am Tag des Festes der Nilflut, und seine List gegen sie war ein zweites Mal erfolgreich. Ich hatte ihnen Briefe geschrieben und Ratschläge erteilt, doch sie erklärten mich für blind und handelten mir entgegen, so daß viele von ihnen in die Stadt zurückkehrten und dann in den Gassen belagert wurden, bis ihnen geschah, was ihnen zustoßen mußte: Tod und Hinrichtung und ein jähes Ende; nur jene kamen davon, die hinter den anderen zurückgeblieben waren oder die weglos entflohen. Und nun sucht er auch diese durch Schreiben zu beeinflussen und zu umschmeicheln, sie zu beruhigen und mit sich zu versöhnen. Er will sie von dem fernhalten, worin ihr Erfolg läge. Ich hätte nicht gedacht, daß die Nachlässigkeit bei ihnen dermaßen weit gehe!

Kehre zu ihnen zurück und rufe ihnen alles in Erinnerung, was ihnen bisher geschehen ist. Vielleicht werden sie doch noch aus ihrem Rausch erwachen und durch dich zwei Drittel oder die Hälfte der Summe senden, die unser Vater Ibrāhīm Bek bewilligt hat. Es ist eine Summe, die nicht so schwer zusammenzubringen ist. Wenn sie jedem Emir zehn Beutel zuteilen, jedem Kāšif fünf und jedem Soldaten und Mamluken einen, kommt die Summe zusammen, wenn nicht noch mehr. Ich werde es mit meinen Leuten so machen. Gott sei Dank sind sie nicht bankrott und wir auch nicht! Der Zweck des Geldes ist schließlich, daß man damit die guten Dinge der Welt erlangt, und was wir nun vorhaben, ist eine höchst wichtige Sache. Sag ihnen: ‹Greift zu, bevor die Gelegenheit vorbeigeht! Der Feind ist weder nachlässig noch langsam! Die Osmanen jedoch sind Sklaven der Dirhems und der Dinare!›»

Als er seine Rede beendet hatte, verabschiedete Sulaimān Aghā sich und kehrte nach Oberägypten zurück. Dort fand er jedoch, daß die gesamte Gesellschaft darauf bestand, überhaupt nichts zu bezahlen. Auch Ibrāhīm Bek kam auf seine Worte und Ratschläge wieder zurück, und als Sulaimān Aghā ihnen die Rede ausrichtete, die ihm sein Herr aufgetragen hatte, und ihnen mitteilte, daß er gewillt sei, sich ihrem Geheiß und Verbot zu fügen, und daß er es zufrieden sei, mit ihnen die einfachste Lebensweise zu führen, daß er in Gīze Wohnung nehmen wolle und alles andere, was er gesagt hatte – da antworteten sie: «Dies sind bei Gott alles Worte ohne echte Fundamente! Er wird nie seine Rache vergessen und auch nicht, was wir gegen ihn und seine Gefolgsleute unternommen haben; sogar wenn er auf einer Bergzitadelle, fern von uns, leben wollte, so bleibt er doch der Alfī, dessen Ruhm sich in aller Welt ausgebreitet hat und mit dem der osmanische Staat allein Verhandlungen führt! Sogar während seiner Abwesenheit vermochten wir nicht, eines der Teufel Herr zu werden, die er gegen uns auf den Plan rief; wie wird es erst sein, wenn er selbst und all seine Teufel zugegen sind, und dazu auch noch jene, die er außer den Seinen aufhetzt!» Der Neid beherrschte sie, und der Teufel flüsterte ihnen immer mehr ein. Sulaimān sagte zu ihnen: «Laßt euch eure gegenwärtige Sache angelegen sein, bis eure Feinde, die Ausländer, abgezogen sind; dann könnt ihr ihn nachher töten und bekommt so Ruhe vor ihm!» Doch sie entgegneten: «Vorsicht! Wenn er erst die Oberhand über uns gewonnen hat, wird er uns einen nach dem anderen umbringen. Er wird uns aufs Land verbannen und Befehl senden, uns zu erschlagen. Er ist voll von weitreichenden Listen, und wir können ihm absolut kein Vertrauen schenken!»

In Wirklichkeit aber führte ihr Feind sie mit seinen Warnungen in die Irre; er sandte ihnen auch Gaben, wie Pferde, Sättel und Stoffe, während gleichzeitig die Boten des Qabūṭān kamen und gingen mit verschiedenen Abreden und Vertragsvorschlägen, bis die Dinge so weit gekommen waren, wie oben geschildert. Während all dieser Zeit wartete der Qabūṭān auf eine zufriedenstellende Antwort, und der Silāḥdār hielt sich auch bei al-Alfī auf. Dieser suchte den Qabūṭān mit Geschenken und

Hammeln, bestem Reis, Weizen, Butter und Honig und ähnlichem abzulenken, bis Sulaimān Aghā heimlich zu ihm zurückkehrte, traurig und bedrückt, voller Kummer und Sorge über die verworrene Lage, in die er geraten war; beunruhigt auch über den Wesir der Pforte und über den Qabūṭān; was sollte nun seine Antwort sein? Der Qabūṭān aber hatte zwei Fäden in seiner Nadel und wollte dem sichersten folgen.

Als Sulaimān Aghā zu ihm kam und ihm die Nachrichten von der Gruppe in Oberägypten erteilte, nämlich, daß auf sie kein Verlaß sei und daß sie weder bezahlen noch sich einstellen wollten, daß aber al-Alfī bereit sei, den Teil zu bezahlen, den er aufzubringen vermöge, den Rest aber später zusammenbringen wolle und ihn dann auch entrichten werde, da erzürnte der Qabūṭān und sagte: «Du machst dich lustig über meinen Bart und den Bart des Wesirs der Pforte! Wir haben all dies in Bewegung gesetzt in der Meinung, daß die ganze Gesellschaft ein Herz und eine Seele sei. Wenn aber der Herr eines Landes Rebellion und Ungehorsam erfährt und nicht stark genug ist, sich zur Wehr zu setzen, was dann? Wir kamen euch mit einem Heer und mit der neuen Armee des *niẓām al-ǧadīd* zu Hilfe und mit noch anderem mehr. Wenn sie aber nun miteinander rivalisieren, einander beneiden und einander zürnen, so sind sie zu nichts nutz. Dein Heer alleine aber genügt nicht für diese Aufgabe; es braucht viel Hilfe. Doch sie ist nicht möglich ohne gewaltige Ausgaben.»

Als der Ärger und Zorn des Qabūṭān dem Sulaimān Aghā deutlich wurden, fürchtete er, daß er ihn mit Gewalt festhalten könnte, doch erkannte er, daß die Abwesenheit des Silāḥdārs, der sich bei al-Alfī befand, den Hauptgrund darstellte, der ihn davon abhielt. Er fragte ihn nämlich: «Und wo ist mein Silāḥdār?», und der andere antwortete: «Er ist bei al-Alfī in al-Buḥaira.» Worauf er befahl: «Geh und bringe ihn hierher und komme mit ihm zusammen zu mir!» Mūsā Pascha al-Mutawallī war auch zugegen. Sulaimān Aghā wagte kaum zu glauben, daß der Qabūṭān so gesprochen habe und er ihm entronnen sei. Er saß sofort auf und verließ Alexandria. Er hatte sich noch nicht weit von der Stadt entfernt, als er dem Silāḥdār begegnete, der auf Alexandria zu ritt. Er fragte den Sulaimān Aghā: «Wohin des Wegs?» Jener antwortete: «Dein Herr hat mich mit einem Auftrag fortgesandt; ich werde dann sogleich zu euch zurückkehren!» Damit zog er fort zu al-Alfī und kehrte nicht mehr zurück.

In jenen Tagen kämpfte al-Alfī gegen Damanhūr; Muḥammad ʿAlī Pascha hatte ein großes Expeditionscorps in die Stadt entsandt, das dort all seine Kräfte anspannte. Alle *dalāt*-Soldaten waren darin, auch Ṭāhir Pascha und seine albanischen Soldaten, die Türken und die Maghribiner. Er zog gegen sie, brachte ihnen eine Niederlage bei und schlug sie schmählich in die Flucht; am Ende warfen sie sich in den Strom. Sie kamen in einem elenden Zustand nach Kairo zurück. Wenn al-Alfī gewagt hätte, ihnen nachzuziehen, wäre der Rest von ihnen aus der Stadt geflohen. Sie zogen nämlich alle aus, und auf ihren Gesichtern stand der Schrecken geschrieben, der sie übermannt hatte. Doch Gott wollte dies nicht. Nach jener Schlacht wagten sie es nicht mehr, gegen ihn ins offene Feld hinauszuziehen.

Doch als seine Altersgenossen *(ḫušdāšīja)* von ihm fernblieben und nicht auf seinen Ruf hörten, verdarb das seinen Plan. Der Qabūṭān und Mūsā Pascha verließen die Festung Alexandria unter den erwähnten Umständen. Al-Alfī aber begann einen anderen Plan. Er schrieb Briefe an die Engländer und flehte sie an, ihm zu Hilfe zu kommen; sie sollten ihm einen Trupp ihrer Soldaten schicken, damit er durch sie im Krieg gegen seine Feinde gestärkt werde, wie er das schon im Vorjahr begehrt hatte. Doch damals hatten sie sich entschuldigt und erklärt, sie stünden im Frieden mit den Osmanen, und das Völkerrecht erlaube nicht, wenn mit jemandem ein Frieden bestehe, daß man gegen dessen Freunde Krieg führe. Deshalb würden sie ihm keine Soldaten senden, es sei denn mit der Zustimmung der Pforte oder wenn die Hilfe in einer wichtigen Sache angefordert werde ... Als er sich dann später wieder an sie wandte, fiel das zufällig zusammen mit einer zeitweiligen Verstimmung zwischen ihnen und den Osmanen; daher sandten sie eine Botschaft an Alfi Bek, in der sie ihm versprachen, sie würden ihm eine Hilfsexpedition von 6000 Mann schicken. Er verblieb etwa drei Monate in der Provinz al-Buḥaira, um ihre Ankunft abzuwarten. Es war zur Zeit des heißesten Sommers, und es gab dort weder Saatfelder noch Pflanzen. Der Aufenthalt in der Provinz wurde für seine Heere immer schwieriger, weil das Warten auf die Engländer so lange dauerte. Die Hilfstruppen, die sich um sie gesammelt hatten, und auch die anderen Soldaten beklagten sich, weil sie unter so beschwerlichen Umständen lebten. Er versprach ihnen jedesmal Erleichterung und sagte zu ihnen: «Haltet durch, es fehlt nicht mehr viel!» Doch als die Lage allzu bedränglich wurde, versammelten sie sich bei ihm und erklärten: «Entweder du ziehst mit uns nach Oberägypten, wo wir mit Gottes Gnade ein gutes Auskommen finden werden, oder aber du erlaubst uns, daß wir ausziehen und Proviant suchen.» Da blieb ihm nichts anderes übrig als abzuziehen, bedrückt und ärgerlich über die Hartnäckigkeit des Geschicks, das ihn daran hinderte, zu erreichen, was er benötigte. Zuerst waren der Qabūṭān und der Wesir unverrichteter Dinge fortgezogen und heimgekehrt; dann war es ihm nicht gelungen, Damanhūr in seine Gewalt zu bekommen. Er hatte nämlich beabsichtigt, die Stadt zu einer Festung zu machen und sich darin festzusetzen, bis er Unterstützung erhalte. Drittens hatte sich das Eintreffen seines Hilfscorps so lange verzögert, bis er unter Nahrungsmittelmangel zu leiden hatte und sich so gezwungen sah, weiterzuziehen. Viertens – und das war von allem das Schlimmste – hatten ihn seine eigenen Brüder und sein eigenes Volk gemieden, im Stich gelassen und sich geweigert, sich ihm anzuschließen. So brach er aus der Provinz al-Buḥaira mit seinem Heer und mit den leichten Truppen, die ihn begleiteten, auf, und sie gelangten nach al-Aḫṣāṣ.

Muḥammad ʿAlī Pascha rief seine Soldaten auf, zu Felde zu ziehen; keiner von ihnen solle zurückbleiben. Sie verließen regimentsweise die Stadt, tagsüber und nachts, und gelangten ans Ufer von Būlāq; dann setzten sie auf den Strand von Imbāba über und ordneten ihr Heer in Sichtweite des Ortes. Alfī Bek war inzwischen bis nach Kafr Ḥakīm gelangt, am Dienstag, dem 18. Ḏū l-Qaʿda (21), und seine Heere hatten sich über das ganze Westufer ausgebreitet in den Bezirken von Imbāba und Gīze.

Der Pascha und die Einheiten seines Heeres saßen auf, blieben aber unbeweglich auf den Rücken ihrer Pferde. Ihre Mannschaften zogen mit ihren Flinten und Waffen in Reihen auf. Der Held unserer Lebensbeschreibung zog in einem gewaltigen, eindrucksvollen Zug vorüber, während seine Heere die Wüste füllten. Sie waren in Kolonnen geordnet und hatten Trommeln bei sich; Araberstämme begleiteten sie, von den Aulād ʿAlī, den al-Hunādī und den Arabern des Ostens – eine gewaltige Menschenmasse. Der Pascha und seine Soldaten standen unbeweglich und sahen sie sich von ferne an. Muḥammad ʿAlī war voller Staunen und sagte: «Dies ist der Ṭahmāz (Ṭahmasp) unserer Zeit! Wenn nicht, wer sonst ist er?» Er sagte zu seinen *dalāt* und Reitern: «Rückt vor und kämpft gegen ihn! Ich werde euch soundsoviel Geld geben», und er versprach ihnen gewaltige Summen, um ihre Begierde zu wecken. Doch sie wagten nicht vorzurücken. Sie warteten voller Verblüffung und Erstaunen und suchten jeder seine eigene Rettung, indem sie Beratungen darüber abhielten, ob sie angreifen oder sich zurückhalten sollten, während sie ihn vor Augen hatten.

Er aber zog immer weiter, bis er in die Nähe von Qanāṭir Šubrāmant gelangte. Dort stieg er auf einer Anhöhe ab und ließ sich nieder. Sein Kummer und sein Groll mehrten sich, als er auf Kairo hinabsah und sagte: «Kairo, schau auf deine Söhne; sie sind alle um dich herum verstreut; fern von dir, auseinandergerissen, während die grobschlächtigen Türken und Juden, die verachteten Albanier dich zur Heimat genommen haben. Sie kassieren deine Tribute ein und kämpfen gegen deine Söhne. Sie suchen deine Helden zu töten und wollen deinen Rittern Widerstand leisten. Sie zerstören deine stolzen Paläste und wohnen in deinen

Schlössern, schänden deine Knaben und Mädchen und bringen deine Ehre und dein Licht zum Erlöschen!» Immer weiter stieß er diese und ähnliche Worte aus; sein Blut geriet dadurch in Wallung. Er begann Blut zu spucken und sagte: «Die Sache ist zu Ende! Ägypten ist nun endgültig in die Hände Muḥammad ʿAlīs gefallen. Niemand ist übrig, der ihn zu bekämpfen und zu besiegen vermöchte. Seine Herrschaft über die ägyptischen Mamluken ist nun hereingebrochen. Ich glaube nicht, daß es für sie nach dem heutigen Tag noch einen Ausweg geben wird!»

Dann ließ er seine Emire vor sich kommen und erhob Šāhīn Bek zu ihrem Befehlshaber. Er empfahl ihm die Sorge für seine Altersgenossen an und ihnen diejenige für seine Person. Er mahnte sie, stets die Brüderlichkeit unter sich zu bewahren und Rivalitäten aufzugeben, die nur zu Spaltungen und Mißerfolgen führen könnten; auch sollten sie sich vor dem Betrug ihres Feindes hüten. Er trug ihnen auf, sie sollten ihn nach seinem Tode in das Tal von Bahnasā bringen und ihn in der Nähe der Gräber der Märtyrer beisetzen. Er starb in jener Nacht, nämlich der auf den Mittwoch, den 19. Ḏū l-Qaʿda (1221 = 28. Januar 1807). Nachdem er verschieden war, wuschen sie ihn, wickelten ihn in ein Leintuch, beteten über ihm, luden ihn auf ein Kamel und sandten den Leichnam nach Bahnasā; dort beerdigten sie ihn bei den Märtyrern. So endete sein Leben; gelobt sei jener, der die Ewigkeit des Bleibens sein eigen nennt!

Sofort darauf erschien ein Bote vor Muḥammad ʿAlī und meldete ihm die Freudenkunde vom Tod al-Alfis, doch er wollte es nicht glauben. Die Nachricht befremdete ihn, und er ließ den Beduinen, der sie gebracht hatte, vier Tage lang einsperren. Dies geschah, weil die Gefolgsleute des Alfi Bek die Nachricht von seinem Tode verborgen hielten und sie auf ihrer Seite nicht bekannt werden ließen. Derjenige aber, der die Nachricht ausbrachte und dem Pascha die gute Botschaft überbrachte, war ein Gefährte des Beduinen, der ihn auf seinem Kamel transportiert hatte. Doch als der Pascha von seinem Tod sichere Kunde erhalten hatte, erfüllten ihn und seine engsten Günstlinge Freude und Glück, und sie begannen erhobenen Hauptes umherzuschreiten. Er ließ den Boten vorführen, kleidete ihn in einen Marderpelz und schenkte ihm Geld; dann befahl er ihm, in jenem Ehrengewand auszureiten und damit mitten durch die Stadt zu ziehen. Trotz alledem dauerten die Zweifel der Leute etwa zwei Monate lang, bis der Zusammenhang mit den späteren Ereignissen die Nachricht bestätigte. Sobald er nämlich gestorben war, zerstreuten sich die Araberstämme, die sich um ihn gesammelt hatten. Einige sandten Botschaften an den Pascha, um Frieden zu erbitten und ähnliches, wie es bereits oben im Zusammenhang erwähnt und gemeldet worden ist. Muḥammad ʿAlī Pascha pflegte zu sagen: «Solange es diesen al-Alfī gibt, kann ich mein Leben nicht genießen. Er und ich – wir sind wie zwei Gaukler, die auf dem gleichen Seil tanzen. Nur daß er Holzschuhe an den Füßen hat!» Als der Bote mit der Todesbotschaft zu ihm kam und er sich der Sache vergewissert hatte, sagte er: «Nun gefällt mir Ägypten; nie mehr werde ich einem anderen Rechenschaft ablegen müssen!»

DER CHARAKTER AL-ALFĪS

Der Verstorbene war ein ansehnlicher, Respekt einflößender Emir, ehrwürdig, voller Organisationsgabe, weitsichtig, das Ende der Dinge im voraus bedenkend, ein echter Ritter. Wenn er einem Menschen ins Gesicht schaute, konnte er seine Art und seinen Charakter erkennen, indem er ihn nur ansah. Er war von großer Energie, schwer zu beherrschen und voller Mut; zur Eifersucht geneigt, sogar gegenüber jenen, die er gerne mochte oder die auf seiner Seite standen. Er liebte großzügiges Vorgehen in allen Dingen, und sogar die Händler, die mit ihm wegen irgendwelcher Verkäufe zu tun hatten, suchte er nicht zu mäßigen oder in ihren Preisen niederzuhalten; vielmehr schrieben sie die Preise selbst auf Rechnungen, so wie sie es begehrten; der Schreiber nahm sie, um sie ihm vorzulegen, und er pflegte sie zu unterschreiben, ohne sie anzuschauen. Sie anzusehen oder gar darüber zu debattieren hätte seiner Ansicht nach eine Schande und einen Fehl bedeutet, die seine Emirswürde beeinträchtigt hätten. Nie verging ein Jahr, ohne daß alle seine Untergebenen ihre Zuwendungen zugeteilt erhielten, so daß sie den Erfordernissen des neuen Jahres neu entgegentreten konnten. Aus diesem Grunde blühte die Lage seiner Diener unter ihm außerordentlich; sie machten mit ihm große Gewinne und nahmen viel ein. Trotzdem behandelte er sie wie seine Freunde und Verwandten und sandte ihnen Lebensmittel als Beihilfe für ihre Haushalte und ihre Familien, an den Festen auch Stoffe.

Er sorgte stets dafür, daß seine Gefolgsleute und Anhänger die Oberhand bewahrten, denn er liebte es, wenn es ihnen besser erging als den anderen. Wenn er jedoch bei einem von ihnen einen Fehler fand, der seine Mannestugend schmälerte, ging er hart gegen ihn vor und jagte ihn davon. Man sah, wie seine Kāšifs und Mamluken trotz ihrer stolzen Befehlsgewalt, ihrer starken Persönlichkeit und ihrer Unnahbarkeit ihn sehr fürchteten und seine Worte respektierten.

Zu seinen besonderen Anlagen und Fähigkeiten, durch die er sich vor den anderen auszeichnete, gehörte, daß sich alle Araberstämme, die es in Ägypten gibt, seinen Befehlen fügten, sich vor ihm demütigten und ihm gehorchten; nie handelten sie ihm zuwider. Er besaß seltene Führungsgaben ihnen gegenüber und kannte ihre Umstände und ihren Charakter, als ob er unter ihnen aufgewachsen oder der Sohn eines ihrer Herrscher und Herr über ihre Lebensart wäre. Sie brachen auf und ließen sich nieder, wie er es befahl, obgleich er ihnen ihr Geld, ihre Kamele und Weidetiere zu beschlagnahmen pflegte, sie auch selbst einsperrte und wieder auf freien Fuß setzte und manche von ihnen hinrichten ließ. Trotz alledem sagten sie sich nie von ihm los.

Er heiratete viele ihrer Töchter; wenn ihm eine gefiel, behielt er sie, bis seine Affäre mit ihr zu Ende war; wenn aber eine von ihnen ihm nicht paßte, entließ er sie wieder zu ihren Verwandten. Unter seiner Protektion blieb nur eine einzige, nämlich jene, die ihm am besten gefiel, und er starb in ihrer Gegenwart. Als die Araber von seinem Tode hörten, kamen die Beduinenmädchen zusammen und begannen in seltsamen Worten seine Totenklage zu sprechen. Sie brachten dazu Sänger mit, die ihn mit herzbewegenden Melodien beklagten; auch schmiedeten sie Doppelzeiler und Reime auf ihn und ähnliches mehr.

Das Seltsamste dabei war, daß er – möge Gott sich seiner erbarmen! –, als er zu den Großen des früheren Regimes gehörte, jedes Jahr östlich von Bilbais in die Wüste hinauszog und über die Araber regierte. Er legte ihnen schwere Strafen auf, ließ sie festnehmen und in den Kerker werfen. Er half auch manchen von ihnen gegen die anderen. Er nahm Geld von ihnen, Pferde, Kamele und Schafe, und legte ihnen reichlich Steuern auf. Auch hinderte er sie daran, sich über die Bauern des bestellten Landes herzumachen.

Später aber, als er aus dem Land der Engländer zurückkehrte und al-Bardīsī und seine Soldaten sich gegen ihn erhoben, ihn von allen Seiten umzingelten und er sich vor ihnen zu verstecken suchte, floh er ins Wādī zu ʿAšība, dem Beduinen, der ihm Asyl gab und ihn verbarg. So blieb er versteckt. Al-Bardīsī und seine Anhänger mühten sich mit Nachforschungen und Durchsuchungen ab; sie setzten Geld und Belohnungen für jene aus, die ihn anzeigen oder herbeibringen würden. Doch die Beduinen ließen sich durch nichts Derartiges versuchen und gaben sein Geheimnis nicht preis. Sie stellten sogar auf den Wegen, die zu ihnen führten, Wachtposten auf, die zu ihnen gehörten und die Wege überwachten, so daß kein Wanderer sie unerwartet überraschen konnte. Dies ist so seltsam, daß viele Leute sagten: «Er hat sie bezaubert, oder er besitzt ein Geheimnis, mit dem er sie verhexen kann!»

Als er starb, verstreuten sich alle, und sie sollten sich später nicht mehr um eine andere Person sammeln. Sie gingen nach Hause; manche baten den Pascha um Frieden. Was aber seine Gefolgsleute und Mamluken angeht, so sollten sie nach ihm auf keinen grünen Zweig mehr gelangen. Sie gingen zu den Emiren nach Oberägypten; dort aber stellten sie fest, daß ihr Charakter im Widerspruch zu dem der anderen stand. Es kam eine Verbindung zwischen ihnen zustande, aber keine Bruderschaft; beide Parteien mißtrauten einander, und sie blieben einander fern, bis geschah, was geschehen mußte, als die mit dem Pascha Frieden schlossen und ihnen zustieß, was du in der Folge erfahren wirst – so Gott der Erhabene will!

Etwa vierzig Tage nach dem Tod Alfi Beks kam das Hilfscorps der Engländer nach dem Hafen von Alexandria und landete dort. Sie vernahmen dort den Tod des Genannten, doch wollten sie nicht ohne Weiteres umkehren, sondern sandten Boten an die ägyptischen Emire in der Meinung, daß unter ihnen noch ein Rest von Ernst und Stolz zu finden sein müsse. Sie baten sie, sich einzustellen, und wollten ihnen helfen, ihren Besitz und ihr Vaterland zurückzuerlangen.

Muḥammad ʿAlī Pascha befand sich damals in Oberägypten, wo er Krieg gegen sie führte. Er bat sie, einen Friedensvertrag mit ihm abzuschließen, und sandte ihnen einige Rechtsgelehrte der Azhar; so betrog er sie und hielt sie hin. Sie verzichteten darauf, sich auf den Marsch zu machen, und so geschah, was der Schar der Engländer zustoßen sollte, wie du später erfahren wirst, und nachher auch den Mamluken. So wurde Gottes Gebot erfüllt.

Alfi Bek hatte eine leidenschaftliche Vorliebe für das Konsultieren von Büchern, besonders solchen über die ausgefallenen Wissenschaften wie Weissagekünste, Geographie, Astronomie und Astrologie, die Aspekte der Planeten und auf welche Geschehnisse des Universums sie hindeuteten. Er kannte auch ihre Standorte und Sternkreiszeichen, deren Namen und Natur, sowie die fünf Planeten und die Bewegung der Fixsterne und ihre Standorte. All dies nach der Art der Araber, aus Anschauung, Beobachtung und Erfahrung, ohne sich darüber aus den Büchern zu informieren. Wenn aber jemand in seiner Anwesenheit aus einem Buch zitierte oder er es zu hören bekam, vermochte er wie ein gründlich Gebildeter darüber zu diskutieren und sich dazu zu äußern wie ein wohlinformierter Mann. Er verstand auch etwas von den Sandfiguren (d.h. Sandorakeln) und von der Deutung des Verborgenen mittels der Buchstabensymbolik. In diesen Bereichen hatte er Erfolge, wie mir einer seiner Gefolgsleute erzählte. Er habe nämlich, als er im Hafen von Alexandria anlangte, nachdem er aus dem Land der Engländer zurückgekehrt war, eine Figur gezeichnet, darüber meditiert, die Stirn gerunzelt und gesagt: «Ich sehe ein Ereignis auf unserem Weg, das vielleicht zu meiner Trennung von euch führen wird, und dann werde ich gegen 40 Tage lang von euch fort bleiben.» Aus diesem Grunde wollte er, daß seine Ankunft verborgen bleibe und er überraschend eintreffe. Doch al-Bardīsī hatte einen Späher in dem Hafen, der ihm die Nachricht von seiner Ankunft bringen sollte. Als er ankam, sandte jener Späher sofort einen Läufer aus – worauf geschah, was wir im Verlauf der Darstellung erwähnt haben: daß sie ihn verrieten und Ḥusain Bek al-Waswās in der westlichen Wüste töteten; die Flucht Baštāk Beks aus dem Schloß und die Entsendung von Soldaten, die Alfī Bek entgegentreten und ihn unversehens töten sollten; seine Flucht und wie er sich verborgen hielt; wie er dann wieder hervortrat und sie sich um ihn sammelten, nachdem die erwähnte Zeit oder ungefähr soviel verstrichen war.

Er pflegte, wenn er von jemandem hörte, der Wissen in jenen Dingen besaß, den Betreffenden vor sich zu laden, um ihn auf die Probe zu stellen, und wenn er sah, daß er nützlich sein könnte oder Verdienste aufwies, ehrte er ihn, belohnte ihn und machte ihn zu seinem Freund, dem er sich annäherte und den er an sich herankommen ließ.

Mit den Seinen war er einfach, doch zugleich zurückhaltend und weit entfernt von aller Vertraulichkeit und Zudringlichkeit. Er wohnte meistens in den Schlössern, die er außerhalb von Kairo hatte erbauen lassen, wie das große Schloß in Altkairo am Ufer des Stroms beim Nilometer oder das andere, das in der Nähe der Zāwija des Damirdāš lag, oder jenes, das bei der Maghribī-Brücke über den Nāṣirī-Kanal gelegen war. Wenn er sein Haus verließ, um zu einem jener Schlösser zu ziehen, vermied er es gewöhnlich, die Stadt zu durchqueren, und auf dem Rückweg ebenso. Man fragte ihn, warum er das tue, und er antwortete: «Ich schäme mich, mitten durch die Sūqs zu ziehen, während die Ladenbesitzer und die Müßiggänger mich anstarren und ich so zu ihrem Schaustück werde.»

Von Alfī Bek gibt es so viele Berichte, Lebenszeugnisse und denkwürdige Taten, daß sie, wenn man sie ausführlich darlegen wollte, eine eigene Biographie ausmachen würden. Besonders darüber, was ihm zustieß, als er seine Reise von drei Jahren und drei Monaten unternahm, in der Zeit, als die Franzosen in Kairo standen, und auch auf seiner späteren Reise in das Land der Engländer, auf der er ein Jahr und einen Monat fernblieb. Sein Charakter verfeinerte sich, als er sich über die Art informierte, wie sie ihr Land eingerichtet hatten; über die wohlgeordnete Art und Weise, in der sie ihr Regiment führen; über ihren großen Reichtum und den hohen Rang ihres Handwerkes; über ihre Gerechtigkeit gegenüber ihren Untertanen, die es bewirkt, daß es unter ihnen keine Armen und Bettler, keine Unbemittelten und keine Notleidenden gibt – obwohl sie doch Ungläubige sind.

Sie hatten ihm Geschenke und Juwelen verehrt, auch astronomische Instrumente und Ingenieurswerkzeuge wie Astrolabien, Globen und Ferngläser. Darunter gab es solche, mit denen die Augen, wenn sie im Dunkel verwendet wurden, die Formen der Dinge zu sehen vermochten, als ob sie im Licht lägen. Andere dienten besonders dazu, die Planeten zu betrachten, und man konnte damit einen kleinen Planeten als großen Körper sehen, um den herum sich eine Anzahl anderer kleiner Planeten befand, die der schärfste Blick nicht zu sehen vermag. Auch erhielt er allerlei Kriegswaffen, und sie schenkten ihm auch ein Musikinstrument, das einer Schachtel glich, in deren Inneren es Figuren gab, die sich in bestimmten Bewegungen drehten, während aus ihr gefällige Melodien mit harmonischen Liedern und verschiedenen Weisen hervorkamen. Es hatte Marken und Etiketten, die dazu dienten, die Melodien zu variieren, je nachdem, was der

Zuhörer wollte. Auch schenkten sie ihm noch andere Dinge dieser Art. All dies plünderten die Soldaten, die al-Bardīsī ausgesandt hatte, um ihn zu ermorden. Sie versuchten diese Dinge auf den Märkten der Ortschaften zu verkaufen, doch fast alle waren zerbrochen, verdorben und durcheinandergebracht.

Einer von jenen, die ihm nach Manūf al-ʿUljā entgegenzogen, um ihn zu empfangen, berichtete mir, daß Alfī Bek dort hinzog, und Sulaimān Bek al-Bawwāb ihn aufnahm und ihm das Bad für jene Nacht alleine zur Verfügung stellte; all seine Agenten in der Provinz al-Manūfija für Zwangsabgaben und Steuereinzüge waren zu ihm gekommen sowie auch ihre anderen Kollegen und Beauftragte in den Provinzen. Sie saßen in jener Nacht mit ihm zusammen und unterhielten sich über die Gerechtigkeit, die notwendig wäre, um das Land wieder aufzurichten. Er sagte zu Sulaimān Bek in bildlicher Sprache: «Ein Mann, der Weidetiere besitzt, deren Milch, Sauermilch, Fett und Käse ihn und seine Familie ernährt, ist darauf angewiesen, seine Herde zu ihren Futterplätzen zu begleiten, so daß die Tiere viel Milch geben, fett werden und ihm Vorteil bringen. Wenn er sie aber hungern läßt, sie überlastet, ermüdet und dursten läßt, so werden sie schwach, und wenn er sie sogar schlachtet, hat er kein Fleisch und kein Fett von ihnen.» Der andere sagte: «Dies ist es, woran wir gewöhnt sind und worin wir aufwuchsen!» Worauf Alfī Bek sagte: «Wenn Gott mir die Herrschaft über Ägypten und die Befehlsgewalt über dieses Land schenkt, so werde ich alles tun, um derartige Vorfälle zu vermeiden. Ich werde der Gerechtigkeit im Lande Geltung verschaffen, damit sich sein Gut mehrt, seine Städte blühen und ihre Bewohner Ruhe genießen. Dann wird es das beste Land Gottes sein. – Doch das Land Ägypten hat kein Glück und keine Chance. Du siehst, wie seine Bewohner verschiedenen Blutes sind, widerstrebenden Herzens, und wie ihr Charakter verkommt.» Nach jener Rede vergingen nur der Rest der Nacht und wenige Stunden des nächsten Tages, bis er umzingelt wurde und fliehen mußte, um sein Leben zu retten. Dann geschah, was oben schon erwähnt wurde: wie er sich verbarg und später wieder auftauchte, wie er dann nach Oberägypten zog und wie sich die Heere gegen ihn versammelten, so daß das Zeichen, unter dem er hervorgetreten war, ihm verderblich wurde und geschah, was geschehen mußte.

Auch erzählte mir jemand, der mit ihm in der Provinz al-Buḥaira zusammenkam und die Abendstunden mit ihm verbrachte, er habe gesagt: «Du, mein Freund, manchmal kommt es mir, bei Gott, in den Sinn, mich umzubringen! Doch wage ich nicht, es zu tun. Ich bin heute allein unter Tausenden von Feinden. Jene, meine Sippengenossen und Artsbrüder, haben mir angetan, was du weißt; sie gehen mir aus dem Wege und befeinden mich ohne Vergehen und Schuld, die ich ihnen gegenüber begangen hätte. Sie bringen mich und sich selbst ins Unglück, und sie geben das Land meinen und ihren Feinden zu Besitz. Ich bin gegangen und tat, was ich konnte, um sie zu befriedigen und ihnen Vorteile zu verschaffen, und ich habe ihnen gute Ratschläge erteilt. Doch das hat sie nur dazu veranlaßt, noch mehr Abneigung gegen mich zu empfinden und sich noch mehr von mir abzusondern. Dazu kommen auch noch jene Soldaten mit ihren Offizieren, die in das Land eingedrungen sind und von seiner Süße gekostet haben. Sie sind nun satt, nachdem sie hungrig gewesen waren, voller Wohlleben nach ihrer niedrigen Herkunft. Sie sammeln Heere und führen Krieg gegen mich, suchen mir durch Ränke nachzustellen und mich zu töten. Zu ihnen kommen dann auch noch jene Beduinen, die sich um mich herum gesammelt haben, damit ich sie anführe und ihnen helfe, sie verteidige und befriedige, wie ja auch meine Soldaten und Mamluken. Jeder von ihnen fordert von mir, daß er ein Oberhaupt und ein Emir werde; in ihrer Unkenntnis glauben sie, daß das Land unter meinem Regiment stehe, und bilden sich ein, ich wisse ihre Verdienste nicht zu würdigen. Manchmal suche ich sie durch Güte zu behandeln, dann wieder mache ich ihnen heftige Vorwürfe. Ich bin unter ihnen allen wie ein Beutelamm, und sie stehen um mich herum wie hungrige Hunde, die mich zerreißen und fressen wollen. Ich besitze nicht die Schätze des Krösus

(Qārūn) und habe für sie alles ausgeben müssen, was ich hatte. Nun zwingt mich meine Lage, die Knechte Gottes wie Feinde zu behandeln und ihnen ihren Besitz wegzunehmen, ihre Ernten zu verzehren und ihre Haustiere aufzubrauchen. Wenn Gott mir am Ende den Sieg verleiht, werde ich sie dafür entschädigen und mich ihnen nützlich erweisen. Doch wenn das Gegenteil der Fall sein sollte, möge Gott uns und ihnen Gnade erweisen. Denn es besteht kein Zweifel, daß sie sich unser erinnern werden und unserer Tyrannei und Gewalttätigkeit nachtrauern, wenn sie sie mit jener vergleichen, der sie nach uns ausgesetzt sein werden.»

Insgesamt gesehen war er der letzte entschlossene, mutige und weitsichtige unter den ägyptischen Emiren, die wir gekannt haben. Er stand allein in seiner Art und war einzigartig unter den Söhnen seines Volkes. Mit seinem Tod löste sich ihr Staatswesen auf, zerstreute sich ihre Gemeinschaft, zerbrach ihre Kraft und wuchs ihre Zersplitterung. Sie fanden nie mehr einen Standartenträger, verblieben in Erniedrigung und waren der Verachtung und der Geringschätzung ausgesetzt. Nach ihm besaßen sie keinen Plan mehr; sie erloschen und wurden am Ende in die fernsten Landesteile vertrieben.

Was seine Mamluken und Ṣanǧaqs angeht, so hielten sie sich nicht an seine Ratschläge und vergaßen sein Vermächtnis. Sie gesellten sich zu ihrem Feinde und schenkten ihm Glauben. Er ließ nicht von ihnen ab, bis er sie ermordet und bis zum Letzten ausgerottet hatte, wie dir im Folgenden berichtet werden soll.

Der Verstorbene war mittlerer Statur, weißer Hautfarbe, die dem Rötlichen zuneigte, schön gewachsen, mit langem Bart und blonden Haaren, die im Alter weiß geworden waren, scharfen Augen und zusammengewachsenen Augenbrauen; sich selbst wohlgefällig, metikulös in seiner Zierde und seiner Kleidung, nachdenklich, versteckt, so daß er nie ein Geheimnis preisgab, nicht einmal an seine engsten Freunde. Doch das Geschick half ihm nicht, und das Schicksal ereiferte sich gegen ihn. So verlor er seine Hoffnung, und seine Lebensspanne lief ab; es verriet ihn die Zeit, und er ging ein unter die Nachrichten der

Vergangenheit. Er starb im Alter von ungefähr 55 Jahren – möge Gott sich seiner erbarmen!

AL-BARDĪSĪ

Es starb auch der Emir ʿUṯmān Bek al-Bardīsī al-Murādī. Er wurde al-Bardīsī genannt, weil er Kāšif von Bardīs in Oberägypten gewesen und unter jener Bezeichnung bekannt und berühmt geworden war. Er erhielt die Emirswürde und den Rang eines Ṣanǧāq im Jahr 1210 (1795/96) und heiratete die Tochter des Aḥmad Katḫodā ʿAlī, die Schwester von ʿAlī, dem Kāšif der Provinz Šarqīja, die er bevorzugt behandelte. Die Heirat fand statt, bevor er Ṣanǧaq geworden war. Er wohnte im Haus des ʿAlī Katḫodā aṭ-Ṭawīl in der Azbakīja. Sein Name wurde bekannt, und man begann ihn unter die Emire zu rechnen. Als ʿUṯmān Bek al-Bardīsī al-Murādī am Strand von Abū Qīr getötet wurde und jene, die davonkamen, nach Oberägypten zurückkehrten, wurde al-Alfī derjenige, dem die Oberherrschaft über die Murādī-Mamluken anvertraut war. Als dann al-Alfī zu den Engländern abreiste, bestellte er al-Bardīsī zum Chef über seine Altersgenossen *(ḫušdāšīja),* zusammen mit Baštak Bek, den man den Kleinen Alfī nannte.

Als sie dann im Jahre 1218 (1803/04) nach Kairo kamen, nachdem Muḥammad Pascha Ḫosrau fortgezogen und Ṭāhir Pascha erschlagen worden war, schloß sich Muḥammad ʿAlī Pascha dem Bardīsī an. Der war damals der Liebling der Soldaten, und er verbrüderte sich mit ihm und schloß mit ihm Freundschaft. Er benützte seine Ahnungslosigkeit, um ihn zu seinem Bundesgenossen zu machen unter Zusagen und Versicherungen seiner Liebe für ihn und seiner Aufrichtigkeit. Sie gelobten auch einer dem anderen, daß sie sich nie verraten wollten und daß Muḥammad ʿAlī Pascha und seine griechischen Soldaten die Gefolgsleute al-Bardīsīs sein sollten, er aber der Emir, dem sie Folge leisteten. Sein Herz schwoll an, denn er war von geringem

Verstand und noch jung, so daß ihn der äußere Schein Muḥammad ʿAlī Paschas betrog.

Dieser hatte nämlich, nachdem er seinen Herrn, Muḥammad Pascha, und nach ihm Ṭāhir Pascha hereingelegt hatte, die Emire von Ägypten nach Kairo gerufen und sie in die Stadt ziehen lassen. Er hatte sich dann dem Ibrāhīm Bek al-Kabīr angeschlossen, weil er der Chef der ganzen Sippe und ihr Ältester war. Er hatte dem Ibrāhīm Bek Steuergelder und Unterhaltssummen zuweisen lassen und hatte sich als sein Gefolgsmann betragen. Er sondierte ihn und suchte ihn zu ergründen, doch kam er bei ihm nicht auf seine Rechnung, denn er fand ihn stets darauf bedacht, sich mitfühlend, freundschaftlich und brüderlich zu erweisen und einer jeden Spaltung seiner Sippe und seines Geschlechtes auszuweichen, sowie entschlossen, alles zu vermeiden, was die Zerstreuung und Erniedrigung seines Stammes bewirken könnte. Als Muḥammad ʿAlī die Hoffnung auf ihn aufgab, neigte er sich dem Bardīsī zu; ihn vermochte er zum Leichtsinn zu bewegen und seinen Verstand zu umgarnen. Er wurde sein Freund und Gefährte und war oft alleine mit ihm zusammen. Er trank mit ihm um die Wette, verbrachte seine Abende mit ihm und begleitete ihn, bis er ergründet hatte, was er in seinem Herzen trug, nämlich Neid auf seine Brüder und das Begehren, ihr alleiniger Chef zu werden.

Daraufhin bestärkte er ihn in diesen Begierden und vermehrte seine Wunschträume; auch versprach er ihm, er wolle ihm helfen und ihn unterstützen, um sein Ziel zu erreichen. Er ließ nicht mehr von ihm ab, bis sein Rat und seine Freundschaft tief im Gehirn des Bardīsī verwurzelt waren. All dies unternahm er im Hinblick auf das, was er im Herzen verborgen trug, nämlich alle Mamluken zu verderben.

Er riet al-Bardīsī auch, Türme um sein Haus herum zu errichten, das er in an-Nāṣirīja bewohnte, und nachdem sie fertiggestellt waren, ließ er darin einen Trupp seiner Soldaten Wohnung nehmen als Wache gegen Unbill, wenn sich eine solche ereignen sollte.

Dann zog er mit ihm in den Krieg gegen Muḥammad Pascha Ḫosrau nach Damiette, und sie kämpften gegen ihn, brachten ihn gefangen nach Kairo und kerkerten ihn ein. Später taten sie das Gleiche mit Sajjid ʿAlī al-Qabuṭān, und nachher verrieten sie ʿAlī Pascha aṭ-Ṭarābulsī und töteten ihn. All dies haben wir schon oben berichtet, und all dies hatte mit seinen Plänen gegen die Ägypter zu tun. Am Ende blieb nur noch die Entscheidung zwischen den beiden übrig. Doch zu jenem Zeitpunkt kehrte al-Alfī zurück, und ihm und seinen Soldaten stieß zu, was wir oben berichtet haben: sie erlitten eine Niederlage und zerstreuten sich, nachdem sie sich um al-Alfī gesammelt hatten, und wurden wenige, nachdem sie zahlreich gewesen waren.

Später empfahl er dem Bardīsī, seinem Freund, den er wohl beriet, er solle das Gros der verbleibenden Truppen in die Provinzen von Ober- und Unterägypten verstreuen, einen Teil davon, um auf al-Alfī Jagd zu machen und ihn sowie seine Soldaten festzunehmen, und den Rest, um die Fellachen auf dem Lande zu unterdrücken. In der Stadt blieben nur al-Bardīsī und Ibrāhīm Bek al-Kabīr mit einigen wenigen Emiren. Daraufhin ermutigte Muḥammad ʿAlī die Soldaten, ihren verfallenen Sold einzufordern, doch die Emire vermochten ihn nicht zu bezahlen. Al-Bardīsī beabsichtigte, den Armen der Stadt eine Zwangssteuer aufzuerlegen, nachdem er seinen Bruder und guten Ratgeber zu Rat gezogen hatte. Die Schreiber zogen durch die Quartiere und Gassen und registrierten die Namen der Leute sowie ihre Häuser. Die Bürger erschraken und begehrten gegen die Soldaten auf; diese aber sagten: «Wir begehren nichts von euch, und wir sind auch nicht einverstanden mit der Zwangsabgabe. Unsere Gehälter sollten von euren Emiren bezahlt werden; wir stehen auf eurer Seite!» Woraufhin die Bürger aufstanden wie ein Mann, und die Frauen mit Tamburinen die Gassen durchzogen und sangen: «Was hast du von meinem Bankrott, Bardīsī du Krott?» Und so begannen sie gegen die Emire zu schreien und mit den Soldaten einig zu gehen. Sofort umzingelten die Soldaten die Häuser der Emire, und es ging nicht lange, bis al-Bardīsī feststellen konnte, daß die Soldaten, die sich in den Türmen befanden, welche er um sich herum hatte errichten lassen, damit sie ihm zum Schutz und zur Sicherheit dienten, auf ihn schossen, ihn bekämpften und ihn umzubringen suchten. Sie wollten in sein Haus eindringen, und am Ende blieb ihnen allen nichts anderes übrig, als zu fliehen und sich davonzumachen. So zogen sie aus wie ein belagerter Bär aus seiner Höhle.

Al-Bardīsī aber hörte nicht auf herumzuziehen und Kriege zu führen, wie das die Folge enthüllen sollte, ohne je in einem einzigen Kampf zu siegen; er hörte auch nicht auf, Feindschaft gegen seinen Bruder al-Alfī zu hegen und ihn und seine Gefolgsleute zu beneiden, voller Begierde darauf, ihn zum Straucheln zu bringen. Am besten gelang ihm dies mit dem Qabūṭān und mit Mūsā Pascha und bei noch anderen Gelegenheiten.

Er war tyrannisch, launisch, leichtsinnig und unordentlich; Gott schuf ihn, um ihn zur Ursache zu machen für das Ende ihrer Macht und ihres Staates, für die Zerstörung ihrer Paläste, den Ruin ihrer Pläne, für ihre Erniedrigung und die Zerstreuung ihrer Gemeinschaft. Seine Schlechtigkeit dauerte fort, bis er krank wurde und in Manfalūṭ starb; dort wurde er auch begraben.

DIE METHODE DES CHRONISTEN

(B III 315). Das Jahr (1225 = 1810/11) endete mit den Ereignissen, von denen ich einige hier berichtet habe. Ihre erschöpfende Behandlung war jedoch nicht möglich, weil ich vom direkten Kontakt mit den Geschehnissen entfernt und so nicht in der Lage war, sie nachzuprüfen und festzustellen, ob sie mir richtig oder entstellt überbracht, übertrieben oder unvollständig dargestellt worden waren. Ich schreibe nämlich nie ein Ereignis nieder, bevor ich es nicht dadurch auf seine Richtigkeit überprüft habe, daß der Bericht mehrmals wiederholt worden ist oder allgemein bekannt wurde. Die meisten (hier erwähnten) Geschehnisse gehören in den Bereich des allgemein Bekannten und können aus diesem Grund nicht allzusehr entstellt werden. Es kann vorkommen, daß ich mit der Niederschrift eines Ereignisses zuwarte, bis ich es genau festgestellt habe, doch geschieht dann inzwischen etwas anderes, und ich vergesse es. Deshalb schreibe ich alles auf einzelne Blätter, um sie an ihrer Stelle zu benützen, wenn ich dieses Buch in endgültige Form bringe, so Gott es will. Dies alles kommt daher, daß mein Geist getrübt und die Lage unklar ist, daß ich um meine Familie bekümmert bin und viele Sorgen habe, daß mein Körper geschwächt und mein Herz traurig ist.

DAS ENDE DER MAMLUKEN

(B III 319). An jenem Tag (dem 2. Ṣafar 1226 = 26. Februar 1811) erhob der Pascha (Muḥammad ʿAlī) seinen Sohn Ṭūsūn Pascha zum Oberbefehlshaber der Expedition, die nach dem Ḥiǧāz ziehen sollte. Sie zogen mit ihrem Heer bis zur ʿAzab-Kuppel, hielten dort eine Heerschau ab und schlugen ein Zeltlager auf. Der Pascha zeigte sich äußerst beflissen, war voller Eile und unermüdlich. Er deutete auch an, daß er ein Heer nach Syrien entsenden könnte, um Jūsuf Pascha in sein Amt einzusetzen, und daß er Šāhīn Bek al-Alfī zu dessen Kommandanten ernennen könnte, sowie andere Anspielungen ähnlicher Art. Er forderte von den Astrologen, sie sollten ihm eine günstige Zeit auswählen, um seinem Sohn sein Reisegewand zu verleihen. Sie bestimmten die vierte Stunde des Freitags. Als der Donnerstag, der 4., anbrach, zog der Alai Ǧāwīš in der Art, wie man seit alters für die großen Umzüge einzuladen pflegte, durch die Sūqs; er war mit der *ḍalma* bekleidet, trug einen *ṭabaq* auf seinem Haupt und ritt auf einem hochgewachsenen Esel. Vor ihm schritt ein Vorgänger mit einem Heroldsstab, und um ihn herum waren Diener der Pforte, die in ihrer Sprache ausriefen: *«Yarın Alai!* (Morgen ist Parade!)» Dies wiederholten sie in jedem Viertel der Stadt. Sie verteilten Einladungsbriefe an die höheren Offiziere und Chefs der Tausendschaften sowie die ägyptischen Emire, die Mitglieder der *Alfīja*-Mamlukenfamilie und an andere, die sie alle aufforderten, früh am Morgen in die Zitadelle zu kommen, damit sie alle in ihrem Schmuck und Putz vor dem Festzug einherschritten.

Als der Freitag, der 6., anbrach, saßen sie alle auf und ritten auf die Zitadelle. Die Ägypter zogen mit ihren Mamluken, Gefolgsleuten und Soldaten hinauf. Die Emire betraten das Haus des Pascha, wünschten ihm guten Morgen und saßen eine kurze Zeit mit ihm zusammen, um Kaffee zu trinken, während er freundlich mit ihnen scherzte. Dann bereiteten sie den Umzug vor, in der Art, wie er geplant war. An die Spitze stellten sie die Truppe der *dalāt* mit ihrem Kommandanten, einem Emir namens Uzun ʿAlī; hinter ihm kamen der Wālī, der Muḥtasib und der Aghā, dann die Oğaqs der Janitscharen und ägyptischen *ildāšāt,* die Stadtbewohner, die ihre Uniformen angezogen hatten, und nach ihnen Scharen von Soldaten zu Fuß und zu Pferde mit ihren Hauptleuten *(binbāšī)* und Dienstgraden; schließlich Ibrāhīm, der Oberaghā der Pforte. Sulaimān Bek, der Torwächter, kam und ging, um den Zug zu ordnen. Der Pascha aber hatte die Nacht mit Ḥasan Pascha, mit Ṣāliḥ Qūğ und mit dem Katḫodā verbracht, und sie hatten beschlossen, die Ägypter zu verraten und zu ermorden. Am Morgen weihte er Ibrāhīm, den Oberaghā der Pforte, in das Geheimnis ein.

Als der Umzug geordnet war und die Einheiten der *dalāt* vorbeigezogen waren sowie auch jene, die ihnen folgten, Oğaqs und *ildāšāt* aus Ägypten, und sie das Bāb al-ʿAzab hinter sich gelassen hatten, befahl Ṣāliḥ Qūğ, das Tor zu schließen, und offenbarte den Plan seinen Truppen. Sie machten kehrt und begannen auf die Ägypter zu schießen. Diese fanden sich alle in der steilen Enge eingeschlossen, die zwischen den Steinmauern von oben zum ʿAzab-Tor hinabführt, auf dem Abschnitt, der zwischen dem oberen Tor, durch das man zum Marktplatz der Zitadelle gelangt, und dem unteren Tor liegt. Sie hatten eine Anzahl von Soldaten bereitgestellt, die am Rande des Einschnittes auf den dortigen Mauern wachten. Als sie von unten her unter Feuer genommen wurden, wollten die Emire umkehren und zurückweichen, doch konnten sie es nicht, weil die Pferde hintereinander in dem engen Einschnitt aufgereiht waren. Sie wurden nun auch von hinten mit Flinten und Karabinern unter Feuer genommen. Die Soldaten, die über ihnen standen, waren ebenfalls darüber informiert, was man von ihnen erwartete, und begannen auch auf sie zu schießen.

Als sie sahen, was ihnen geschehen war und daß sie in ihrer Hand waren, gerieten sie in Unordnung und Verwirrung; viele von ihnen fielen. Sie sprangen von ihren Pferden und scharten sich um Šāhīn Bek, Sulaimān Bek den Türhüter und andere, die zu ihren Mamluken gehörten, und wollten nach oben hin umkehren, während die Kugeln von allen Seiten auf sie niederprasselten. Sie streiften die Pelze und schweren Prachtkleider, die sie trugen ab, und drangen mit blanken Säbeln vor, bis sie den mittleren Platz erreichten, der der Säulenhalle gegenüber liegt. Die meisten von ihnen waren schon gefallen. Dort wurde auch Šāhīn Bek getroffen und fiel zur Erde. Sie schlugen ihm den Kopf ab und eilten damit zum Pascha, um dafür einen *baqšīš* zu erhalten.

Der Pascha war, als der Zug sich in Bewegung gesetzt hatte, aus dem Diwan des Sarais fortgeritten in das Haus, in dem er seinen Harem hatte; es war das Haus des Ismāʿīl Efendī, das auch als Münze diente. Sulaimān Bek der Torhüter floh um sein Leben und kletterte an der Mauer des großen Turmes empor, doch sie verfolgten ihn mit Schüssen, bis er fiel und man auch seinen Kopf abschnitt. Viele andere wollten in das Haus Ṭūsūn Paschas fliehen, weil sie dachten, sie könnten dort Zuflucht und Asyl finden, doch auch sie wurden umgebracht.

Die Soldaten machten sich daran, den Ägyptern den Gnadenstoß zu versetzen und ihnen die Kleider, die sie trugen, vom Leibe zu reißen; sie verschonten nicht einen. Ihr heimlicher Haß wurde offenbar. Sie erschlugen sie und auch jene Bürgerssöhne, die sie begleitet hatten, um mit ihnen zu ziehen; auch die Bewohner der Stadt, die ihre Uniformen angezogen hatten, um den Zug zu schmücken. Sie schrien und baten um Hilfe; manche sagten: «Ich bin kein Soldat und kein Mamluk!», andere: «Ich gehöre nicht zu ihrem Stamm!» Doch sie kümmerten sich um kein Geschrei, keine Klagen und Hilferufe. Sie verfolgten die Auseinandergesprengten und Flüchtigen überall in der Zitadelle bis in die entferntesten Winkel, auch jene, die geflohen und in die Häuser und Gebäude eingedrungen waren. Wen sie lebend erwischten, weil er den Kugeln entgangen oder weil er hinter dem Zug zurückgeblieben und bei dem Kat̮ḫodā sitzen geblieben war, den nahmen sie gefangen, wie Aḥmad Bek al-Kalārǧī oder Jaḥjā Bek al-Alfī und ʿAlī Kāšif al-Kabīr. Sie beraubten sie ihrer Kleider und warfen sie alle in das Gefängnis unter den Sitzungssaal des Kat̮ḫodā Bek. Dann holten sie den Henker, damit er sie im Hof des Diwans enthaupte, einen nach dem anderen, vom Beginn des Vormittags an, bis in die Nacht hinein, so daß man Fackellicht brauchte. Der ganze Hof lag voller Leichen. Den berühmten und wohlbekannten Personen, die umgekommen waren und auf der Straße zur Zitadelle lagen, schnitten sie die Köpfe ab und schleppten ihre Überreste zu den anderen Kadavern. Dem Šāhīn Bek banden sie sogar Stricke an Füße und Hände und schleppten ihn über den Boden wie einen toten Esel bis zum Hof des Diwans.

Dies geschah in der Zitadelle; in der unteren Stadt aber befiel Unruhe die Leute, als die Tore der Zitadelle geschlossen wurden und man die Schüsse in ar-Rumaila vernahm. Die Soldaten, die in ar-Rumaila standen, um auf den Zug zu warten, flohen und ebenso die Zuschauer. Die Panik erreichte die Sūqs der Stadt; Unruhe brach aus. Wer sich in den Läden befand, um von ihnen aus dem Zug zuzusehen, floh ebenfalls; die Leute verschlossen ihre Läden, ohne daß jemand gewußt hätte, was genau geschehen war. Sie waren alle voll von Vermutungen.

Als aber die Soldaten erfuhren, was geschehen war, nämlich, daß man die Emire ermordet hatte, strömten sie wie Heuschrekkenschwärme in die Häuser der ägyptischen Emire und ihrer

Nachbarn, um zu plündern und Beute zu suchen. Sie drangen unversehens in sie ein und plünderten sie gründlich. Sie schändeten Konkubinen und Ehefrauen, entblößten Frauen und Mädchen, Herrinnen und Meisterinnen. Sie entrissen ihnen den Schmuck und die Juwelen, die sie trugen, und ihre Gewänder. So zeigten sie nun offen, was sie in ihren Herzen verborgen getragen hatten. Sie fanden niemanden, der sie gehindert oder zurückgehalten hätte. Es gab solche, die die Hand einer Frau packten, um ihr die Armbänder abzustreifen. doch wenn sie sie ihr nicht in Eile vom Arm ziehen konnten, hackten sie der Frau die Hand ab.

Den Leuten widerfuhren während dem Rest jenes Tages Schrecken und Furcht, Untaten, wie man sie nicht beschreiben kann. Die Mamluken und Soldaten waren in allen Stadtteilen und Vierteln ansässig; jeder Emir besaß ein großes Haus, in dem seine Familie und Gefolgsleute wohnten und wo auch seine Mamluken, seine Pferde und Kamele untergebracht waren. Sie hatten meist auch noch ein oder zwei kleine Häuser in den Gassen in der Gegend der Azhar- und der Ḥusain-Moschee. Dorthin pflegten sie die Dinge zu bringen, an deren Sicherheit ihnen lag, weil ihnen schien, daß jene Häuser weitab lagen und durch die Unverletzlichkeit und Ehrwürdigkeit des Bezirkes geschützt seien, wenn Unruhen ausbrächen. Doch viele der hohen Offiziere (der Türken) waren in allen Gegenden ihre Nachbarn, beobachteten ihre Angelegenheiten, informierten sich über ihre meisten Bewegungen und Wohnstätten und pflegten sie sogar zu betreten, um ihnen Gesellschaft zu leisten und die Nächte mit ihnen zu verbringen. Sie zeigten den Emiren Freundschaft und Zuneigung, während ihre Herzen mit Neid und mit Abneigung gegen sie, ja gegen alle Araber vollgestopft waren.

Als nun jenes geschah, beeilten sie sich, ihren Besitz an sich zu nehmen, und zeigten, was in ihren Herzen verborgen gewesen war. Besonders aber wollten sie an den Frauen Rache üben, denn es war so, daß sogar der größte von ihnen, wenn er eine Frau der untersten Klasse freien wollte, auf ihre Ablehnung stieß, sie ihm mit Entschuldigungen auswich und seine Nähe nicht dulden mochte. Wenn er aber darauf bestand, konnte sie leicht jemanden finden, der sie verteidigte, oder, wenn dies nicht möglich war, floh sie aus ihrem Haus und verbarg sich auf einige Monate. Doch das Gegenteil geschah, wenn sie auch nur der niedrigste Mamluk heiraten wollte; dann stimmte sie nämlich sofort zu. Als der Pascha mit der *Alfija* Frieden geschlossen hatte und sie Häuser suchten, war es zum Beispiel geschehen, daß viele bisher verborgene und versteckte Frauen hervorkamen und darum wetteiferten, sich mit ihnen zu vermählen, ihnen Kleider anzufertigen, ihnen Angebote zu machen und ihnen die Notwendigkeiten der Häuser bereitzuhalten, wie das ein Gatte von seiner Gattin erwartet. Die Türken aber sahen dabei zu und empfanden darüber Neid in ihren Herzen.

Es gab freilich einige, die ihre Nachbarn und die Ehre ihrer Häuser verteidigten und dafür sorgten, daß niemand in sie hinaufstieg oder in ihre Nähe kam, wenn das freilich auch nur wenige waren. Doch geschah dies nur in eigennütziger Absicht und in Hoffnung auf Gewinn, denn nachdem die Plünderung aufgehört hatte, nahmen sie sich die Häuser und die Wohnungen, die sie verteidigt und geschützt hatten, samt ihrem Inhalt in Besitz.

Viele Häuser, die neben jenen der Mamluken oder denen ihrer Gefolgsleute lagen, wurden unter den geringfügigsten Vorwänden geplündert. Auch drangen sie ein unter dem Vorwand von Durchsuchungen, indem sie sagten: «Bei euch ist ein Mamluk versteckt!», oder auch: «Wir haben vernommen, daß ihr das Depot eines Mamluken in eurem Haus habt!» Die Leute verbrachten so die ganze Nacht bis zum nächsten Morgen. Damals wurde so viel geplündert an Geld und Gerät, daß sein Wert nicht bemessen oder errechnet werden kann, außer von Gott. Es wurden auch viele Häuser von Würdenträgern geplündert, die nicht den Emiren, auf die man es eigentlich abgesehen hatte, gehörten, sondern Leuten, die sogar im Dienste des Paschas standen, wie Ḏū l-Fiqār Katḫodā, den Aufseher der Gärten, die der Pascha bei Šubrā hatte anlegen lassen; oder das Haus des Emirs ʿUṯmān Aghā al-Wardānī oder das des Muṣṭafā Kāšif al-Mūrlī und auch solche der Efendīs und Schreiber und anderer.

Am Morgen des Samstags dauerten die Plünderung und das Morden sowie die Festnahme von Versteckten und Verborgenen an; die einen zeigten die anderen an oder verleugneten sie. Der Pascha saß am Morgen auf und kam von der Zitadelle herab. Um ihn herum schritten seine großen Emire zu Fuß; ihnen voraus schritten die *ṣafāšīja* und die Ǧawīše in ihrem Schmuck und ihren Prachtkleidern; alle zu Fuß, keiner beritten außer ihm selbst. Sie drängten sich in großer Zahl um ihn, vor und hinter ihm, und die Freude und Heiterkeit über die Ermordung der Ägypter, ihre Plünderung und den Sieg über sie strömten nur so von ihren Gesichtern.

Der Pascha hielt jedesmal an, wenn er an einem Wachtposten, einem Polizeiposten oder Offizieren vorbeikam und tadelte sie wegen der Plünderungen und weil sie sie nicht verhindert hätten. Doch in Wirklichkeit waren sie es gewesen, die als erste geplündert hatten; die anderen waren ihnen dann gefolgt.

Der Pascha ritt gerade bei den Bandknüpfern aus Kleinasien und den Bratköchen vorbei, als plötzlich jemand vor ihn trat, der zu den Händlern aus Nordafrika gehörte und al-ʿArabī al-Ḥulw genannt wurde; der schrie ihm ins Gesicht: «Was soll das alles? Was haben wir damit zu tun, daß die Soldaten uns plündern? Wir sind arme Leute aus dem Maghrib, Kleinhändler, nicht Mamluken und Soldaten!» Er wandte sich ihm zu und sandte Leute mit ihm in sein Haus. Dort fanden sie zwei Individuen vor, einer war ein Türke und der andere ein Ägypter, die gerade dabei waren, das letzte Plündergut aufzulesen; Überreste von dem, was frühere Plünderer hatten fallen lassen. Der Pascha befahl, sie hinzurichten. Man führte sie zum Bāb al-Ḥarq und schlug ihnen die Köpfe ab.

Dann bog er zum Markt der *kaʿk*-Bäcker um, und jemand kam ihm entgegen und meldete ihm, die Scheichs seien versammelt und hätten die Absicht, aufzusitzen, um ihm entgegenzureiten, ihn zu begrüßen und zu seinem Sieg zu beglückwünschen. Er sagte: «Ich werde zu ihnen gehen!» und setzte seinen Zug durch die Stadt fort, um schließlich in das Haus des Scheichs aš-Šarqāwī einzutreten und dort eine freundliche Stunde mit ihm zu verbringen.

Bei dem Scheich hatten zwei von den ägyptischen Kāšifs Zuflucht gesucht, und er sprach zum Pascha in ihrer Sache und flehte ihn an, ihnen den Tod zu ersparen und ihnen Sicherheit für ihre Personen zu gewähren. Er sagte zum Pascha: «Beschäme mein weißes Haar nicht, mein Sohn; nimm meine Fürsprache an und gib ihnen einen Schutzbrief für ihre Sicherheit!» Der Pascha antwortete ihm darauf zustimmend und sagte: «Deine Fürsprache sei angenommen! Aber wir geben keine schriftlichen Zusagen für Sicherheit; meine Vergebung besteht aus meinem Wort! Wir können aber auch ein Papier schreiben und es dir als Friedensbestätigung zusenden.»

Der Scheich gab sich damit zufrieden. Der Pascha ritt fort, zog zur Zitadelle empor und sandte ein Papier an den Scheich, in dem die Auslieferung der beiden verlangt wurde. Der Scheich sagte zu ihnen: «Der Pascha hat dieses Papier gesandt, um euch zu beruhigen; er will euch vor sich bringen lassen!» Doch sie antworteten: «Er hat es nicht getan, damit wir vor ihn geführt werden; es besteht kein Zweifel, daß er uns hinrichten lassen will!» Der Scheich entgegnete: «Das ist unmöglich! Es kann nicht sein, daß er euch aus meinem Haus holen läßt und hinrichtet, nachdem er meine Fürsprache angenommen hat!» So gingen sie mit den Boten; doch als sie in den Hof gelangten, der voll von Toten lag, während die Hinrichtungen unter den dortigen Gefangenen noch andauerten, wurden die beiden gefangengenommen und zu ihnen gesellt.

Am gleichen Tag zog auch Ṭūsūn, der Sohn des Paschas, in die Stadt hinab, zur gleichen Zeit wie sein Vater; auch er ritt durch die Stadt und ließ einen von den Plünderern hinrichten. Damit hörten die Plünderungen auf, und die Soldaten hielten damit inne. Wären der Pascha und sein Sohn nicht am Morgen dieses Tages in die Stadt hinabgestiegen, so hätten die Soldaten auch das übrige Kairo geplündert. Sie richteten den größten Schaden an.

Die Fahndung nach den Soldaten und Mamluken dauerte an. Auch alle jene wurden festgenommen, die ihnen an Kleidern oder Aufputz ähnlich sahen. Die meisten, die Verhaftungen vornahmen, waren Soldaten des Ḥasan Pascha Arnauṭī. Er stellte ihnen in den Häusern oder anderen Orten nach, wo sie sich versteckt hatten; er ließ sie sich anzeigen, dann ergriffen sie die, nach denen sie fahndeten, und plünderten an Ort und Stelle alles aus, was sie forttragen konnten, sogar die Kleider und den Schmuck der Frauen. Einer oder zwei oder mehrere schleppten die Gefangenen fort und nahmen ihnen unterwegs ihre Turbane, ihre Gewänder und alles, was sie in den Taschen trugen, weg. Wenn es ein hoher Würdenträger oder ein Emir war und sie sich vor ihm schämten, fragten sie in höflichen Formen nach ihm, und wenn er kam, sagten sie zu ihm: «Unser Herr, Ḥasan Pascha, ruft dich zu sich; du brauchst nichts zu fürchten!» So beruhigte er sich ein wenig und dachte, sie würden ihn ohnehin zwingen, und er habe auf jeden Fall keine andere Möglichkeit, als zu gehorchen, weil sie ihn mit Gewalt fortführen würden, wenn er sich weigerte. Doch sobald er das Haus verlassen hatte, umringte ihn ein Schwarm von ihnen, während die übrigen in das Haus hinaufstiegen und alles wegnahmen, dessen sie sich bemächtigen konnten; nachher holten sie die anderen wieder ein. Dem Festgenommenen aber geschah dasselbe wie allen anderen, die ergriffen wurden.

Manche versteckten sich, indem sie bei den *dalāt*-Truppen Zuflucht nahmen, sich kleideten wie sie und die Spitzmütze aufsetzten; diese gewährten ihnen Schutz. Viele vermochten an jenem Tage zu fliehen und zogen nach dem Süden davon. Manche zogen auch Frauenkleider an, wie die Bauernfrauen sie tragen, und verließen die Stadt mit den Fellachinnen, die Mist und Käse verkaufen. Sie suchten mit ihnen zusammen davonzukommen. Wem es gelang, der floh nach Syrien und anderswohin.

Was den Kathodā Bek anging, so erbarmte er sich nicht eines von ihnen, weil er sie so sehr haßte. Einem jeden, den sie vor ihn brachten, sogar wenn er arm und hilflos war und zu den Mamluken früherer Emire gehörte, befahl er den Kopf abzuschlagen. Er sandte Briefe an die Kāšifs der Provinzen und Verwaltungskreise mit dem Befehl, alle, die sie in den Dörfern und Ortschaften fänden, hinzurichten. Am nächsten Tag schon wurden die Köpfe aus den Provinzen gebracht; man stellte sie in ar-Rumaila und auch auf der Brunnenbank gegenüber dem Zuwaila-Tor aus.

Viele Soldaten befanden sich auf dem Land, um die *farḍ*-Steuer einzuziehen, die sie sich verpflichtet hatten, an Stelle ihrer Fellachen zu entrichten. Ihre Frist war nämlich abgelaufen, und die Behörden verlangten, sie sollten bezahlen; doch die Fellachen vermochten nicht zu zahlen, und die Steuerverwalter wollten keine Verzögerungen zulassen, so daß ihnen nichts anderes übriggeblieben war, als selbst hinauszuziehen, um die vom Diwan geforderten Summen flüssigzumachen. Als dann die Befehle an die Kāšifs der Provinzen gelangten, alle jene umzubringen, die sich in den Dörfern befanden, beeilten sie sich, jene hinzurichten, die sie fassen konnten; jenen aber, die sich fern von ihnen befanden, sandten sie Soldaten in ihre Ortschaften. Diese überfielen sie unerwartet, töteten sie, plünderten ihren Besitz und das Geld, das sie bereits zusammengebracht hatten, und sandten ihre Köpfe in die Stadt. Oder aber sie ergriffen sie mit List und töteten sie. Jeden Tag trafen zahlreiche Köpfe aus Oberägypten und aus dem Delta ein; man hängte sie am Zuwaila-Tor und am Tor der Zitadelle auf.

Sie nahmen unter keinen Umständen Fürsprache für irgend jemanden an; manchmal gewährten sie einigen Sicherheit; doch wenn diese dann kamen, nahmen sie sie gefangen, zogen ihnen die Kleider aus und töteten sie. Der Pascha wußte, daß der Kathodā die Sippe der Mamluken besonders haßte; gerade deswegen hatte er ihn mit ihrer Sache betraut.

Zwischen ihm und Muḥammad Aghā, dem Kathodā der

ǧāwīšīja, war es zu einigen Unstimmigkeiten gekommen, die aus einer früheren Zeit stammten oder auch daher kamen, daß jener der Schwiegervater eines Mitgliedes der *Alfīja*-Mamluken war, mit dem er seine Tochter verheiratet hatte. Er befand sich abwesend in einem Dorf, das al-Firʿaunīja genannt wurde und in seinem Lehenssitz lag. Er hatte die *farḍ*-Steuer, die darauf lastete, garantiert und war persönlich hingegangen, um das *farḍ*- und das *mīrī*-Geld flüssigzumachen. Einen Tag vor den Ereignissen in Kairo sandte der Katḫodā Bek Botschaft an den Kāšif der Provinz al-Manūfīja und befahl ihm, sich seiner anzunehmen. Jener sandte eine Truppe Soldaten gegen ihn aus, die frühmorgens bei ihm eindrangen, während er gerade die Waschung für das Morgengebet vornahm, und töteten ihn. Sie schlugen seinen Kopf ab und sandten ihn nach Kairo.

Oft brachte man Leute vor ihn, die zu den Resten der alten Familien von Kairo gehörten. Sie wurden vor den Katḫodā geschleppt, der sie befragte, und sie erklärten ihm, wer sie seien und welcher Abstammung. Doch er wollte es ihnen nicht glauben und befahl, sie in den oberen Kerker zu werfen, bis ihre Sache geklärt sei. Wenn sie Glück hatten, kamen sie später davon, nachdem sie dem Tod ins Auge geschaut hatten; doch das geschah selten.

Während jener Ereignisse wurden mehr als tausend Menschen erschlagen, Emire, Soldaten, Kāšifs und Mamluken. Am Ende brachte man ihre Kadaver auf Holzbrettern und warf sie beim Brunnen von ar-Rumaila zum Waschen auf die Erde. Nachher hob man sie auf und warf sie einen über den anderen in einen Erdgraben, ohne die Emire von den anderen zu unterscheiden. Die Köpfe einiger der Größten von ihnen wurden abgehäutet, und die enthäuteten Schädel wurden auf die Kadaver in jenem Graben geworfen.

Diese Ereignisse gehörten zu den schändlichsten Geschehnissen; Ähnliches war früher niemals vorgekommen. Von den Alfīja-Mamluken kam einzig Aḥmad Bek, der Gemahl der ʿAdīla Ḫānum, der Tochter des Ibrāhīm Bek al-Kabīr, davon; er war nämlich abwesend im Bezirk Būš; außerdem Amīn Bek, der aus der Zitadelle entkam und nach Syrien entfloh; ebenso ʿUmar Bek al-Alfi, der an jenem Tage nach dem Fajjūm verreist war. Doch ihn töteten sie dort und sandten seinen Kopf zusammen mit etwa fünfzehn anderen fünf Tage später nach Kairo. Dabbūs Oghlū, der Gouverneur von al-Minja, sandte 35 Köpfe; und aus dem Delta kamen noch mehr.

ANHANG

GLOSSAR

aghā türk.: Herr. Anrede und Ehrentitel für militärische Dienstgrade, besonders die Kommandeure der osmanischen Korps *(oǧaq)*. «Der Aghā» ohne weiteren Zusatz ist der Kommandeur des Janitscharenregiments *(mustaḥfiẓān)*.

alai ǧāwīš türk.: der für die Durchführung von Paraden und Umzügen *(alai)* zuständige Offizier.

amīn al-baḥrain arab.: «Beauftragter der beiden Gewässer». Der Aufseher der Nilschiffahrt.

amīn al-istiḥsāb: s. *muḥtasib.*

amīr al-ḥāǧǧ arab.: Befehlshaber der Pilgerkarawane.

ʿazab (Pl. *ʿazabān):* neben den Janitscharen das bedeutendste der sieben osmanischen Korps *(oǧaq)* in Ägypten. Ursprünglich eine aus jungen Männern (arab. *ʿazab* «unverheiratet») rekrutierte leichte Infanteriemiliz; in Ägypten war den *ʿazabān* die Sicherung Kairos und der kleinen Forts anvertraut. Das Korps wurde von einem Aghā kommandiert.

bāš ǧāǧart türk.: Chef des Katasters.

bek türk.: Herr (dem Namen nachgesetzt).

bölük baši türk.: Kompaniechef, Hauptmann des nach europäischem Muster gegliederten *niẓām al-ǧadīd.*

al-Burāq: Name des legendären Reittieres, auf dem der Prophet Muḥammad seine nächtliche Reise von Mekka nach Jerusalem und durch die sieben Himmel zurücklegte.

čelebī türk.: Edler. Titel für Prinzen oder Respektpersonen.

čorbaǧī türk.: Bezeichnung für die christlichen Notabeln im osmanischen Reich.

čuḫādār pers.: Lakai.

dalāt vom türk. *deli:* «tollkühn», Bezeichnung für die kurdischen Regimenter.

Dār as-Saʿāda arab.: «Stätte der Glückseligkeit»; Bezeichnung für die heiligen Stätten in Mekka. Der *wakīl Dār as-Saʿāda* war der Beamte, der alljährlich für die mit der Pilgerkarawane zu übersendenden Geldgeschenke *(ṣurar,* arab.: «Beutel, Börsen») an die Bewohner von Mekka, Medina und Jerusalem zu sorgen hatte.

defterdār pers.: Finanzminister. Der Chef der ägyptischen Finanzbehörde.

ḏikr arab.: (Gottes)gedenken. Exerzitium der mystischen Bruderschaften zur Herbeiführung von Trance und Ekstase durch fortgesetzte rhythmische Rezitation bestimmter religiöser Formeln und Wörter.

dīwān arab.: Behörde, Staatsrat.

efendī vom griech. Vokativ *avthenti* («Autorität»): Ehrentitel, besonders für städtische Notabeln.

Emir arab. *amīr:* Befehlshaber. In Ägypten: Mamlukenoffizier.

Fātiḥa arab.: die Eröffnende. Die 1. Sure des Korans.

fermān türk.: Erlaß, Freibrief.

fetwā arab.: Gutachten. Rechtsgutachten ohne Urteils- oder Gesetzeskraft, von einer anerkannten juristischen Autorität *(muftī)* gegeben.

fuqahāʾ (Sing. *faqīh)* arab.: Rechtsgelehrter, Kenner des religiösen Gesetzes *(šarīʿa).*

ǧāwīš, türk. çavuş: Unteroffizier, Feldwebel. Die *ǧāwīšīja* war eines der sieben osmanischen Korps *(oǧaq)* in Ägypten; sie war bis zum 17. Jahrhundert die Stütze des Gouverneurs und war mit der Eintreibung von Steuern betraut.

Ghuzz: ursprünglich Name eines Turkvolks (Oghuz); in Ägypten Bezeichnung für die Mamluken türkischer Herkunft, im Unterschied zu den übrigen – meist tscherkessischen – Mamluken.

ǧihād arab.: Anstrengung, Mühe, Kampf. Der «Heilige Krieg» der Muslime gegen die Ungläubigen.

ḥāǧǧ (Fem. *ḥāǧǧa)* arab.: Pilger (nach Mekka).

Ḫalīǧ arab.: Kanal. Der bei der Insel Rauḍa vom Nil abzweigende Kanal, der westlich der Altstadt von Kairo vorbeiführte (heute überbaut).

ḫān: 1. von den Osmanensultanen getragener alttürkischer Herrschertitel (Khan); 2. pers./arab.: Karawanserail.

Ḥanafiten: eine der vier sunnitischen Rechtsschulen, benannt nach dem Iraker Abū Ḥanīfa (gest. 767); die offizielle Rechtsschule des Osmanischen Reiches.

ḫarāǧ arab.: die in Ernteanteilen erhobene Grundsteuer.

ḥaram arab.: Heiligtum. Der heilige Bezirk um die Kaʿba in Mekka.

ḫašīša arab.: Federbusch, Kopfschmuck.

ḫawāǧa pers.: Herr, Meister, Lehrer.

ḫāzindār pers.: Schatzmeister.

ḫušdāš pers.: Freund, Kamerad. Bei den ägyptischen Mamluken die «Altersgenossen», d. h. die Mamluken, die vom selben Herrn gekauft und freigelassen werden und fortan eine verschworene Gemeinschaft bilden.

ifṭār arab.: Fastenbrechen. Die nächtlichen Mahlzeiten während des Fastenmonats Ramaḍān.

iḫtijārīja arab.: Freiwillige.

ildāšāt (Sing. *ildāš)* türk./pers.: Landsmann, Kamerad. In Ägypten: Milizsoldaten.

imām arab.: Vorsteher. Titel geistlicher Würdenträger und Gelehrter.

irdabb: der ägyptische Scheffel (198 l).

īwān, auch *līwān,* pers.: gewölbte Halle, Thronsaal.

Janitscharen: türk. *yeni çeri:* die «neue Truppe»; von Sultan Murād I. im 14. Jahrhundert aufgestellte, aus den christlichen Völkern des Balkan und Kleinasiens ausgehobene Fußtruppe; die osmanische Infanterie (s. auch *mustaḥfiẓān).*

kāšif arab.: Aufseher, Inspektor. In Ägypten 1. Statthalter einer ägyptischen Provinz; 2. einem Mamlukenemir unterstellter ehemaliger Mamluk im Unteroffiziersrang.

katḫodā, pers.: Dorfältester, Majordomus. In Ägypten: Stellvertreter. Der «Katḫodā des Pascha» ist der aus den Reihen der Mamluken gewählte Stellvertreter des von der Hohen Pforte entsandten Statthalters. Den Rang eines *katḫodā* haben ferner die stellvertretenden Kommandeure der sieben Korps *(oǧaq)*.

kātib al-bahār arab.: Sekretär der Gewürze. Der Chef des Gewürzzolls.

līwān: s. *īwān*.

madrasa arab.: Schule. Bezeichnung für die juristischen Lehranstalten, an denen man das religiöse Recht *(šarīʿa)* studieren konnte.

maḥmal arab.: Sänfte. Eine prächtig geschmückte Kamelsänfte, die alljährlich die Pilgerkarawane nach Mekka anführte.

Mālikiten: eine der vier sunnitischen Rechtsschulen, benannt nach dem Medinenser Mālik ibn Anas (gest. 795), vor allem in Nordafrika verbreitet.

mamlūk arab.: eigen, Sklave. Bezeichnung für die importierten, zunächst vorwiegend türkischen, später tscherkessischen Kriegssklaven. In Ägypten stellten die aus den Mamlukenregimentern hervorgegangenen Offiziere (Emire) von 1250 bis zur osmanischen Eroberung im Jahre 1517 die Sultane; auch unter der osmanischen Herrschaft blieb die mamlukische Kriegerkaste, die sich durch Import ständig erneuerte, die vorherrschende Macht.

maqṣūra arab.: Loge des Herrschers in der Moschee, meist nahe der Gebetsnische.

maulid arab.: Geburtstagsfest islamischer Heiliger, besonders des Propheten Muḥammad und seines Enkels al-Ḥusain.

muʾaḏḏin arab.: Gebetsrufer (Muezzin).

mudīr al-ḥudūd: arab.: Direktor der Grenzen.

muftī arab.: Gutachter; s. *fetwā*.

muǧāwir (Pl. *muǧāwirūn)* arab.: Nachbar. Bezeichnung für Fromme, die sich längere Zeit oder ständig in der Nähe einer heiligen Stätte, einer Moschee oder eines Wallfahrtsortes aufhalten; in Ägypten auch Bezeichnung für die Studenten der Azhar-Universität.

muḫtasib arab.: Marktaufseher; auch: *amīn iḥtisāb*.

mustaḥfiẓān arab.: Garde; das Korps der ägyptischen Janitscharen, befehligt von einem Aghā. Der Name leitet sich von seiner Hauptaufgabe, der Bewachung der Zitadelle und der Tore von Kairo, her.

mutafarriqa: eines der sieben Korps *(oǧaq);* im 17. Jahrhundert die Hauptstütze des Gouverneurs, im 18. Jahrhundert von den Janitscharen und den *ʿazabān* überflügelt. Das Korps wurde von einem Aghā kommandiert.

naqīb arab.: Obmann, Vorsteher. *Naqīb al-ašrāf:* der Doyen der Scherifen.

an-niẓām al-ǧadīd arab.: die neue Ordnung. Bezeichnung für die von Sultan Selīm III. seit 1792 aufgestellten, nach europäischem Vorbild gegliederten und ausgebildeten Heeresabteilungen.

odabaşı türk.: stellvertretender Regimentskommandeur, Oberstleutnant

oǧaq türk.: Armeekorps; in Ägypten Bezeichnung für die sieben osmanischen, jeweils von einem Aghā kommandierten Korps *(mustaḥfizān, ʿazabān, mutafarriqa, ǧāwīšīja, čarākisa, gönüllüjān, tüfenkčijān)*

Pascha, türk.: Ehrentitel für die Inhaber der höchsten Ränge in Verwaltung und Armee, besonders die Provinzgouverneure. In Ägypten ist «der Pascha» (arab. *bāšā)* der von der Pforte eingesetzte Statthalter (bis zur französischen Invasion: Bakr [türk. Bekir] Pascha).

Qabuṭān Pascha (auch: *Qabūdān P.)* vom ital. *capitano:* der Großadmiral der osmanischen Flotte mit Sitz in Gallipoli. Daneben ist *qabuṭān* in Ägypten der Rang der in Alexandria, Damiette und Suez stationierten Admirale.

qāḍī arab.: Richter.

qāʾimmaqām arab.: Stellvertreter. Titel des französischen Kommandanten von Kairo (Dupuy).

qalfa türk., vom arab. *ḫalīfa:* Stellvertreter. In Ägypten stellvertretender Kommandeur eines *oǧaq*.

qaljūnǧī, vom ital. *galeona:* Matrose, Marinesoldat.

qapıqulu türk.: Diener der Pforte. Der oberste Kommandeur der Janitscharen in Konstantinopel.

qibla arab.: Richtung; die nach Mekka orientierte Richtung beim Gebet.

qulluq, qulluqǧī türk.: Büttel, Wachsoldat, Gardist.

rakʿa arab.: ein Turnus des Ritualsgebets, bestehend aus einer Verbeugung und zweimaligem Zubodenwerfen.

raṭl: ägypt. Gewicht (449,28 g).

rūznāmaǧī, von pers. *rūznāma:* Rechnungsregister. Der stellvertretende Chef der osmanischen Steuerbehörde in Ägypten; rechte Hand des *defterdār.*

Šāfiʿiten: eine der vier sunnitischen Rechtsschulen, benannt nach dem 820 in Kairo gestorbenen und südlich der Stadt begrabenen aš-Šāfiʿī; bis zur osmanischen Eroberung 1517 in Ägypten vorherrschende Rechtsschule.

šāhbandar pers.: Konsul.

šaiḫ al-balad, arab.: Stadtältester.

sajjid arab.: Herr. Ehrentitel der in direkter Linie vom Propheten Muḥammad Abstammenden.

ṣanǧaq türk.: Banner. Hier verkürzt für *ṣanǧaq beji* «Bannerherr», Offizier der Lehensreiterei *(sipāhī). ṣanǧaqīja:* die Gruppe der *ṣanǧaqs.*

šarīʿa arab.: Gesetz. Das religiös fundierte islamische Recht.

Scheich, arab. *šaiḫ:* Ältester. Ehrentitel für geistliche und wissenschaftliche Autoritäten.

Scherif, arab. *šarīf:* Edler. Ehrentitel der direkt vom Propheten Muḥammad Abstammenden.

silāḥdār arab./pers.: Waffenträger, Zeugmeister.

ṣūfī arab.: in Wolle Gekleideter. Bezeichnung für die Derwische und die Angehörigen mystischer Orden und Bruderschaften.

Sultan, arab. *sulṭān:* Macht, Herrschaft. Weltlicher Herrscher eines islamischen Staates; von den Osmanen seit dem 14. Jahrhundert geführter Titel.

ṣurar: s. Dār as-Saʿāda.

šurṭa arab.: Polizei; in Kairo befehligt von dem *wālī aš-šurṭa* (s. *wālī).*

tarāwīḥ arab.: Gebete, die man während der Nächte des Fastenmonats Ramaḍān verrichtet.

tekke türk.: Derwischkloster.

ṭobǧī, türk. *topçu:* Artillerist; *ṭobǧīja:* die Artillerie.

ṭughra türk.: das aus Namen und Titeln des osmanischen Sultans gebildete Siegelemblem.

turba arab.: Grabbau, Mausoleum.

ʿukkāz arab.: Stab, Zepter.

ʿumda äg.-arab.: Bürgermeister.

wakāla arab.: auf einer Stiftung beruhendes Gast- und Geschäftshaus.

wakīl arab.: Bevollmächtigter, Verwalter. Titel des französischen Kommissars im Diwan.

wālī arab.: Gouverneur, Statthalter. «Der Wālī» ohne weiteren Zusatz bezeichnet stets den Befehlshaber der *šurṭa* (Polizei).

waqf arab.: Stiftung, aus deren Einkünften religiöse Institutionen (Moscheen, Madrasas) oder gemeinnützige Einrichtungen (Krankenhäuser, Brunnen usw.) unterhalten werden.

Wesir, arab. *wazīr:* Helfer, Minister.

zāwija, arab.: Winkel. Versammlungslokal religiöser Bruderschaften und Derwischorden.

REGISTER

Nicht berücksichtigt werden *ibn* (Sohn) und der Artikel *al-* mit seinen Varianten.

INHALTSVERZEICHNIS

Arnold Hottinger

7mal Naher Osten

Piper Panoramen der Welt
427 Seiten mit 16 Abbildungen. Serie Piper 5127

Das Geflecht politisch-militärischer Allianzen, Fronten und Auseinandersetzungen ist wohl in kaum einer Weltregion so dicht und kompliziert wie hier. Das große Volk der Araber bildete nur selten eine ethnische, religiöse und historische Einheit. Heute ist es durch gewaltige Klüfte kultureller und wirtschaftlicher Art gespalten. Bündnisse mit und Abhängigkeiten von den Supermächten, oft aus akuter politischer Not geboren, und innenpolitische Zwänge tun ein übriges, dem Außenstehenden die Strategien und Schachzüge arabischer Regierungen unberechenbar und verwirrend erscheinen zu lassen. Ein weiteres wichtiges Element kommt hinzu, wie der Autor, der Orientalist und erfahrene Nahostkorrespondent, Arnold Hottinger, zeigt: eine tiefe Identitätskrise der arabisch-islamischen Kultur auf den elementarsten wie den sublimsten Ebenen.

»Arnold Hottinger, Nahost-Korrespondent der Neuen Zürcher Zeitung, ist im deutschsprachigen Journalismus ohne Übertreibung der kenntnisreichste und urteilssicherste Berichterstatter in dieser unruhigen Region.« Die Zeit

»Es gehört zu den großartigen Leistungen dieses Buches, daß es den komplexen Mechanismus der Machtausübung und Machtkontrolle, der in jedem arabischen Land seine eigentümliche Verfassung und seine eigenen Gesetze hat, selbst für den politischen Laien verständlich und transparent macht.« Sender Freies Berlin

PIPER

John Bowle

Geschichte Europas

Von der Vorgeschichte bis ins 20. Jahrhundert
Aus dem Englischen von Hainer Kober. 720 Seiten. Serie Piper 424

Dieses Werk des Oxforder Historikers ist eine umfassende, ungemein spannend erzählte Darstellung der Geschichte Europas in einem Band, für die es auf dem deutschen Markt kein zweites Beispiel gibt. Gestützt auf eine Fülle von Quellenmaterial und reiche Literaturkenntnis gelang Bowle eine meisterhafte Beschreibung der miteinander verwobenen Strömungen der verschiedenen Kulturen Europas. Wir erleben die stete Wechselwirkung von Politik und Kultur. So entfaltet sich vor unseren Augen das ganze Spektrum der europäischen Geschichte von prähistorischer Zeit bis hin zur neuzeitlichen Entwicklung von Nationalstaat und Demokratie nach der industriellen Revolution. Bowle endet seine Darstellung mit dem Jahr 1939.

»Bowles Fähigkeit, anschaulich und engagiert Tatsachen und Zusammenhänge zu verdeutlichen, der trockene Witz seiner historischen Porträtkunst, die Entschiedenheit des Urteils, aber auch die keineswegs nur den Deutschen geltende Skepsis machen sein Werk in einer Zeit ›maschinenseliger Neobarbarei‹ vor allem als Einführung junger Menschen in die Geschichte so wichtig.
Denn seine ›Geschichte Europas‹ ist nicht nur beschauliche Lust an Altem und Anekdotischem, ein Karneval der Kuriositäten, ein Führer zu großen Kunstwerken, eine Entdeckungsreise zu fernen und fremden Kontinenten der Zeit, sondern ebenso und vor allem ein Memento der Macht: Erinnerung an Versäumtes, Abrechnung mit blinden Gewalten und verblendeten Gewalthabern, Mahnung für die Zukunft, die einem Kontinent gilt, der einst der Welt die Gesetze gab und jetzt nur noch die Klinken- und Schuhputzer der Supermächte zu stellen scheint.«

Der Spiegel

Arno Borst

Barbaren, Ketzer und Artisten

Welten des Mittelalters
683 Seiten mit 4 farbigen Abbildungen auf Tafeln. Leseband. Leinen

»Barbaren, Ketzer und Artisten« handelt in dreimal drei Teilen von den mittelalterlichen *Deutungen* der Herrschaft, der Geschichte und der Sprache, von den religiösen, sozialen und geistigen *Bewegungen* der Zeit und von den *Erfahrungen* der mittelalterlichen Menschen mit der Kunst, Natur und Sterblichkeit. Grundlegend bleibt für Borst die Frage nach dem Weltbild des Mittelalters: es war keineswegs statisch, wie oft angenommen wird, sondern war Veränderungen unterworfen, an denen es schließlich im Spätmittelalter zerbrach. Inmitten des immer stärker empfundenen Spannungsfeldes zwischen Gott und Welt »nistete sich eine vielgestaltige, veränderliche, irdische Lebenswelt ein, die Keimzelle der Moderne« (Borst). Wie verschiedenartig die »Welt des Mittelalters« war, zeigt sich an den Borstschen Themen: Sie reichen von »Ketzerei und Massenwahn« über »Frauen und Kunst im Mittelalter«, »Wissenschaft und Spiel«, »Ritterliche Lebensformen im Mittelalter« bis zu einem »Totengespräch«, das der Autor mit Hermann dem Lahmen, einem Mönch vom Bodensee des elften Jahrhunderts, führt. Borst versteht es, die »leisen Stimmen« der Menschen aus dem Mittelalter für uns hörbar zu machen, fesselnd und anschaulich, und zeigt dabei, daß das Mittelalter uns sehr viel zu sagen hat für die Gegenwart und Zukunft.

»Viele Aspekte mittelalterlichen Lebens und mittelalterlicher Gelehrsamkeit werden abgehandelt, und sicher hätten die Mönche des Umberto Eco sich glücklich geschätzt, wenn sie diesen Essayband als eine kleine Summe ihrer Gelehrsamkeit in die Bibliothek hätten stellen können.«

Manager Magazin

»Borsts Geschichtsbetrachtung lehrt unserem apokalyptischen Zeitalter Gelassenheit, um die Gegenwart zu erkennen, und Tapferkeit, um sie zu meistern. Dazu gehört auch die Aufgabe der modernen Unsterblichkeitsphantasie: Wir sollten uns nicht so wichtig nehmen und einsehen, daß wir von den Toten kommen und zu den Toten gehen.«

Münchner Merkur

Joan Haslip

Marie Antoinette

Ein tragisches Leben in stürmischer Zeit.
Aus dem Englischen von Christian Spiel.
436 Seiten mit 21 Abbildungen. Leinen.

Wenn es je eine Königin wie im Märchen gegeben hat, dann Marie Antoinette: Aus dem berühmtesten Herrschergeschlecht Europas stammend, heiratet sie an den glänzendsten Hof Europas, an die Seite Ludwigs XVI., der mit absoluter Macht über Frankreich herrscht. Und eben diese Märchenkönigin wird zunächst nach und nach ihrer Macht beraubt, dann zusammen mit ihrer Familie gefangengesetzt und schließlich als Verbrecherin vor einer johlenden Menge geköpft.
Aber dieser Gegensatz, die Sensation einer so tief gestürzten Herrscherin, macht nur einen Teil der Faszination aus, die Marie Antoinette seit bald zweihundert Jahren ausübt. Man möchte hinter die Fassade schauen und wissen: Wie war sie wirklich? War sie, wie Stefan Zweig schrieb, tatsächlich nur ein »mittlerer Charakter«, dem erst der Tod unter dem Fallbeil Größe verliehen hat?
Joan Haslip, durch mehrere erfolgreiche Biographien als historische Schriftstellerin ausgewiesen, sieht das anders: »Hätte sie eine richtige Erziehung erhalten und wäre sie mit einem Mann von Charakter verheiratet gewesen, wäre sie vielleicht zu einer bedeutenden Königin geworden. Es hat mich verlockt, den Gründen nachzugehen, warum ihr dies nicht glückte...«
Joan Haslip will ein differenzierteres, gerechteres Bild Marie Antoinettes zeigen, indem sie das Leben der Königin aus deren Blickwinkel schildert. Ihr gelingt dabei ein Stück erzählter Geschichte, das die ganze Dramatik der Zeit ebenso wie die Vielschichtigkeit der Hauptpersonen erfaßt und dem Leser nahebringt. Joan Haslip zeigt den Glanz, aber auch das Elend der letzten Jahre des Rokoko, in dem die Etikette bei Hofe mehr zählt als die Probleme des Landes. Während in Versailles über kleinste Vorrechte gestritten wird, verelendet das Land. Die Autorin konzentriert sich auf die Zeit, die der großen Revolution voranging, und schildert, wie sich die Lage immer mehr zuspitzt und wie hilflos das Königspaar reagiert, als es den Ernst der Lage erkennt.

Brigitte Hamann

Die Habsburger

Ein biographisches Lexikon.
Herausgegeben von Brigitte Hamann
435 Seiten mit zahlreichen farbigen und schwarzweißen Abbildungen.
Leinen

Von Rudolf von Habsburg über Kaiserin Leopoldine von Brasilien, Marie Antoinette von Frankreich bis Kaiser Franz Joseph – das vollständige Lexikon des berühmten europäischen Adelsgeschlechts in 400 Lebensbildern ist gleichzeitig ein historisches Lesebuch zu 600 Jahren europäischer- und Weltgeschichte.

Weitere Titel der Autorin:

Elisabeth

Kaiserin wider Willen. 660 Seiten mit 57 Fotos. Serie Piper 990

Rudolf

Kronprinz und Rebell. 536 Seiten mit 16 Tafeln. Serie Piper 800

Kronprinz Rudolf
Majestät, ich warne Sie...

Geheime und private Schriften. Herausgegeben von Brigitte Hamann.
448 Seiten. Serie Piper 824

Bertha von Suttner

Ein Leben für den Frieden. 552 Seiten mit 29 Faksimiles im Text und 23 Fotos auf Tafeln. Leinen

Piper 11/1 c

PIPER

Heinz Ohff

Ein Stern in Wetterwolken

Königin Luise von Preußen
489 Seiten mit 16 Abbildungen auf Tafeln. Leinen

Zu ihrer Zeit war sie, eine Frau, die Verkörperung Preußens. Das Charisma der Königin Luise wirkt bis heute: Fast täglich wird ihre Grabplastik im Schloßpark von Berlin-Charlottenburg reichlich mit Blumen geschmückt. Schön, lebenslustig und Friedrich Wilhelm III. eine ideale Lebensgefährtin, ihren vielen Kindern eine gute Mutter: So sehen sie ihre vielen Verehrer. Unzweifelhaft symbolisierte sie den Widerstandsgeist gegen Napoleon, der sie bewundernd seine »ärgste Feindin« nannte. Darüber hinaus ist Königin Luise aber von so vielen Legenden umgeben, daß es schwerfällt, zum eigentlichen Kern ihres Lebens vorzudringen. Heinz Ohff läßt ihrer Persönlichkeit Gerechtigkeit widerfahren, indem er sie mitten hinein in das wirre Getümmel ihrer Zeitläufte stellt.
»Ein Stern in Wetterwolken«, so hat Kleist, einer ihrer großen Bewunderer, sie genannt. Denn erst zwischen dem Gewölk, das ihr kurzes Leben verdüsterte, begann sie wirklich zu leuchten. Mit all ihren Schwächen (die sie frei und offen zugab) blieb sie für ihr Land eine Art ruhender Pol. Liebevoll, aber nicht unkritisch wird in diesem Buch Königin Luises Gestalt umrissen, die historische und die legendäre. Doch auch das verzerrte Bild, das allzu patriotische Geschichtsschreiber von ihrem Mann, Friedrich Wilhelm III., dem wohl einzigen überzeugten Pazifisten auf dem preußischen Königsthron, gezeichnet haben, erfährt eine behutsame Korrektur – wie überhaupt vieles, vielleicht sogar das meiste anders war, als von unzähligen späteren Chronisten überliefert. Die Nachwehen der Französischen Revolution, das Leben am preußischen Hof, die wechselhafte Rolle des psychisch belasteten Zaren Alexander I., der Umgang mit den Großen ihrer Zeit (Stein, Hardenberg, Napoleon), Friedenssehnsucht, Kriegsgreuel und Niederlage, Flucht und Rückkehr bilden den bunten Hintergrund von Königin Luises Leben: die Wetterwolken, die der Stern der jungverstorbenen Königin bis heute überstrahlt.